主编单位：中原传媒研究院

协办单位：郑州大学新闻与传播学院
　　　　　河南广播电视台

编委（按姓氏笔画排序）：
王一岚　王仁海　邓元兵　刘　洋　李　宏
何中有　周鲲鹏　宗俊伟　姚　鹏　徐　键
崔汝源　韩文静　楚明钦　翟东明　魏　猛

# 中原新媒体发展报告

## （2000~2020）

主　　编 / 王仁海

执行主编 / 徐　键

副主编 / 王一岚　邓元兵　刘　洋　李　宏　何中有　宗俊伟

姚　鹏　崔汝源　韩文静　楚明钦　翟东明　魏　猛

REPORT ON ZHONGYUAN NEW MEDIA DEVELOPMENT (2000-2020)

社会科学文献出版社

SOCIAL SCIENCES ACADEMIC PRESS (CHINA)

# 摘　要

　　《中原新媒体发展报告（2000～2020）》由中原传媒研究院主持、郑州大学新闻与传播学院和河南广播电视台协助编撰。全书分为总报告、现象篇、管理篇、行业篇和产业篇五个部分，系统梳理了中原地区 2000～2020 年的新媒体发展状况，客观还原了中原新媒体发展的历史轨迹，剖析了中原新媒体发展的动力与瓶颈，探讨了中原地区新媒体的影响机制和发展方向。

　　2000～2020 年，伴随互联网基础设施的不断完善以及新技术的不断演进，中原地区的互联网建设与新媒体发展稳步前进，新媒体成为推动传媒业发展的重要一环。近年来，随着人工智能、5G、大数据、区块链等新技术的赋能，中原新媒体发展迎来了新契机，新媒体融合进一步催生了互联网的新业态。中原新媒体在移动互联网和数字化发展的背景下，用户、产业规模、互联网产品和服务的数量与质量都得到了快速的发展。与此同时，伴随"互联网＋"的深入推进，信息通信技术支撑经济社会发展的动能不断增强，诸多因素共同推动河南由网络大省向网络强省迈进。

　　本书收录了十几位长期跟踪研究中原地区新媒体发展的专家学者所撰写的研究性报告，总结了 2000～2020 年中原地区新媒体的发展状况，深入研讨了河南新媒体前沿热点、媒体融合发展、政务新媒体、河南社交媒体舆情、网络信息安全及治理，河南电视、广播、出版业的媒体创新与新媒体建设，河南短视频新媒体、广告新媒体、区块链媒体发展等重要问题。同时，还组织了针对河南地方新媒体管理与发展的深入考察和实地调研。

　　本书认为，2000～2020 年是中原新媒体的高速发展阶段，其中也存在一些不容忽视的问题，如新媒体产业经营思维还应进一步开拓，互联网产品内容服务还应凸显河南本土特色，媒体融合产业模式和结构还有待明晰，网络信息安全治理与舆论引导能力亟待加强等，并提出了诸如打造全媒体矩阵，讲好河南故事；培养新媒体广告人才，加速广告产业数字技术升级；健全发布审核机制、提高政务新媒体内容品质；塑造中原短视频品牌形象；提高主流意识形态话语生产能力；布局新时代数字出版产业；完善河南区块链校企产研机制等相应的解决方案与决策建议。

**关键词：**新媒体　媒体融合　媒体创新　中原　河南省

# 目 录

## Ⅳ　行业篇

## Ⅴ　产业篇

# I 总报告

## "融·改·创"：中原新媒体发展20年

徐　键　崔冠杰　崔　萌　李　璐　李红霞[*]

**摘　要：**本报告全面概括了2000~2020年，伴随互联网基础设施的不断完善以及技术的革新演进，中原地区新媒体稳步向好发展的前进脉络和特点。互联网产业规模不断扩大，全媒体传播体系建设不断推进，媒体融合呈纵深发展趋势；河南政务新媒体在社会治理方面发挥出巨大效能；传统媒体融合改造方兴未艾，报纸、电视、广播全媒体时代开启；新媒体广告呈现多种形态；短视频行业迅猛发展，新媒体纷纷布局短视频平台；河南出版业争相转型，实现多媒体融合发展；广告新媒体产业在内容、形式、投放等方面不断创新；"区块链+媒体"也在探索尝试为中原地区传播提供新的技术媒介；此外，在互联网信息安全治理方面，河南也积累了诸多经验，如深刻把握网络传播规律，积极引导

---

[*]　徐键，广告与媒介经济学博士，郑州大学新闻与传播学院副教授，中原传媒研究院副院长兼秘书长，主要研究方向为广告创意与设计、数字媒体艺术；崔冠杰、崔萌、李璐、李红霞为郑州大学新闻与传播学院硕士研究生。

社交媒体场域舆论，构建气朗风清的网络空间等。传统媒体的融合转型与新兴媒体的创新性发展、新媒体产业的不断升级与互联网资源的整合优化，都为中原地区新媒体发展注入强劲动力。

**关键词：** 新媒体　互联网　媒体融合　网络治理　河南省

# 一　总体概况与发展态势

中原地区以河南为主体，涵盖周边省份的相邻地区，是一个山水相连、血缘相亲、文脉相承、经济相连、使命相近的客观存在的经济区域。本报告所指称的中原主要是河南。河南历史悠久，是世界华人宗祖之根、华夏历史文明之源；文化灿烂，人杰地灵、人才辈出，是中国姓氏的重要发源地；资源丰富，是全国农产品主产区和重要的矿产资源大省；劳动力资源丰富，消费市场巨大，是全国人口大省；区位优越，素有"九州腹地、十省通衢"之称，是全国重要的综合交通枢纽与人流、物流、信息流中心；农业领先，是全国农业大省和粮食转化加工大省；经济发展较快，截至 2020 年经济总量稳居全国第 5 位；潜力巨大，正处于蓄势崛起、攻坚转型的关键阶段，发展活力和后劲不断增强。

新媒体是依托新的技术支撑体系出现的媒体形态。近年来，各种类型的移动应用迅速改变了用户的认知方式，传统媒体不断调整其传播结构以迎合受众，媒体发展呈现高度"新媒体化"特征。2013 年 8 月 19 日，习近平在全国宣传思想工作会议上指出："加快传统媒体和新兴媒体融合发展，充分运用新技术新应用创新媒体传播方式，占领信息传播制高点。"随着互联网的普及与新传播技术的快速演进，河南的互联网建设与新媒体发展也在稳步向前。2020 年，河南出台《河南省加快 5G 产业发展三年行动计划（2020—2022 年）》，在加快推进 5G 网络建设的基础上，明确了技术创新、产业发展、深化应用、安全保障等方面的具体任务，进一步促进河南网络强省的建设。

马歇尔·麦克卢汉说过："真正有意义、有价值的'讯息'，不是各个时代的传播内容，而是这个时代所使用的传播工具的性质、它所开创的可能性以及带来的社会变革。"① 随着技术进步与媒介渗透，新媒体产业在当前获得了飞速发展，特别是新冠肺炎疫情发生以来，基于新媒体的"云生活"使社会发生了显著变化。数字化的线上购物、教育、演艺、会议等成为常态，这为新媒体产业发展提供了强劲的需求。中原地区传媒业乘势而上，利用新媒体的技术赋能，把握好用户需求，坚守阵地，开拓创新，打造了一批形态多样、手段先进、具有竞争力的新型主流媒体，做好了党、政府和人民的耳目喉舌。

### （一）河南媒体融合发展概况

党的十八大以来，党中央和国务院为顺应时代发展的要求，制定和出台了一系列推进传统媒体和新兴媒体融合发展的政策。与此同时，河南的媒体融合发展之路也具备了必要条件，涌现出许多具有标志性意义的事件。比如，早在2000年，河南日报报业集团"官宣"组建成立，开启了河南媒体融合发展的新征程。2006年，河南报业集体协作建成了新"大河网"；同年5月15日，河南日报报业集团又推出了河南的第一份手机报。2010年，"大河报读者俱乐部"成立；同年，"大河报"客户端开发成功。2015年，《河南商报》开始走向移动端转移的路径，利用自己的优势发展垂直受众。2018年，"河南日报"客户端在"小薇"系列中推出大型征集活动——"致敬改革开放40年，探访新时代河南新名片"；同年3月，《大河报》在"两会"期间，推出了"我AI新时代"主题报道，这是《大河报》全媒体阵营中首次引入实体智能机器人；同年6月，由"大河网"自主研发的"大河云"客户端3.0版上线；同年，都市频道一体化运营改革正式开始，整合资源，以优化机制为团队赋能，推动《都市报道》抢占网络阵地；激活《打鱼晒网》数百万的"鱼丸"粉丝，《都市大医生》《学霸来了》等深度生活服务栏目针对用户特点，在大屏、小屏端进行差异化传播。回溯河南媒体融合的20年，有标志性意义的事

---

① 〔加〕马歇尔·麦克卢汉：《理解媒介——论人的延伸》，何道宽译，商务印书馆，2007。

件不仅限于此，在媒体融合的大浪潮下，河南媒体抓住机遇大胆变革，走出了一条独具河南特色的媒体融合之路。

在技术赋能下，传统媒体受到新媒体的挤压，媒体融合发展迫在眉睫。在此背景下，借助政府的支持和新媒体技术条件，河南媒体为顺应时代发展开始在技术层面、人员设置、管理运营、内容建设方面进行"大换血""大变革"，真正地做到了从"溶"走向"融"，实现了质的飞跃。当前，我国的媒体融合已经进入深水期和攻坚期，作为媒体融合的"最后一公里"，县级融媒体中心建设也十分重要。2018年8月21日，习近平总书记在全国思想宣传工作会议上指出，"要扎实抓好县级融媒体中心建设，更好引导群众、服务群众"。为响应习近平总书记提出的全面建设县级融媒体中心的号召，河南县级融媒体中心的建设工作如火如荼地开展，并取得了显著的成果。截至2020年，河南104个县级融媒体中心已全部挂牌，并涌现出以"项城模式"为代表的优秀县级融媒体中心。虽然融媒体中心发展目前已经取得了阶段性胜利，但河南各县级融媒体中心仍需在中心建设的黄金时期、在国家政策引领下，不断思考创新，探索适合当地的发展路径。

## （二）河南政务新媒体发展概况

随着互联网和新媒体技术的发展，政务单位纷纷采用不同的新媒体形式来发布政务信息，回应舆论关切问题。河南政务新媒体的发展历程与全国情况基本一致，是与新媒体形态的推陈出新相吻合的。第一阶段是政务微博阶段。2010年9月3日，洛阳龙门石窟景区的官方微博"@龙门石窟"在新浪微博认证上线，成为河南首个政务微博。2011~2012年，河南政务微博迎来井喷式发展，开设总数持续增长，2013年之后河南政务微博呈现平稳发展、逐渐增加的态势。第二阶段是"双微"阶段，即注重政务微博、政务微信在互联网政务方面的并驾齐驱作用。第三阶段是"两微一端"阶段，即政务客户端与政务微博、政务微信共同发力、取长补短，在政务公开、打通两个舆论场、推进服务型政府建设方面发挥着举足轻重的作用。第四阶段是"两微一端加一抖"阶段，即微博、微信、客户端以及抖音，短视频的走红使抖音平台成为重要的政务新媒体形态。

在政务新媒体迅速发展的同时，河南也出台了相应的政务新媒体管理政策。一是发展政务新媒体，促进新媒体公开，积极利用政务新媒体来传递政府声音。二是持续稳定推进政务新媒体发展。三是关停整合，优化政务新媒体质量。2019年8月5日，河南省人民政府办公厅发布《关于推进政务新媒体健康有序发展的通知》，提出对运维能力差、功能相近、用户关注度和利用率低的政务新媒体进行清理整合，对存在不发声、乱发声、更新慢、回复敷衍、功能无法使用、言论不当等问题的要及时整改，对确属无力维护的要坚决关停。

河南政务新媒体在社会治理方面也起到举足轻重的作用。以"两微一抖"为代表的政务新媒体，在澄清谣言、发布正确信息、回应公众关切、引导社会舆论等方面发挥着重要作用。如对2018年河南"高考答题卡调包"事件的回应收获广泛好评。政务新媒体在塑造政府形象上也提供了新的契机，同时促进了线上履职。如洛阳公安微博矩阵联手办案以及"河南消防"在线执法等都凸显了政务新媒体的社会治理作用。此外，河南政务新媒体还在民生服务、信息公开、抗击疫情、直播带货助力脱贫等方面发挥了重要作用。

### （三）河南广播融媒体发展概况

2000～2020年，在新媒体技术赋能和融媒体发展大趋势的背景下，河南各级人民广播电台广播媒体融合发展分为四个阶段：融媒体的探索期、台网融合初期、台网融合发展期、融媒体共创期。

2000～2005年是河南广播事业融媒体的探索期。在此时期河南广播节目形态开始有了变化，主要体现在传播路径、节目内容生产和体制机制改革三个方面。从传播路径上看，广播可视化、数字化、网络化成为趋势；从节目内容生产方面看，河南广播体现为互动化和碎片化；从体制机制改革层面看，河南在广播事业多元发展期间，迎合媒体融合趋势，在制度创新、人员培养上下功夫，积极开展"走转改"活动。

2006～2010 年是河南广播事业台网融合的初期。我国移动互联网新兴产业的兴起，给广播事业的融合发展创造了新的战略机遇。在传播平台与路径上，河南广播电台紧跟时代步伐，开始完善和创新已有的传播平台。河南广播电台建设完善数字音频工作站网络，建成了全国领先的数字化、网络化播控系统，实现播出完全无磁带化、自动化和智能化；各地市级广播电台也纷纷发挥新媒体平台优势，发展全媒体途径，推动了河南广电主流媒体向互联网、手机等新兴传播领域的延伸。在节目内容生产上，河南省电台以及各地市级电台纷纷创新节目类型和节目频率。在体制机制改革方面，河南广电媒体已进入大整合、大汇流的全新产业化发展时期，成为新兴文化产业的重要部分。

2011～2015 年是河南广播事业台网融合的发展期。在节目内容生产上，河南省电台以及各地市级电台不断提升节目质量，重视品牌建设。如河南人民广播电台大力推进品牌战略，制作了《河南新闻》《河南新闻联播》《政府在线》《南方谈交通》等一批精品栏目。在传播路径上，移动多媒体广播电视和手机电视融合发展势头强劲，河南广电主流媒体进一步向互联网、手机等新兴传播领域延伸。在体制机制改革方面，省级及各地市级电台因地制宜，推进体制机制的创新，为广播事业注入新的发展活力。

2016～2020 年是河南广播事业融媒体的共创期。广播媒体在融媒体的背景下有了新的面貌，新的传播模式与新的内容策划伴随新技术的发展应运而生。在广播节目内容生产上，节目质量是电台发展的根本，通过全媒体的联动进行内容生产已经是当下融媒体时代的制胜法宝。在传播路径上，依托新技术新科技的引入，促进媒介融合。同时通过与企业的合作打破传播圈层，传统广播媒体与新媒体相互融合、彼此借力，呈现融媒体的传播态势。在人事机制和管理制度上，河南省市两级广播媒体不断创新与优化管理方法、人才奖励机制，涌现出一大批具备融媒体策划与生产能力的新兴主播，生产出大量适应新媒体环境的个人流量内容，更进一步推动广播媒体的融合发展。

### （四）河南电视业的媒体创新概况

媒体融合在当下的媒介环境中是十分热门的话题，全国各大电视台都在想方设法地汇入媒介融合的大潮流。河南卫视是中西部人口和人均GDP均居首位的河南的一级电视平台，以河南卫视为代表的河南电视业自然也不例外。尤其是在新媒体迅速发展的当下，由于新媒体具有即时性、随身性和可交互性等优势，它的出现分流了大批传统媒体的受众，电视台作为传统媒体的代表，受众流失十分明显。为走出此困境，河南卫视在运用"两微一端"新媒体平台进行媒介融合试点的宣传推广和与受众互动方面做出了探索。一是设立了专门的新媒体部，由专人负责卫视"两微一端"平台的内容宣传。二是进行话题挑选及相关"议程设置"，一方面由卫视的运营专员结合卫视的节目特点策划"两微一端"的讨论话题；另一方面在网友评论中找出热门话题再次包装、引导、推送，以此维持用户的持续关注。此外，2016年河南卫视还推出了周播剧场——《剧说你要来》，它是全国首档实现双屏实时互动的周播剧场，采用边拍边播的拍摄模式，增强了观众的参与感，改变了观众过去单向接收的观看习惯。

随着网络时代的到来，河南电视台的传统节目也面临革新。其中，《梨园春》《武林风》等都是河南卫视口碑极佳的王牌节目。首先，《梨园春》积极拥抱互联网，联合微博、微信、抖音、"梨园春"手机App、各大视频客户端、"大象新闻"客户端梨园春频道等多个渠道，以短视频形态发力，不仅传播方式有了新的突破，而且传播渠道也在不断拓宽。其次，《武林风》作为中国武术类节目的第一品牌，在深挖传统文化的前提下兼具国际视野，以地方文化特色为着力点、以品牌国际化为延伸点、以人为本来强化文化精神的传承。《武林风》并未止步于昨日的辉煌，而是继续打造融媒体复合式的传播平台，不断强化多渠道多层次的立体传播效果，通过设立"百姓擂台""武侠梦工厂"版块，借鉴其他优秀节目的海选模式，扩大了受众群，提升了观众的参与感。最后，河南卫视还坚持社会效益优先，制作出《买家也疯狂》《壹起去旅行》《危机大调查》《妈妈的选择》《脱贫大决战》等一系列服务类、公益类的新兴节目，在社会效益与经济效益之间找到了平衡，履行了媒体对社会责任的坚守。

### （五）河南期刊出版业新媒体转型概况

近年来，河南期刊出版业保持高质量发展的良好态势。被中国知网、万方数据等收录的河南期刊就有 192 家；《中原文物》《名人传记》《史学月刊》《国医论坛》等 20 家期刊走出国门，海外发行量近 7000 份；还有一批如《郑州大学学报》（理学版）等的期刊综合指标和学术价值位于全国同类期刊前列，被国际知名检索系统收录。2012 年以来，河南已有 85 家非时政类期刊出版单位完成了转制工作，并形成了一批专、精、特、新的现代期刊出版集团和期刊出版单位。不仅如此，河南期刊在融合发展上也势头强劲，开拓了网站、客户端、微博、微信、户外媒体等多种产品形态。河南期刊出版业的发展与新媒体时代背景下的出版环境密切相关。首先，河南 GDP 的稳定增长和文化教育产业的高速发展给河南期刊的发展提供了良好的经济环境，这有利于期刊读者市场的扩大。其次，在管理政策上，河南省新闻出版广电局早在 2014 年就制定了三年新兴出版业态发展规划，明确了发展目标和任务，为河南期刊出版业的发展绘制了蓝图。最后，IT 技术、数字技术的发展也改变了传统期刊采编、出版和发行的生态，为河南期刊出版业的转型提供了技术支撑。

在新媒体时代，传统的出版方式逐渐难以满足受众的需求，河南期刊出版业纷纷采取措施促进新媒体出版转型。一是实现刊网融合，达到媒体融合和资源整合发展的目的，并采取多种手段增强在线媒体的互动性，进行个性化的推送；二是培养平台化思维，重构商业模式，加强传统平台、线上平台与线下活动三者的融合，打造垂直类平台，提升用户黏性；三是依托数字资源、"互联网+"等平台技术，积极顺应在线教育的发展趋势，对教育类项目进行转型，兼顾社会效益与经济效益；四是重视自媒体运营，构建"内容+平台"的传播模式；五是加强数字图书馆的建设，对数字化期刊采用"多次售卖"的模式，利用技术资源，重构"内容+平台"的传播路径，实现增值服务多元化发展的盈利模式；六是重视垂直 IP 孵化，传统期刊社应发挥自身优势，选择垂直化的平台进行深耕，以此获取新的利益增长点；七是期刊社应增设舆情服务，在多元化发展的同时也能为社会提供专业化的舆情分析；八是出版发行单位应依靠自身资源优势，积极拓展线上、线下电子商务活动，从商品售卖、物流服务、在线文化产品开发等途径进军市场，以此实现全面战略转型。

### （六）河南短视频新媒体发展概况

2000 年以来，随着互联网技术的发展及移动终端的普及，短视频尤其是移动短视频领域发生了翻天覆地的变化。河南的短视频发展基本上顺应全国短视频发展浪潮，经历了早期的初步探索阶段、技术赋能下的工具创新阶段以及如今的融合共享阶段。2004～2010 年是短视频早期的初步探索阶段，这一时期短视频主要是对影视等长视频进行剪辑和改编。此时河南本地互联网发展还处于起步阶段，网络基础设施建设还有待加强，移动互联网应用开发有限，受限于网络带宽、网速和智能终端的普及，且缺乏全民通用的视频剪辑、拍摄和制作工具，因此这一时期视频的创作一直局限于小部分群体。2011～2015 年是技术赋能下的工具创新阶段，这一阶段视频创作工具的小规模出现在一定程度上激活了用户对内容创作和分享的需求。同时短视频在新闻报道领域也开始兴起，除专业新闻机构的探索外，普通网友也开始积极尝试并参与其中。河南政务新媒体、传统媒体网站及媒体客户端纷纷布局短视频。但不论是媒体还是企业的短视频发展都尚未形成可借鉴的成熟理念和盈利模式，普遍效果平平。2016～2020 年是短视频融合共享阶段，郑州国家级互联网骨干直联点成功获批，河南省被列为全国数据中心建设布局二类地区，加快推进云计算数据中心等一批重点互联网基础设施项目建设，这些都为河南短视频的迅猛发展提供了坚实的基础保障。

在短视频快速发展的背景下，河南传统媒体纷纷转型，加快媒体融合步伐。在河南媒体中具有代表性的短视频类客户端主要有"河南日报"客户端、豫视频、猛犸视频和冬呱视频等。政务媒体纷纷布局短视频平台，拓展政务信息传播的新渠道，如"郑州发布""看郑州""郑州交巡警二大队"等抖音号，通过短视频的制作发布，打破了受众心目中对于政务信息"高大上"的刻板印象，收获了良好的传播效果。此外，教育类短视频和企事业机构积极顺应短视频发展的时代大潮，利用短视频平台宣传形象、塑造品牌。随着短视频行业的高速发展，河南短视频新媒体把握机遇，发展突飞猛进，但也存在一些不足。无论是河南主流媒体、政务媒体，还是教育媒体、企事业媒体都应不断深耕内容，提升原创内容的创作水平，同时注重用户参与，激发用户长期关注兴趣，增强用户黏性，从而不断提升传播效果和河南短视频新媒体的影响力。

### （七）河南广告新媒体产业发展概况

2000~2010年，随着中国经济的持续发展，人们的消费观念和方式也在发生改变，这一时期是河南广告新媒体产业的萌芽期，经济的飞速发展和互联网的接入虽然推动了广告新媒体产业的发展，但这一时期的新媒体广告仅仅是传统媒体广告的"搬运工"，仍存在很大的发展空间。2011~2020年，河南广告新媒体产业迎来了高速发展时期，我国在互联网产业领域取得的成就以及多元化媒体形式的飞速发展为广告产业带来了一片更为广阔的发展天地，技术的进步也促进了广告主新媒体意识的觉醒，他们开始慢慢尝试将宣传阵地由传统媒体转移至新媒体，同时，一系列专门从事新媒介广告代理的广告公司，如锐之旗（百度河南）、郑州字节跳动智能科技有限公司等也如雨后春笋一般冒出来。

河南广告新媒体产业的发展离不开各方因素的影响。首先，广告与宏观经济、人民的消费水平之间有着密切的联系。近年来，河南GDP的稳定增长为广告产业的发展注入蓬勃动力，经济的发展带动了人民消费水平的提升，广告产业借助人们日益增强的消费愿望蓄力。其次，文化元素是一则优秀广告中不可或缺的部分，而河南植根于优秀的中原文化，拥有大量的文化资源，有利于丰富新媒体广告的呈现内容。再次，供需关系是广告新媒体产业发展重要的影响因素，互联网降低了广告创作和消费的门槛，新媒体使广告的呈现方式越来越多元化，河南本土的互联网公司以及大河网、腾讯大豫网等新媒体企业的成熟发展为河南的消费者提供了更为丰富的广告选择。最后，郑州作为国家中心城市，其制度与政策环境对于广告产业发展的影响也不可忽视。2017 年河南省工商行政管理局制定印发的《河南省广告产业"十三五"发展规划》，2020 年 12 月 28 日中共河南省委制定的《中共河南省委关于制定河南省国民经济和社会发展第十四个五年规划和二〇三五年远景目标的建议》，以及更早的河南省"十三五"规划等在广告层面给出了多方面的政策措施以支持广告产业的发展。

### (八)河南区块链媒体发展概况

区块链（Blockchain），广义上可理解为分布式记账技术（Distributed Ledger Technology，DLT），狭义上是一连串用来验证信息有效性的加密链式数据存储块。区块链技术最初来源于比特币的底层设计，它融合了共识机制、点对点网络、数据存储、加密算法等多种技术，并与经济模型巧妙叠加，开创了前所未有的去中心化价值互联与共享网络。随着区块链技术的不断发展和战略地位的不断提升，区块链媒体领域的发展日益受到社会各方的重视。在现阶段，区块链媒体尚处于早期新闻报道时期，而大家提到的区块链媒体通常包含以下两方面的含义：一是以区块链产业发展动态为主要报道对象的媒体机构；二是"媒体区块链化"，属于真正意义上的"区块链媒体"。

在数字经济飞速发展的今天，开拓区块链媒体对河南的作用意义重大，河南区块链媒体发展呈现以下态势。一是传统媒体与区块链新媒体共同促进行业发展。传统媒体在当代社会依旧是民众重要的信息接收渠道，在区块链行业发展过程中依然扮演重要的角色；同时，随着新经济模式及数字化的迅猛发展和普及，区块链各类媒体平台也陆续上演着"你方唱罢我登场"，传统媒体与区块链媒体共同促进了行业信息的快速传播。二是河南省内举办区块链主题活动的机构及媒体不断增加。2018 年以来，河南地区陆续有不少企业与机构参与或开展与区块链知识相关的普及活动，其中比较活跃的有中原区块链以及郑州区块链研习社。目前，伴随全球范围内区块链媒体发展的逐步繁荣，河南区块链媒体的产业布局也须加快速度，充分发挥区域技术优势，同时搭建区块链媒体人才培养机制，以促进本地新媒体和区块链媒体产业的发展。

# 二 改革动向与创新焦点

## （一）传统媒体的再出发：技术逻辑主导下的业态转向

### 1.媒体集团：资源整合，从"溶"到"融"

21世纪以来，移动传播成为极为重要的传播方式，传统媒体日渐式微，新兴媒体快速崛起。河南立足本土媒体发展状况，深入贯彻落实党中央和国务院出台的一系列有关媒体融合发展的重大部署，坚持改革创新，不断探索运用新媒体技术，创新媒体产品呈现形式，拓宽媒体信息发布渠道，革新媒体组织架构，走出了一条独具河南特色的媒体融合之路。从最初的技术层面、组织方式等"物理融合"到建立全媒体矩阵的"化学融合"，河南媒体在技术层面、人员设置、管理运营、内容建设等方面也真正从"溶"走向了"融"。

早在2000年，河南日报报业集团就"官宣"组建成立，开创了河南媒体融合发展的新纪元。2014年，媒体融合上升为国家战略，全国各地媒体随之加快了融合发展的进程。在此浪潮下，河南媒体集团抓住机遇、大胆变革，取得了突出成就。经过20年的融合发展，河南报业由内而外发生了巨大变化，在内容和推送上更加专业化、细分化，"中央厨房"真正实现了信息的"一次采集、多元生成、多种分发"。大融合时代下，针对媒体融合中存在的传统媒体单一延伸、媒体融合流于表面、创新能力不足、新媒体技术运用不熟练、产业发展模式不清晰等问题，河南各媒体集团紧紧跟随时代发展潮流，打牢自身具备的传统优势，完善全媒体矩阵，挖掘优质原创新闻，坚持技术为先，形成完善多元的产业格局。

**2. 广播电视：内外兼修，重塑媒体品格**

在新媒体技术赋能和媒体融合的大趋势下，河南各级人民广播电台在20年的融合过程中，表现出三大方面的媒体融合内容，即媒体生产内容融合、媒体传播平台台网融合和与时俱进的机制转型融合。河南广播融媒体在转型发展的过程中，既有广播内容需要推陈出新，适应融媒体线上线下播出，还要应对人事体制优胜劣汰的残酷现实；同时也迎来发展机遇，专业的广播从业人员可以和自媒体声媒的制作者同台竞技或联合出品，创新了广播内容，改变了传播理念，使传播平台更加便捷、高效、多元，甚至可以在线面对面传播，这就是 PUGC（专业用户生产内容或专家生产内容）模式。目前发展态势良好，全面的融媒体广播时代已经开启。

近年来，随着新媒体与移动终端的快速发展，相互融合成为媒体发展的新趋势，新媒体成为电视节目传播和发展的又一平台。为了进一步促进资源高效利用、利益互联共融以及信息极速传播，以河南卫视为代表的河南电视业在不断探索。近年来，河南卫视依托本省深厚的文化底蕴，紧扣时代发展的脉搏，分别以群众喜闻乐见的戏剧、武术、文物鉴宝等内容为切入点，陆续推出了《梨园春》《武林风》《华豫之门》这些既叫好又叫座的电视节目，既弘扬了河南灿烂的历史文化，又和其他卫视的娱乐型节目区分开来，打造了自身"文化卫视"的鲜明标签；同时还推出了以脱贫攻坚为题材的《脱贫大决战》，其内容围绕精准扶贫这一主题，在保证节目好看的基础上，积极为贫困地区群众脱贫致富寻找门路；2020 年以后，河南卫视继续深挖中原本土文化，运用国际先进传媒技术，打造中原特色文创 IP，相继推出了《唐宫夜宴》《祈》《丽人行》等节目作品，通过多屏化的传播方式，风靡网络、惊艳全国。据此，以河南卫视为代表的河南电视业充分利用新技术赋能，在新媒体平台的融合布局、IP 资源的衍生产业、创收渠道的丰富拓展等方面渐次发力。

**3. 广告出版：技术赋能，优化用户体验**

技术与传媒业历来是双向共生的关系，前者始终是助推传媒业革新繁荣的关键力量，后者是技术变革的原动力。早在 2014 年，河南省新闻出版广电局就制定了三年新兴出版业态发展规划，明确发展目标和任务，通过三年时间支持一批新闻出版企业发展。IT技术与数字技术给河南期刊出版业带来了转型的契机。20世纪以来，河南出版机构借助数字采编、数字发行技术，从传统出版业务到涉足数字融媒、自媒体平台、在线和实体教育培训、数字图书馆、舆情研究、电商物流等多个领域，产业布局不断拓展优化。以中原出版传媒集团为代表的河南期刊出版集团连续进入"全国出版行业10强"，2015年起6次进入"全国服务业企业500强"，2016年起连续4次荣膺"全国文化企业30强"，2019年入选"全球出版50强"。"十三五"期间出版集团重点出版项目排名中，河南出版项目有19个，排全国第16名。

新媒体时代，传统广告形式日渐没落，从门户网站到社交媒体，再到智能媒体；从一对多的单向广告模式到多对多的社群营销，再到基于算法的个性化广告推荐，每一种新的媒介形态和传播模式的演变都得益于技术的快速变革。河南广告产业在Web1.0到Web4.0的技术快速发展期间，除传统广告的原生特征依然保留外，新媒体广告逐渐成为连接广告主与受众的新型链条。河南广告公司和广告媒体以技术为底层逻辑，积极迎合数字浪潮，探索并走出一条具有河南特色的新媒体广告之路，涌现出一大批新媒体广告公司。它们借助新媒体技术创新营销理念，完成从创意内容到传播形式的换代，给客户与消费者带来全新的广告体验，并成功打造出一批全国知名品牌以及现象级的广告作品。

## （二）新兴媒体的再发展：技术快速迭代的利弊共生

### 1. "短视频+新媒体"的创新性转型

短视频是继文字、图片、语音、传统长视频之后兴起的新的内容传播载体，具有内容生产成本低、传播速度快、制作者与消费者之间界限模糊等特点，是对人们注意力的又一次争夺。随着5G、物联网、人工智能和大数据等技术的发展，短视频将开拓新的应用场景以及内容生产模式，在移动互联网用户红利逐渐消退的今天，新技术赋能下的短视频或许能带来新一波的用户增长。河南的短视频发展基本上顺应全国短视频发展浪潮，经历了早期的探索阶段、技术赋能下的工具创新阶段以及如今的融合共享阶段。河南本土主流媒体也纷纷入驻短视频平台，其中河南广播电视台、河南日报报业集团、郑州报业集团三大主流媒体着力打造自己的融媒体视频产品，相继入驻各大社交平台，拓展内容传播渠道，助力媒体融合转型。

总体来看，河南主流媒体布局短视频主要有以下几种路径。一是在原有媒体平台（客户端和网站）上以短视频为补充，生产发布大量的原创短视频。如河南广播电视台在短视频布局上依托自有平台——大象新闻客户端，在内容制作上充分利用本台资源，包括各频道的视频资源，塑造节目主持人品牌，提升频道影响力。二是与互联网公司合作，打造新的短视频平台。如河南电视台民生频道推出的《小莉帮忙》节目，在其新浪官方微博上建立同步视频号，建构起以"小莉"为中心的品牌形象，从内容策划、节目制作、运营推广等方面，打造"小莉"的流量人设。三是入驻抖音、快手等头部短视频平台，开设新一代社交媒体视频号，打造短视频传播的新媒体矩阵等。在短视频内容制作与传播上，河南各大媒体不拘一格，统筹自身资源、联合社会力量，在生产模式、内容特色、推广分发等方面呈现不同的特征。

2."广告+新媒体"的技术性升级

河南新媒体广告的形态发展历经了四个阶段，分别是Web1.0门户网站时代的广告、Web2.0社交媒体时代的广告、Web3.0移动互联网时代的广告和Web4.0智能媒体时代的广告。在这四个阶段的快速发展期间，伴随互联网技术的发展和智能媒体终端的普及，以及广告市场的需求、形式、结构和各类主体角色不断变化，河南新媒体广告业涌现出很多新技术与新业态。作为国家级互联网骨干直联点、信源集聚地，河南为广告产业提供了与时俱进的新媒体平台。河南广告媒体和广告公司紧跟技术更迭的步伐，在房地产、食品饮料、旅游、农业、汽车以及公益等领域，推出一大批创意与效益兼具的新媒体广告作品。

20世纪以来，互联网背景下的河南新媒体广告在飞速发展的同时，呈现以下几个特点。首先，广告形态多元化。河南新媒体广告充分利用新媒体技术，结合多元视觉传达设计艺术，形成了包括门户网站广告、微信广告、微博广告、短视频广告、电商广告、数字户外广告等在内的多种新媒体广告形态，并且在视觉表现、信息传输等方面的创新性明显优于过去传统媒体时代的广告。其次，广告覆盖面积更大。新媒体平台不仅涵盖了数量庞大的稳定用户，同时也具有数以万计的广告位，对提高广告触达面积具有非常重要的作用。最后，广告创意场景化。新媒体广告具有较强的场景化特点，强调在时空要素的创意搭配下，快速占有受众的碎片化时间，有效吸引受众关注。

**3."区块链+新媒体"的探索性尝试**

近年来，随着数字加密货币的快速发展与普及，区块链技术的研究与应用呈现爆发增长的态势，不仅成为学界和业界研究的热点话题，甚至被认为是继大型机、个人电脑、互联网和移动/社交网络之后计算范式的第五次颠覆式创新。自2019年10月24日中共中央政治局就区块链技术发展现状与趋势组织集体学习以来，全国各省区市都在加大学习力度，全面开展对区块链技术和应用方面的研究与探讨。河南也不例外，上至党政机关下至企业、机构社群等，都在积极组织学习和研讨区块链技术发展落地与实践方面的内容。中原地区若准备在产业变革与融合这条赛道上实现弯道超车，同样离不开对区块链技术的深入理解、行业技术人才的培养和区块链平台的共建等前期工作。

河南省内最早报道区块链相关内容的自媒体平台是中原区块链。自2017年创建以来，中原区块链就着重普及区块链基础知识、投资基本知识与心态等，同时组织国外区块链项目进行在线分享，让在区块链行业创业工作的人以及区块链技术爱好者在此更多了解行业的发展动态，满足其对于新兴行业知识的渴求。2018年以来，河南地区陆续有不少企业与机构开展了与区块链知识相关的普及活动，其中比较活跃的有中原区块链、郑州区块链研习社以及省内开展的区块链主题研讨活动。总之，以区块链相关内容为报道主题的传统媒体以及行业新媒体的各大平台，二者结合共同促进了行业信息的快速传播。在区块链行业发展过程中，自媒体与社群均起到了重要的作用，社群成为行业内信息得以快速传播的重要载体之一。同时也要看到，在国家对 B2B 融资乱象整顿以及对数字货币严格管控的大背景下，河南区块链媒体面临媒体自律、优胜劣汰与健康发展等一系列非常现实的问题。

## 三 传播分析与影响解读

### （一）对河南新媒体热点事件的透视

近年来，随着新技术的发展和互联网的普及，河南互联网建设与新媒体发展稳步前进，媒体发展逐步呈现高度"新媒体化"的特征。中国互联网络信息中心（CNNIC）发布的第 46 次《中国互联网络发展状况统计报告》显示，截至 2020 年 6 月，我国网民规模达 9.4 亿人，较 2020 年 3 月增加 3625 万人，互联网普及率达 67.0%，较 2020 年 3 月提升 2.5 个百分点。近 10 年，各类移动应用重塑着用户的认知方式，在这一新的趋势下，新媒体作为各类应用的承载平台逐步成为热点事件产生与传播的重要阵地。

河南作为发展中的大省，其历史地位和资源价值十分重要，不同议题的热点事件在新媒体平台上的发酵，将对社会的各方面产生影响。因此，对河南新媒体热点事件进行分析解读，从热点事件中选取典型案例进行研究具有一定的必要性。报告以知微事见、清博大数据等舆情网站，以及新浪新闻、网易新闻、腾讯新闻等门户网站，新浪微博热门话题等作为数据样本，将 2010~2020 年河南新媒体热点事件划分为八类议题，即公权力形象类、司法事件类、经济民生类、时事政策类、文化教育类、生态环境类、公共卫生类和灾害事故类，并对其进行梳理与研究。研究发现，公权力形象、经济民生与文化教育是三类最受关注的议题，主要集中在官员权力滥用、行政执法违规、地域性歧视、恶性事件案件、教育公平、食品医疗安全和文化考古事件等方面。通过对近年来河南新媒体事件的解读，本书进一步对诸如灾害事故舆情影响政府公信力、公职人员作风问题引发声讨、城市建设问题多发引起关注、违法事件引发法与道德争议、弱势群体利益受损易引关注、食品医疗问题凸显、生态环境引发民众维权、教育公平问题形成焦点、文物考古事件层出不穷等问题进行反思。相信这一研究不仅能够推动河南舆情治理的现代化进程，也能对我国其他地区运用新媒体创新社会治理具有一定的参考价值和借鉴意义。

## （二）对河南网络信息安全问题的分析

河南地处中原，连接东西、沟通南北，发展状况与我国整体的发展状况具有相似性，在维护网络安全、维护舆论安全和意识形态安全等方面都具有某种程度的一致性。20世纪以来，河南互联网经历了由弱到强，用户由少到多，从普通互联网到移动互联网，再到万物互联的发展阶段。2019年，河南互联网用户总数已突破1.1亿人，居全国第4位，省内互联网普及率达到91.3%，网民规模达到8798万人，其中手机网民规模占比达98.1%。中国联通中原数据基地二期、中国移动（河南）数据中心等重点项目相继建成，区域性数据中心加快构建；全省网站备案数量28万个。与此同时，网络信息安全问题也"如影随形"。目前河南在网络安全方面存在的问题主要有网络攻击行为、网络隐私泄露行为、网络色情行为、网络诈骗行为和网络赌博行为等。

通过现状梳理发现，河南地区网络舆论安全领域呈现以下特点：一是政府对舆论的重视程度空前提高，舆论治理的科技含量越来越高，但是舆论引导意识与社会治理的需要仍存在脱节现象；二是随着反腐败力度的加大，腐败现象在一定程度上得到有效遏制，烈性官民冲突和恶性暴力事件发生的频率大幅下降，这为保障舆论安全提供了条件；三是利益及责任捆绑造成舆论对峙，引发舆论的根源并没有解决，个别网络舆情事件不能真正平息；四是从整体上来看，网络舆情相对于党的十八大以前有所趋缓，同时网络舆论监督的力量有削弱的趋势。另外，相对于前几年网络舆论的情绪性传播，现在的网民更注重政府回应的数据和细节，这也要求政府在回应网民质疑的时候，要更加注重用数据说话、用细节说话、用事实说话。

网络信息安全既涉及个人信息安全，也关涉国家安全。网络信息安全问题的根源在于互联网的开放性赋予用户平等的信息传播权利，传统媒体信息把关的权力被消解，互联网呈现反主流权威的特性。在国际政治和世界文明竞争场域中，西强我弱的局面仍未有根本性改变，西方意识形态披着"普世价值"的外衣，对我国的主流意识形态和舆论场产生较大的压力，这在河南的舆论和意识形态工作中都有突出表现。另外，个别领导干部的意识形态斗争观念不强、自身腐化堕落、非法侵犯群众利益等给西方网络信息攻击找到口实，也给网民在意见表达方面带来认知混乱。"中原定则天下安"，包括意识形态在内的网络安全对维护河南的长治久安具有举足轻重的作用，同样，河南的网络安全对维护国家安全也具有重要的作用。当前，我们尤其要在党的集中统一领导下，在"全国一盘棋"的思想指导下，做到守土有责，确保意识形态生产和传播的安全性，有效维护国家安全的大局。

### (三)对河南社交媒体舆情特点的研究

在新媒体时代，社交媒体的地位日益凸显，已成为河南省政府治理、经济社会发展和人民生活的重要组成部分。互联网的发展是围绕社会化进行的各种演化，而河南社交媒体发展的景观是由不同社交媒体的相继出现、共存所构筑的。

河南社交媒体的发端源于论坛的兴起与普及，论坛和贴吧将人们按照兴趣话题聚集在一起，加速了圈层文化的发展，主要经历以下四个阶段。一是以人人网、开心网为代表的SNS社交网络的发展。SNS社交网络的出现使河南社交媒体更加注重人与人之间的关系。二是以豆瓣为代表的垂直社区的发展。豆瓣作为一个社区性网站，核心服务对象是"人"，用户黏性极高，热衷于参与各种线上线下活动。三是以百科、知乎等为代表的协同出版类社交媒体。知乎上一些关于河南的问答在一定程度上推动了河南城市形象的构建与传播。与此同时，河南的一些热点舆情事件也在知乎上引起广泛讨论。四是微博、微信出现并快速发展。河南的政务微博和河南政务微信平台发展迅速。至此，河南社交媒体时代正式到来。

通过研究发现，河南社交媒体舆情传播主要呈现以下特点：一是公共领域与私人领域的叠加现象日趋明显，私人话题逐渐演变为公共讨论的热点，私人空间异化为公共空间的趋势进一步加剧；二是短视频成为舆情发酵的重要触点以及河南众多舆情事件的源头和重要节点，在舆情传播中的影响力日益凸显。另外，对河南社交媒体热点舆情事件的影响研究发现，其一，共情效应助推灾害事故类议题热度上涨。在共情心理的作用下，灾害事故易在短时间内引发全民关注和参与，形成强有力的舆论风暴。其二，社交媒体舆情反转现象加剧，舆论场的重心先是由网民共情再到真实性质疑，最后演变成对谣言产生原因的反思。研究还发现，河南社交媒体的舆情特点具有典型的区域特征。首先，社交媒体的快速发展对河南政务舆情引导提出挑战；其次，河南文化舆情缺乏正向富有特色的内容；最后，舆情产业逐渐成为河南区域经济发展新亮点。此外，河南社交媒体虽处于快速发展时期，媒体形态、内容形式不断更新与丰富，但仍存在泛娱乐化倾向严重、官媒势小声微、"豫文化"传播缺失、省内的失实报道易传播等问题。

## 四　决策建议与未来展望

20世纪以来，中原地区的新媒体发展形势向好，取得了有目共睹的成绩。与此同时，中原地区新媒体在发展过程中也不可避免地存在一些问题，本书经过较为翔实的论证与严谨分析后，针对这些问题提出解决方案或者完善建议，以供相关方与政府管理部门进行决策参考。

### （一）河南新媒体热点事件应对建议与策略

《河南新媒体现象透视及热点解读》分析并解读了近10年河南发生的新媒体热点事件的类型与特点，发现公权力形象、经济民生与文化教育是人们最为关注的议题，主要呈现官员权力滥用、行政执法不规范、河南遭受地域歧视、弱势群体利益受侵犯、恶性事件关注度高、教育公平遭到质疑与校园霸凌多有发生等问题，并基于对以上问题的分析，提出了河南新媒体热点事件的应对建议与策略。

不断提高网民的媒介素养水平。普通网民不仅是新闻的旁观者，更是媒介环境的积极参与者与建构者，提高网民的媒介素养水平，能够让网民在网络舆论场上更加理性地看待问题，营造良好的网络舆论风气，使网民具备辨别信息真伪、理性发表言论的能力。

加快河南政务新媒体矩阵建设。传统媒体积极利用"两微一端一抖"发布新闻以及与网友互动，对政务新媒体来说，在对内容进行更新整合的同时，也要注意在新媒体平台上运用更为活泼生动的互联网语言与网友进行互动。

信息及时公开，做好舆论引导工作。新媒体平台要发挥作用，对新闻及时进行跟踪报道，同时对社会舆论进行积极引导，将新闻产生的负面影响降到最低。

推进司法公正，防范冤假错案。司法公正是法治社会的追求，在新媒体平台上，应对民众积极传播法治观念，避免媒介审判影响司法独立和公正。

规范官员行为，肃清不正之风。拓展监督渠道，利用政务新媒体平台接受来自各方面的监督，群众监督、社会监督与舆论监督合作发力，肃清官员中存在的不正之风。

讲好河南故事，打破刻板形象。应充分利用新媒体这一平台进行河南形象的宣传塑造，让全国人民正确认识河南，正确认识河南文化，对于打造更加完善的河南新媒体平台有重要的推动作用和借鉴意义。

## （二）河南媒体融合的未来发展思考与对策

《中原媒体融合发展20年》对媒体融合这一课题进行了深入的探讨分析，经过20年的融合发展，河南报业已经基本实现了"一次采集、多元生成、多次分发"的"中央厨房"模式。如今河南媒体融合发展的征程也已经到了打通"最后一公里"的至关重要的时刻。本报告针对媒体融合存在的一系列问题进行了分析，对河南媒体融合未来发展做了前沿预测，并提出了升级对策。

积极推进媒体深度融合，打造全媒体传播矩阵，扩大主流舆论阵地。进一步强化跨部门、跨平台、跨区域、跨媒介的合作发展，通过全媒体传播矩阵，满足人民群众对信息的需求，传递河南声音，扩大主流舆论阵地。

讲好河南故事，"融"出河南精彩，推出更多原创的优质内容。在河南媒体融合发展中必须紧紧围绕习近平新时代中国特色社会主义思想的主线，用河南人自己的故事传递河南人自己的声音。

坚持技术为先，加大对新媒体技术的研发力度，助推媒体融合发展。一方面，媒体可以通过与其他平台和企业的合作来创新产品、服务用户等，从而实现技术和内容的深度融合；另一方面，媒体要加大对新媒体技术的研发力度，在媒体融合中大胆尝试利用新型技术创新报道方式。

培养全媒体人才，注入新鲜血液。人才是媒体融合发展的根本生产力。大力培养全媒体人才是河南媒体融合发展的支撑性力量。媒体可以从高校、新闻单位、海外积极引进既专又能的全媒体人才。

运用互联网思维，创新服务功能。河南媒体深度融合亟须以新的互联网思维打破既有传播方式的樊篱，将互联网思维深度融入新闻的生产过程，这样才能真正生产出人民群众满意的融媒体作品。

完善多元产业布局，增强自我造血能力。河南媒体在融合转型过程中不仅需要依赖外部供血，也要不断完善多元产业布局，增强自我的造血能力，这是媒体长久发展的维持之道。

### （三）河南电视栏目媒体创新展望与建议

《河南电视栏目媒体创新调查报告》梳理了近年来以河南卫视为代表的河南电视栏目的媒体创新情况，从四个方面概述河南电视业新媒体时代整体的发展特征，又将目光聚焦到河南优秀传统电视节目的革新之路上，随后探索互联网时代服务类和公益类等新兴节目的创新征程，在此基础上提出了对河南电视栏目今后创新发展的展望与建议。

报告提出省级卫视作为主要的宣传机构，在政策解读和节目制作上有着深厚的功底，电视台围绕这一传统优势，坚持内容创新。《梨园春》《武林风》《华豫之门》《脱贫大决战》等节目的成功充分说明了好的 IP 才是综艺类节目的核心竞争力。

利用优质内容和互联网传播打造自己的独特优势，依托智能终端，充分展现河南作为一个文化大省的实力，利用旅游资源、人口资源，充分发挥河南卫视作为河南对外宣传的窗口作用。在增加趣味性的同时，也有利于增强河南人民的文化自豪感，让全国人民更好地了解中原文化、河南文化。

以 IP 资源的衍生产业扩大创收渠道，实现多渠道营销生态系统。着眼于大屏、小屏的互联互通，最终形成以用户体验为中心，节目创新、资源共享、多屏联动的媒体融合大格局，使河南卫视成为特色鲜明、发展潜力巨大的新型媒体传播平台。

在当下融媒体背景下，卫视栏目要以融合发展作为主要发展方式，积极打造内容优势的同时保持改革创新的热情，将优秀的内容和跟随时代发展的传播方式相结合，更好地向世界展示河南。

### （四）河南政务新媒体健康有序发展的建议

《河南政务新媒体发展调查报告》通过对河南政务新媒体近 10 年来发展脉络的梳理，肯定了河南政务新媒体在传递政府声音、社会治理、民生服务、信息公开、抗击疫情以及脱贫攻坚等方面所发挥的积极作用，同时也指出其在运营管理、信息内容、服务效能等方面暴露出的诸多问题。如部分政务新媒体重开设轻管理，逐渐沦为"僵尸号"；在内容方面较为刻板、定位不清；在服务效能方面回复滞后，盲目追求流量，脱离政务职能，舆论引导能力有所欠缺等。据此，为河南政务新媒体健康有序发展提出如下建议。

进一步提升运营人员的媒介素养。媒介素养的基本原则是避免公器私用；要紧跟形势，提高技术硬实力；培养新闻敏感度，灵活设置议程；与此同时，加强运营团队的系统化培训。

强化管理考核，定位清晰、服务实用。明确主体定位，事前评估，避免烂尾；健全信息发布审核机制；摒弃"政绩泡沫"，避免形式主义；以公众为中心，加强互动沟通，提高服务实用性。

注重平台搭建，强化矩阵联动。开疆拓土，扩大主体范围；打破信息孤岛，构建政务新媒体矩阵；5G赋能，加强产品设计和开发。

加强内容建设，提高内容品质，丰富内容形式。掌握网络话语方式，摒弃官话传播；结合职能，打造特色内容；占领舆论引导高地，提高舆情处置能力。

### （五）河南网络信息安全问题的解决策略

《河南网络信息安全发展20年报告》通过对20世纪以来网络舆论发展的梳理，分析了河南网络信息安全现状以及存在的问题，尤其是网络攻击、诈骗、隐私泄露等问题不容忽视，同时在肃清网络环境上也面临很大的挑战。挖掘了河南网络信息安全问题的根源，并罗列了解决这些问题的有利因素。在此基础上，报告提出了河南网络信息安全问题的主要解决策略。

加强网络信息安全的技术保障。发展先进技术，确保计算机硬件系统安全；培养网络技术人才，加强融媒体建设；依法治网，确保网络环境安全。

加强网络舆论空间治理。培养主流意见领袖，积极引导网络舆论；增强主流媒体议程设置能力，构建话语体系；推进县级融媒体建设，解决好信息的分发问题；强化网上群众路线，解决好社会关注的民生问题。

增强主流意识形态话语生产能力。强化新闻发言人制度，掌握意识形态话语权；用社会主义意识形态占领网络空间；开展意识形态教育，提升网络安全意识；加强智库建设，巩固意识形态安全，增强网络信息安全治理能力。

### （六）河南社交媒体舆情管理策略

《河南社交媒体舆情发展研究报告》首先回顾了河南社交媒体发展的历程，探讨了河南社交媒体格局的构建，通过对社交媒体热点舆情事件的分析，总结其传播特点，进而研究事件影响。其次分别对河南新浪微博账号、抖音号、民间微信公众号的内容及影响力展开具体分析。最后提出河南社交媒体发展现存的"泛娱乐化倾向严重""河南官媒势小声微""'豫文化'传播缺失"等问题，并针对上述问题给出舆情管理策略。

加强制度管理、突发事件舆情管理。扎实推进网络空间治理法制化；加强社交媒体网络的舆情管理；完善社交媒体内容生产和运营规范。

重视提升民众的网络素养。首先要重视青少年网络素养教育，其次需要发挥各类社会公益组织的作用。

充分发挥高校、研究机构等智库的作用。尤其是建立河南本土智库的决策角色，使其能够提供理论指导及经验总结，在今后处理社交媒体舆情事件时防微杜渐、扬长避短。

### （七）河南新媒体广告的发展趋势及建议

《河南新媒体广告观察与思考》通过大量案例调查，首先对河南新媒体广告形态演化进行了跟踪描绘，从 Web1.0 到 Web4.0 时代，经历了门户网站、社交媒体、移动互联网、智能媒体的变迁；其次，又分别从媒体形态与行业显现角度，对河南新媒体广告形态进行了详细的分析，进而总结河南新媒体广告的特点、优势与不足。在此基础之上，预测了河南新媒体广告的发展趋势，并给出相应的提升建议。

加强新媒体广告产业人才队伍建设。从内外出发，优化人才结构；鼓励培养和引进高层次广告创意人才，建设河南广告人才智库；充分利用省内高校人才资源，通过有效的人才政策吸引急需的新型广告人才，建设具有中原特色的新媒体广告产业。

调整优化广告产业结构。积极发展以"互联网+广告"为核心的新媒体广告产业；引导广告产业实现由传统媒介型向技术创新型、由创意驱动型向数据驱动型转变，推进以"创意、创新、创业"为核心的新媒体广告产业快速发展。

充分结合河南区域优势。利用河南本土优秀资源，如源远流长的河南历史文化，庞大的人口优势，以及河南的旅游资源等。以新媒体广告服务河南地区数字经济和智能商业的发展，推动河南本土品牌与文化的传播。

加强资金、技术和政策支持。通过政策引导、资金扶持、技术引进等方式，加快广告产业与数字技术的融合，推动广告业结构的转型和升级，加强对新媒体广告业的监管，鼓励各类新媒体广告企业的发展。

### （八）中原短视频新媒体发展不足与建议

《中原短视频新媒体发展报告》首先对2000年以来的河南短视频新媒体发展历程做了详细回顾，将其分为"初步探索""工具创新""全面繁荣"三大阶段；其次对河南短视频新媒体的发展现象予以解读。在此基础上，分别指出当前河南短视频新媒体在主流、政务、教育以及企事业领域中存在的不足，并有针对性地提出完善建议。

针对河南主流媒体短视频新媒体发展存在的"互联网思维欠缺""网感不足""融合机制转型不足""视频内容变现难度大""营销不足"等问题，提出需在"塑造品牌形象、增强用户黏性、优化内容升级"等方面进行提升。

针对河南政务短视频新媒体发展存在的"部分内容趋同，原创不足""形式略显单一，审美不足""定位过于宽泛，专业不足"等问题，建议找准自身定位，重塑政府媒介形象；注重用户参与，加强传播效果检测；多平台联动发展，提升传播影响力；创新制作形式，平衡"严"和"活"的表达。

针对河南教育短视频新媒体发展存在的"重视程度有待加强""短视频内容参差不齐""文化传播意识不强"等问题，提出打造河南教育系统自身品牌，突出中原文化特色的精准制作，制作上运用好各种新媒体技术等建议。

针对河南企事业短视频新媒体发展存在的"形式较为单一，原创水平低""专业程度参差不齐，传播效果差"等问题，建议发挥自身优势，深耕垂直内容；提高互动度，增强用户黏性；全方位提升，细节上用功。

### （九）河南新媒体期刊出版业转型对策建议

《河南新媒体期刊出版业调查报告（2000～2020）》概述了河南新媒体期刊出版业的基本状况，并对其出版环境和发行营收情况进行描述。其后着重对河南期刊出版业的几种新媒体战略转型形式进行了列举和分析。通过对大象出版社、教育出版网、中原出版传媒集团等经营与转型状况典型案例的研究，笔者认为河南新媒体期刊出版业还存在"地位与出版大省的定位难以相符""出版过度依赖教辅类读物，自主创新能力较弱""品牌塑造缺乏特色""新媒体运营内容薄弱""专业人才缺乏"等问题，并针对上述问题提出对策建议。

文化策划创新。应深入挖掘河南丰富的文化资源和底蕴，提升策划能力以催生更多的精品力作和传世之作，着力在出版精品力作上达到新高度。

大数据策划创新。通过大数据和云计算技术进行用户画像，分析研判用户的喜好和偏爱，以用户的视角进行新媒体产品的策划与出版，并借助新媒体平台做好用户的服务工作。

垂直市场创新。在新媒体背景下，垂直领域的内容深耕需要继续发力，将品牌延伸到新的产品中去；还要以服务带动销售，通过为用户提供增值服务来改善用户体验，刺激用户的线上消费。

全媒体营销创新。首先要完善传播渠道，扩大传播效果，形成规模影响；其次要丰富表现形式，利用可视化技术调动用户阅读的积极性；最后要加强与用户的交流和沟通，引导用户关注，提升用户黏性。

人才创新。在引进人才方面，应加强与相关高校的合作，在薪资待遇、发展平台、激励机制等方面对人才给予倾斜，同时加强对现有人员的数字化编辑技术培训，促进从业人员之间的交流，构建数字传播思维。

### （十）中原广告新媒体产业发展对策建议

《中原广告新媒体产业20年》首先对广告和新媒体产业的发展关系进

行了概述，在对中原广告新媒体产业组织形态进行剖析后，分析了中原广告新媒体对传统广告媒体带来的冲击。其次回顾了中原广告新媒体产业2000～2020年两个阶段的发展状况，并在结构水平、市场行为、发展绩效及影响因素方面予以评价，同时对中原广告新媒体企业腾讯·大豫网的起源、定位、发展与变革进行了剖析。最后指出了中原广告新媒体产业目前存在的一些问题，并提出相应的解决对策和建议。

以需求为导向。中原广告新媒体的进一步发展需要以市场需求为导向，针对河南巨大的人口消费空间，在充分利用资源优势的基础上提供优质内容。

以数据和算法为核心。通过大数据带来的广告技术创新，推动广告调查技术和广告投放效果的双重发展，促进广告新媒体产业向资源密集型产业转型，进一步优化广告产业结构。

以创意为引擎。敢于突破，提升互联网思维，在互联网核心领域掌握一定程度的话语权；探寻媒体形式与河南文化元素相结合的路子，通过文化元素与广告新媒体的融合促进广告新媒体产业和中原文化的双赢。

以技术为依托。河南若想在互联网发展下半场中夺得一席之地，关键要抓住5G浪潮，发展自身电子信息产业，培育本土实力互联网公司，加快打造5G产业发展先行区。

政策扶持，优化营商环境。制定激励性发展政策，促进广告产业健康发展，继续提高集约化、专业化、国际化的发展要求，努力解决广告发展的根本问题。

规范广告产业，优化广告市场。进入新媒体时代，将面临新的广告法规与伦理问题，应进一步加大对广告新媒体产业的监管力度，强化广告导向监管，营造风清气正的互联网广告环境。

## （十一）河南区块链媒体的未来展望与建议

《河南区块链媒体发展研究报告》详细阐述了区块链媒体近年来在河南的发展历程，探讨了从新媒体到区块链媒体的演变背景，并对区块链技术与高新技术的融合趋势及特点进行了分析，着重对河南区块链媒体的发展现状进行了描述，明确指出河南区块链媒体当前发展所面临的一系列挑战，并对百度图腾、Theta 等区块链媒体进行案例分析，将国内外区块链媒体进行对比研究，最后对河南区块链媒体未来进行了展望并提出前瞻性建议。

筹备区块链媒体创业团队，促进产业蓬勃发展。依托政府行业发展的整体战略构想，深入开展区块链媒体研究与学习，适时组建区块链媒体学习与实践团队，为后续进行区块链媒体的开发与应用提供人才储备。

激活传媒业内容生产的积极性，共生共创。在自媒体的传播时代，区块链媒体产业机构与用户个人之间应实现品牌的彼此促进，努力营造平台与用户共建共生共创的正向循环生态。

加快区块链媒体人才培养。区块链人才培养要加强跨学科交叉，注重培养复合型人才，引入校企联合培养，注重发挥理论和实践相结合的人才优势，真正实现人才落地。

完善区块链媒体相关法规制度。区块链治理除行政、法律等方式以外，"以链治链"应该作为治理的主要模式；对区块链赋能的传媒产业治理，应以加强对区块链媒体的认知为切入点。

结合本地科研校企资源，技术融合共促发展。在全球范围内区块链媒体逐步发展繁荣的进程中，河南区块链媒体产业布局须加快速度，充分发挥本地区域技术优势，建立区块链媒体人才培养机制，以促进本地新媒体和区块链媒体产业的发展。

## || 现象篇

# 河南新媒体现象透视与热点解读

邓元兵*

**摘　要：** 随着互联网的普及与新传播技术的快速演进，河南的互联网建设与新媒体发展稳步前进，新媒体在河南的社会治理和发展进程中日益重要。媒体融合已成为河南媒体发展趋势，新媒体成为热点事件生成与传播的重要平台。本报告不仅总结了河南新媒体发展现状及存在的问题，还基于 2010～2020 年的河南新媒体热点事件提出河南新媒体热点事件的应对建议与策略，为今后河南新媒体的高质量发展提供启示。

**关键词：** 新媒体　热点事件　河南省

---

\* 邓元兵，管理学博士，郑州大学新闻与传播学院副教授，主要研究方向为新媒体、用户行为、传播效果。郑州大学新闻与传播学院硕士研究生陈舟扬、韩晓茜、刘鑫、范赛华、周梦琦等对本报告的素材收集、报告撰写亦有贡献。

# 一 河南新媒体现象透视

## （一）河南新媒体发展历程

2013 年 8 月 19 日，习近平在全国宣传思想工作会议上指出："加快传统媒体和新兴媒体融合发展，充分运用新技术新应用创新媒体传播方式，占领信息传播制高点。"随着互联网的普及与新传播技术的快速演进，河南互联网建设与新媒体发展稳步前进。2015 年 9 月 8 日，河南省政府与中国联通集团签署建设"全光网河南"战略合作协议，并于 2015 年底实现了光纤网络全省覆盖，加快了"宽带中原"战略的实施。2016 年是河南互联网蓬勃发展、新旧媒体加速融合的一年。互联网基础设施建设成效显著，在全国率先基本实现了固定宽带 50 兆以上接入，并且宽带速率大幅提升，提升了用户的上网体验。同时，郑州互联网国际通信专用通道开通，国家大数据综合试验区获批建设，"互联网+"行动深入推进，信息通信技术支撑经济社会发展动能不断增强，共同推进了河南由网络大省向网络强省的转型。

其中，河南网络政务发展迅猛。2016 年其应用渗透率高于全国平均水平 4.9 个百分点，政府机构开通微博和政务头条号的数量均居全国首位，反映出河南地区政务信息化程度比较高。随着提速降费的加快实施，网络游戏、网络直播和网络视频等高带宽、大流量的互联网娱乐应用呈现高速发展的态势，各类网络娱乐类应用增长率均超过 10%，而即时通信、搜索引擎、网络新闻这些基础应用已发展成熟，增长率低于 3%，反映了网民对于娱乐化的信息需求不断增长。① 新媒体环境的开放性为用户上传和浏览信息提供了便利条件，但也使用户信息的安全受到威胁。2018 年调查数据显示，网民对网络安全环境的感知持续向好，网民在上网过程中遇到安全问题的比例进一步下降，但河南网络安全基础薄弱，大量关键信息基础设施存在安全漏

---

① 《〈2016 河南省互联网发展报告〉发布》，河南日报网，2017 年 5 月 17 日，https://www.henandaily.cn/content/fzhan/hntsuo/2017/0517/46201.html。

洞，网络和信息安全形势依然不容乐观。①

2019年，河南互联网用户总数突破1.1亿户，居全国第四位，省内互联网普及率达到91.3%。网民规模达到8798万人，其中手机网民规模占比98.1%。从上网设备来看，河南使用手机移动端的用户占比逐渐提高，通过手机随时随地获取信息已成为网民的习惯。从互联网应用情况来看，即时通信、网络购物、网络新闻与网络视频的网民规模较为庞大，分别达到8508万人、7619万人、7566万人和7540万人，较2018年分别增加了3.2个、6.1个、4.0个和11.5个百分点，其中网络视频用户数保持高速增长，说明越来越多的河南网民习惯通过网络视频获取信息或休闲娱乐。②

5G网络实现了通信技术的颠覆式变革，具有高速率、高可靠、低时延、低功耗等特点，可以全面应用于移动互联网和物联网场景中，并实现全媒体传播。河南高度重视5G网络建设，2019年1月8日，河南省人民政府办公厅发布《河南省5G产业发展行动方案》，这是全国首个省级5G部署规划方案，致力于建设在全国具有重要影响的5G强省。城市轨道交通作为现代社会的重要交通方式之一，每日都承载了数以亿计人的交通出行，成为信息通信的"新数据爆点"。2019年5月，河南郑州地铁5号线全面实现了5G信号覆盖。2020年，河南出台《河南省加快5G产业发展三年行动计划（2020—2022年）》，在加快推进5G网络建设的基础上，明确了技术创新、产业发展、深化应用、安全保障等方面的具体任务，进一步促进河南网络强省的建设。

### （二）河南新媒体发展现状

河南在"十三五"规划中明确提出建设网络经济大省，在网络强国战

---

① 《〈2018河南省互联网发展报告〉暨5G网络建设情况新闻发布会》，河南省人民政府网站，2019年5月16日，https：//www.henan.gov.cn/2019/05-16/793596.html。

② 《河南省2019互联网发展报告出炉，互联网用户数突破1.1亿户 在线教育成新晋"流量担当"》，河南省人民政府网站，2020年5月16日，http：//www.henan.gov.cn/2020/05-16/1489009.html。

略实施过程中，担负着重要的责任。当前，河南新媒体的建设在以下几个方面稳步迈进。

### 1. 新型智慧城市建设

2020年，河南省发展和改革委员会编制建立了适用于河南新型智慧城市的标准体系，推动以省辖市为主体的新型智慧城市建设，创建一批特色鲜明的新型智慧城市示范市。同时，推进智慧社区试点建设，支持各地建设一批智慧社区试点，依托新型智慧城市统一的中枢平台"城市大脑"，创新线上线下联动服务模式，开展社区网格化管理、健康养老、智慧生活圈、智能安防、智慧停车、智能快递柜等智慧应用。此外，在开展智慧城市智慧化应用方面，围绕解决城市发展的难点、堵点问题，河南省发展和改革委将重点在交通、医疗、教育、文旅、城管、安防、公共安全监测预警、应急救援等领域实施智慧化示范工程，会同省有关部门培育建设了一批智慧交通、智慧校园、智慧医院、智慧景区、智慧应急等试点应用场景。

### 2. 鲲鹏产业生态体系

河南当前围绕培育壮大"Huanghe"本土品牌，依托鲲鹏产业基金，大力引进、培育领军企业，辐射带动一批"专精特优"中小企业，培育1家领航企业、发展3家骨干企业、带动一批配套企业，按照市场化原则发展"1+3+N"企业群体。此外，推进鲲鹏生态协同创新。河南加快中原鲲鹏生态创新中心建设，初步建成了鲲鹏产品适配认证平台和标准化认证体系，培养了2000名鲲鹏技术应用型人才，校企共建了10所鲲鹏产业学院，完成了100家软件开发商业务产品适配测试。支持鲲鹏生态相关企业和单位开展鲲鹏生态技术研发与产品创新，联合高校、科研院所共建一批新型研发机构。推动许昌鲲鹏产业硬件生产基地形成年产"Huanghe"牌服务器35万台、PC机75万台、平板电脑20万台的生产能力，加快在政务、基础、产业、社会等重点领域的应用示范。

### 3. 数字产业化发展

河南加快推进上汽大数据中心、APUS全球数字基因库等项目建设，开展能源、信用、空间地理等行业大数据创新应用试点示范，建设了社会信用体系与大数据融合发展试点省，加强了大数据产业关键技术研发，推进了大数据与云计算服务模式融合，发展了一批行业大数据应用解决方案提供商和具有行业影响力的云应用服务商。此外，在软件信息服务业方面，加快推进了鲲鹏软件小镇一期、软通智慧郑州研发基地、南威中原区域总部等项目建设，提升信息安全、教育、轨道交通、金融税务等领域软件发展优势，力争在基础软件、工业软件等领域实现关键技术突破。

**4. 制造业数字化转型**

河南打造了智能制造示范企业，建设 50 个省级智能工厂、100 个智能车间，抓好 1000 个智能化改造重点项目建设。开展"企业智能化改造诊断服务进千企"活动，研究制定智能制造分级评价指标体系，面向示范企业探索开展分级评价，推动企业提档进阶。遴选中小企业数字化服务商，针对不同行业中小企业的共性需求开发数字化解决方案，组织服务商与中小企业开展精准对接，推动中小企业数字化转型。此外，推进 5G 与工业互联网融合创新。加快"5G+工业互联网"网络技术和产品部署实施，推进 5G 无线连接、5G 边缘计算、5G 网络切片等技术在数字化生产线、数字化车间及智能工厂的应用。依托工业互联网创新发展工程，支持制造业龙头企业建设 5~8 个行业工业互联网平台，培育一批"5G+工业互联网"集成创新应用试点。

**5. 服务业数字化转型**

河南围绕居民日常消费全生态链，运用大数据、移动支付等数字化手段，加快发展"网上菜场""网上餐厅""网上超市""网上家政""网上商场"等新模式新业态，实现"线上+线下""到店+到家"双向融合，挖掘培育一批新零售企业。同时，推进物流行业数字化转型，鼓励有条件的地市建设 5G 智能物流园区，培育一批智能无人仓储和无人分拣应用试点，推广应用标准化物流运输载具，新建、改造提升一批物流公共服务信息平台，争创国家智能化仓储物流示范基地，持续推进电商与物流快递协同发展工作。此外，健全"互联网+医疗健康"服务体系，加快建成统一权威、互联互通的省、市、县三级全民健康信息平台，整合医疗服务、公共卫生服务和健康管理服务。建设全省统一的远程医疗服务信息系统，积极开展远程会诊、远程病理诊断、远程影像诊断、远程心电诊断等业务，推动构建有序的分级诊疗格局。依托省互联网医院监管平台，支持引导实体医疗机构合理合规开展线上互联网诊疗服务。

### 6. 农业数字化转型

河南推进数字乡村建设示范，优化"省级平台＋县级运营中心＋乡村级电商服务网点"的三级运营网络和提升其运营能力。强化电商公共服务体系建设，完善乡村电商站点服务功能，推进智慧乡村服务应用，打造电商进农村综合示范"升级版"。推动各地加快乡村物流资源整合，畅通工业品下乡和农产品进城双向流通渠道。加快推动农业智慧化应用，依托国家现代农业示范区，加快推广设施农业智能控制、大田"四情"监测、水肥药一体化智能灌溉等应用，推进临颍县大田种植、渑池县畜禽养殖等数字农业试点项目建设。加快农产品质量安全追溯平台省、市、县三级覆盖，完善 1000 个以上乡（镇）区域站功能，推动食用农产品从农田到餐桌的全程追溯。

### 7. 数字应用新业态发展

河南实施"上云用数赋智"行动，积极参与国家数字化转型促进中心布局建设，面向产业链上下游企业和行业内中小微企业提供需求撮合、转型咨询、解决方案等服务。组织数字化转型示范工程，重点在远程办公、共享经济、新型基础设施服务等领域，组织平台企业（转型服务供给方）和中小微企业（转型服务需求方）联合打造一批数字化转型典型应用。持续开展"企业上云"专项行动，全年推动 3 万家企业上云。同时，培育信息消费新产品、新业态、新模式。提升信息消费产品和服务供给水平，大力发展智能家居、智能网联汽车、智能硬件等融合型新产品，鼓励开展同步课堂、沉浸式运动、数字艺术、演艺直播、赛事直播、高清视频通信社交等智能化交互式创新应用示范，引领带动数字创意、智慧旅游、数字文化、智能体育、智慧健康养老等新产业、新业态发展。积极申报国家信息消费示范城市，做好郑州国家信息消费示范城市年度建设工作。此外，大力发展平台经济。有序推动交通出行、房屋租赁、教育医疗、物流快递等生活服务和社会服务资源共享，支持企业构建一批生产设备和办公空间等共享平台，大力发展新型兼职、人才众包等模式，打造一批知识技术服务众包平台，推进农田、农机、农技及扶贫资源等涉农资源共享，优化资源配置、促进供需高效对接。

### 8.数字园区提升发展

当前，河南加快数字经济核心区发展，推动以郑东新区智慧岛为引领的数字经济核心区加快发展，大力推进阿里巴巴、海康威视等数字经济龙头企业区域总部建设，形成电子商务、云计算、大数据、高端软件等产业集聚的发展态势。加快提升智慧岛建设水平，完成智慧岛智慧化升级改造，实施一批"5G+"、区块链应用示范工程，打造一批国际领先的智慧场景应用。此外，提升大数据产业园区发展水平，组织开展省级大数据产业园区评价，对18个园区进行综合排序和动态调整。鼓励各地布局建设一批数字经济园区，新认定一批发展快、发展好的省级数字经济园区。推进智慧园区建设，加快产业集聚区、现代服务业专业园区智能化改造，推动产业集聚区智能化园区建设由试点示范向全面推广拓展，提升园区企业生产运营、运行管理和公共服务智能化水平。

### 9.数字基础设施建设

现阶段，河南启动全省5G规模化商用，持续完善城市、公路沿线及重点区域5G网络，建设面向5G的移动交互广播电视网，支持郑州建设全国5G"先行城市"，新建基站16960个以上，实现县城以上城区5G全覆盖。加快推进中国联通通信技术实验室、中国移动5G联合创新中心开放实验室、中国铁塔5G建设技术创新中心、华为垂天5G边缘计算实验室等建设，开展海量物联网、车联网等多场景的5G商用试验。同时，加快大型数据中心建设，推动中原数据基地二期、中国移动（河南）数据中心二期、中国移动（河南郑州）数据中心一期、白沙中原大数据中心、河南电信IDC网络扩容工程等项目加快建设，新建机架9000个以上，打造全国重要的区域数据中心。推进互联网协议第六版（IPv6）规模部署。开展IPv6端到端贯通能力提升专项行动，持续提升 IPv6 活跃用户和网络流量规模，2020 年底前完成省内大型数据中心、主要内容分发网络、行业云应用示范平台云产品等重点领域 IPv6 改造任务，IPv6 活跃用户数超过 6500 万户。此外，加快窄带物联网发展，推进物联网感知设施规划布局，截至 2020 年，NB-IoT 在网连接数达到 1000 万个，覆盖了全省县以上城区、乡镇、产业集聚区。①

### （三）河南新媒体发展存在的问题

2010～2020 年，河南新媒体发展进程不断加快。但在新媒体发展中也存在一些不容忽视的问题。探讨分析新媒体自身面临的问题，对于今后河南新媒体的健康、快速发展起着至关重要的作用，本报告认为河南新媒体在发展过程中存在以下五个方面的问题。

#### 1. 新媒体内容可信度不足

河南新媒体产业发展迅速，新媒体的开放性及信息源的多元化，打破了传统的信息发布局面，权威部门与新闻机构不再是内容发布的唯一主体。在"人人都有麦克风"的时代背景下，一些信息发布者利用网络传播的高效率传递不实信息以牟私利，误导万千网民，造成了极其不良的社会影响。基于2010～2020 年河南新媒体热点事件，本报告发现一些引发热议的事件皆为网友散布的谣言，如 2015 年引发河南网友关注的"河南奶农 1 天倒 1 吨奶"事件以及 2017 年的"河南一家因给不起彩礼，母亲轻生，父亲跳河"事件，最后都被权威部门和新闻机构证实为谣言。这些被网友拍下的图片与视频，经过虚假言论的包装，在网络上快速传播。"网络非法外之地"，很多人却将这句话抛到脑后，随意发布各种内容，对自己所说的言论不负责任，出现很多虚假信息，这对河南新媒体环境的建设造成了十分不利的影响。为了网络健康、稳定、有序发展，河南需要建立规范的制度与制定严厉的措施来加强对新媒体内容的监管。

---

① 《重磅！2020 年河南省数字经济发展工作方案发布》，"大河财立方"搜狐号，2020 年 6 月 11 日，https://www.sohu.com/a/401269550_120109837。

**2. 新旧媒体融合仍需加强**

河南新媒体的发展对传统媒体造成了巨大冲击，在数字化时代下，现实的情形要求传统媒体必须在原本的基础上进行改革。《中原新媒体发展报告》指出，河南新媒体发展虽有先机优势，但优势还未完全发挥，在媒介融合领域没有形成全面上升态势。[①] 同时，河南的一些传统媒体在转型中还面临体制束缚、思维桎梏、盈利存疑和人才短缺等问题，一些媒体仅做到了技术上的融合。在河南媒体融合的实践演进过程中，河南日报报业集团及旗下的产品走在媒体深度融合的前列，其融合内容包括资源融合、平台融合、技术融合、体制融合、内容融合、行业融合、理念融合和人才融合等多个方面。河南日报报业集团的媒体融合成果给河南其他媒体做出了优秀示范，其实践表明媒体融合要立足于实际情况，在剖析当下技术、河南实际、河南社会大环境的情况下，全方位、多角度完善媒体融合的机制。

**3. 新媒体垂直细分程度低**

近年来，河南新媒体在整体上取得了较为可观的成绩，但优质的新媒体平台仍集中于政务类和媒体类。中国互联网络信息中心（CNNIC）发布的第45次《中国互联网络发展状况统计报告》显示，河南政务新媒体发展较为亮眼，其中政务机构微博开通数量居全国首位，截至2019年底，河南各级政府共开通政务机构微博10185个。全省共开通政务头条号7485个，数量居全国第二位；共开通政务抖音号760个，数量居全国第九位。[②] 但相对于政务新媒体，其他领域的新媒体发展较为缓慢，垂直细分程度不够详尽，用户集中且分布层次混乱。从新媒体的角度看，目前较好的发展方向之一是选择"专业、精细、特色"的路线，在垂直细分领域深度经营。因此，新媒体在内容设置上需要突出特性，精准定位受众群体，增强用户黏性，提升

---

① 《完整版河南新媒体发展报告，新媒体要走向哪里?》，"中原新媒体联盟"微信公众号，2015年8月2日，https：//mp. weixin. qq. com/s/VZpqxJbV6wmiQUCfBdeBhQ。

② 《河南政务新媒体发展有看头！第45次〈中国互联网络发展状况统计报告〉发布》，"河南日报客户端"百家号，2020年4月28日，https：//baijiahao. baidu. com/s? id = 1665215124
057633500&wfr = spider&for = pc。

用户活跃度以释放更多商业价值。在未来，河南须加深媒体垂直细分程度，引导商业价值开发趋向成熟化。

### 4.新媒体监管机制应完善

由于新媒体具有开放性、交互性和海量性等特点，其信息传播的审核过程十分简单。低门槛的准入方式让新媒体呈现泥沙俱下的态势，监管不严导致河南新媒体的发展环境存在一些乱象，暴力，不正当言论，虚假、违法信息等的传播干扰了正常的网络秩序。从河南以往的监管系统来看，部分地区的管理人员管理思维守旧，新媒体知识与监管理念尚未更新，对网络的发展、传播手段以及传播性质缺乏系统的知识储备，因此在对新型网络媒介传播的监管上依然承袭过去的形式。而从管理体制的角度来说，新媒体的监管涉及多方部门，监管职责交叉且不集中，要在监管的过程中完成合作有一定难度。自2019年起，河南被国务院确定为全国12个"互联网+监管"系统试点省份之一，河南从"一张白纸"起步，加速"换挡超车"，注重"政产学研用"相结合，强力推进"互联网+监管"系统建设与对接工作，"一网通管"的河南探索取得了一定成绩。

### 5.新媒体用户素质待提升

根据河南省人民政府新闻办公室发布的《2019河南省互联网发展报告》，2019年，河南新增网民257万人，网民规模达到8798万人，互联网普及率为91.3%。互联网用户总数达到1.1亿户，居全国第四位。[①] 在网络媒体的急速发展阶段，面对持续扩大的用户规模，提升网民素质成为河南新媒体发展的重中之重。但有部分新媒体用户沉溺于网络带来的快感，对行为规范缺乏自觉遵守意识，常发生侵犯他人权利等网络暴力行为。相关法律法规体系的不健全，使许多用户散播不良信息或进行恶意炒作。每位新媒体用户都应认识到，网络虽然是虚拟的，但也存在于现实生活的方方面面，网络的"无界限"与"自由性"只是相对的，而不是绝对的。新媒体用户须进

---

① 《河南省互联网用户突破1.1亿 移动互联网用户新增数全国第一》，"网信河南"微信公众号，2020年5月15日，https://mp.weixin.qq.com/s/Nhzw44TcUZUF40Lu4u2xbw。

一步强化网络世界的责任意识，学会对自己的行为负责任，这样才能营造一个天朗气清的网络环境。

### （四）河南新媒体的发展对公众参与意见表达的影响

新媒体以新传播技术为支撑，以其海量性、公开性、匿名性等特点，给公众提供了广阔的平台和发展空间，对民众参与社会讨论和意见表达产生了重要影响。

#### 1.河南新媒体背景下公众参与意见表达的特点

公众参与行为的开放性、平等性、低成本、便捷性等特点在互联网背景下普遍存在，在河南亦是如此。不同民族、性别、年龄和文化程度的公民、不同类别的团体组织，可以不受时间、空间限制，借助互联网同政府组织实现即时沟通互动，使更多公众参与公共政策的制定。2015年，上海合作组织成员国政府首脑理事会会议在郑州举办。会议期间，部分相关微信公众号推送的文章不但阅读量可观，且点赞量、留言量和留言点赞量都迅速提高。以原"河南省旅游局"微信公众号推送的文章《报告总理，河南已准备完毕，请检阅》为例，该文章下方有来自河南不同城市民众的评论，内容多为对自身骄傲情感的表达、对河南各地美食及美景的推荐以及给政府相关工作提出的建议。

然而，现有理论和对公众的调查结果显示，虽然大众对网络改变公众参与的格局、促进社会公平持乐观态度，但是在新媒体背景下，公众参与公共治理也呈现非典型性特征。在网络参与的实际过程中，政府尤其是那些相对有影响力的公共人物仍然比普通公众拥有更强的话语权，网络甚至加剧了不同群体间的信息不对称，造成了参与机会的不均衡。这样的典型案例如，2017年的"中储粮河南万吨小麦被'遗忘'7年变质"事件，该事件早在2015年12月底就已萌芽，金硕粮油有限公司曾在百度贴吧、新浪微博等网络平台发布帖子控诉中储粮不尽监管职责，并恳请关注。但该事件直到中国新闻网在2017年5月8日发布相关报道后，才得以曝光。

#### 2.河南新媒体背景下公众参与意见表达的价值

首先，新媒体极大拓展了河南公众参与公共政策过程的地理边界和知识边界，使跨时空、跨边界、跨领域的普遍联系成为可能。正是新媒体为公众参与提供了全新的信息流动场域、社会资本支持和新型组织模式，大大降低了信息扩散成本，触发了网络行动主义的兴起。2012年"郑州房妹"事件、2014年"郑州雾霾信"事件、2015年"河南周口城管围殴七旬老夫妻"事件等均是先在微博端被曝光，再随之受到广泛关注。新媒体平台为公众参与社会话题提供了讨论的空间，并形成一定的"意见气候"，对社会治理产生一定的影响。

其次，新媒体是实现公众参与公共治理的杠杆，让更多公众力量投身公共治理，增强公共治理的效果。2017年，河南省信访局开启了"互联网+信访"新模式，方便群众反映诉求；2020年，河南省人民政府发布《河南省数字政府建设总体规划（2020-2022年）》，也强调了互联网、大数据等技术手段在加快推进数字政府建设中的重要作用。同时，新媒体将社会个体有效"链接"起来，并赋予公众"指尖上的权力"，大大降低了公众参与的成本与门槛，提高公众的参与质量。《大河报》利用大数据、云计算、VR/AR等技术，使传统的图文信息变成以音、视频为主体的传播方式，媒介的传播方式和渠道更加多元；通过"两微一端"平台与用户深层互动，提升了公众的民意表达效果。

### 3. 河南新媒体背景下公众参与民意表达存在的问题

首先，公众有形式上的地位，但无实质上的参与能力。虽然我国法律明确规定了公众在诸如行政立法、行政决策过程中的角色和地位，但在现实中，信息的不对称占有、回应和规则机制的弱化均在事实上妨碍真实有效民意的表达，尤其是那些专业性、技术性较强的行政决定活动，没有相应信息，就很难有话语权。[①] 由于行政机关最终做出决定所依赖的信息，在很大程度上来自管制团体；同时在行政机关对管制团体长期的行政管理中，他们易于结成利益同盟，造成行政机关被管制团体所俘获，形成"管制俘获"。因此，未经组织化的和信息占有量少的公众在整个公共治理中的"花瓶地

---

① 王锡锌：《公众参与和行政过程一个理念和制度分析的框架》，中国民主法制出版社，2007。

位"很难避免。学者罗雁飞曾指出，目前河南虽建设了政务新媒体矩阵，但省内部分政务新媒体还停留于会议转述、领导层精神传达等层面，政府形象较为刻板，无法与民众积极互动。

其次，公众参与滞后，其他配套措施缺位。当前中国的网络公共空间更像是一个混沌的空间，草根与精英并存，发言者和旁观者并存，理性与非理性并存，真相与谣言并存，批判与炒作并存。在这种"超真实""内爆"的网络社会中，各种社会力量彼此博弈。而充分、真实的信息是公共讨论的前提，缺少这一前提就使网络上公共的高质量讨论难以深入开展。近些年随着新媒体的普及，很多在河南发生的社会热点事件最先在网络上引起公众讨论，如"王凤雅'诈捐'"事件、"河南四考生质疑高考答题卡被调包"事件等，但随着时间推移，事件出现反转，并且反转事件在新媒体舆论场中越演越烈，久而久之就会消耗公众参与民意表达的耐心，造成公众参与的滞后。①

基于以上分析，媒体的融合与发展已进入新的阶段。在省级媒体建设中，新媒体的建设已经成为各级政府部门的"标配"，成为"互联网+政务"发展的重要手段。无论是省级政府还是基层政府都要加强新媒体矩阵传播体系建设，利用"互联网+"创新社会服务方式，实现社会治理现代化，积极与当地媒体微博、微信公众号等联动，与广大网民互动，形成传播合力，从而打造公开、高效、亲民的河南政府形象。②

## 二 河南新媒体热点事件案例解读

互联网的兴起与发展改变了传统的信息传播格局，推动我国进入了信息社会。伴随着网络功能的日臻完善，以互联网媒体为代表的新媒体深刻影响着大众的社会生活。CNNIC 发布的第 46 次《中国互联网络发展状况统计报告》显示，截至 2020 年 6 月，我国网民规模达 9.40 亿人，较 2020 年 3 月

① 王群：《"互联网+"背景下公众参与公共治理：文献综述与前瞻》，《湖北行政学院学报》2019 年第 5 期。

② 董大伟、楚双志：《协同视域下的媒体融合纵深发展探微》，《编辑之友》2020 年第 3 期。

增长 3625 万人，互联网普及率达 67.0%，较 2020 年 3 月提升 2.5 个百分点。① 在这一新形势下，新媒体平台已经成为热点事件发布与传播的重要载体。

河南地处中原，作为发展中的大省，其历史地位和现实意义非常重要。近年来，全省经济社会发展取得了重大突破，利益格局在进行调整的同时，社会结构也随之受到了巨大冲击，社会发展矛盾日益凸显。在国情与省情的综合作用下，不同议题的事件容易通过互联网发酵，在新媒体平台引发热议，并进一步对社会的各个方面产生影响。

媒体格局的调整与社会的发展使舆论生态发生了重大变化。本报告将对河南新媒体热点事件进行分析解读，从热点事件中选取典型案例进行研究，思考不同议题事件的特点，分析新媒体热点事件产生的影响，寻找其反映出的矛盾与问题，进而提出有针对性的策略与建议。在技术赋能、新媒体生产力被规模化释放的当下，本报告对推动河南舆情治理现代化具有针对性，对我国其他地区运用新媒体创新社会治理也有一定的参考价值与借鉴意义。

### （一）河南新媒体热点事件的概念界定

厘清"新媒体热点事件"的内涵是本报告的逻辑起点。学界对"新媒体"没有统一的概念界定，其中宫承波在《新媒体概论》中谈道：新媒体可以通过内涵和外延来解释。新媒体的内涵主要是指在社会技术水平大大进步的背景下，与传统媒体迥乎不同的新型媒体；就其外延来讲，新媒体主要包括有线电视、图文电视、电子计算机、数据库通信系统、卫星电视、互联网、手机短信、多媒体技术等等。新媒体并非一个科学的概念，因为新是相对于旧来体现的，任何事物的出现都是以新的姿态登场，但是随着时间的推移，更新的东西还是会不断出现，之前的新便成为现在的旧。② 本报告认为这是对新媒体而言较有代表性的阐述。

---

① 《最新〈中国互联网络发展状况统计报告〉来了!》，"北京日报客户端"百家号，2020 年 9 月 29 日，https://baijiahao.baidu.com/s? id=1679151411281365400&wfr=spider&for=pc。
② 宫承波主编《新媒体概论》，中国广播电视出版社，2012。

在对"新媒体热点事件"相关词汇概念的考察中，邱林川指出新媒体事件是新媒体环境下具有新特点、新的发展趋势的"媒体事件"。[①] 陈浩等学者认为所谓的新媒体事件，即通过以互联网为主要代表的新媒体广泛参与和传播而造成的具有重大社会影响力的事件。[②] 学者李彪认为网络事件是以网络为主要讨论场域，通过大量的转载、跟帖、讨论等参与方式，产生一定的表达和意见的场域效应，进而在全国范围的网络场域中产生重大影响和规模的传播事件。[③]

综上所述，本报告认为新媒体热点事件是指以新媒体为传播平台和主要讨论场域，与传统媒体联动引发社会各界关注和参与，从而形成舆论焦点、产生重大现实影响的社会事件。这些事件既包括现实中自带关注度的事件，也包括需要借助网络传播引发人们关注的现实中的非热点事件；既可以是现实社会的真实事件，也可以是以虚假信息为缘由的事件。

在信息化时代，网络舆情与社会舆论的关系十分密切，因此新媒体热点事件并非一般的新闻事件，而是事件本身、社会情绪、现实问题与互联网媒体多方作用的结果。因此，分析河南新媒体热点事件的特点、影响和问题，并在此基础上提出合理有效的建议措施，对进一步改善、优化河南网络环境具有重要的意义。

## （二）河南新媒体热点事件汇总与分类

### 1. 河南新媒体热点事件汇总

为便于分析，本报告将涉及河南近年来的新媒体热点事件进行了整理。2010年，河南媒体发展进入了新的历史时期。河南省社会科学院主持编纂的《2011年河南社会形势分析与预测》一书中也指出："2010年

---

① 邱林川、陈韬文主编《新媒体事件研究》，中国人民大学出版社，2011。
② 陈浩、吴世文：《新媒体事件中网络社群的自我赋权——以"华南虎照片事件"为例》，《新闻前哨》2008年第12期。
③ 李彪：《网络事件传播空间结构及其特征研究——以近年来40个网络热点事件为例》，《新闻与传播研究》2011年第3期。

是互联网迅速发展的一年，全国的网民数量已经突破 4 亿大关。互联网已经成为利益表达、情感宣泄、思想碰撞的重要舆论渠道。河南的网络舆论空间同样发展迅速，以"赵作海冤案"事件为代表的一系列舆情事件标志着河南在一定范围内形成了具有本土特征的舆论热点。"基于此，本报告以 2010 年作为事件汇总的起点，对 2010~2020 年河南新媒体热点事件进行统计与分类。

本报告的数据样本来源于知微事见、清博大数据等舆情网站，以及新浪新闻、网易新闻、腾讯新闻等门户网站，同时还有新浪微博热门话题，初步选出共计 352 起河南新媒体热点事件。随后结合百度新闻的检索数据结果，对近 11 年来的新媒体热点事件进行进一步的样本筛选。在具体检索中，以百度新闻检索结果页面显示的词条数量作为筛选标准，通过检索 352 起新媒体热点事件的核心关键词来获取数据，将每一年中显示的信息检索数量排名前十的事件视为当年的河南新媒体热点事件，最终确定了 110 起新媒体热点事件作为研究对象。这些新媒体热点事件涉及河南的多个地区以及不同领域，它们并非孤立的新媒体事件，而是对现实问题的反映。

**2. 河南新媒体热点事件分类**

随着近年来新媒体热点事件的发展与衍变，本报告认为有必要对其进行分类。因为不同议题的新媒体热点事件，其讨论热度有差别，媒体及网民的态度也不同，社会影响更是存在差异。对于新媒体热点事件的议题类型，我国学者从多种不同的角度进行了划分。其中，《2013 年河南省微博舆情监测报告》将舆情事件的类型分为"事故灾难类""自然灾害类""公权力形象类""公益慈善类""司法事件类""经济民生类""时事政策类"，共 7 类。本报告结合河南新媒体热点事件的具体特征，删去了原本分类中的"事故灾难类""自然灾害类""公益慈善类"，增加了"文化教育类""生态环境类""公共卫生类""灾害事故类"，共 8 类（见表 1）。

表1　2010~2020年河南新媒体热点事件汇总及分类

| 时间 | 事件 | 事件分类 |
|---|---|---|
| 2010年 | 河南大学生扶起倒地老太太被判赔7.9万元 | 司法事件类 |
| | 河南洛宁邮政局长酒后驾公车撞死5名青少年 | 公权力形象类 |
| | 郑州地铁一号线开建 | 经济民生类 |
| | 开封开发商"拆错房" | 经济民生类 |
| | 洛阳地震局局长养鸡鸭预测地震 | 经济民生类 |
| | 河南为南水北调工程大移民 | 时事政策类 |
| | 河南新乡封丘"毒工厂" | 生态环境类 |
| | 赵作海冤案 | 司法事件类 |
| | 曹操墓新发现遭质疑 | 文化教育类 |
| | 鲁山疑犯"喝水死" | 公权力形象类 |
| 2011年 | 河南"宋基金" | 经济民生类 |
| | 双汇"瘦肉精" | 公共卫生类 |
| | 河南人民检察博物馆开馆 | 文化教育类 |
| | 正阳县碾人案 | 公权力形象类 |
| | 商丘赵作海冤案 | 司法事件类 |
| | 河南洛阳性奴案 | 经济民生类 |
| | 河南郑州拆迁自焚 | 经济民生类 |
| | 信阳市老促会主任酒后强奸案 | 公权力形象类 |
| | 368万天价过路费案（"天价过路费"） | 经济民生类 |
| | 汝南县警察酒后肇事 | 公权力形象类 |
| 2012年 | 郑州市一房管局原局长被举报倒卖经适房敛财 | 公权力形象类 |
| | 开封千亿造城 | 公权力形象类 |
| | 平顶山"死刑保证书" | 司法事件类 |
| | 漯河副局长持枪殴打记者 | 公权力形象类 |
| | 周口市人大常委会主任之子毕业11年升副县长 | 公权力形象类 |
| | 郑州立交桥下冻死农民工 | 经济民生类 |
| | 周口平坟运动 | 公权力形象类 |
| | 永城官员涉嫌强奸幼女 | 公权力形象类 |
| | 项城经适房申购名单中出现42名未成年人 | 公权力形象类 |
| | 郑州"房妹" | 公权力形象类 |

续表

| 时间 | 事件 | 事件分类 |
|---|---|---|
| 2013 年 | "呕吐死"事件新进展 | 司法事件类 |
| | 河南洛阳大楼因上级领导一句话高盖 20 余米 | 公权力形象类 |
| | 南阳省级保护文物被强拆 | 文化教育类 |
| | 双汇国际并购 | 经济民生类 |
| | 新乡"共产主义大桥"坍塌 | 灾害事故类 |
| | 《南风窗》报道不实 | 经济民生类 |
| | 孕妇跑 20 趟未办下准生证 | 公权力形象类 |
| | 中牟农民被开发商碾死 | 经济民生类 |
| | 袁厉害 | 灾害事故类 |
| | 郑州航空港上升为国家战略 | 时事政策类 |
| 2014 年 | 高考替考 | 文化教育类 |
| | 洛阳副市长失联 | 公权力形象类 |
| | 南阳"艾滋病拆迁队" | 经济民生类 |
| | 信阳官员赞拆迁人员是"最可爱的人" | 公权力形象类 |
| | 鹤壁"电老虎" | 公权力形象类 |
| | 南阳非正常上访训诫中心被摘牌 | 公权力形象类 |
| | 卢氏县"高级领导干部" | 公权力形象类 |
| | 新郑"半夜拆迁" | 公权力形象类 |
| | 郑州"雾霾信" | 生态环境类 |
| | 获嘉污染 | 生态环境类 |
| 2015 年 | 少林寺方丈释永信被网上举报私生活混乱 | 文化教育类 |
| | 河南一派出所所长:法律听我的我代表法律 | 公权力形象类 |
| | "上合会议"在郑州举办 | 时事政策类 |
| | 河南一大学生在家闲着没事掏鸟 16 只,被判 10 年半 | 司法事件类 |
| | 网传河南奶农 1 天倒 1 吨奶当地媒体辟谣:几十公斤 | 经济民生类 |
| | 河南"中原之门"大楼烂尾投资规模 1.8 亿 | 公权力形象类 |
| | 郑州市因空气质量问题被环保部约谈 | 生态环境类 |
| | 郑州交警开宝马撞死婴儿 | 公权力形象类 |
| | 河南女教师辞职信"世界那么大,我想去看看" | 文化教育类 |
| | 河南周口城管围殴七旬老夫妻 | 公权力形象类 |

续表

| 时间 | 事件 | 事件分类 |
|---|---|---|
| 2016 年 | 职业学校拆迁冲突 | 公权力形象类 |
| | 河南发出第一张"人身安全保护令" | 时事政策类 |
| | 郑州一大学生无力偿还网络贷款跳楼自杀 | 经济民生类 |
| | 问题疫苗流入案件 | 公共卫生类 |
| | 医疗垃圾被做成餐具流入市场 | 公共卫生类 |
| | 信阳战国古墓发掘 | 文化教育类 |
| | 王娜娜被顶替上大学 | 文化教育类 |
| | 原郑州市委书记吴天君被查 | 公权力形象类 |
| | 电视人辱骂河南人遭起诉 | 经济民生类 |
| | 吃黄焖鸡米饭疑似吃出老鼠头部 | 公共卫生类 |
| 2017 年 | 信阳一镇政府公职人员酒后驾驶致 2 死 1 伤 | 公权力形象类 |
| | 郑州一高架桥在施工中桥面坍塌致 1 死 8 伤 | 灾害事故类 |
| | 郑州一面包车闯红灯撞向行人致死 | 灾害事故类 |
| | 京港澳高速河南新乡段发生重大车祸致 12 死 11 伤 | 灾害事故类 |
| | 洛阳两名上访女命丧派出所 | 公权力形象类 |
| | 河南一家因给不起彩礼，母亲轻生，父亲跳河 | 经济民生类 |
| | 驻马店女子被撞飞遭二次碾压身亡 | 灾害事故类 |
| | 中储粮河南万吨小麦被"遗忘"7 年变质 | 公权力形象类 |
| | 爱奇艺招聘过滤河南人 | 经济民生类 |
| | 河南发布"最严烟花禁放令"3 天后撤回 | 公权力形象类 |
| 2018 年 | 南阳回应"铺路薄如摊煎饼"：完全合格，裂缝是设计要求 | 公权力形象类 |
| | 河南周口民办幼儿园雪中遭拆 | 公权力形象类 |
| | 河南少女失踪 6 年遭一对父子强奸生 3 孩 | 经济民生类 |
| | 河南首家知识产权审判专门机构郑州知识产权法庭成立 | 司法事件类 |
| | 滴滴顺风车"空姐"遇害 | 经济民生类 |
| | 高价彩礼或以贩卖人口论处 | 经济民生类 |
| | 河南四考生质疑高考答题卡被调包 | 文化教育类 |
| | 信阳李芳老师飞身挡车救学生 | 经济民生类 |
| | 王凤雅"诈捐"事件责问网络舆论 | 经济民生类 |
| | 长葛女子被堂姐顶替学籍 | 文化教育类 |

| 时间 | 事件 | 事件分类 |
|---|---|---|
| 2019 年 | 河南南阳市委书记暗访怒批扶贫干部引热议 | 公权力形象类 |
| | 郑州推行"官方带娃"引关注 | 时事政策类 |
| | 郑州奔驰维权 | 经济民生类 |
| | 河南某医院称封针疗法可治愈脑瘫引热议 | 公共卫生类 |
| | 河南三门峡矿企将裸露山体喷成绿色引热议 | 生态环境类 |
| | 河南一女子醉驾玛莎拉蒂致两死 | 经济民生类 |
| | 河南一考生遭北大三次退档 | 文化教育类 |
| | 郑州空姐遇害案滴滴顺风司机父母被判赔 62 万 | 司法事件类 |
| | 河南一女童眼睛被塞纸片 | 文化教育类 |
| | 河南省招办回应退档流程图 | 文化教育类 |
| 2020 年 | "错换人生 28 年"案在河南开庭原告索赔 270 余万元 | 司法事件类 |
| | 2020 年中国金鸡百花电影节郑州启幕 十影片竞百花奖 | 文化教育类 |
| | 河南市区公共场所室内全面禁烟 | 时事政策类 |
| | 河南一小区土方中发现 4 具儿童尸体 | 经济民生类 |
| | 河南一女子不堪家暴跳楼 | 经济民生类 |
| | 河南"郭某鹏"案 | 公共卫生类 |
| | 河南平顶山一高考生撕毁两人答题卡 | 文化教育类 |
| | 郑州一拉杆箱内发现女尸 | 经济民生类 |
| | 河南村长硬核防疫喊话,引发网友热议 | 公共卫生类 |
| | 河南已调查到与夏文化有关古代遗址约 226 处 | 文化教育类 |

（1）灾害事故类

灾害事故类主要包括事故灾难类与自然灾害类事件。其中,事故灾难是指直接由人类生产与生活活动所引发的,违背人们意愿的并造成生产和生活活动暂时停止、大量人员伤亡、巨大经济损失的,具有破坏性后果的意外事件。事故灾难类通常包括交通运输事故、生产过程中的各类安全事故、公共设施和设备事故等。此类事件具有危害性、广泛关注性以及紧迫性等特点。人们在关注这类事件本身的同时,也会思考事件背后折射出的社会问题。如"袁厉害"事件中,人们不仅关心兰考大火,而且更多地把视线聚焦在政府救助工作存在的不足和流浪儿童社会救助体系面临的困境上。

（2）公权力形象类

近年来，公职人员的言谈举止一直是公众关注的重点，"官德"的重要性不言而喻。在汇总的河南新媒体热点事件中，公权力形象类事件占比远高于其他类事件，排名第一（见图1）。

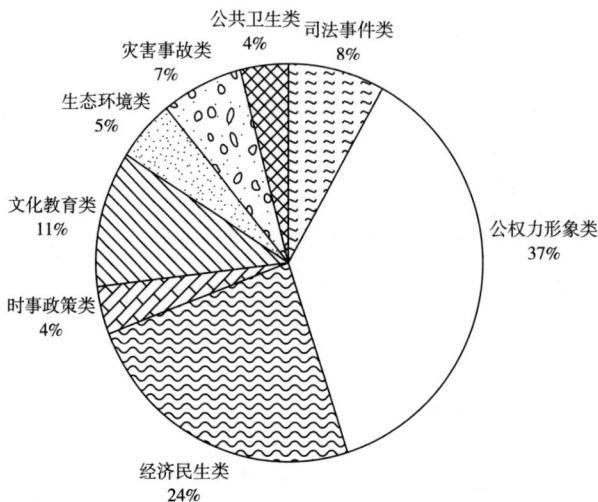

图 1 2010~2020 年河南新媒体热点事件各议题数量占比

基建问题在这类事件中的出现频率较高，如"开封千亿造城""南阳回应'铺路薄如摊煎饼'：完全合格，裂缝是设计要求"等都表现出河南民众对基建的关注。除此之外，政府行政执法不规范和执行力低下也一直是民众讨论的重点。十九大以来，中央加大了监督执纪问责的力度，河南的党风政风有了较为明显的改善，公权力形象类事件的数量也呈现下降的趋势。

（3）司法事件类

司法事件类议题在河南新媒体热点事件中的关注度也相对较高。在我国加强社会主义法治建设和提倡司法公正的今天，河南的冤假错案还时有发生，如"赵作海冤案"等。这些事件反映出河南法律普及不到位以及部分公民法律意识淡薄等问题。在一些司法事件中，经常有法与情的碰撞与磨合，如"河南大学生扶起倒地老太太被判赔7.9万元"这一事件被报道后，"扶不扶倒地老人"屡次成为热门讨论的公众话题。

（4）经济民生类

经济民生类事件主要从社会层面着眼，是最贴近群众生活的事件，涉及百姓最关心的问题，因此在汇总的河南新媒体热点事件中，经济民生类事件是占比排名第二的事件。这类事件中有涉及地域歧视、社会民俗等内容，还有一些事件性质恶劣、社会影响重大，如"郑州一拉杆箱内发现女尸""河南一女子醉驾玛莎拉蒂致两死"等都在当时形成了巨大的舆论浪潮。在河南的社会民生事件中，以年轻女性和未成年人为代表的弱势群体受到较多关注，如"河南一小区土方中发现4具儿童尸体""滴滴顺风车'空姐'遇害"等。在经济民生类事件舆论传播的过程中，有时还会衍生出公众对一些现存的宏观问题的讨论，在推动网络舆论发展的同时促进社会的发展。

（5）时事政策类

时事政策类事件的内容主要包括中央和国家机关、地方各级党委和政府出台实施的规定规范、发布的通知、印发的意见指导、进行的重大政策立法、举办的重要活动和制定的发展战略等，如"河南市区公共场所室内全面禁烟""河南发出第一张'人身安全保护令'"等。这类事件与社会民生和每个人的利益息息相关，一般关注周期较长，从决策规划阶段一直持续到决策实施与评估阶段。

（6）生态环境类

生态环境类事件是指以环境问题为主要内容的事件，涉及政府环境治理和污染防治、生态环境及自然资源保护、环境污染事故等，其中环境污染事故包括了水污染、大气污染、固体废物污染及国家重点保护的动植物与自然保护区破坏等。随着工业化进程的推进，环境污染问题日益严峻，公众越来越重视环境治理问题，生态环境类事件在未来也必将是公众关注的热点。

（7）公共卫生类

公共卫生类事件是指突然发生的对公众的身体健康造成一定威胁的公共事件，主要包括传染病疫情类以及食品药品安全类事件。公共卫生类事件具有突发性、严重性和不稳定性的特点，容易出现公众的情绪传播。其中传染病疫情类的公共卫生事件影响大、危害程度高，政府部门需要在应对突发事件的同时，对公众的情绪加以引导。

（8）文化教育类

文化教育类事件主要包括文化事件与教育事件。文化事件是以文化活动或文化相关的人、事物为主要内容，文化新发现和现代的重大文化媒介事件是人们关注的重点，如"2020年中国金鸡百花电影节郑州启幕　十影片竞百花奖""河南已调查到与夏文化有关古代遗址约226处"等。文化事件的报道往往体现出政府及大众对文化的价值取向，并影响文化事业的发展。河南作为中华文明的摇篮、中华文明的重要发祥地，其底蕴深厚，文化丰富多彩，因此在河南新媒体热点事件中文化类事件数量较多。除了文化外，教育事件也是河南民众关注的重点。新中国成立以来，河南各级各类教育蓬勃发展，同时涉及教育公平、校园霸凌等问题的新媒体热点事件也频频刷屏，如"河南一考生遭北大三次退档""王娜娜被顶替上大学""河南一女童眼睛被塞纸片"等。在教育类事件中，河南作为全国第一教育人口大省，教育公平的话题更易引发民众的共鸣，其报道数量在近年来也呈现上升的趋势。教育是国民素质之根本，教育强则国家强，教育兴则民族兴，每一起教育事件反映出的教育行业的问题都不容忽视。教育类舆情事件的明显增多，反映出公众对教育改革、教育公平的深度关切。

## 三　河南新媒体热点事件应对建议与策略

### （一）不断提高网民的媒介素养水平

根据第46次《中国互联网络发展状况统计报告》，中国的网民规模达

9.4 亿人，互联网普及率达 67.0%。中国网民已经是一个庞大的群体，在新媒体热点事件的传播中起着尤为重要的作用。网民拥有信息传播和意见表达的自由，其上传在网络中的文字、图片以及视频随时都可能引发大量的关注。例如 2017 年，令无数网友感到痛心的"驻马店女子被撞飞遭二次碾压身亡"事件，以及 2019 年引起热议的"河南三门峡矿企将裸露山体喷成绿色"事件，都是由普通网民在社交媒体发布相关视频而引爆了事件，促进了人们对社会问题的关注。

但在网络舆论场域中，网民很容易失去理性的判断能力而跟风进行情绪发泄，造成网络信息真假难辨、反转事件频发。例如 2018 年"王凤雅'诈捐'"事件和"河南四考生质疑高考答题卡被调包"事件，一个本是一件社会为患病儿童献爱心的好事，却因为个别人的猜疑让爱心变成伤害人的利器；另一个原本是一次正义的维权，却反转为这四个学生自导的闹剧。

此外，网民的媒介素养不足还会造成舆论失焦等问题。例如在 2018 年"滴滴顺风车'空姐'遇害"事件中，起初报道中的"空姐""深夜""被杀"等极具遐想的字眼刺激着网友的眼球，关于男女话题的讨论活跃在各大评论区，在滴滴官方发文道歉并贴出百万缉拿凶手的公告后，网民的注意力才被转移。

在新媒体热点事件中，网民的意见表达在很大程度上影响事件舆情的进展。因此，提高网民对各种媒介信息的解读批判能力是控制舆情偏向的有效途径。政府应加强对网民媒介素养的教育，网民也要恰当地表达个人观点，做到不信谣、不传谣，在面对新媒体热点事件时，要主动辨别信息真伪，理性看待事件，不盲目跟风。

### （二）加快河南政务新媒体矩阵建设

目前，"两微一端"与抖音等新媒体平台已成为公民进行舆论监督的重要工具。网民可以随时随地对经济民生、司法事件、文化教育等议题发表意见，这些意见经过互联网被快速地传播与放大，短时间内便能在互联网场域产生广泛的影响。在如今的新媒体时代，政务新媒体已成为政府权威信息发布、获取网民意见及与公众交流互动的重要平台，各大政府部门都充分利用微博、微信、抖音三大新媒体平台的特点与优势组建政务新媒体矩阵，通过三者的联动、整合、发布和信息的差异化、精准化传播，实现对受众舆情信息的全覆盖。

《大河报》《河南日报》等主流媒体入驻微博平台，虽拥有近千万名粉丝，但粉丝数和互动量并不成正比，且省内几家较有影响力的官方微博更多的是转述其他省市新闻，对省内的新闻涉及较少，对于关注其的粉丝来说，并没有及时传递地缘接近性的新闻信息。

此外，《大河报》下设的大河 App，其首页信息更新不及时，县级融媒体板块也没有及时与用户互联互动，专业人员的缺失以及信息的极少更新使其丢失了很多用户。对此建议河南政务新媒体的建设，一方面要注重平台互动力、传播力与影响力的提高，不能形同虚设，要切实做好集约化建设，为群众提供便民服务；另一方面，在叙事与互动时，要有意使用互联网语言。

## （三）信息及时公开，做好舆论引导

现代社会是一个风险社会，各种自然灾害或社会活动造成的风险经过互联网的放大，会引起公众大范围的恐慌。在事件发生后，将相关信息或处理结果及时向社会公众公开，让公众了解事件真相是有效应对新媒体热点事件的必然要求。为此，政府需要完善新闻发言人制度，加快建设新媒体平台，及时满足广大人民群众的知情权，避免因信息公布不及时造成网络谣言的泛滥和引起公众恐慌等情况的发生。

目前，在大数据技术的帮助下，公众的意见、态度、情感等原来难以捉摸的内容也可以数据化，使网络舆情研判可以更加精准。在舆论引导方面，政府应注重与网络"意见领袖"的沟通。在新媒体舆论场中，"意见领袖"在一定程度上可以影响大部分网民的判断并引导舆论的走向，具有较强的影响力。

### （四）推进司法公正，防范冤假错案

习近平总书记在纪念现行宪法公布施行 30 周年大会上指出"要依法公正对待人民群众的诉求，努力让人民群众在每一个司法案件中都能感受到公平正义，决不能让不公正的审判伤害人民群众感情、损害人民群众权益"。然而，在 2010~2020 年河南新媒体热点事件中，冤假错案成为河南司法领域的突出问题，2010 年发生的"赵作海冤案"至今也具有较强的代表性，常被列在中国近 30 年来十大冤案的名单之中。

冤假错案触动着司法公正的"神经"。所谓司法公正，就是指法律所蕴含的精神和价值被司法机关准确地在裁判活动中加以贯彻和体现，在法治社会中具有极其重要的地位和作用。若对中外发生过的冤假错案加以分析，便会发现任何一种司法制度都不可能杜绝冤假错案，"有狱就有冤"。[①] 冤假错案产生的原因众多，既有"不想放过一个坏人"的司法理念，使部分案件在没有铁证的情况下仓促定性、着急定案，又有司法腐败、司法人员专业能力不足、错误民意胁迫司法审判等原因。

因此，要防范冤假错案便要实现每一起司法案件中的公平正义。首先，做到以审判为中心的刑事诉讼制度改革，把好刑事案件的"总闸口"；其次，应继续全面落实司法责任制，深化司法体制综合配套改革，健全司法权力运行机制，让合适的人做合适的事；最后，要形塑公众的法治观念，避免媒介审判影响司法独立和公正。[②]

### （五）规范官员行为，肃清不正之风

党的十八大以来，习近平总书记就作风建设多次做出重要指示批示，指出"四风"问题具有顽固性、反复性，纠正"四风"不能止步，作风建设永远在路上。官员的行为作风一直是大众关注的焦点，2010~2020 年河南新

---

① 朱孝清：《冤假错案的原因和对策》，《中国刑事法杂志》2014 年第 2 期。
② 邵鹏：《以冤假错案的纠正推进司法公正——以十八大后冤假错案纠正为视角》，《法制与社会》2020 年第 3 期。

媒体热点事件中，公权力形象类热点事件占比较高。对此，规范官员行为、肃清不正之风迫在眉睫。一方面，政府官员应根据习总书记提出的"三严三实"要求规范自身行为，多一些亲民情怀，少一些霸道作风，站在人民群众的立场上，切实为人民着想；另一方面，还要加大对政府官员的权力约束与监督力度，纪检机关应强化执纪问责力度，加强巡视巡察，开展专项整治，同时拓宽监督渠道，利用政务新媒体平台接受来自各方面的监督，形成群众监督、社会监督与舆论监督合力。

### （六）讲好河南故事，打破刻板印象

"一部河南史，半部中国史"道尽了河南在中国历史进程中的地位。河流地缘孕育文明，位于黄河中下游的以河洛地区为中心的中原地区，自古以来就是优秀文化的聚集地，无论是伏羲炎黄文化，还是殷商文化，抑或是繁荣的唐宋文化，各路文化都诞生于此并保存至今，这是中华民族宝贵的历史遗产。历史文化底蕴造就了今天的河南，如今，不少历史古墓和遗迹被发现，且2020年相关报道显示：河南已调查到与夏文化有关的古代遗址约226处。同时，依靠浓厚的文化氛围，不少大型文化活动陆续将举办地设在河南，例如2020年中国金鸡百花电影节在郑州启幕，展现了传统中原文化特色与现代文化交相辉映的城市形象。

河南拥有浓厚的历史底蕴，在考古、文化活动等领域有着多样的文化事件，但在2010~2020年新媒体热点事件中并不突出。一方面是由于此类事件带来的争议性不强，本身缺少话题热度；另一方面也和大众对河南的刻板印象有关，例如2016年的"电视名人屡次辱骂河南人遭起诉"事件以及2017年的"爱奇艺招聘过滤河南人"事件，揭露了河南人在面向社会时遭遇的地域黑、贬低与嘲笑问题，并且体现出河南人在维护自身形象时话语权丢失，很难为自己发声。长期以来，河南人艰苦务实、吃苦耐劳的形象并没有得到良好的宣传，河南的发展变化、河南的创新改革、河南的现代化进程在全国人民面前没有得到充分展现，河南人的楷模、好人、道德模范的事迹没有强有力地传递到全国，河南文化软实力欠缺、话语权缺失，没有从根本

上改变全国人民对河南和河南人的刻板印象。因此，也值得进一步思考，应采取何种大众喜爱的方式来讲好河南故事，呈现河南悠久而独特的历史文化，同时也是打破河南种种标签的一种途径。

# 四　结语

伴随新媒体的发展，一个众声喧哗、生动活泼的民间自由意见市场已然形成，人们习惯利用新媒体进行信息传播、观点表达，进行情感或压力的宣泄。新媒体热点事件便是在这样的场域中产生并迅速扩散，在引发社会各界广泛关注的同时，有效地促进了社会问题的解决。当公众开始承担舆论监督的责任，参与到新媒体热点事件的传播过程中时，打破了媒介组织或政府主导话语权的传统，公众与政府之间可以互相交流，极大促进了公众参与民意表达的积极性。

**参考文献**

刘雨辰：《浅析当前我国公民法律意识淡薄的现状、成因及对策》，《法制博览》2017 年第 31 期。

林琳：《法律法规难执行，根子在法治意识淡薄》，《工人日报》2019 年 1 月 4 日。

张玉萍：《从"彭宇案"看法律的局限性》，《中国高新区》2017 年第 22 期。

陈雨萌：《从老人跌倒"扶与不扶"浅谈中学生道德修养和法律意识的培养》，《知识文库》2018 年第 2 期。

廖腾琼、林世雄：《论检察机关刑事审判监督的有效性——以赵作海案为视角》，《学术论坛》2012 年第 6 期。

李光宁：《信访对司法独立的影响——以"死刑保证书"案为例》，硕士学位论文，西南政法大学，2014。

王晶、王绍龙：《中国教育公平问题舆情分析及对策研究》，《新媒体与社会》2013 年第 1 期。

李佳镁：《从校园凌虐看校内儿童权利的法律保护》，《法制博览》2019 年第 6 期。

白楚下：《眼睛被塞纸片，校园霸凌岂是闹剧?》，《青春期健康》2020 年第 1 期。

胡艳珍、李心怡：《中原鼎文化创意产品开发路径探究——以河南博物院为例》，《美与时代（上）》2020 年第 10 期。

鲁健强：《河南省舆情治理研究》，硕士学位论文，华中师范大学，2018。

原平方、燕频：《"赋能下沉"与"秩序规制"：国家治理能力现代化下的新媒体发展——2018年中国新媒体事件回顾》，《编辑之友》2019年第2期。

喻国明：《大数据分析下的中国社会舆情：总体态势与结构性特征——基于百度热搜词（2009—2012）的舆情模型构建》，《中国人民大学学报》2013年第5期。

张瑞晶、刘寒娥：《2014年内蒙古自治区热点舆情事件分析》，《新闻论坛》2015年第4期。

邱林川、苗伟山：《反思新媒体事件研究：邱林川教授访谈录》，《国际新闻界》2016年第7期。

张晋升、祁志慧：《共治·共融·共建·共享：信息生态视域中的新媒体发展——2019年中国新媒体事件回顾》，《编辑之友》2020年第2期。

许鑫：《新媒体事件的概念与类型辨析》，《天中学刊》2011年第1期。

官欣：《事故灾难类突发事件中的网络舆论引导研究——以"12·20"深圳滑坡事故为例》，硕士学位论文，华东师范大学，2017。

刘晓：《社会转型期下的新媒体事件研究》，硕士学位论文，广西师范学院，2017。

《70年 河南教育走出了一条"穷省办大教育"的成功之路》，新浪河南网，2019年8月23日，http：//henan.sina.com.cn/news/2019-08-23/detail-ihytcitn1423583.shtml。

《全国首家省级检察历史博物馆在河南新县建成开馆》，中国新闻网，2011年4月20日，http：//www.chinanews.com/df/2011/04-20/2986955.shtml。

# 中原媒体融合发展20年

王一岚[*]

**摘　要：**2014年媒体融合上升为国家战略，各地媒体加快了融合发展的进程。大融合浪潮下，河南媒体抓住机遇大胆变革，取得了突出成就。同时，河南县级融媒体存在机制体制僵化、融媒体人才短缺、新媒体平台运行乏力、多元化经营能力不足等问题，因此河南各地市需要在政务服务能力、人才引进、内容建设、产业化经营等方面持续发力，探索出真正适合自身发展的新路径。

**关键词：**媒体融合　河南省　县级融媒体"中央厨房"

## 一　河南媒体融合背景综述

党的十八大以来，中共中央、国务院不断制定和出台一系列推进传统媒体和新兴媒体融合发展的政策。在新兴媒体快速崛起的当下，这些政策的出台是时代发展的要求。河南立足本土媒体发展状况，深入贯彻落实中共中央、国务院出台的一系列有关媒体融合发展的重大部署，坚持改革创新，不断探索新媒体技术，创新媒体产品呈现形式，拓宽媒体信息发布渠道，完善媒体组织架构，走出了一条独具河南特色的媒体融合之路。

河南日报报业集团打造的"顶端新闻"平台，要尝试做"内容+、服务+、社区+、短视频+、直播+，记者做网红，做大IP"以及河南电视台的

* 王一岚，郑州大学新闻与传播学院副教授，主要研究方向为乡村传播与发展传播学、新媒体、政治传播。郑州大学新闻与传播学院研究生牛青霞、刘阳、张诗雯、刘姣姣、张迪、李晓蔷对本报告的素材收集、报告撰写亦有贡献。

融媒改革实践，无不在诉说着中原媒体融合即将向更深处走去。

习近平总书记在 2013 年 8 月 19 日的全国宣传思想工作会议上的讲话中明确提出了"传统媒体和新兴媒体融合发展"，强调宣传思想工作要创新就需要积极探索有助于破解工作难题的新举措、新方法，加快推进传统媒体和新兴媒体融合发展。<sup>①</sup> 习近平总书记在全国宣传思想工作会议上提出"传统媒体和新兴媒体融合发展"这个新课题，拉开了我国媒体融合的序幕。同年 11 月 9~12 日，中共十八届三中全会审议并通过了《中共中央关于全面深化改革若干重大问题的决定》（以下简称《决定》）。在《决定》中提出"整合新闻媒体资源，推动传统媒体和新兴媒体融合发展"的新要求。这标志着媒体融合作为一项政策理念纳入施政纲领，也表明推动媒体融合发展成为全党的共识。

2014 年 8 月 18 日，中央全面深化改革领导小组第四次会议在北京召开，会议审议通过的《关于推动传统媒体和新兴媒体融合发展的指导意见》指出，推动媒体融合发展有利于落实中共中央全面深化改革部署，推进宣传文化领域改革创新，也有利于各级各类媒体适应媒体格局深刻变化，提升传播力、公信力和影响力。以此为标志，2014 年被称为"中国媒体融合发展元年"。2014~2015 年，是媒体融合发展的第一个阶段，这个阶段是媒体融合的"相加"阶段，这一阶段媒体融合的主要特征是不同媒体在技术形态上开始融合。2014 年 4 月 23 日《人民日报》第 6 版刊登了刘奇葆同志《加快推动传统媒体和新兴媒体融合发展》的文章。这篇文章为媒体融合的进一步开展指明了方向，有助于纠正媒体融合仅仅局限于技术层面创新升级的不足。

2016~2018 年，是媒体融合发展的第二个阶段，这个阶段是媒体融合的"相融"阶段，该阶段媒体融合的特征是不同媒体在组织架构上进行深层融合以及对生产流程进行升级再造。这一阶段媒体融合发展的两个典型代表是"中央厨房"和"县级融媒体中心"的建设。2017 年 5 月 7 日，中共中央办

---

① 中共中央文献研究室编《习近平关于全面深化改革论述摘编》，中央文献出版社，2014。

公厅、国务院办公厅印发的《国家"十三五"时期文化发展改革规划纲要》指出，要推动媒体融合发展，提高舆论引导水平。这可以说是中共中央对央级媒体进行媒体融合所做出的重大战略部署。各级各类媒体纷纷组建人才队伍进行"中央厨房"建设。

县级融媒体中心作为打通媒体融合的"最后一公里"、连接群众的"最后一公里"以及基层治理的"最后一公里"，在党的新闻舆论工作中占据重要地位。2018年8月21~22日，习近平总书记在全国宣传思想工作会议上发表重要讲话，指出"要扎实抓好县级融媒体中心建设，更好引导群众、服务群众"。这次讲话从国家战略层面指出了县级融媒体建设的发展方向。9月20~21日，中宣部在浙江湖州市长兴县召开县级融媒体中心建设现场推进，确定了县级融媒体中心建设的具体目标和实现路径。11月14日召开的中央全面深化改革委员会第五次会议审议通过了《关于加强县级融媒体中心建设的意见》，该意见指明了县级融媒体中心建设的基本思路。2019年1月15日，中宣部、国家广电总局联合发布《县级融媒体中心建设规范》（以下简称《规范》）、《县级融媒体中心省级技术平台规范要求》（以下简称《要求》）。《规范》和《要求》点明了县级融媒体中心建设的主要目标和技术支持。这一系列政策的出台有利于县级融媒体中心在内容、渠道、平台、管理、运营等方面进行深度融合，有利于不断提高县级媒体传播力、引导力、影响力，有利于不断巩固和壮大基层新闻舆论宣传阵地。

2019年以后，是媒体融合发展的第三个阶段，这一阶段是媒体融合的"一体化建设"阶段，该阶段媒体融合的特征是媒体融合的各个方面都在向纵深发展。2019年1月25日，中共中央政治局在人民日报社就全媒体时代和媒体融合发展举行第十二次集体学习，习近平总书记主持学习并发表重要讲话时强调，"推动媒体融合发展、建设全媒体成为我们面临的一项紧迫课题。要运用信息革命成果，推动媒体融合向纵深发展，做大做强主流舆论，巩固全党全国人民团结奋斗的共同思想基础，为实现'两个一百年'奋斗目标、实现中华民族伟大复兴的中国梦提供强大精神力量和舆论支持。"① 2020 年 6 月 30 日，中央全面深化改革委员会第十四次会议审议通过的《关于加快推进媒体深度融合发展的指导意见》强调，要推动媒体融合向纵深发展。9 月 26 日中共中央办公厅、国务院办公厅印发的《关于加快推进媒体深度融合发展的意见》，从重要意义、目标任务以及工作原则三个方面明确了媒体深度融合发展的总体要求，并从互联网思维、群众路线、技术引领、融合发展、人才培养和资金保障这六个方面提出相关举措。

国家媒体融合政策的出台是技术变革和时代发展的需要，国家和政府有关部门出台媒体融合政策的目的是构建全媒体传播体系、做大做强主流舆论，以媒体融合发展推动社会治理方式的变革。国家媒体融合政策的出台与实施为媒体融合发展创造了新的契机。在宏观上，发挥了旗帜和纲领的作用；在微观上，这些政策的出台与落实也为媒体融合的开展与推进提供了政策、资金和人才保障。

回顾河南媒体融合的历程，一件件带有标志性意义的事件记录了河南融媒的发展。

2000 年，河南日报报业集团成立，成为全国的 16 家已经"成团"的集团之一。② 从这一年往后，大多数报业网站开始专注"变身"为综合网站，内容上仍以新闻为主。报业格局随着资源配置优化逐渐成形。

2006 年，河南报业集体协作建成了新"大河网"，还研制、开发出第六媒体：大河多媒体信息港。5 月 15 日，河南日报报业集团推出了河南的第一份手机报。

2007 年，河南日报报业集团转变发展方向并扩展成传媒、文化集团。

2010 年，"大河报读者俱乐部"成立，且在第一时间开通了官方微博。同年，"大河报"客户端开发成功。

2011 年，中原报业传媒集团成立。

---

① 《习近平 1.25 谈媒体融合发展十大"金句"》，人民网，2019 年 1 月 26 日，http：//media.people.com.cn/n1/2019/0126/c14677-30591465.html。

② 吴玥：《新媒体环境下河南日报报业集团转型研究》，硕士学位论文，河南大学，2014。

2012 年，"云中原"客户端开发并上线，是河南首个手机新闻客户端。

2013 年，《河南日报》微博平台正式开通，同时新媒体部门也在集团内部成立，基本实现了线上写作以及改稿。

2014 年，大象融媒体集团有限公司成功"出道"，打造全媒体航母。

2015 年 6 月，郑州报业集团联手科技公司，开发了社区智能化管理平台软件——"笑脸社区"。11 月，"新界"客户端上线。

2016 年 1 月，河南日报报业集团"中央厨房"的微信采编工作按部就班地稳定推进，"中央厨房"开始为进行采写测试，报社各部门联络员均提供了信息。①

2017 年 2 月，融媒体中心 2.0 版正式开启。其中，"小薇"系列融合媒体产品在"金水河"初次与受众见面。6 月，随着河南日报报业集团运用其更新改造后的"中央厨房"，《大河报》率先接入河南日报报业集团全媒体数据中心，促进自身转型。并且大河网技术团队为了推进媒体融合，自主研发河南日报报业集团新型采编平台"大河云"。

同年，河南广电领域"局台分设"完成"两台合并"；《东方今报》推出"猛犸视频"；大象融媒体集团提出了"融合引领，智媒突破"的理念。

2018 年，《大河报》在两会期间推出"AI 上新时代"系列融媒体产品，这是引入实体智能机器人的标志。6 月，由大河网自主研发的"大河云"客户端 3.0 版上线。

## 二 传统媒体的冬天来了——融合的紧迫感

2000 年，传统媒体开始采用新技术。从手写稿到电脑写稿，技术的革新使传统媒体发生了什么样的变化？

### (一)"凛冬"与"春晓"——从被动融合到主动融合

自 2004 年以来，新媒体的发展给社会的各方各面都带来了不小的变化，

---

① 于今：《河南日报报业集团媒介融合路径研究》，硕士学位论文，河南大学，2016。

并且这种变化仍在持续。2004 年，在全世界范围内引发过一场关于"报纸消亡论"的讨论。而 2010 年，智能终端的不断发展在丰富了新媒体传播渠道的同时，也为报业争取了新的发展机会。

### 1. "凛冬"将至——融合的必要性

2001 年，报纸的"CTR 媒介智讯"趋势数据日到达率一度达到71.2%，2014 年报纸降幅直接达到了 18.3%，与此同时，报纸广告累计下降了 29.6%。

手机报、博客、微博、微信、新闻客户端等新型传播媒介的出现，都离不开互联网技术这片土地的滋养。它们正以其自身优势挤占传统媒体的市场，传统媒体的受众正在大量流向新媒体。

在发行与广告收入双双低迷和受众结构变化等压力之下，传统媒体不得不面对眼前的形势。坚持创新和转型、坚持多元化发展、不断开拓不同的"路口"，是传统媒体发展突围的有效出路。

首先，从报业发展的整体来看，报纸和广播电视作为传媒，本质上便具备宣传性和商品性。只有进行媒体融合，重新调整媒体定位，媒体的宣传性才能得到提升和更好的发挥，率先占领高地，发挥好双重作用——监督的"眼睛"与沟通的"喉舌"。媒体的商品性体现在信息的生产与交换过程中，报纸提供的信息是否权威、实用，取决于新闻来源、新闻采集、编辑是否专业。这里既凸显了将信息采集和生产集成化的必要性，又强调了信息内容贴近受众生活，细分分发市场，信息分发渠道多的重要性。

其次，在报业内部也存在竞争。面对强大的竞争对手，处在势的报社为增强竞争力，谋求发展出路，纷纷走上整合的道路。同城报业中的追赶者也可以通过整合寻求赶超机会，正向竞争的刺激不断赋予市场生命力。

河南日报报业集团前掌门人朱夏炎在接受采访时也曾提到，掌握网络发展的现状，就是掌握未来的文化发展趋向，"怎么估计网络的重要性都不过分，所以我们要打造新媒体。"

因此，数字技术的发展必将引领全媒体走上转型的道路。①

2. "春晓"的脚步——融合的可能性

在整个转型过程中，技术的进步与新兴技术的运用是根本动力，受众的各方面需求是转型的拉动力，行业内的竞争是推动持续不断转型的内部压力，产业相关政策则是全媒体转型的关键助力。

在技术运用方面，新媒体技术在创造新的传播平台以及传播环境的同时，也在无形中默默改变着人们的生存方式和思维方式，直接推动了转型进程。

在受众需求方面，科学技术的发展赋予新媒体技术更多可能性，比如打破时空局限，更重要的是让受众从日常接触的媒介中，看到自身需求能够得到更多满足的可能。根据中国互联网络信息中心发布的第46次《中国互联网络发展状况统计报告》，截至2020年6月，我国网民和手机网民都已经占到全国人口的一半多，达到了相当大的规模。

随着社会的发展，受众的喜好越来越精细化、个性化，难以在统一分发中做到同时满足。不仅如此，在阅读习惯上，用户也通过不断提高自身的媒介素养，对需要的信息进行获取，在这个过程中，对平台、终端提出要求。如此一来，注意力资源对传统媒体的要求更加专业和精细，在激烈的市场竞争中，用户的需求得到越来越多的重视。同时，传统媒体由于来自同行和受众双方的压力而面临着越来越逼仄的生存空间。这一现象无疑将推动媒体融合的快速发展。

在行业竞争方面，媒介的"可替代性"造成了极大的竞争压力。20年来，传媒业已经逐渐适应市场化的运作模式，根据政策要求，各家媒体自负盈亏。除此之外，新媒体的加入不断分流受众，打破了原本市场布局，使竞争更加激烈。越演越烈的竞争，挤压了市场的空间，也迫使传统媒体意识到，不能再故步自封了，必须运用各种现代化的新媒体，争相创新。同时，

---

① 石大东：《用"互联网+报业+"的转型模式破解报业困境——以郑州报业集团为例》，《传媒》2015年第17期。

融合各种新兴媒体手段来为自己所用，从而推进传统媒体的转型。①

在政策层面上，政策支持也对媒体融合发展起到极为关键的作用。国家持续出台政策，大力推进以新媒体技术和互联网技术为核心的新兴行业和产业的发展，加快传统行业的转型。政策为新媒体发展提供理论和道路开拓的双向支持，也在实践中成为发展的共识。

### （二）"细化+整合"——"融"为"媒"带来的新变化

自 2000 年，媒体融合为河南的报业发展带来了由内而外的变化。这些变化总体上可以划分为"细化"和"整合"两个部分。

#### 1. "细化"：内容"专业化"和推送"专门化"

"细化"意味着"专业化"和"专门化"，这里主要是指内容的"专业化"和推送的"专门化"。

传统媒体方面，经过不断探索终于达成"共识"——无论新媒体的技术如何发展，其形式变化到何种样貌，受众需要的都是优质的内容。同时，受众更加需要优质、垂直的内容。因此，新闻传播业都应该坚持内容为王，坚持内容"专业化"，发布优质的内容。以郑州报业为例，可以看出报人将内容做到了专业的整合和细致的划分。各大报刊有了不同的、更加专业的代名词，例如，《大河报》是"河南最好、最大的都市报"。

同时，在新媒体的应用中也体现了"专门化"的特点。

首先，新闻网站的建立意味着利用不同的定位打造个性化的信息。其中，像"大河网"这样的网络平台，就实现了"报网互动"——拓展了受众的网络发声平台，也实现了更好地留意和顺应民意，并根据受众的不同需求在实践中切实进行越加精准的细分。其次，"微媒体"的存在感日益增强，使各纸媒旗下的微信公众号对用户需求做好细分。以《河南商报》为例，其以官方公众号为核心，专门打造了十几个具有针对性的微信平台。并

---

① 薛德星：《坚持产业多元　应对报业经济新常态——河南日报报业集团多元发展的探索与思考》，《中国记者》2016 年第 10 期。

将其组成具备一定规模的、能够满足不同人群需求的"方阵",提升了其传播效果。最后,为实现对用户固定推送新闻的便捷化,以《河南日报》为领头羊的省内各大报刊,均开发了属于自己的新闻客户端,以期用优质的信息,培养高水平的用户黏性。

在媒体融合的"细化"中,推送的"专门化"越发要求内容的"专业化"。这种组合对于受众而言,给他们的生活提供了许多便利;对于报业集团而言,则是推动了整体的大发展。例如,在河南"互联网+"大会中,各报业集团通过各种媒体不同的传播途径,在展示自身的同时,也提升了自身的影响力。媒介的融合使多种媒体形成联动效应,既满足受众不断精细化、个性化的体验需求,也能使集团的影响力得以不断彰显。①

2."整合":一次采集、多元生成、多种分发

"互联网+"大会的成功举行,不仅归功于媒体融合的"细化",而且媒体融合的"整合"作用更是至关重要。

例如,在河南日报报业集团不断更新改良的"中央厨房"中,记者和编辑等专业从业人员,要把采编好的新闻信息发送到"中央厨房"中,这些稿件在终端生成多种形态的产品,并最终以报纸及其他媒体形式分发出去,提高了新闻信息的传播效率。记者可以突破旧有的模式,尽情利用手机、网络以及各种终端,随时随地对稿件进行采写编发。

全媒体采集、发布系统是数字化时代的产物,是提高生产效率、提升产品质量和满足受众反馈需求的重要途径。可以说媒体融合的 20 年,在新闻信息生产方式、组织机制和分发环节给报业集团带来更为深刻的改变。

不论是"细化"还是"整合",这些改变真正为报业未来的发展拓宽了渠道,为整个报业的发展起到了示范作用,提供了无限可能性。②

---

① 梁益畅:《报业转型 内容升级 渠道扩张——郑州报业向新媒体迈进的路径选择》,《中国记者》2011 年第 5 期。
② 梁琦:《新媒体时代报纸编辑创新研究——以河南省部分报业为例》,硕士学位论文,河南大学,2012。

## （三）从"物理融合"到"化学融合"

体制和机制上的共同发力，才是报业转型所真正需要的。这意味着搭建平台是实现数字化经营的刚需。

"物理"层面上的技术应用、组织方式不断融合。在此过程中，也出现了一些问题引起心理认知的变化。这些问题的解决促进了"化学"层面上的融合。

### 1. "物理融合"中出现的问题

技术应用、相关生产和分发机构的融合变化，更多的是一种"物理变化"。从前文的案例也可以看出近年来河南融媒体发展的良好态势，但同时这种"物理融合"在转型初期也面临着许多问题。

首先，在理念层面上，传统报业全媒体的一大问题是，陈旧的"占位理论"观念限制了传统报业对新媒体的深刻认识。这种观念存在两种倾向：一是顾转型不顾发展；二是缺乏长远目光，担心销量问题而对发展持消极态度。

其次，在组织体制方面，部门合作关系并不协调，少有交集，以致于报业机构冗余，管理部门众多，人员闲散，资源闲置。

再次，在管理层面上，报业在转型过程当中很容易局限于把报纸内容"搬到"网络上。这样，传统媒体与新媒体不仅没有形成合力，还加重了传统媒体的负担。这一点，在最初《大河报》开通的网络版中尤为明显。

最后，长久以来，困扰报业发展最大的瓶颈就是盈利点的薄弱和盈利模式的模糊。例如，河南日报报业集团一直努力发展多元经营，并试图从单一的报刊出版、印刷和销售等经营业务的企业逐步发展成综合性全媒体企业。但数据显示，这些业务的经济效益，仍然无法与纸媒相提并论。[①] 媒体融合转型只有从认知上改变僵化思维，才能在实践中取得成效。

---

[①] 吴玥：《新媒体环境下河南日报报业集团转型研究》，硕士学位论文，河南大学，2014。

### 2."化学融合"带来整合创新

自 2014 年，即媒体融合元年，以来，报业逐渐重点着力实现全媒体发展，在融合中努力提升，做出成绩。[①]"互联网+"时代面临的这个"转型"，是各方资源的统一整合和多渠道分发。近年来，关于"化学融合"，河南也一直在努力做出具有自身特色的融合成果。

例如 2015 年，河南日报报业集团在两会的报道中通过新媒体设立无障碍沟通平台，构建线上线下全媒体矩阵。一方面，强化了受众关联性、贴近性和便捷性，并强化互动，将民意聚集，形成"舆论场"；另一方面，在整合资源上做到"八个统一"，打造适合全媒体产品的新闻生产方式。2016 年 12 月，"小明看财经"专栏也被开通——这是河南媒体界首次引入 AI 写作的标志。[②]

再例如 2019 年 9 月 12 日，河南电视台举全台之力推出全新移动传播平台——"大象新闻"客户端，作为河南广电新闻资讯首发平台、内容聚合平台、短视频创新平台，坚持移动优先，加快媒体深度融合体系建设。同年，河南电视台成立"全省县级融媒体中心建设办公室"，以媒介间的交互融合为基础，建立起适应融合发展的组织架构、渠道平台和经营管理体制。这是一次次尝试之后探索出的可行性发展路径。

## 三 从"溶"到"融"——融合的进行时

媒体融合 1.0 就是把融媒体的牌子挂起来，几个平台放在一块，只是发生物理变化，并没有实质性的融合。媒体融合 2.0 是从物理变化到化学反应，使体制、机制、内容、渠道、技术等相融合，把每家每户的"小灶"改成了"大厨房"，统一采购、分类加工、集中分发，达到"你中有我，我

---

① 赵铁军：《立足媒介多向交互 实现深度融合发展——河南日报报业集团以两会报道探索媒体融合路径》，《中国记者》2015 年第 4 期。

② 娄恒：《大河财立方惊艳亮相 2017（第十三届）大河财富中国论坛成功收官》，大河网，2017 年 12 月 17 日，https://news.dahe.cn/2017/12-17/238426.html。

中有你"。媒体融合 3.0 是通过体制创新、技术创新、内容创新、运营创新等，构建"小屏首发、大屏选发、多平台播发"的传播格局。媒体融合 4.0 是按照全媒体传播体系的发展要求建设融媒体中心，把融媒体作为基层治理的重要运营主体，推进全媒体传播体系和基层治理体系一体化建设。从"物理融合"到"化学融合"，媒体各个方面都发生了明显的变化，这些变化也带来了新的机遇和发展空间。

## （一）技术层面的变化

互联网技术的发展给人类社会生活带来了革命性变革，也给传统媒体带来了新的发展机遇和创新空间。在 2020 年中国新媒体盛宴上，不仅有"图文音视"四位一体的立体呈现，而且实现了 5G、AR/VR、云计算、人工智能的深度介入，涌现出一大批站位高、视角广、形态新的现象级产品。

在媒体融合发展、传播技术不断革新的当下，河南传统媒体想要在竞争中赢得优势，就必须打破传统模式，不断突破创新。在报道理念、内容生产、传播形态等方面接受新技术、掌握新技术和运用新技术，才能在不断改革创新中逐渐把握媒体变革的主动权、主导权。当前，大数据、5G 网络、区块链等新技术带来了发展契机，主流媒体应在加强内容建设的同时，努力提升核心技术的创新应用能力，拓展传播手段和渠道。真正面向各类媒介载体、传播渠道生产适配内容。根据用户需求推动内容供给侧结构性改革，从而生产更多出新出彩的新媒体产品，加快媒体融合发展的步伐，在提升供给中赢得受众。[1]

随着技术的飞速发展和跨界融合的深入，融媒产品表现形式不断丰富。比如在河南日报报业集团成立 20 周年之际，平台型、问答型、智慧型移动媒体——"顶端新闻"客户端进入上线前的测试阶段，这是继纸媒时代的《河南日报》、PC 时代的大河网之后的河南省委直属权威新型主流媒体。大

---

① 周锐：《新时代如何更好发挥主流媒体的舆论引领作用——以河南广播电视台为例》，《传媒论坛》2019 年第 20 期。

河网络传媒集团总编辑孟磊说："进入移动传播时代后，真正的大众传媒已经成为手机屏幕上的移动客户端，'顶端新闻'未来将是一款面向年轻人的产品。"创新产品要坚持移动优先战略，充分利用信息革命最新成果，紧跟人民群众信息文化需求，真正做到"读者在哪里，受众在哪里，宣传报道的触角就要伸向哪里，宣传思想工作的着力点和落脚点就要放在哪里"。[①]新的技术、新的形式、新的传播、新的服务，这是河南日报报业集团在媒体融合上走出的重要一步。[②]

中国媒体融合发展一路走来，其鲜明特征是：每逢关键节点，以习近平同志为核心的党中央都会从全局和战略高度，不失时机地科学引领、顺势推动。随着信息技术革命的飞速发展，"万物皆媒"的时代已悄然来临，利用信息革命成果推动媒体融合发展是难得的外部机遇，必须抓紧、抓牢，为我所用。融媒体是一场技术与力量的变革与创新，特别注重各个介质之间的"融"，完全打通从新闻生产、传播到消费的诸多信息平台，使整个流程的每个环节都熟稔各类采编技能。[③]

面对不断变化的形式，河南广播电视台坚持移动优先，力争 2～3 年内打造出河南权威、全国领先的移动新闻传播平台。全力推进河南县级融媒体中心技术支撑平台建设，以"新闻+政务""新闻+服务"的理念，推动县级媒体传播手段和话语方式创新，为全省媒体融合打下良好基础。[④] 大象融媒是整合河南广电旗下 4 家传统媒体单位和 8 个媒体公司组建成立的新型传媒集团公司。其"新闻岛"总投入约 1.6 亿元，总面积约 3600 平方米，物理空间分为三部分：新闻指挥中心、播控调度中心、全媒体演播中心。"新

---

① 李强：《省域融媒体发展的几点思考——以河南大象融媒体集团实践为例》，《新闻爱好者》2019 年第 11 期。

② 张毅：《"融"入河南——从"大象新闻"到"正观""顶端新闻"，看河南省如何构筑融媒体全布局》，《中国广播影视》2020 年第 21 期。

③ 常凌翀：《融媒视野下重大主题报道的创新传播路径——以中央媒体对湖州生态文明建设典型经验报道为例》，《新闻爱好者》2019 年第 3 期。

④ 周锐：《新时代如何更好发挥主流媒体的舆论引领作用——以河南广播电视台为例》，《传媒论坛》2019 年第 20 期。

闻岛"不仅是全媒体内容采编的生产工场，还是实现全媒体信息传播的指挥调度中心，更是媒资共享的云数据库，实现数据汇聚、分发和播控的控制中枢，实现了"一次采集、多元生成、多端传播"。作为跨媒体融合生产编辑部，具有 24 小时全天候新闻发布的核心功能。在全省编织了一张集汇聚分发、播出控制、调度发布于一体的可管可控"网"。由河南广播电视台承担的全省县级融媒体中心技术平台建设工作高质量推进，省级平台一期已完成融媒指挥、舆情分析、云上 App 集群、全省直播专网搭建、监管平台开发及部署上线运行等工作，推动传统媒体和新兴媒体深度融合和一体化发展，初步建成贯通省、市、县的全媒体传播体系。[①] 与此同时，"大象新闻"客户端也是河南广播电视台自主研发设计的平台型移动客户端产品，其打通直播频道、IPTV、有线电视、县级融媒体中心四大平台，打造了以海量视频、移动直播、智能推送、多屏呈现为主要特色的跨媒体、跨屏幕、移动传播平台。大象融媒以"融合传播、转型发展、有用有效"为指导思想，积极布局移动端产品，逐步形成了以"两微一端"为代表的传播矩阵。

在中央媒体融合发展风生水起，省级、县级媒体融合得到明确的政策支持，地市级媒体融合发展在政策引导上还处于"空心"地带的当下，南阳报业传媒在地市级党报融合发展的道路上进行了大胆尝试。

南阳报业传媒规划借力 5G，以"三报"和"五台（网）"为基础，依托县级融媒体中心建立市级全媒体平台。借鉴人民日报"中央厨房"模式，统筹采访、编辑和技术力量，建立全媒体采编联动平台，新闻产品集约化生产，即时生成，在移动端、报纸、网站、社交平台等多渠道分发。《南阳日报》推出"云悦读"特刊，借助移动互联技术，运用二维码将报纸内容延展成生动鲜活的直观感受，打通与读者之间的"最后一公里"。作为地方主流媒体，要更加"接地气"，突出地域性、贴近性，更好地发挥主流媒体的舆论引导作用，增强舆论引导的力度和效果。在抗击新冠肺炎疫情和推进复

---

① 贺强：《讲好脱贫振兴故事　推进融合发展转型——河南广播电视台融合发展的实践与思考》，《新闻战线》2020 年第 10 期。

工复产宣传报道中，南阳报业借助融媒体平台和全息传播手段发布权威信息，报道抗疫一线的真实故事，回应民生关切，澄清事实，引导舆论。抖音账号"直播带货"在复工复产宣传中，助力经济复苏；传媒矩阵举办"线上特价购房节"、推介"南阳家乡味儿"等活动，实现传统媒体和新兴媒体优势互补、线上线下互动交流。移动新闻客户端和各类社交媒体账号黏性大大增强，传统媒体影响力在网络空间得到延伸，舆论引导力明显提升。①

在融媒体的时代背景下，传统媒体面临许多挑战，但也迎来了发展机遇。所以，传统媒体应该致力于探索新兴传播方式，为受众提供丰富、立体、更好地传播服务，实现全媒体传播新业态，并以全媒体视角厘清发展方向和战略定位，发挥专业优势、技术优势，使之转化为助推高质量发展的强大动力。从河南日报报业集团面向年轻人推出的"顶端新闻"到河南广电构筑融媒体全布局的大象融媒，再到南阳报业的全媒体平台，河南传统媒体已经踏上新一轮媒体融合的征程。

### （二）人员设置的变化

传统媒体普遍面临较大的经营压力，媒体行业存在人员冗余和人才短缺两难并存的情况，整个行业普遍缺乏掌握新媒体技术的全媒体编辑、记者和技术人才。解决当前融媒体人才短缺问题，要实施以体制机制变革为基础的人才兴媒战略。一方面，引进全媒体人才，以重视人才、培养人才、科学用人的机制为人才提供成长空间，把人才的"智"和"心"留下来；另一方面，要加强对已有融媒体人员的培训工作，通过学习、转型、优化等手段，扬长避短，发挥各自的潜力和优势。

从2003年起，根据河南日报集团人事制度改革的总体部署和推进的要求，新进人员实行全员聘用制，并且实施人才战略，变"坐等上门"为"主动上门"。另外，在量化考核方面，集团管理部门对员工岗位职责、工

---

① 阎亚平：《主动求变深化融合 打造新型主流媒体——南阳报业传媒融合发展的实践与思考》，《中国报业》2020年第17期。

作态度、职业道德、出勤等情况进行考核，奖勤罚懒，奖优罚劣。

在新形势下，《河南日报》在"早策会"上的改革更是激发了各部门负责人的积极性和创造性，强化了中层干部的融媒意识，使负责人起到良好的带头作用。为进一步提升员工技能素质、提升队伍素质，《河南日报》加大了培训力度。

除此之外，大象融媒虽"脱胎"于河南广电的资源整合，但自成立之始就进行了"宣传一体，企业经营"的顶层设计。经营管理层面遵循企业经营规律，积极变革管理机制，以现代企业制度为媒体融合发展保驾护航。在人员管理上，初创期原则上推行"人随业务走，整建制划转"，同时设置过渡期，给员工"双向选择"时间窗口；运转期遵循"老人老办法，新人新办法"，原有人员职级和身份封存保留，实行按岗位管理，新进人员一律实行企业化用工管理。在薪酬上，根据"定岗定编定责定标"建立了以责权利相统一的薪酬体系。另外，针对关键业务单位管理团队，进行了"组团竞聘"，放宽竞聘条件，严格考核指标。通过一系列的人事制度改革，稳定了员工队伍，激发了员工活力，为员工事业发展奠定了扎实的基础。

合并后的南阳广播电视台遵循习总书记提出的"坚持一体化发展方向，通过流程优化、平台再造，实现各种媒介资源、生产要素有效整合"的发展要求，努力构建"内容为王、台网并重、先网后台、移动优先、一次采集、多元生成、多渠道发布"的总体格局，逐步推进媒体融合。在机构改革方面，南阳广电将融媒体中心建设作为媒体融合发展的龙头。在做好顶层设计的基础上，按照管理扁平化、功能集成化、产品全媒体化的要求，打破部门壁垒。融媒体中心将原来的五六个部门合并成75人左右的融媒体团队，由一名台领导担任指挥长，下设采访部、编辑部、视频部、运维部、综合部5个部室，打破了部门间单打独斗的工作定式和区隔，做到了部门资源的整合和不同媒体间的融合。①

---

① 王艳：《坚持守正创新 推动媒体融合向纵深发展——河南省项城市融媒体中心建设创新报告》，《中国广播电视学刊》2019年第7期。

流量数据是检验传播效果最直接的标尺，也是衡量采编人员绩效、提高薪酬待遇、激发工作热情的重要杠杆。报纸采编人员和传播平台工作人员按照事业单位管理，其他人员实行企业管理，事业体制、经营体制双线运行。南阳广电在绩效考核、激励机制上进行了大力度调整，工资绩效政策优先向融媒体职工倾斜。与此同时，采编发环节流程再造是融媒体改革中推进采编业务融合、提高采编效率的重点。南阳广电融媒体中心所有采访选题每天上报指挥协调平台，对于应急突发新闻事件随时安排采访。记者采访后须优先供稿新媒体平台，以图文、图集、短视频、视频直播等多种形式在第一时间进行新闻推送传播，实现"一次采集，多元生成，多渠道发布"。

除此之外，南阳报业集团也积极创新体制机制。人事管理实行全员聘任制，双向选择、优化配置、优劳优酬，激发职工队伍活力。一方面，优化采编队伍，按照"移动优先、内容为王"的原则，将原有报纸采编岗位压缩40%，行政后勤岗位压缩60%。经双向选择，一部分政治过硬、业务能力强的采编人员保留在报纸采编岗位；另一方面，扩充经营队伍，鼓励人员向全媒体板块、品牌发展板块及经营实体板块流动。

在媒体融合的情况下，河南传统媒体为适应发展虽然做了一些调整，但在采编业务上还是分为传统媒体和新媒体两个部分，相当一部分媒体还没有形成新闻产品从生产到传播再到反馈完全融合的局面，这就导致了机构设置重叠，机动性不强，生产率不高，更不符合新媒体时效性强、互动面广的新特点。解决问题的关键是要提高从事人员素养和工作效率，提高全员机动性，就近、就快、就熟、就能地安排记者去完成新闻一线的采访工作。而推行项目负责人制度便是当下因势利导、顺势而为的最佳选择，是媒体融合的一次深度改革。在推行项目负责人制度的同时，要为有专长的"全能型"人才提供更广阔的"舞台"，鼓励个人创办自媒体，同时寻求与各行业的专家、学者合作，吸引社会人才参与，为他们提供自媒体的平台和技术支持。通过这些方式聚集人气，从而达到吸引投资的目的。

但是，主流媒体的转型，不是单纯地把传统媒体搬到网络平台上，而是必须按照网络思维方式去生产和运营，这就要求媒体人的思想观念、运营理

念、经营方式实现转变，使新闻产品从设计、生产、传播到表现手法、话语
体系，都要转到新媒体形态上来。从南阳报业传媒目前的运作来看，相当一
部分人员对互联网思维还比较陌生。要想吸引用户、留住用户，必须有优质
的新媒体产品。要立足于服务群众，加强与用户的互动，增强用户黏性。传
统媒体经过多年发展，在采编方面不乏拔尖的专业人才，但在新媒体方面人
才匮乏，与策划、制作、传播全链条融合的要求还有较大差距。亟须提升原
有采编人员的业务水平，引进新型全媒体人才，打造一支综合型融合创新
团队。

　　改革是一个系统优化的过程，也是自我革新、容错、试错、探索路径的
持续过程。河南都市频道正在推进的一体化运营改革试点还处在不断探索和
完善中，就阶段性发展道路而言，其重点在于管理机制创新。另外，细化发
展任务清单和底线负面清单，在党建责任、宣传纪律和经营法规下，在运营
和经营上赋予管理团队更充分的权利，尤其是要在人事、财务及激励分配上
简政放权，营造良好环境。同样，在一体化运营团队内部，要优化组织结
构，重塑生产和管理流程，以明责授权的方式为基层和一线赋能，实施目标
责任管理，压实宣传导向责任、影响力发展责任和经营效益责任，实行以结
果为导向的个性化奖惩措施，使每个部门和管理岗位的责任目标和运营界限
清晰明确。只有健全科学的体制机制，人的价值才能得到最优发挥。①

　　体制机制是影响生产力发展的重要因素，它不仅有复杂的历史与现实原
因，还有改革创新的难点所在。河南传统媒体应该积极探索一体化运营改
革，尝试数字服务化转型，其根本目的是更好地担负起主流舆论阵地的使
命，更好地引导和服务群众，坚守初心，守正创新。而在媒体不断融合的过
程中，技术保障作为后台支持的重要环节，其中人才的重要性毋庸置疑。媒
体的竞争与发展，最终要靠人才这一最为重要的支柱，网络技术只是一种辅
助，一种解放人的体力的工具，新闻事业的发展需要新闻从业人员的共同努

---

① 宋相勋、马亚琼：《建通道　破壁垒　促发展——河南南阳广播电视台融媒体中心建设探
　　索与实践》，《中国广播》2020 年第 10 期。

力，这也是新闻事业能够吸引更多从业者并让其甘愿为之奋斗终生的魅力所在。

## （三）管理运营方面的融合——搭建融媒体系

2021年，是媒体融合作为国家宣传文化战略的第八年，媒体融合在政策支持、技术更新与应用、体制机制改进、内容渠道建设等力量的推动下向纵深发展，极大地激活了媒体行业自身活力，进一步实现传统媒体与新媒体融合探索，丰富媒体行业生态，为以后建立发展更和谐、合作更畅通、融合更丰富的全媒体战略发展模式提供了路径遵循。发布于2020年11月19日的《中国新媒体研究报告2020》显示，被涉及调研的主流媒体94.26%都已设融媒体中心，央媒与省媒力求集中力量打造新的融媒体建设中心，县域媒体则更多选择与其他媒体资源实现重组，而市级融媒体中心的完成度稍低。[①]

在媒体融合发展浪潮的推动下，河南媒体积极接过融合的"接力棒"，成为媒体融合进程中亮眼的一棒。要想从竞争中赢得优势，河南媒体融合就要从管理体制机制创新、革新技术与流程再造、内容建设与渠道分发等方面全力打造适合省域媒体融合的全新发展模式。进入媒体融合2.0之后，自媒体成为网络生态新的主角，由此出现的个人创作与传播自由、以受众为中心的内容生产准则以及更加开放共享的传媒生态资源成为传统媒体与新媒体更进一步融合的着力点。这些仅仅是媒体生产与传播生态上的"1+1"，而并没有完全实现相融状态，不管是技术上的引进，还是平台渠道的拓展与流程再造，都脱离了以人为中心的内核，没有从管理体制机制上进行顶层设计，媒体融合也仅仅是虚于表面的融合。

### 1. 创新体制机制，打造媒体融合攻坚"排头兵"

媒体融合创新就要从传统媒体内部打破旧的体制机制，敢于从自我展开革新，破除阻碍新旧媒体融合发展的管理机制、运营机制，消除融合进程中

---

① 曾祥敏主编《中国新媒体研究报告2020》，人民日报出版社，2020。

可能会出现的在思想观念、人员调配、组织形式、内容把关、渠道分发等方面的分歧，协调处理好融合与发展的关系。在管理运营方面，河南的媒体融合要结合省域传媒发展情况。省内各主流媒体积极推动新媒体平台建设，向着形成全方位、多层次、立体化的新的传播格局与传播生态而努力，最终也交出一份可圈可点的融合发展答卷。

河南日报报业集团坚持以管理运营创新为着力点，以技术引进、平台建设为攻坚重点，以内容建设为基石，发展壮大主流舆论，探索出了一条具有报业集团特色的融合之路。一是打造全新管理流程。规定"7×24小时"工作机制，依托"大河云"平台，整合报业集团资源，对新闻报道的策、采、编、发流程进行资源梳理与再分配，实现了在新闻策划过程中的集中指挥、舆情反馈中的统一指示、采编力量的合理调度，从而实现集团对报业媒体的一体化管理。① 二是积极发掘报业集团中层人员的力量，带头提高组织整体的融媒观念。在"早策会"上规定了每一位负责人要产出至少两条有效的融媒体产品策划，发挥中层干部在媒体融合上的积极性与执行力。三是将新媒体纳入报社考核，实现融媒考核一体化。从过去考核细则的碎片化到现在定档、分级、分类的标准化，考核包括人员、产品、技术、平台等各个采编要素，将常态化激励替换之前的部分稿费激励，增强了报业人员的融媒意识与积极性。此外，"新闻+政务"模式已经成功运用于《河南日报》跨界融合发展中，搭建起上承省政府、人大、政协、纪委等部门，下依各市县的官方新媒体平台。与各部门建立深度合作关系或为各平台提供全方位托管服务，成为媒体融合发展的重要组成部分。

地市级媒体也在加快构建适应媒体融合发展的体制机制。南阳报业集团将报业内部管理体制重组作为媒体融合的先导，在保留了日报与晚报部分采编人员之外，集团整体转型，在管理方面分为事业与企业两个部分，实现了报纸采编、分发人员与其他人员分开管理。洛阳日报报业集团根据建立全程媒体、全息媒体、全员媒体、全效媒体的发展方向，加快融媒体资源整合与

---

① 《社长总编谈媒体融合》，《传媒》2020年第14期。

平台构建，坚持移动互联网融合思维与一体化组织系统，在打通体制机制壁垒的关键环节发挥了作用。一是提高报业记者媒体融合的脑力与笔力，向着内容生产模式多样化转变；二是加强互联网用户导向思维，从单一内容输出变为以互动分享为中心的线上模式，熟悉并把握互联网传播规律，用好微博、微信、抖音、头条等新媒体平台，从网络中发现公众的新闻信息需求，从而生产出公众喜闻乐见的融媒体产品。

2. 推动平台建设，打造移动全媒体分发矩阵

根据 QuestMobile 数据，截至 2019 年 11 月，我国互联网 MAU 规模达 11.35 亿人，互联网用户规模依然可观。① 伴随新媒体发展带来的网络生态一大特点，即互动与分享，互联网传播生态下用户与流量的结合意味着媒体融合建设发展的最终走向，而平台建设与新媒体矩阵的构建也就成了赢得用户规模、扩大媒体传播影响力的基石。2020 年 10 月，"顶端新闻"客户端正式公开亮相，以问答为特色的智慧信息服务平台——"顶端"客户端成为继 2020 年 9 月郑州报业集团推出的"新闻+政务"服务客户端——"正观"之后，河南报业推动布局媒体融合矩阵的又一融媒产品。②

随着媒体融合进程的进一步加快，省内媒体更加注重资源整合与重组，构建自上而下的全媒体分发平台。其在成立郑州全媒体新闻中心的基础上，聚焦新闻中心整体资源，将"正观"、初具规模的"郑州发布"平台体系与中原网"心通桥"的流量矩阵相结合，破除政务办理过程中的数据阻碍，进一步打造"新闻+政务+服务"的平台体系。

为建立功能全面、智能优化、渠道多样、内容丰富的新媒体平台矩阵，洛阳日报报业集团早在 2018 年就完成了第一轮媒体融合初步构建。如今，《洛阳日报》已经从仅有 60 万单一受众的纸质媒体发展成为集报纸、广播电视、"两微一端"、直播跨界等于一体的综合覆盖受众达千万的全媒体传

---

① 《QuestMobile2019 中国移动互联网八大战法》，QuestMobile 研究院网站，2020 年 1 月 13 日，http：//www.questmobile.com.cn/research/report-new/79。

② 张毅：《"融"入河南——从"大象新闻"到"正观""顶端新闻"，看河南省如何构筑融媒体全布局》，《中国广播影视》2020 年第 21 期。

播平台。综合性信息服务网站"掌上洛阳"App以其传播新闻信息、服务百姓生活为宗旨的平台理念，使洛阳占领了省内新媒体矩阵的重要据点。除此之外，洛阳报业还建立了信息分发与连接平台——"洛报·融媒"平台，在城市交通要道、旅游景点与商圈聚集处通过户外大牌、数字电视等渠道抢占媒体资源。洛阳日报报业集团正逐渐朝着跨界经营的方向迈进。

### （四）内容建设方面的融合——讲好河南故事

媒体融合迈向3.0时期，以用户主体为中心，以互动分享、跨界融合为融通方式的新一轮媒体融合占据行业视野，成为促进媒体深度融合发展的新生力量。

要想推动媒体融合从相加走向相融再到共融状态，无论媒体融合过程中的资源、流量、平台、信息如何叠加，新媒体融合形态如何层出不穷，内容生产始终是传统媒体与新媒体互融共生的试金石，始终占据着媒体竞争力的深层次战略阵地，是助推融合深度发展的第一生产力。在媒体融合的下一阶段中，必须将内容建设放在融合的重要位置，以内容质量为核心运营，形成囊括平台、终端、流量、人员调度、用户服务等资源的全媒体融合体系。

#### 1.深耕内容生产沃土，把握议题研判与内容原创

随着媒体融合的步子迈得越来越大，新技术与新发展理念催生了新的媒体形态。从最初的"渠道为王"发展到如今的"内容为王"，从争占省内新媒体资源到注重内容，这背后是平台在媒体融合进程中一步一个脚印踏出来的实践经验。随着融合的进一步发展，用户对更加本土化的信息、细分领域的垂直内容以及更具内核质量、原创新颖的信息内容的需求逐渐增加，对真正反映人们生活现状、满足生活信息需求的新闻产品的期待越来越高，这与对低俗幼稚内容、重复枯燥内容的排斥形成鲜明对比。与此同时，媒体对重要信息的研判能力越发成为衡量媒体综合实力的重要因素。在纷繁复杂的新闻信息覆盖之下，如何快速地帮助公众识别有用信息，筛选并提炼优质内容，提升媒体舆论引导能力与新闻报道的影响力，也成为媒体融合发展的加分项。因此，注重原创与议题研判、深耕内容领域终会成为媒体行业融合发

展的共识。

近年来，河南主流媒体在推进媒体融合过程中，积极将内容建设摆在融合发展的显著位置，对原创性新闻产品的鼓励、提升媒体报道的舆论引导能力、媒体应承担的社会责任与对人文情怀的尊重都渗透在媒体融合生态环境的方方面面。河南日报报业集团在新闻报道的选题策划、内容写作与思想导向上下功夫。将受众"需要"摆在内容生产的前面，策划出弘扬社会主流价值观、典型人物主题教育、人民群众喜闻乐见的新闻作品。新冠肺炎疫情发生以来，"河南日报"客户端集中力量跟踪疫情报道，积极回应受众关切问题，同时理性分析网络上出现的焦点问题，原创新闻内容层出不穷，如《最全战"疫"防护宝典请收好》《宅的正确打开方式》。

对媒体行业来说，原创优质的内容资源在任何时候都不会过时，成为媒体在媒体融合激荡过程中获得长久生命力的立身之本。作为地方主流媒体、省会党报集团，郑州日报报业集团坚持以"内容+"为导向，将内容深耕与议题研判、平台分发、技术更新、品牌构建相结合，将用户需求与做优、做强新媒体平台建设相结合，推动内容建设走在前端。在 2020 年疫情防控常态化时期，为满足人民群众对疫情防控信息的需求，郑州日报报业集团先后推出"疫情防控一线"专题、发布"@千万郑州人"系列报道、"习近平总书记给郑州圆方集团全体职工回信"的专题报道等一系列传播力与影响力兼具的新媒体作品，展现了媒体融合在内容建设方面的显著成效。

**2. 让思想拥有传播力，打造优质融合新闻产品**

在内容与表现形式上，媒体报道形式创新本质上也是对内容的一种服务。河南日报报业集团坚持推进内容供给侧改革，将"内容为王"理念深入到新闻产品生产的各个环节，通过在内容策划与报道上下功夫，辅之以技术平台多样分发，逐渐扩大融媒体产品的传播。在打造优质新媒体产品过程中，坚持将内容策划与传播形态多样化相结合，新闻作品取材于河南大地生动的发展实践，比如总阅读量突破 8000 万的大河报豫视频《这里是郑州》特别策划，就是兼具内核与流量爆点的优秀融媒体产品。在与县级融媒体上下联动上，"河南日报"客户端与《人民日报》、新华社等央媒合作，在快手、抖音等新媒体平台与县级融媒体联动，重磅推出的融媒体新闻报道《河南医学生寒假不回家 自愿留在武汉》《河南农民3天手拔大葱10万斤！支援武汉》等线上播放量均突破千万。

河南广电在2019年推出的"大象"客户端积极传递疫情防控信息，融合新媒体平台内容，开展直播特别策划节目《抗击疫情 河南在行动》，对全省抗疫情况进行全方位立体化呈现，搭建了一条连接各级党委政府与人民群众的桥梁。

洛阳日报报业集团以《洛阳晚报》报系为龙头，从内容建设上彰显主流媒体的特色与优势，从融合的深度上推动融合的立体化建设，促进纸媒传播的长远发展。深度内容建设在前，融媒体产品创新在后，洛阳日报报业集团积极创新产品模式，扩大主流媒体新闻产品影响力。

# 四 打通媒体融合的"最后一公里"
## ——布局县级融媒体建设

2018年8月21日，习近平总书记在全国思想宣传工作会议上指出，"要扎实抓好县级融媒体中心建设，更好引导群众、服务群众"。9月20～21日，中宣部召开县级融媒体中心建设推进会，要求在2020年底基本实现县级融媒体中心全覆盖。同年11月14日，习近平总书记主持召开的中央全面深化改革委员会第五次会议审议通过了《关于加强县级融媒体中心建设的意见》，并指出组建县级融媒体中心，有利于整合县级媒体资源、巩固壮大主流思想舆论。

当前，我国的媒体融合已经进入深水期和攻坚期，作为媒体融合的"最后一公里"，县级融媒体中心建设至关重要。县级融媒体中心在建设的过程中面对的是最为广大的人民群众，其是政府和人民群众有效沟通的桥梁，起着上情下达的重要作用，是国家基层治理的重要舆论阵地。县级融媒体中心建设是重要的国家战略。

## （一）河南县级融媒体中心建设现状

自习近平总书记发出要全面建设县级融媒体中心的号召以来，全国各地县级融媒体中心的建设如雨后春笋般涌现，河南县级融媒体中心的建设也如火如荼。

河南县级融媒体中心建设依托河南广播电视台大象融媒云技术平台，改善统一用户管理系统和统一应用管理系统等，重新建设省级技术平台，建设"云上河南"移动新媒体平台。[1]

河南县级融媒体中心建设积极落实顶层设计，因地制宜，打通了各业务平台的联系，形成了"统一指挥、统一发声、内容共享"的传媒生态，借助云上 App 等为受众提供了"新闻+"综合服务。此外，河南县级融媒体中心在加快建设省级技术平台的同时，开始逐步从建设平台升级为运营平台，开发和提供垂直类服务，打造了"媒体+"产业链，提升了经济造血能力。[2]目前，河南 104 个县级融媒体中心已全部挂牌，县级融媒体中心建设已经取得了积极成效，并涌现以"项城模式"为代表的优秀县级融媒体中心。

## （二）河南县级融媒体中心建设标杆——项城模式

项城融媒是河南乃至全国县级融媒体中心建设的标杆，也是中宣部重点推动的 65 个县级融媒体中心试点之一。在面临资金、人才、机制体制、技术等各种障碍的重重阻隔下，项城融媒体中心自上而下、由内而外进行"大换血"，走出了一条具有地方特色的道路。

项城融媒体中心成立于 2016 年 10 月，目前融合了电台、电视台、报纸、杂志、微信、微博、网站、App 8 大平台以及 70 家网站、42 家微信公众号、公交车站牌、户外广告等宣传资源，维护 1080 个微信工作群，形成

---

① 《河南县级融媒体中心建设大事记》，映象网，2020 年 3 月 5 日，https：//www.thepaper.cn/newsDetail_forward_6343828。

② 王欢、贺建芝：《县级融媒体中心建设的观察与思考——以河南省为例》，《青年记者》2020 年第 21 期。

"一呼百应"的号召效应。"项城模式"的成功在于其抓好了顶层设计，在组织架构上建立了"一中心八平台"、全媒体内容生产的"中央厨房"，形成了"一次采集，多种产品、多媒体传播"的融媒工作新体系。[①] 首先，在制度设计上建立融媒体建设推进机制、新媒体科学运营机制、全媒体分配机制。[②] 在人才制度上完善了用人机制和考核评价体系，积极引进全媒体人才，同高校签订人才引进方案等。其次，项城融媒体中心探索了发展的新模式，其"新闻+政务""新闻+文化""新闻+监管""新闻+党建"等模式大大提升了县级融媒体的影响力，也提升了县级融媒体的经济效益，开辟了县级融媒体多元化经营发展路径。最后，项城融媒体中心在建设的过程中始终以人民为导向，践行了"四个坚持"，大胆地进行改革，为河南及全国其他县级融媒体中心的建设提供了借鉴和参考。

### （三）河南县级融媒体中心面临的困境

河南各县市在建设融媒体的过程中，虽然得到了国家政府的大力支持，进入了快速发展期，但是总体上来看，县级融媒体中心在建设的过程中仍旧面临着机制体制束缚、融媒体人才缺乏、建设资金不足和自身"造血"能力不足等问题。未来推动媒体融合深入发展，打通媒体融合"最后一公里"，亟须破除各个障碍。

#### 1.体制机制僵化，推广及改革受阻

作为媒体融合的"最后一公里"，县级融媒体改革势在必行。但因河南市县情况各异，县级融媒体中心在建设及推广过程中困难重重。

河南县级融媒体中心在建设和推广中受阻的原因，主要有以下三个方面：一是河南市县级领导对媒体融合认识不到位，导致媒体融合只是融"表"不融"里"的简单融合；二是县级融媒体受事业单位编制的影响，不敢大胆深入地推进改革；三是目前县级融媒体仍旧受到资金、技术、人才等

---

① 李显鹏：《"项城模式"：县级融媒体中心建设的标杆》，《记者摇篮》2019 年第 7 期。
② 刘杰：《河南项城：三种模式破解县级融媒体中心建设难题》，《中国记者》2019 年第 2 期。

各种牵制。

总的来看，有许多县级融媒体中心只是搭建了一个技术平台，初步形成了融媒体的外壳，而内部机制体制的深层次改革尚未开始。① 未来河南县级融媒体中心建设及推广亟须破除机制体制的障碍。

2. 融媒体人才短缺，激励机制不健全

河南县级融媒体中心在建设过程中，面临的最大"拦路虎"之一就是融媒体人才短缺的问题。随着新媒介技术的发展，县级融媒体中心在建设的过程中亟须具备互联网思维、掌握新媒体技术的人才加入。

但从当前来看，县级融媒体中心高层次人才短缺，人员年龄偏大，工作人员主动学习、使用和掌握新媒体的意识不足。部分县级融媒体中心甚至存在工作人员兼职或一人负责两份工作的情况。这与市县级地方薪酬和激励体制不健全有关，从整体上看，市县级融媒体工资待遇偏低，稳定性不高。从体制上来看，其未完全打破编制内和编制外人员的差别。河南部分贫困县在建设县级融媒体中心的过程中面临的困境更为严重。当前，"新人进不来、老人出不去、人才留不住"的现象是很多县级融媒体的真实写照，这也是打通媒体融合"最后一公里"亟待解决的问题。

3. 新媒体平台运行乏力，缺乏优质原创精品

依托河南广播电视台大象融媒云技术平台，建设"云上河南"移动新媒体平台，河南县级融媒体中心在建设的过程中已经初步形成了较完整的传播矩阵。河南县级融媒体平台在功能和内容上基本健全，但是有个别县级部门账号存在半个月甚至一个月不更新的情况，其发布的内容也多是简单搬运，未能真正落实"一次采集，多种生成、多元传播"的工作体系，新媒体平台后续运行乏力。

县级融媒体作为市和县新闻发布、传播的重要渠道，起着上传民情、下达民意的关键作用。但是县级融媒体中心在建设的过程中，特别是在内容生

---

① 国秋华、陈乐：《多边"下沉"中县级融媒体中心建设的问题与对策》，《中国编辑》2020年第11期。

产环节，新闻报道内容大多以政府政务活动、民生新闻和活动公告为主，内容原创性明显不足。因为立足的区域较小，县级融媒体采集鲜活话题、生产传播爆款存在现实困难，同时，存在聚焦基层用户关心问题的力度不够的问题。[①] 此外，县级融媒体还存在与基层用户沟通不足的问题，自下而上的反馈渠道狭窄，受众参与公共事务的平台相对较少且积极性不高。

4.多元化经营能力不足，自身"造血"功能低下

河南县级融媒体在建设的过程中遇到的一个关键问题就是资金不足。在我国，县级融媒体中心属于事业单位，其和企业一样拥有经营自由权。但是，对于部分欠发达的县级融媒体来讲，资金问题不解决，融媒体中心就发展不起来，"巧妇难为无米之炊"的困境是当下河南各县级融媒体中心的真实现状。除了以项城融媒为代表的少数融媒体中心已经形成了较明确的产业模式，多数县级融媒发展模式仍在探索之中，其多元化经营能力明显不足，收入来源主要依赖财政支持，自身"造血"能力薄弱。

2018年以来，项城模式作为河南乃至全国县级融媒体中心的代表性模式，已经完全探索出一条属于自己的"造血"路径，衍生了更多的服务模式，也探索了更多元的经营模式。

### （四）河南县级融媒体中心未来发展路径探析

目前，融媒体中心发展已经取得阶段性胜利。2020年伊始，是县级融媒体中心2.0版建设的开端，是建设的黄金时期，也是全面铺开、加紧建设的关键阶段。[②] 县级融媒体深入融合发展就需要在政务服务能力、人才引进、内容建设、产业化经营等方面持续发力。河南各县级融媒体中心要在国家政策引领下，不断思考创新，探索出适合当地的发展路径。

1.打破机制樊篱，增强政务服务能力

当前媒体融合向纵深发展，推进媒体融合进程，建立好县级融媒体中

---

① 王日成：《县级融媒体发展面临的问题和解决之道》，《新闻传播》2020年第18期。
② 胡正荣：《打造2.0版的县级融媒体中心》，《新闻界》2020年第1期。

心，不仅是一场传媒的变革，更是一种思维方式的变革，这就需要顶层设计者从体制机制、管理、运营与维护等方面进行全方位的谋划，打破机制樊篱。

首先，需要县级融媒体中心在建设过程中统一规划融媒体工作流程，统一指挥、统一协调，充分整合资源，实现内容、技术、渠道的共享。

其次，应该跳出媒体看融合。县级融媒体不仅是内容生产平台，还是"主流舆论阵地、综合服务平台、社区信息枢纽"。县级融媒体要充分利用自身的制度优势，不断增强服务能力。此外，县级融媒体在建设中要谨防"重内容，轻平台"的思维，充分发挥平台的聚合效应，发挥对民众的价值引领、资源聚合、协商沟通等作用。项城融媒体中心开放了多个便民惠民服务窗口，充分了解项城市民的诉求，为项城的政务服务和宣传提供了广阔的平台。[1]

最后，县级融媒体还可以借助跨屏组合传播的形式，利用跨平台、新媒体和互联网创意等多元化优质资源和技术，发展网络综合传播服务。[2]加强新技术在新闻传播中的应用，利用新技术带动新媒体发展，提高政务服务能力。

**2. 完善激励机制，积极引进高端人才**

当前县级融媒体中心的工作人员，面临着对新媒体领域不熟悉、对新媒体技术掌握不到位、媒体融合意识不足等问题，且内部成员缺乏竞争意识，在新媒体的后续运营中力不从心。一方面，县级融媒体要完善人才考核激励制度，打破编制内外人员身份限制，通过积分制考核体系，定量和定性相结合的形式，实现按岗定薪、同岗同酬、多劳多得的薪酬体系；另一方面，河南各县级融媒体中心可与高校进行合作，积极引进新媒体人才。

项城融媒体中心在关于人员考核激励方面已经形成了一套系统的机制，该机制大大提高了融媒体中心人员的工作积极性。

① 马艳：《从使用与满足理论看县级融媒体的建设路径——以"项城模式"为例》，《出版广角》2019年第10期。
② 赵永刚：《关于地方传媒机构媒体深度融合的几点思考》，《传媒论坛》2020年第10期。

### 3.做好本土新闻，深耕优质原创内容

作为媒体融合的"最后一公里"，县级融媒体中心的内容生产要以本土资源为出发点。① 一是在内容建设中坚持"内容为王"，讲好乡村发展的故事。二是要真正走进人民群众，聚焦本土社会问题，比如医疗、社保等问题。将上级政策用通俗、可视化的表现形式传达给群众，激发人民群众的活力，积极回应人民群众的诉求。

在新闻产品表达形式上，县级融媒体中心必须以用户体验为导向，借助短视频、移动直播、微动画等各种新媒体，转变内容生产思路，不断推出原创融媒产品。比如使用 Vlog、Plog、H5、短视频、图文新闻等形式来进行新闻报道。新媒体平台运营除了加强内容建设，还要注重平台建设，增强与用户的互动交流。

### 4.因地制宜，探索"新闻+"模式，构建多元化产业链

河南县级融媒体中心在建设的过程中，应牢牢把握因地制宜的思想，根据不同县市级的情况，采取不同的方针策略。河南县级融媒体在建设的过程中，既有省域统筹，也有以郑州模式为代表的市域联动，还有以项城模式和汝州模式为代表的县域自主。在媒体融合大背景下，不同地区实际情况不同，群众基础以及当地的群众宣传工作也不同，不同模式在运作方式上也存在一定的差异，但是县级融媒体在建设过程中都必须因地制宜，立足区域特色，从"相加"到"相融"，走出适合本地区的融合发展之路。

当前，支撑河南县级融媒体中心发展的主要财源仍旧是国家财政扶持，县级融媒体要深入融合、持续发展，必须加强自身"造血"能力。一方面，在运营中，县级融媒体可以充分利用制度优势，积极同政府机关、事业单位以及其他企业展开合作，以"新闻+"的模式助推经济发展。比如河南汝州探索的"融媒+"模式等都为融媒体中心的持续发展提供了现实路径；另一方面，县级融媒体要牢牢抓住市场机制，转变盈利模式，构建多元化产业链，提升产业价值。

---

① 王影：《关系赋权范式下县级融媒体中心发展路径探析》，《视听》2020 年第 11 期。

# 五 融合中的困境

从 2014 年中央全面深化改革领导小组会议审议通过《关于推动传统媒体和新兴媒体融合发展的指导意见》到 2020 年，传统媒体和新媒体不断向"你中有我，我中有你"的目标迈进，媒体融合不断深入发展。

在新的媒介生态环境中，在全国媒体融合的浪潮之下，河南积极响应国家号召，推动媒体融合深入发展，并取得了一些成就，但是河南媒体融合中仍旧存在一些问题亟待解决。

**1.传统媒体单一延伸，媒体融合虚于表面**

在当前媒体融合向深、向前不断推进的过程中，仍然存在传统媒体单一延伸，媒体融合虚于表面的弊病。融"表"不融"里"，虽然打着融媒体平台的旗号，但是不同平台机构、人员组织、组织机制未进行融合。虽然这些媒体已经具备了一些互联网要素，建立了云平台、融媒体中心等，但是基本的运行逻辑仍然遵循着传统媒体的模式。

回顾以往传统媒体的转型升级，将互联网当作工具和手段的实践无一不是以失败告终。因为媒体融合发展不仅仅是机制平台的简单融合，更是观念、体制机制、内容管理、平台运营等系统性发挥优势的融合转型。①

**2.创新能力不强，缺少优质原创内容**

河南融媒体建设进入攻坚期后，推动媒体融合深入发展的关键一步就是必须增强创新能力，用河南人的精神事迹、用河南人自己的声音讲好河南人的故事，不断进行思想创新、管理创新、体制机制创新。从当前河南媒体的发展情况来看，创新不足主要表现在两个方面：其一，从管理机制上来看，虽然已经建立了"中央厨房"，但是在资源整合上还明显存在不足，人员的工作机制还不够健全和完善；其二，媒体管理人员创新意识不够强，新闻策划能力薄弱。

---

① 乔婕：《新时期媒体融合发展的困境与破解之道》，《新闻研究导刊》2020 年第 22 期。

从当前来看，河南媒体在发展的过程中，特别是在"深融"方面，仍旧没有将"内容为王"作为重要的发展方向。在讲好河南故事，传递河南人的良好形象的过程中发力不够。河南媒体在融合发展的过程中，必须清楚地认识到，河南媒体做新闻不仅仅是给河南人看，更是给全国人民看、给世界看。

### 3.新媒介技术运用不熟练

2020年新冠肺炎疫情肆虐，国家领导亲自指挥，白衣天使奋战一线，媒体记者深入现场，挖掘疫情背后的暖人新闻。除了看到中华儿女为抗击疫情所做的贡献，身为媒体人更应该看到在这场疫情中，5G时代下新媒体技术对新闻行业的重大影响。慢直播、云采访、云录制等成为主流媒体常态化的生产方式。未来河南媒体深度融合必须搭乘上新媒体技术的"快车"。

从当前河南媒体融合发展的进程来看。部分媒体在融合的过程中不注重运用，如VR、AR、Vlog、H5、5G等，技术。在进行新闻传播的过程中，新闻呈现方式缺乏多样性，制作不精良，内容上缺乏故事性，视觉上直观性和生动性不足。一些新闻媒体和新闻从业人员不注重受众的沉浸式体验，特别是在VR技术的运用上，导致受众对新闻的"现场感"体验不足。当然也不乏好的案例，例如大河报豫视频特别策划城市公益形象MV《这里是郑州》，用原创音乐丰富视频表达，对郑州进行宣传报道，总阅读量突破7900万。[①]

### 4.产业发展模式尚不清晰，自身"造血"功能薄弱

河南媒体在融合发展的过程中，除了遭遇制度机制、技术、人才等困境，还面临着资金不足的巨大难题。河南媒体改革发展、深入融合的过程中遇到的资金困境主要有以下两个方面。

其一，尽管已经探索了一些发展模式，但是这些产业模式缺乏科学设计和系统安排。虽然河南媒体已经探索了"新闻+广告""新闻+政企"等模

---

① 《社长总编谈媒体融合 ｜ 河南日报报业集团：让思想拥有流量 把"重要的"做成"需要的"》，中国记协网，2020年6月30日，http://www.zgjx.cn/2020-06/30/c_139178358.htm。

式，但在运用一些现代化技术进行改革和创新的时候缺乏针对性和特色化。还有的新闻媒体和新闻从业人员不注重受众沉浸式体验，特别是在应用 AR 等技术方面相对比较薄弱，无法营造具有综合性的触觉、听觉、视觉的"全感官"模式，"人机互动"更无从谈起，受众的"现场感"不足，因而无法提升新闻报道的吸引力和影响力①。

其二，河南新旧媒体转型升级过程中，媒体还未探索出一条稳定持续的经营道路。新媒体时代，媒体所处的环境已经发生了改变，免费已经不再是吸引用户的主要手段，但用户付费阅读的消费习惯尚未形成。

## 六 河南媒体融合的发展策略

随着大融合时代的到来，报纸、电视、广播之间的融合以及组织机构与管理体制创新、人才培养、市场环境等因素在发展的同时也存在挑战。关于未来，河南媒体融合需要扎实基础，统筹兼顾传统与创新，迈出更加坚定的步伐。②

### （一）融合最前瞻

随着日月推移，在媒体发展大格局中，新媒体具备的优势是有目共睹的。新媒体，尤其是社交媒体正以迅猛势头不断涌现在人们的生活中，对生活的各方各面产生的影响越发深远。在传播方式中，一种新的发展趋势也不断明朗起来，即"智媒化"，采访装备日渐可穿戴、由机器人进行采写并主持节目，都已变成现实。可以预测的是，随着媒体融合的进一步发展，媒体技术的创新，也会在更大程度上满足人们的更多想象。

由于信息化水平不断提升，媒体"智能化"进入快速发展阶段。新闻

---

① 匡嘉林：《媒介融合趋势下传统媒体的发展——央视 2019 年春晚融媒体传播分析》，《新闻研究导刊》2020 年第 16 期。

② 杨存良：《地市级党报融合发展路径探析——基于〈拂晓报〉实践探索的观察与思考》，《中国记者》2020 年第 7 期。

的策、采、编、发等各个环节，都在一定程度上呈现智能化，甚至是智慧化特征。在媒体深度融合发展的宽阔大道上，中央级媒体继续扮演，并将持续扮演改革的"领头羊"角色。中央级媒体不仅在媒体融合各个领域进行示范引领，还会将改革成果和改革经验应用于更多具体实践过程中。例如2019年11月，科技部为强化科技的支撑作用，发布了《关于批准建设媒体融合与传播等4个国家重点实验室的通知》。

通过学习习总书记"四全媒体"的重要文章，"央视新闻"新媒体平台找到了定位，即力求在当前信息环境下做到"一专多强"。如中央广播电视总台通过成立总编室、央视融媒体发展有限公司和总台新闻中心等方式，改革组织机构和运营机构；通过人才招聘等方式，充实媒体队伍；专门设立了5G新媒体平台。除此之外，为服务地方县级融媒体发展，截至2020年《人民日报》、中央广播电视总台以及新华网这三大中央媒体，都已建成县级融媒体服务平台，分别为："中央厨房"、"全国县级融媒体智慧平台"和"县级融媒体专线"，目前已经陆续上线。

在技术方面，"央视新闻"新媒体平台实现"大屏"和"小屏"的联动，在新媒体不间断直播中同步插播大屏节目，并在节目前通过微博平台向网友征集问题，实现关切直达、反馈直达、信息直达。例如，疫情发生以来，《新闻1+1》先后围绕疫情热点地区、重点人物、民众关切进行了权威信息发布，体现了国家级媒体的巨大优势。

在新闻的采集和制作方面，新华社创新推出的"卫星新闻"这种产品样态，是以信息技术为代表的高新技术，是对赋能新闻生产的一个很好诠释。[①] 在2020年9月4日中国国际服务贸易交易会会展上，人民日报社的"云上展厅"也十分具有特色。这些成品的展示，充分展现了主流媒体为大力发展融媒体做出的努力。

虽然得益于新媒体技术的不断发展和无数学者、专业人士的不懈努力，大融合时代即将来临，但在细节方面仍然存在许多问题。例如实践操作、价

---

① 张垒等：《融合发展大家谈：创新、科技与媒体未来》，《中国记者》2020年第10期。

值理念、引进专业人才、新媒体的管理和经营机制都面临着进一步健全的必要等。

面对新情景下的问题，业界以及相关领域的专业人士给出了自己的看法。例如，对于纸媒的未来发展策略，拂晓报社副总编辑杨存良先生认为，谁掌握了互联网，谁就掌握了舆论主导权。纸媒首先应该让主流舆论迅速占领移动终端，再通过"两微一端"的平台加强与网民互动，引导舆情健康发展。集中发挥内容优势，并借鉴互联网的"链接"手段，由"发单条"转为"做链接"，运用好纸媒与新媒体的各自优点，尽可能多地挖掘新闻点，延长报道链条。

然而，谈及媒体融合要"以先进技术为支撑"时，传统媒体技术基础和技术资源上总体较为薄弱恰恰是一个不容回避的问题。李成先生认为，主流媒体除与互联网企业合作，还应与高校、科研机构等结成合作，做到产学研用一体化，建立更为广泛的共享共建机制的行业联盟。

总而言之，面对新媒体发展的机遇和相伴而来的挑战，整个传媒业要想站稳脚跟，必须完善自身管理机制，更新发展观念。既要保持自身具备的传统优势，又要不断向外进行融合吸收，不断创新，全力满足自身发展需求。在更高层次上，还要满足时代发展的要求，以在浮沉的发展大势中适时而动。

## （二）发展新思考

想要落实中央全面深化改革委员会第十四次会议审议通过的《关于加快推进媒体深度融合发展的指导意见》中对媒体融合提出的新要求、想要推出具备强大竞争力的新型主流媒体、想要加快建立全新的全媒体传播体系，必须深入融合，讲好"故事"，坚持以技术和人才优先，完善多元产业布局。

### 1. 深入融合，打造全媒矩阵传播，扩大主流舆论阵地

当下河南媒体应立足现有的机构和平台，进一步强化跨部门、跨平台、跨区域、跨媒介的合作发展，打造"四全媒体"，打造全媒体、全维度、全

时段的新闻生产与传播链条，实现新闻产品从单一、单向、单维向多媒、多向、多维的转变，并依托报、刊、电台、电视、网络、微端等多种媒体形态，打造全媒矩阵传播。

通过全媒矩阵传播，河南日报报业集团全方位多角度地为群众报道了全国两会，深入传递了两会中的重要信息，满足了人民群众对两会内容的信息需求。

此外，河南广播电视台、大河网等都通过自主研发，形成了具备多种形态的全媒体矩阵，为传递河南声音，扩大主流舆论阵地起到了积极的助推作用。

**2. 讲好河南故事，"融" 出河南精彩**

新媒体技术只是创新形式的重要辅助，要使河南媒体融合发展走出困境，最终还是要以好的内容为落脚点。不断创新新闻报道形式的目的是讲出更好的河南故事。

首先，在河南媒体融合发展中必须紧紧围绕习近平总书记新时代中国特色社会主义的主线，用河南人自己的故事传递河南人自己的声音。相关领导要充分增强工作人员的创新意识、调动积极性，推出更多优质原创内容。

例如，河南日报报业集团通过《走近脱贫一线干部——乡亲冷暖在心间》等一系列优秀作品，使独具河南特质的焦裕禄精神、红旗渠精神、愚公移山精神被推上网络、叫响全国。[1] 未来，河南媒体融合发展中要不断挖掘譬如少林文化、太极文化等特色文化，用河南人自己的精神事迹讲好河南人自己的故事。

其次，河南媒体融合发展要不断创新报道形式，用人民群众喜闻乐见的形式表现出来。

最后，河南媒体在融合发展中可以借力短视频来探索媒体融合的新路径。由于当下受众阅读习惯呈现碎片化，短视频受到了受众的青睐。短视频

---

[1] 《"融"出河南"好声音"——河南媒体融合和短视频发展亮点掠影》，河南省人民政府网站，2019 年 4 月 18 日，http://www.henan.gov.cn/2019/04-18/743160.html。

既具有娱乐休闲功能，也有传递信息的功能。未来河南媒体在融合发展中可以充分借力短视频来助推河南媒体融合新发展。

### 3.坚持技术为先，助推媒体融合发展

如果媒体融合是一场媒体的自我革命，那么技术就是这场革命中的关键性因素和重要助推力。随着当今技术的发展，媒介融合的"下半场"是从"融媒"向"智媒"转型的关键阶段，要完成的还应该是跨时空、跨功能、跨身份的更深层次的融合。[①]

在河南，不断开发新兴技术的同时，要通过运用成熟的新媒体技术推动媒体融合发展，要将技术建设和内容建设放在同等重要的位置，[②] 用新技术来引领媒体的融合发展，推动媒体的自我转型升级，完成自我革命。

一方面，媒体可以通过与其他平台或企业进行合作创新，从而实现技术和内容的深度融合。另一方面，媒体要加大对新媒体技术的研发，在媒体融合中大胆尝试，利用新型技术来进行报道创新。比如，河南日报报业集团自主研发的大河云已迭代升级至4.0版本，旗下主要媒体已完全通过"大河云"进行出版发布。[③]

### 4.培养全媒体人才，注入新鲜血液

人才是媒体融合最为根本的生产力。河南媒体深度融合亟须具备全媒体素质的人才加入。2020年9月《关于加快推进媒体深度融合发展的意见》中指出，要实行更加积极、开放、有效的人才引进政策，提高主流媒体人才吸引力和竞争力。全媒体人才根据传播形态、业务范畴、人才库可以划分为三种层次。[④] 根据划分层次，全媒体人才要求从事新媒体行业的人员具备多种操作能力，不仅能运用图文、视频、移动应用等进行新媒体产品的制作，还要掌握数据分析、数字化采写编辑、营销管理等技能。

---

① 李奕贤：《媒体融合：主旋律传播渠道变革再思考》，《新闻世界》2020年第12期。
② 秦艳华、路英勇：《媒体融合发展的几个关键问题》，《中国出版》2015年第13期。
③ 《社长总编谈媒体融合 | 河南日报报业集团：让思想拥有流量 把"重要的"做成"需要的"》，中国记协网，2020年6月30日，http：//www.zgjx.cn/2020-06/30/c_139178358.htm。
④ 漆亚林：《一体化的全媒体：媒体融合进入3.0时代》，《现代视听》2019年第2期。

大力培养全媒体人才是河南媒体融合发展的支撑性力量。全媒体人才要求媒体人员既要具备专业能力，胜任各项全媒体业务，还要能胜任全媒体业态垂直类业务。从当前来看，真正一专多能的全媒体人才在市场上是凤毛麟角，而多数媒体对全媒体人才有着极大的需求。河南媒体深入融合发展，一方面，要对既有新媒体人员定期进行学习培养，另一方面，媒体可以同部分高校或者新闻单位签订人才引进方案，改革激励制度，将人才引进来、留得住，对海外优秀媒体人员给予适当扶持，积极引进既专又能的全媒体人才。

5. 运用互联网思维，创新服务功能

当前媒体融合向纵深发展，网络舆论生态环境更为复杂。在这一时代背景下，推动媒体融合深入发展要运用互联网思维，坚守新闻真实的底线，坚持正确的舆论导向，牢牢占据服务人民、文化传承和舆论引导的制高点，将新闻的专业性和传播的公共性相结合，不断壮大主流舆论。媒体融合发展过程中，创新是根本，思维改变才是关键。河南媒体深度融合亟须以新的互联网思维打破既有传播方式的樊篱，将互联网思维深度融入新闻的生产过程，这样才能真正生产出人民群众满意的融媒体作品。

进入 2021 年，媒体融合的功能已经不再局限于新闻传播，还融合了民生服务、政务服务、信息传播等功能，形成了综合性媒体平台。媒体平台已经成了党和政府紧密联系人民群众、服务人民群众的重要渠道。在 2020 年疫情防控常态化时期，由河南省级技术平台提供支撑，为各市县级融媒体平台研发了口罩预约功能。从省到各市县，关于疫情防控的宣传以通俗易懂的方式及时传递给了人民群众，此外研发的网上问诊、发热门诊、定点医院查询等功能也极大便利了人民群众。

在互联网飞速发展的时代下，河南媒体深入融合发展必须运用互联网思维，站在时代发展的前沿，紧紧联系人民群众，创新服务功能，走出一条适合媒体可持续发展的道路。

6. 完善多元产业布局，提升自我造血能力

要推进河南媒体融合深入发展，没有充足的资金支持，河南媒体融合的深入推进只能是空谈。在此情况下，河南媒体在融合转型过程中不仅需要依

赖外部"供血",还要不断完善多元产业布局,提升自我的造血能力,这也是维持媒体长久发展的方法。

"借助报纸的影响力,可以聚合更多独特的优势资源,带动发展其他产业,打造出多元发展和多极支撑的产业格局,放大报业集团品牌价值,实现报业集团无形资产有形化、财富化,为媒体融合、转型发展打下坚实的物质基础"。① 2020年新冠肺炎疫情防控常态化时期,为助力农村农民的农产品销售,由河南广电主办的"大象助农团"暨"县长直播带货"项目启动,这也成为河南广播电视台建设运营实践的一大亮点。

在河南媒体融合中,要积极探索"跨界"发展。目前,河南媒体融合发展已经探索了"传媒+政企""传媒+房地产""传媒+广告"等模式,未来的河南媒体还要不断地延长产业链,探索更多"跨界"融合发展的模式。

**参考文献**

吴玥:《新媒体环境下河南日报报业集团转型研究》,硕士学位论文,河南大学,2014。

于今:《河南日报报业集团媒介融合路径研究》,硕士学位论文,河南大学,2016。

梁益畅:《报业转型 内容升级 渠道扩张——郑州报业向新媒体迈进的路径选择》,《中国记者》2011年第5期。

梁琦:《新媒体时代报纸编辑创新研究——以河南省部分报业为例》,硕士学位论文,河南大学,2012。

石大东:《用"互联网+报业+"的转型模式破解报业困境——以郑州报业集团为例》,《传媒》2015年第17期。

薛德星:《坚持产业多元 应对报业经济新常态——河南日报报业集团多元发展的探索与思考》,《中国记者》2016年第10期。

赵铁军:《立足媒介多向交互 实现深度融合发展——河南日报报业集团以两会报道探索媒体融合路径》,《中国记者》2015年第4期。

郑延保、刘好:《以河南实践讲好中国共产党的故事——以"习近平新时代中国特色社会主义思想在河南的实践"专题宣介会为例》,《对外传播》2019年第12期。

贺强:《媒体融合背景下电视频道转型发展管理创新初探——以河南都市频道一体

① 姚林:《2017年中国报业经营回顾与展望》,《中国报业》2018年第1期。

化运营改革为例》，《中国广播影视》2020年第6期。

李强：《省域融媒体发展的几点思考——以河南大象融媒体集团实践为例》，《新闻爱好者》2019年第11期。

张毅：《"融"入河南——从"大象新闻"到"正观""顶端新闻"，看河南省如何构筑融媒体全布局》，《中国广播影视》2020年第21期。

常凌翀：《融媒视野下重大主题报道的创新传播路径——以中央媒体对湖州生态文明建设典型经验报道为例》，《新闻爱好者》2019年第3期。

贺强：《讲好脱贫振兴故事 推进融合发展转型——河南广播电视台融合发展的实践与思考》，《新闻战线》2020年第10期。

阎亚平：《主动求变深化融合 打造新型主流媒体——南阳报业传媒融合发展的实践与思考》，《中国报业》2020年第17期。

王艳：《坚持守正创新 推动媒体融合向纵深发展——河南省项城市融媒体中心建设创新报告》，《中国广播电视学刊》2019年第7期。

宋相勋、马亚琼：《建通道 破壁垒 促发展——河南南阳广播电视台融媒体中心建设探索与实践》，《中国广播》2020年第10期。

曾祥敏主编《中国新媒体研究报告2020》，人民日报出版社，2020。

《社长总编谈媒体融合》，《传媒》2020年第14期。

王欢、贺建芝：《县级融媒体中心建设的观察与思考——以河南省为例》，《青年记者》2020年第21期。

李显鹏：《"项城模式"：县级融媒体中心建设的标杆》，《记者摇篮》2019年第7期。

刘杰：《河南项城：三种模式破解县级融媒体中心建设难题》，《中国记者》2019年第2期。

国秋华、陈乐：《多边"下沉"中县级融媒体中心建设的问题与对策》，《中国编辑》2020年第11期。

王日成：《县级融媒体发展面临的问题和解决之道》，《新闻传播》2020年第18期。

胡正荣：《打造2.0版的县级融媒体中心》，《新闻界》2020年第1期。

马艳：《从使用与满足理论看县级融媒体的建设路径——以"项城模式"为例》，《出版广角》2019年第10期。

赵永刚：《关于地方传媒机构媒体深度融合的几点思考》，《传媒论坛》2020年第10期。

王影：《关系赋权范式下县级融媒体中心发展路径探析》，《视听》2020年第11期。

乔婕：《新时期媒体融合发展的困境与破解之道》，《新闻研究导刊》2020年第22期。

匡嘉林：《媒介融合趋势下传统媒体的发展——央视2019年春晚融媒体传播分析》，《新闻研究导刊》2020年第16期。

郭全中：《媒体融合向纵深发展的关键技术及实现》，《中国记者》2020年第9期。

杨存良：《地市级党报融合发展路径探析——基于〈拂晓报〉实践探索的观察与思考》，《中国记者》2020年第7期。

陈文宝：《新时代报业多元化转型探析——以张掖日报融合发展为例》，《新闻战线》2020年第13期。

张垒：《2020：媒体融合发展新进展与创新趋势——来自中国国际服务贸易交易会的观察》，《中国记者》2020年第10期。

张垒等：《融合发展大家谈：创新、科技与媒体未来》，《中国记者》2020年第10期。

吴锋、马建森：《裂变与拓新：2019中国媒体融合发展回顾与前瞻》，《中国出版》2020年第2期。

谭云明、黄瑜娜：《2020年媒体发展态势前瞻》，《青年记者》2020年第1期。

邱扬阳：《对媒体融合时代报业绩效考核的举措分析》，《商讯》2019年第36期。

杨亚初：《厘清"五个逻辑" 力推媒体融合"深一度"》，《视听纵横》2020年第1期。

漆亚林：《一体化的全媒体：媒体融合进入3.0时代》，《现代视听》2019年第2期。

姚林：《2017年中国报业经营回顾与展望》，《中国报业》2018年第1期。

娄恒：《大河财立方惊艳亮相2017（第十三届）大河财富中国论坛成功收官》，大河网，2017年12月17日，https：//news.dahe.cn/2017/12-17/238426.html。

《QuestMobile2019中国移动互联网八大战法》，QuestMobile研究院网站，2020年1月13日，http//www.questmobile.com.cn/research/report-new/79。

《河南县级融媒体中心建设大事记》，映象网，2020年3月5日，https：//www.thepaper.cn/newsDetail_forward_6343828。

# 河南电视栏目媒体创新调查报告

刘 洋 焦 洋*

**摘 要：**近年来，随着新媒体与移动终端的快速发展，相互融合成为媒体发展的新趋势，新媒体成为电视节目传播和发展的又一平台。为了进一步促进资源高效利用、利益互联共融以及信息极速传播，以河南卫视为代表的河南电视业在不断探索。本报告梳理了近年来河南电视栏目的新媒体创新发展情况，将其划分为"融媒体"与"融卫视"、传统电视节目革新、新兴电视节目涌现三个部分进行解读，先概述河南电视业新媒体时代整体的发展特征，再将目光聚焦以《梨园春》《武林风》为代表的河南优秀传统电视节目的革新之路，随后探索互联网时代服务类和公益类等新兴节目的创新征程，在此基础上提出了对河南电视栏目今后创新发展的展望与建议。

**关键词：**新媒体 融媒体 河南卫视 电视栏目

## 一 新媒体时代的河南电视业——"融媒体"与"融卫视"

"融媒体"是当前媒介环境下的热点话题，对于信息的传播者和接受者都有极大影响。目前各大电视台都在想方设法与新媒体、移动终端结合，促使资源融通、利益共融，信息更高效地传播。以河南卫视为代表的河南电视业充分利用新的技术成果，在新媒体平台的融合布局、IP 资源的衍生产业、

---

* 刘洋，文学博士，郑州大学新闻与传播学院讲师，主要研究方向为电影学；焦洋，郑州大学新闻与传播学院新闻与传播专业硕士研究生。

创收渠道的丰富拓展等方面渐次发力。

## （一）新媒体平台的融合布局

以互联网和移动互联网为载体的新兴媒体以即时性、随身性和可交互性等优势迅速分流了大批的传统媒体受众，作为传统媒体代表的电视台对受众流失感觉尤为明显，最直观的表现就是收视率的持续低迷和广告收入的断崖式下跌。面对受众转场，省级卫视坚持原有的道路不到受众聚集的地方肯定是走不通的，但跟随受众的脚步，实施整体移步新媒体平台的发展战略，在收入增长点尚未探索清楚、创作编辑人员的互联网思维模式还未完全建立的当下更是前途未卜。综合以上两点考虑，当下各大省级卫视都把借助微博、微信以及客户端（以下简称"两微一端"）等新媒体平台进行卫视资源的推广和互动，作为踏足媒体融合道路的试验田，河南卫视是中部省份人口和人均 GDP 均居首位的河南的一级电视平台，借助中原文化的深厚底蕴，紧紧抓住"文化卫视"的关键词，打造有文化、有品位的卫视宣传平台。在频道、栏目以及有影响力的节目方面都努力地拓展互联网空间，收到了良好的效果。

河南卫视在运用"两微一端"新媒体平台进行媒体融合试点的宣传推广和受众互动方面做出了以下探索。一是设立了专门的新媒体部，负责卫视品牌和相关栏目、节目大型活动的宣传推广，设立专人负责卫视"两微一端"的宣传，并与强势栏目的官方微博、微信公众号负责专员联动，形成宣传推广和受众互动的合力。二是进行话题挑选及相关"议程设置"。一方面，卫视的新媒体运营专员结合频道的节目和电视剧的宣传推广方案去策划"两微一端"的讨论话题，积极地与受众互动，热议节目内容；另一方面，寻找网友评论中关注度较高的话题，并进行再次包装与引导聚焦，利用微信公众号的推送、微博的分享等手段持续激发关注，并在日常互动中注重对观点较为新颖和独特的网友的留言和评论进行转发、点赞，以此来提高他们参与的成就感。河南卫视除积极打造自身的新媒体平台之外，还不断地拿出优质的节目资源放在目前较为热门的优势网络视频 App 上面，通过这些优势平台，进一步扩大河南卫视相关节目的影响力。《让改革落地生根》《脱贫大决战》在凤凰网、优酷网、腾讯视频、爱奇艺等平台入驻，通过网络平台的传播，点击量持续上升，累计突破数百万人次。除上述常规手段之外，河南卫视新媒体运营专员还会不定期地在社交平台和公众号上组织一些粉丝招募活动，配合频道和节目的宣传推广人员进行节目宣传、演播厅参观、直播互动等进一步扩大河南卫视节目的影响力。

河南卫视的微信公众号表现突出亮眼。微信公众号已经成为频道运营的标配，除推广频道信息外，还可以推送服务，与观众交流互动。"河南卫视"微信公众号分为三个版块——"豫·看""豫·玩""豫·乐"，观众可以预约、回看、点播、直播节目，可以投票、点评，通过"摇一摇"、互动抽奖、小游戏、微社区等方式参与线上线下活动，从而使节目热度和话题在观众群体中不断得以延续。2016年底，"河南卫视"微信公众号荣登"全国省级卫视微信公众号最具影响力Top10"榜单之首。"河南卫视"微信公众号阅读总量及单条平均阅读量均居榜单首位，且单日文章（总条）阅读量都超10万人次，充分说明公众号已经获得了广大观众的充分认可，并逐步培养观众的使用习惯，让河南卫视不仅停留在电视屏幕上，更是走进每一位观众的生活。

## （二）大屏与小屏的跨屏互动

当前，影视剧跨屏实时互动受到年轻观众的热捧。2016年河南卫视推出的《剧说你要来》是全国首档"双屏实时互动"周播剧场，是一部"互联网+电视"的诚意之作。观众只要关注"剧说你要来"微信公众号，就可以将自己的金句妙语和辛辣吐槽同步实时呈现在电视屏幕上。不仅如此，《剧说你要来》还创造性地深挖周播剧边拍边播的特点，在节目播出过程中，利用投票互动环节采集的大数据信息，整合观众投票结果决定演员的生死和剧情的走向。这样的拍摄模式，能够最大限度地调动观众的积极性，让观众拥有参与感，探索挖掘观众的喜好，创作符合观众价值观念的剧情走向，制作真正优秀的电视作品。为其提供解决方案的新奥特电视手机互动系统，为电视台在观众手机端和电视端的互动搭建了一个完整的平台。它是一个包括前端应用、后端发布管理服务以及台内下载、审核、播出在内的互动节目全站式解决方案。企业用户端（桌面浏览器发布、审核、播出信息）和手机用户端（观众客户参与互动）用移动互联网连接，通过云端数据库进行数据交互，经过演播室审核播出，在电视屏幕实现实时互动，也可以根据节目形态进行定制化开发建设，从而成为电视节目简单易用的信息发布平台、用户调查平台、用户交流平台和节目增值平台。整部剧由观众做主，让观众来当导演，从看电视到玩电视，实现了电视与观众的深度互动。不仅如此，《剧说你要来》还进一步对剧中演员进行线下培训，从报名、海选、培训到表演等环节，让观众亲身体验表演创作的酸甜苦辣。

电视节目"双屏实时互动"播出新模式，让电视节目从被动变成主动，从被动收看变成一场荧屏内外、现场与电视机前的观众的全面互动。通过互动和分享效应，抓住参与感和互动化的精髓，改变过去单向接收的观看习惯。电视节目方也能充分调动广大电视观众的积极性，得到用户的第一手数据，更快更好地了解观众。

## 二　传统电视节目革新

河南电视台《梨园春》《武林风》是长盛不衰、口碑极佳的传统王牌节目，形成了节目自身的影响力，培养了一批忠实的观众，这些观众在审美趣味、业余爱好甚至生活形态方面都有很多共性。因此这些传统节目很容易在家族甚至朋友圈产生共鸣，产生一传多的正面传播效果，对于河南卫视的影响力不可小觑。随着网络时代的到来，新媒体的应用范围不断扩大，传统电视时代风靡的王牌节目又将面临怎样的挑战以及做出怎样的应对措施？近年来，河南卫视围绕这两大传统文化特色节目进行了一系列的谋划布局，稳中求变，力求新的机遇与发展。

## （一）《梨园春》

《梨园春》于 1994 年在河南卫视播出，是中国最长寿的电视节目之一。2018 年 6 月，在《梨园春》迎来第 1000 期节目时，栏目被世界纪录认证协会认证为"世界上持续播出时间最长的中国电视戏曲栏目"。随着社会的不断发展、互联网技术的不断进步以及 5G 时代的全面到来，传播方式和传播媒介发生了重大改变，主流媒体在面对这场前所未有的变革时如何推陈出新，是亟待解决的问题。《梨园春》作为主流媒体的一档品牌节目，自开播以来在时代发展和媒体竞争的浪潮中坚守戏曲阵地，不断开拓创新，不仅使传统的戏曲文化得到广泛传播，还探索出一条传统媒体在新时代融合传播的发展之路，使戏曲的声音不但没有被淹没在互联网的大潮中，反而唱得更响、传得更远。

**1. 融媒体时代探索**

互联网时代的到来，使传统电视栏目受到空前挑战，多元化的传播媒介和激烈的行业竞争都要求《梨园春》在传播方式上必须有新的突破。《梨园春》也积极地拥抱互联网，在微博、微信、《梨园春》App、客户端等多个渠道联合发力，开启了融媒体的探索之路。

（1）微博

《梨园春》微博开通于 2010 年 12 月 10 日，截至 2020 年 1 月 31 日，共发布 1621 条微博，粉丝数为 23350 人。发布的内容多为图片、视频与文字形式相结合的节目预告、精彩片段等，所有微博用户均可通过评论和私信反馈对节目组的意见或者表达对某一期节目的喜爱，正是因为有了这样和观众直接沟通的便利渠道，《梨园春》的发展、改进方向也更加明确。《梨园春》第 1000 期节目开播之前，栏目通过微博平台对外发起了"说说你与《梨园春》的故事"话题讨论，上万名观众积极参与，用不同的形式记录了自己和《梨园春》的故事，既维护了忠实观众群，还在很大程度上起到了节目宣传的作用。

（2）微信

"梨园春官方"微信公众号于 2015 年 11 月开通，栏目充分运用微信与节目进行双屏互动。观众可以通过微信为喜欢的选手打分，也可以通过微信留言向节目组传达自己的意见，还可以通过微信公众号进行网络海选。擂台报名里有供戏迷朋友上传自己唱戏片段的通道，另设有名家点评和互动留言平台，戏迷参与热情较高。官方售票里有《梨园春》现场录制门票的购买链接。公众号的推文里主要有每期节目的详细介绍、戏曲知识普及、生活常识、养生保健和传统文化知识。目前"梨园春官方"微信公众号有近40万名粉丝，是河南最大的戏曲媒体公众号。

（3）《梨园春》App

《梨园春》App于2016年1月正式上线，主要有"梨园资讯""我要投票""名家教唱""唱段欣赏""擂台选拔""在线销售"等六个版块，页面简洁、版块清晰明确，内容主题突出，便于操作。但目前App缺少必要的维护，处于半停滞状态，后续节目组如果想要继续发展周边辐射产业，App仍是一个需要投入大量关注、不可或缺的关键平台。

（4）视频客户端

视频客户端打破了观众收看固定播出时间段的限制，观众可以根据自己的时间收看或回看电视节目，这让观众的观看安排变得更加自由，也让不同职业、不同年龄、不同生活习惯的人群都能按照自己的生活安排来选择自己想看的节目。可以说，互联网和视频客户端的出现，极大地促进了电视节目的发展和繁荣。《梨园春》最早和爱奇艺视频、腾讯视频等进行合作，在视频网站和客户端上获得了千万次点击量，目前其跟西瓜视频进行合作，用更年轻化的视频平台进行节目宣传，观众在西瓜视频观看节目时，可以利用弹幕功能，即时发表自己的想法和意见。弹幕功能作为新媒体时代的产物，与传唱吟诵中原历史文化的豫剧结合在一起，提升了每一位观众的参与感，拉近了他们与《梨园春》的距离，使其能够更好地去感受豫剧的魅力。

（5）"大象新闻"客户端梨园春频道

在河南电视台成立50周年之际，河南广电发布了"大象新闻"客户端，开启河南广电融合发展的新篇章。《梨园春》的优质内容逐渐向"大象新闻"客户端迁移，目前"大象新闻"客户端可以实现《梨园春》往期节目的在线收看和评论，同时支持为比赛选手投票和场外打分。《梨园春》2019 年度擂响中国年终总决赛期间，"大象新闻"客户端专门开辟了"梨园春售票"通道和现场打分通道，分数直接进入现场打分系统。腾讯新闻联合"大象新闻"客户端进行节目的全媒体直播，同时开启"看大戏、抢红包"活动，当期节目为"大象新闻"客户端带来了 3 万多次下载量。

（6）抖音

抖音是当下最火热的短视频社交平台之一，如果能充分利用好这一传播途径，适应新媒体时代的传播特点，会让《梨园春》的发展更上一层楼，吸纳更多年轻的观众群体。《梨园春》于 2018 年 5 月开通官方抖音账号，主要发布节目中的精彩短视频，截至 2020 年 5 月底，其抖音账号有粉丝185 万名，单条视频最大播放量 822 万次，平均播放量 25 万次，获得点赞数 520 万次，已经是全国戏曲栏目粉丝量最多的抖音账号，也是全国同类电视戏曲栏目抖音账号粉丝量的总和。

2. 短视频形态发力

随着智能终端的不断革新，4G 网络的广泛应用和 5G 网络时代的到来为移动视频应用提供了强大的硬件支持，移动短视频已然成为新媒体受欢迎的又一蓝海。

（1）《梨园春》天生具备短视频的传播属性

短视频的特点主要集中在以下四点：短——视频碎片化、时长较短；频——视频主题和内容频次变化较快，能够缓解观众的审美疲劳；快——在互联网的传播环境下，传播速度非常快；互动——短视频通过新媒体发行，赋予短视频互动传播的概念，拉近了创作者、创作内容和用户之间的距离。自开播以来，《梨园春》顺应时代发展，在节目内容和形式上稳中求变、固本求新，使节目天生具备短视频的传播属性。节目去掉了戏曲舞台上的"闷帘叫板""长过门儿"等，使节奏更加紧凑，内容不再是整场大戏的录制照搬播出，而是选取戏曲中最精彩的片段，融合京、评、豫、越、黄等各个剧种，荟萃全国各个剧种的名家，以及文戏、武戏、绝活等各个门类的戏曲形式和戏曲器乐展示，在有限的时间内让观众看到不同种类的精彩节目。

近年来，栏目还突破散点做常态节目，力推"常态节目季播化"，推出了一系列不同主题的季播节目，让观众能常看常新。一系列的举措，恰好符合短视频传播的规律。

1999 年，《梨园春》全新改版，创造性地增加了"戏迷擂台赛"环节，打破了之前电视戏曲节目"名家表演、名段赏析"的传统播出形式，改电视"你播我看"的被动收看模式为"人人参与"的互动交流模式，成为中国最早的戏曲电视平民选秀平台。为了增强互动性，《梨园春》积极探索，融入了现场评审模式，除邀请戏曲名家、戏曲各个行业的专家学者和跨界的明星担纲评审外，现场每人都有打分器，人人都是评委。为了让电视荧屏的魅力能够"双向传输"，《梨园春》让电视机前的观众也成为评委，从最早的信件抽奖，到拨打热线电话和发短信投票、留言，到现在的微信"摇一摇"和网络投票，都是为了让电视机前的观众能够参与节目，"互动"成为"戏迷擂台赛"与观众交流的制胜法宝。

（2）《梨园春》节目为短视频传播提供了优质内容

《梨园春》已经播出了 1000 余期节目，因为节目具备天然的短视频属性，所以正常节目的生产过程就是优质短视频的生产过程。舞台上的节目呈现和舞台下的幕后故事对于短视频来说也是不可多得的素材。把这些往期节目精编后重新剪辑，就是优质的短视频内容，这也在"梨园春官方"抖音账号上得到了印证。

### 3. 传播渠道不断拓宽

融媒体是一个兼容并蓄的模式，在这个模式中，广播电视和互联网充分融合在一起，可以优势互补。《梨园春》栏目积极与各方合作，进行渠道探索，努力拓宽自己的传播渠道。2017 年，河南人民广播电台与河南电视台组成了全新的河南广播电视台。2018 年 6 月，《梨园春》举行千期盛典，通过广播和电视并机播出，首次尝试节目融合制作与传播。2020 年伊始，《梨园春》与河南广播电视台信息戏曲广播进行深度合作，打造全新广播节目《梨园百花开》，以"听得见的电视，看得见的广播"为宗旨，把每期《梨园春》节目的音频放在电台播出，也邀请《梨园春》栏目的工作人员到电台通过电波分享电视节目制作的台前幕后，还把参加节目的选手请到电台做节目，讲述他们的故事，同时通过广播选拔优秀的选手，走上《梨园春》的擂台。

**4.多平台融合互联网**

作为一档传统戏曲节目，《梨园春》的主要受众群体是中老年人，这一部分人群对互联网（包括设备、基础设施、技能等）的接受程度与年轻人还存在一定差距，在受众群体对于新媒体的接受度、了解度、新媒体素养普遍不高的不利情况下，《梨园春》在新媒体探索方面目前取得的成绩难能可贵。这说明《梨园春》栏目在深耕戏曲市场多年以来积累了一大批忠实的拥趸，有这些粉丝作为支撑，《梨园春》在新媒体领域中也可大有作为。

（1）网络直播提前"尝鲜"

《梨园春》之前一直是直播，为了顺应电视节目大制作、全素材、精细化的要求，逐渐改直播为录播，偶尔直播，这样能确保节目的质量，但缺乏时效性。随着全民直播时代的到来，对录播节目进行差异化直播不失为一种有效的尝试。这里的直播不同于传统意义上电视节目的直播，更加倾向于网络直播形式，在展现内容上以一位特殊观众或者节目解密者的视角，在节目录制过程中走进节目的台前幕后，解密每一个工种的工作状态，与导演畅聊导演思路、与编导探讨编排技巧、与参赛选手聊准备情况、与普通观众聊观看感受，带观众看后台工作人员的工作状态，与主持人嘘寒问暖，这样亲民化的内容更加契合网络终端受众的审美需求。内容可通过网络直播平台直接传递给受众，也可经过后期剪辑随正片一起播出，将网络化表达方式融入电视语言中，增强了节目的可看性。目前梨园春官方抖音账号和大象视频 App都具有直播功能，尤其是梨园春官方抖音账号，都是垂直的活跃粉丝，对《梨园春》的台前幕后充满了兴趣。

（2）精彩内容碎片化传播

《梨园春》目前可实行碎片化传播的主要平台有抖音、西瓜视频和今日头条。微博、微信在短视频碎片化传播方面稍弱，接下来会对《梨园春》的各个新媒体平台进行重新梳理和定位，打通微博和抖音短视频传播、资源共享，除转发节目的精彩唱段以外，与戏曲相关的一切短视频都应该进入视频分发资料库。比如将普通观众上传至微信公众平台和《梨园春》App 的优秀视频剪裁进行微传播。

（3）录制 Vlog 拉近与观众的距离

2019 年底，中央广播电视总台新闻主播康辉发布的几条 Vlog，瞬间引爆了互联网。对于热播 20 多年的《梨园春》的观众来说，节目也一直被蒙在神秘的面纱里，节目组将尝试录制 Vlog 探访解密视频，满足观众对于节目的筹备、参赛选手的选取、节目的录制、台前幕后故事的兴趣。

（4）声音类 App 拓宽传播渠道

随着 4G 网络的普及，移动音频 App 迎来新的发展机遇，在 5G 网络即将大面积商用的今天，可以预见的是，移动类 App 会迎来发展的春天。移动音频 App，如蜻蜓 FM、荔枝 FM、喜马拉雅 FM 等开辟了全新的音频节目传播方式。喜马拉雅 FM 开设"梨园春频道"，目前栏目已经与喜马拉雅戏曲曲艺频道进行对接，将开辟"梨园春官方频道"，完成对移动音频 App 的布局。

（5）引入虚拟现实，打破空间壁垒

电视传播始终是单向传播，电视观众与表演者分别处于两个不同场域，情绪很难产生共鸣。如今技术的发展日新月异，虚拟现实技术与 3D 技术为戏曲形式创新带来新的活力，打破了观众和演员之间的壁垒。未来，如果技术成熟，观众坐在家里，通过虚拟现实技术，就可以如亲临现场般观看《梨园春》节目，相信这一天并不遥远。

5. 讲好中国故事，体现媒体担当

不管是怎样的传播形式，归根结底就是讲一个好故事，小到一个选手打擂，大到一场文艺晚会，20 多年来，《梨园春》就是通过一个个节目，一场场晚会，讲述了不同的中国故事。在平常的节目中，《梨园春》在节目呈现上会深度挖掘并讲述普通戏迷追梦和艺术家台前幕后的故事，传递"仁义礼智信"的社会正能量。煤矿工人周雷达、农村大叔曲跃星、"抗癌明星"刘凤彩……通过一个个戏曲好故事引起观众的共鸣，让这小小的电视荧屏充满向上向善的正能量。

文艺晚会是颇具中国特色的文艺形式，《梨园春》还经常在国家重大活动时录制节庆式电视文艺晚会，将新闻元素和文艺元素融合，把党的政策通过文艺作品柔性表达出来。2018 年，正值改革开放 40 周年，《梨园春》倾情打造推出了"中国真有戏"特别播出季。2019 年，在新中国成立 70 周年之际，《梨园春》推出了"大戏看中国"播出季，两个特别的播出季，用文艺的方式展示了中国共产党引领中华民族向着复兴梦想接续奋斗的壮阔征程。在 2020 年的新年晚会上，特别设置"黄河岸边聚霞彩"篇章，专门邀请了来自黄河流域的甘肃、山西、陕西、河南、山东的五位艺术家共同用戏曲讲述"黄河故事"，唱响了新时代新征程再出发的壮志豪情。

《梨园春》栏目的新媒体矩阵也已初步形成，但是和大多数传统媒体向新媒体、融媒体转型过程中遇到的情况一样，在融媒体的道路上还有很长的路要走。未来节目将更加注重大屏、小屏的互动和融合，更加深度地融入互联网，互联网的边界在哪里，《梨园春》的春芽就应该在哪里萌发，栏目希望能打造一个与观众交流的新平台，为古老的戏曲插上互联网的翅膀。媒体融合是一篇大文章，在媒体融合方面不断增加合作的深度和广度，以融合推动创新，以融合带动发展，以融合驱动传播，坚持创造性的转化和创新性的发展，在竞争激烈的多屏时代永葆青春、更加出彩。

## （二）《武林风》

### 1. 节目简介

《武林风》是河南卫视于 2004 年推出的一档以武术搏击比赛为主题，融武术、竞技、娱乐为一体的高端栏目，它是中国武术栏目第一品牌，是中国搏击标志性节目。雄霸河南卫视周六晚间黄金档，收视率居高不下。节目自开播以来，迅速成为专业搏击高手及民间功夫爱好者一展身手的首选舞台，几乎所有中国搏击界精英都在《武林风》留下过足迹。栏目以娱乐元素提升武术魅力、以全球视野扩大武术影响、以打播比武展示武术精髓，以弘扬中华武术文化、展示中原武术功术为己任，让观众在精彩与快乐中，体会"搏艺有道，娱乐无边"的魅力。"展现中国力量"的《武林风》带来卫视竞技类节目的热潮，并成功地将电视影响力直接在商业市场兑现。"武林风全球功夫盛典Ⅳ"巡回在北京、上海、广州等一线城市举办比赛，并获得圆满成功。

**2. 深挖传统文化，兼具国际视野**

如何能在继承发扬优秀中华传统文化的基础上，进一步创造出中华文化新的辉煌，一直是新媒体时代文艺工作者的追求与探索。独特的文化传统、历史命运和基本国情，注定了我们必然要走适合自己的发展道路。同时，要精心做好对外宣传工作，创新对外宣传方式，讲好中国故事，传播好中国声音。《武林风》栏目在立足本土传统文化资源的基础上，更是做到了放眼世界。

（1）以本土文化、地方特色为着力点

新媒体时代，资讯高度饱和，而文化是信息海洋中最具有生命力和持续影响力的因素。具有被受众认可的文化价值体系和文化内涵，是一个电视栏目可持续发展的动因之一。武术被称为"中华国术"源远流长，武术精神也早已经内化为民族精神。"kung fu"一词成为英语中从中国来的"舶来品"，武术既是体育，又是文化。武术几乎包含了中国传统文化的各种成分和要素。中华民族独特的思维方式、伦理观念、道德观念、审美情趣、价值取向以及人生观、宇宙观等在武术中都有集中反映。

河南是我国中华武术文化的沃土，拥有得天独厚的武术发展条件，是形意拳、陈氏太极拳、少林拳三大拳派的发源地。目前，我国已经明确的129种拳种，有40多种流传于河南；位于河南的少林寺是中国佛学禅宗的发祥地之一。少林武术已经形成世界级的文化品牌，武术和武术文化是河南区域文化极具表现力的符号，为区域形象的传播架起一座沟通的桥梁。源远流长的历史文化传承和深厚的武术文化资源，为《武林风》栏目提供了先天优势。栏目策划了众多专题，深挖本土武术资源，如"太极拳对拳击"一期中，通过视频短片对太极拳进行全方位介绍。在比赛时，解说员对传统武术的历史渊源、拳法特色等方面进行解读，使本土武术资源得到了较好的传播。

在我国，谈及武术，不少人都心生向往，对于武侠生活更是充满憧憬，诞生于全国武术之乡——河南的《武林风》搏击类节目，自然而然地能够吸引到无数热爱武术的全国受众，为节目的发展提供了深厚的支撑条件。且基数庞大的河南本土观众更加是这档栏目的巨大推力，《武林风》打开局面是必然趋势。

（2）以策划品牌国际化为延伸点

创办之初的《武林风》依靠选拔"武林宝贝"和设置"百姓擂台"的选秀形式迅速积累了人气，但作为一档电视栏目，这样的形态易模仿、难突破。在互联网发展的背景下，随着文化开放程度不断提高，栏目经历了多次改版，《武林风》以兼容并包的心态和国际化的视野实施"请进来"和"走出去"的传播策略，一系列赛事策划和设计成功地融入了跨文化、跨区域因素，使栏目更加规范化、专业化、国际化。2009 年，《武林风》开启首届中美、中澳、中俄对抗赛，走进世界各地开展武术文化宣传活动。

高密度的一系列重大国际赛事，让不同地区、不同文化背景下的电视受众看到了不同风格流派的同台竞技，认识了风格迥异的格斗和技术，从而深层次地认识栏目，了解中国武术，同时有效推动了不同国家运动员的文化交流。《武林风》栏目的国际视野不仅表现在参赛的国际选手和国际赛事活动的策划上，同时栏目也能够在制作、播出环节进一步挖掘，借助当地媒体平台让栏目的跨文化传播效果、文化竞争力和品牌影响力更加凸显。2017 年 5 月，S1 泰拳理事会邀请《武林风》参加泰国贺岁杯，这期节目由泰国电视台进行现场直播。栏目除展示赛事外，还通过播放选手出场前视频短片的形式强化选手经历的故事性，跨文化传播过程中人物生动可感的形象和被故事化的经历，淡化了传播过程中受众的距离感。

（3）以人为本，强化文化精神传承

传统文化只有融入鲜活的现实生活和人生经历，才能焕发新的光彩。手机屏幕并不能阻隔情感的传递，新媒体时代的电视节目应该更加关注人的发展，以人为本。《武林风》栏目通过现场主持人、场外解说深度挖掘出选手自强不息、坚持不懈的精神，让受众体会到精神的力量。《武林风》栏目在注重栏目形式好看、观赏性强的同时，也强化了栏目的精神内核。

### 3. 优秀内核现武魂，特色视听展风采

电视栏目在传播过程中受众能否产生共鸣，内容的选择是核心，单纯依赖语言魅力很难实现良好的传播效果。《武林风》充分利用了电视媒体的包装效应，将各种技术手段合理运用，达到适度渲染的效果，促使传播效果达到最大化。作为一档武术竞技类栏目，在保证节目"硬质量"的前提条件下，达到良好的娱乐效果，符合公众的欣赏审美是十分重要的。

随着新媒体时代电子技术和虚拟影像的发展，《武林风》充分发挥舞美与灯光的配合作用，给受众带来了震撼的视觉效果，更好地表现出栏目的竞技氛围。在赛场正前方，运动员进入赛场时的路程设计为"T"形台，两侧均摆放着360°旋转的灯光设备和立体环绕声音响，随着现场音乐节奏，投影仪投射出绚丽的视觉效果，创造出一个由音乐、灯光、虚拟背景构成的虚实结合、多姿多彩的视觉空间。在运动员出场口，正对观众席位有一个较大的 LED 高清 4K 显示屏幕，用于武林风赛事的标志符号及每位运动员个人情况和视频短片的播放，保证现场观众对赛事全方位、多角度、高清晰度地观赏，拥有更好的观赛体验。在比赛开始时，四周的灯光分别熄灭后，擂台上方一个环绕整个比赛场地的四边形的灯光圈体物会打开，这是专为运动员比赛设计的，做到既能避免影响运动员竞技水平的发挥，又保证了电视转播时赛场整体画面的良好效果。栏目还注意选择与运动员相匹配的具有地区特色、民族特色的音乐。如 2014 年走进新疆站时，选手阿凡提出场比赛时，就采用了具有代表性的新疆民族风情音乐，伴随新疆舞，既衬托出运动员的身份，又不缺少雅韵。太极拳手出场时，配以周杰伦的中国风音乐《霍元甲》，既有传统色彩，又不失强烈的舞台节奏感。

### 4. 打造复合平台，强化立体传播

《武林风》从未止步于曾经的成就，而是跟随着时代的脚步一直往前走，打造融媒体复合式的传播平台，不断强化多渠道、多层次的立体传播效果。《武林风》在不断丰富节目形式、提升电视播出影响力的同时，还注重网络播出途径的开拓以及与网络媒介形式的合作，同时不断加强对节目周边

文化领域的辐射，致力于让"武林风"成为有力度、有广度的真正中国武术潮流风气。

鉴于电视仍然是目前影响力最大的主流媒体形式且不受教育程度限制的特性，电视节目传播依赖的主要平台仍然是电视媒体。《武林风》2016年利用传统电视媒体平台对重点精品赛事安排多档重播，通过播出量让节目影响力不断增大，同时，开办的《武林笼中对》成为国内首档周播综合格斗电视节目，这档节目由《武林风》原班人马打造，围绕国际上方兴未艾的MMA综合格斗，其货真价实的残酷搏杀和无限制的格斗真人赛，符合国际上格斗搏击赛事的潮流趋势，节目一经推出就得到观众的喜爱。同时，政府政策扶持下文化实力的全面提高和引导为电视节目传播提供了更高层次的播出平台。2015年12月，河南融入"一带一路"建设唯一融媒体平台——河南广播电视台航空港卫视开播，使河南正式加入"一带一路"云平台建设。

何磊、姚利娟对《武林风》栏目的观看情况进行了调查（调查问卷主要发放对象是郑州市及其周边市县常住人口，因人口基数大，调查对象复杂，所以问卷的发放以运动场或广场人员为主）。在488名抽样的观众中，123名观众每期《武林风》都会观看，占总人数的25.20%；243名观众经常观看，占总人数的49.80%；122名观众偶尔观看，占总人数的25%。半数以上观众通过电视直播观看节目，而借助网络观看节目的人数最多，超过75%，由此可见新媒体时代网络的飞速发展成为观众广泛观看《武林风》的重要原因。《武林风》不仅建立了自己的官方网站，为网友提供赛事直播、海选信息和选手介绍等，还与微信、微博、YY语音等多家网络社交平台进行合作。同时，观众还可以通过"新浪河南"和河南手机电视等App观看到更丰富的内容。

除河南卫视、大象网、大河网等媒体支持外，《武林风》还越来越重视网络媒体和移动媒体，充分利用博客、微博、微信进行节目的宣传，与观众进行沟通与交流。2017年1月，《武林风》策划"2017全球功夫盛典"，赛前栏目联动微信公众号、新浪微博、百度贴吧武林风吧、今日头条等形成全媒体矩阵。节目开始一小时酷云收视率达到全国第二，随后稳居全国第一。

《武林风》从一个电视节目延伸至运作各类型武术比赛活动，并进一步发展版权收益，甚至和互联网游戏厂商合作开发手机游戏，扩大了周边辐射范围。对于归属搏击类范畴的《武林风》栏目而言，在新媒体时代下，仅仅依靠传统的电视媒体直播和重播已经不能满足现代年轻大众的需求，需要更多通过报刊、广播、互联网等多种媒介融合形式，将《武林风》的真实面貌反映到大众面前，让更多用户能看到、听到《武林风》正在飞速发展当中，致力于提高观众视觉、听觉效果，打造最前卫的武术搏击类节目。

### 5. 创新节目形式，吸引受众参与

"创新+前卫"已经成为综艺节目发展的新名词，在我国搏击类节目中也需要加入一些创新元素。新媒体时代综艺节目的创新之处就是平民化、参与化不断增强，观众不再是单一的观看者，更拥有反馈甚至是参与的机会。

《武林风》在开播之初就规定不允许搏击竞技专业人员参加，只接受民间习武人员参加，拉近了与普通民众的距离，而且这些"功夫明星"以超强的实力和结实的外形受到观众的喜爱。例如武僧一龙，每次出场时都需要保障队员的精心维护。节目组用时尚电视元素对武僧一龙进行包装，《武林风》以独特的形式另辟蹊径地寻找不同的出路，成功地对"擂台明星"进行塑造，节目的收视率也曾在全国同时段节目中排第四位。

武术在中国历来神秘，武侠剧更是给武术披上了面纱，然而《武林风》用娱乐化的形式，将武术的面纱揭开，让普通人近距离接近武术，这样的节目模式安排无疑能够让人对其充满好奇与兴趣。《武林风》节目分为三大版块："武林至尊争霸赛"、"百姓擂台"和"武侠梦工厂"。"武林至尊争霸赛"是高手之间的对决，是高水准的专业比赛。作为以武术为主的栏目，《武林风》需要体现出专业水平，表现出真正的武术实力，而对武术之乡的河南来说，请到专业人士来参加节目显然不是难事，这是河南本土元素的优势，也是这档栏目创办的重要原因。

"百姓擂台"突出的是观众的参与性，虽然时间只有三分钟，但是能够

给观众充分的主人翁感觉。平民百姓中不缺乏学过功夫的人，但是他们平时根本无处展示，而这个版块就是给这些人一个展示自我的机会和平台。"武侠梦工厂"给年轻人提供了一个舞台，让年轻的、具有武侠梦的人体验心中一直憧憬的中国武术。这种创新模式，让这档节目的受众群分布得更加广泛。《武林风》同样借鉴过其他节目的经验，比如音乐类选秀节目的"海选"模式，这一举动让《武林风》的百姓参与度扩大了不止一倍。"得民心者得天下"，不断扩大已拥有的受众群，拉近与受众之间的距离，让受众参与节目的制作，是这个更加注重以人为核心的新媒体时代获取高收视率的关键所在。

## 三 新兴电视节目涌现

### （一）互联网影响下的生活服务类节目

河南卫视坚持社会效益优先，加大正面宣传的力度，开发一系列服务百姓生活的"920"节目带和弘扬社会主流价值的新节目。2016年3月，河南卫视在21：20连续推出3个生活服务类节目，分别是《买家也疯狂》、《壹起去旅行》和《危机大调查》，这个时间段正是家庭成员结束一天的忙碌生活，坐在电视机前休闲娱乐的好时光。

#### 1.《买家也疯狂》

《买家也疯狂》是河南卫视于2016年全新推出的国内首档围绕电商、网购的生活测试服务类栏目。节目的创作背景，就是互联网时代下越来越受关注的网购现象和网购人群，每期节目针对各种网购人群与网络卖家在网购过程中遭遇的奇闻趣事、热点问题展开延伸讨论，倡导更规范的网购环境，倡导大众理性网购，可谓网购爱好者的福音。

节目以演播室为主，靠五位主持人的聊天进入网络购物的话题。网络购物既有便利也有陷阱，节目组实地探访网购商品的生产和流通，多面测评网购的乐趣和性价比，既帮助网购者辨别真假伪劣，也给电商提供销售的新思路。疯狂的主持群、疯狂的买家、疯狂的商品、疯狂的故事，每期节目都在一个大主题下，围绕主题发散思维，主题包含生活的方方面面，如旅游、宠物、母婴、美妆、厨房用品等，通过人们对主题内最关心的话题展开讨论，引导观众对一些社会上的热点话题和热点现象进行思考，同时主持人也用诙谐、幽默、生动的语言让话题变得生活化、趣味化，使《买家也疯狂》更加娱乐化、服务化，同时也更时尚、更出彩。

### 2.《壹起去旅行》

《壹起去旅行》是河南卫视于 2016 年重磅推出的国内首档自助旅游深度测试节目，是一档由主持人、网络红人与明星共同完成的实景旅行体验，可谓萌宠伴行、趣事囧事不断、美景美食环绕，引领人们开启一个全新的旅行方式。该节目为热衷旅游的观众量身打造，使人们足不出户而遍知天下，以"一男一女一狗一车"的基本范式进行自助旅游，以主持人行走和发现为主线，沿途饱览美景、饱享美食，也状况百出，轻松自然、真实不做作，为电视机前渴望旅游的观众提供借鉴，该节目在腾讯视频等网络平台上就可以观看，不必拘泥于电视机这一种渠道，随时随地都可以跟着节目一起去旅游，让新媒体时代的网民实现了"云旅游"的梦想。

### 3.《危机大调查》

《危机大调查》是中国首档防灾减灾应急科普类节目，作为河南卫视的重点节目，每周一 21：15 播出，每期时长 50 分钟。节目自 2016 年开播至今，深受观众的关注和喜爱。该节目以"为人民生命安全保驾护航"为宗旨，以"生命安全科普测试"为内容，以"年轻有活力"为基调。经过不断创新提升，在节目收视率和观众口碑方面都取得了良好的效果。随着品牌认知度和社会美誉度的提升，节目与多方进行合作，丰富节目类型，更好地为受众服务。《危机大调查》已经成为受众生活中不可或缺的安全防护小助手和家庭医生。

（1）节目选题内容的守正创新：服务受众

如今电视节目类型众多、内容丰富，但几乎所有的节目都有一个共同重要的功能，就是服务受众。无论媒体环境如何改变，从传统媒体时代转换到如今的新媒体时代，内容永远是根基和王道。

首先，《危机大调查》在选题内容上进行了守正创新。节目的选题都来源于日常生活中真实发生的事件，节目组还原现场针对可能存在的危机进行多轮测试，找到危机所在，通过节目中的测试、采访、新闻、情景剧等内容让受众了解到面对危机时应该怎么做，学习到化解危机的技能，更好地服务受众生活。这些选题不但要贴合群众，也要有独特性，要从生活当中容易被忽略的一些细节入手。这样的选题设置让节目内容与实际生活紧密相连。在栏目内容呈现上，《危机大调查》也做了很多创新，模拟危机场景，通过现场测试，配合专家讲解来传播安全知识的呈现方式让节目多了悬念性和趣味性。在节目中有类似电影大片充满视觉冲击力的大实验，也有脑洞大开充满想象力的小测试。充满新意新鲜感的节目内容吸引了一大批忠实的观众。

其次，《危机大调查》栏目会根据时间、热点、重要活动量身定制节目。例如在夏季易发生洪水、泥石流等灾害，为了让受众掌握应对灾害的自救方法，节目通过不断升级的测试和新闻事件让受众了解灾害的威力，验证民间流传的一些自救方法是否科学，并请专业人士教授被困洪水、遭遇泥石流时自救的办法。在国家重大事件中，节目组也会精心策划节目。为了庆祝新中国成立70周年、营造良好稳定的社会环境，节目组与河南省应急厅联合制作了《平安迎大庆》系列节目，帮助大家远离身边危机，安全出行。

《危机大调查》节目进行了多次改版，在内容上进行了很多创新尝试。在《危机大调查》中经常出现的一句话是"预防大于治疗"，通过节目帮助受众了解更健康的生活方式，为健康中国贡献自己的一分力量是节目选题的初衷。《危机大调查》栏目的选题都来源于生活，并服务于日常生活，让节目真正做到有用、有趣、有意义。

（2）表达方式守正创新：科学知识口语化，适当运用新媒体语言

栏目组总是在思考一个问题：什么样的口语传播方式是受众喜欢的？观众听不懂的语言是没有传播力的。在节目录制过程中，主持人尽量引导专家说一些生活当中常用的语言来代替大量的专业术语，多讲一些身边的案例，

再通过一些测试让受众直观地了解身边的危机。节目开播时请到了香港明星徐锦江，并以"徐博士"科普研究者的形象为危机调查员布置任务，以情景演绎的方式设置悬念，表达方式也有自己的特色。

随着人工智能技术的逐渐成熟，新闻主持人作为新闻媒体直面受众的重要一环，面对"AI主播"技术的挑战，其要及时顺应人工智能技术的发展和传媒变革的趋势，重构自身传播角色，采取人性化的情感传播、个性化的语言表达、多维度受众互动，不断优化新闻主播的传播策略。不仅限于新闻主持人，在融媒体时代，作为一名主流媒体的主持人必须与时俱进，说话要走心，做到机智风趣，在节目中适当运用一些新媒体语言。主持人的语言切忌"假大空"，主持人的形象切忌"端"，用真心真情真诚与节目合二为一，与受众产生互动和共鸣。

（3）思想上守正创新：重视电视与新媒体高度融合发展

随着智能技术、网络及数字技术的发展和应用，社会性媒体平台及移动化、碎片化阅读均成为常态。受众的消费方式不断转向社交化、碎片化和移动化。《危机大调查》非常重视电视与新媒体高度融合发展，节目内容设计以便于电视和互联网双平台传播的碎片化内容为主。每期节目，栏目组在制作完电视版之后，利用现有的素材重新编辑加工，制作便于新媒体传播的3~5分钟网络版，在微信、微博、各大视频网站同步发布。网络版本内容精练，突出实用性和知识性。在优酷、腾讯、爱奇艺等国内主流视频网站上，《危机大调查》多期节目的视频播放量在10万次以上。在微信平台上，《危机大调查》关于"厨房面粉爆炸"一期节目的微信公众号文章被国内众多媒体转载，包括新华社、《人民日报》、央视新闻等一线媒体纷纷报道。针对受众消费方式的社交化和移动化趋势，节目还引入了网络直播，将节目拍摄环节、外场活动环节、实验室测试环节进行网络同步直播，拓展受众新渠道，用新媒体的方式进行宣传推广。

节目还将各大医院的医生组成专家团走进直播间，为网友普及健康知识，受到广大网友的关注。在直播中每期有一个主题，两个小时的直播中，网友可以随时向主持人和专家进行互动提问，还实现了在直播中网络问诊，给老百姓的生活带来了很大的方便。抖音是当下最受欢迎的新媒体 App 之一，目前节目与抖音进行深度合作，每期节目中有 5 分钟的抖音定制版块。节目主持人结合当期节目的内容、关注度高的问题、有趣贴近生活的情景演绎，精心编辑 5 分钟的节目内容。提倡碎片化传播，做到内容短小、精良、丰富。目前节目制作了和饮食、疾病、生命安全、健康生活习惯相关的多个小视频。每期节目播出过程中，都有很多观众到节目组的抖音账号留言互动，电视和新媒体实现了真正的融合。电视与新媒体的高度融合发展，为节目注入了新的活力，也体现了节目与时俱进的意识。

## （二）关注人民生活的大型公益类节目

人民的需要是文艺存在的根本价值所在，河南卫视从观众的需要出发，立足社会效益，打造新型的公益类电视节目——《妈妈的选择》《脱贫大决战》等，关注人民生活、精准扶贫等重大社会问题，用真情实感打动观众、引导舆论，在节目收视与口碑之间找到平衡，证明了媒体对社会责任的坚守。

### 1.《妈妈的选择》

《妈妈的选择》是河南卫视响应国家新闻出版广电总局的号召，把镜头对准广大普通群众，贯彻"贴近百姓、贴近生活"方针的大型母女代际沟通节目，自 2016 年 6 月 29 日起，每周三晚间黄金时段播出。作为一档没有大牌明星，以普通人参与为主的季播节目，《妈妈的选择》以女儿放声歌唱、妈妈盲听甄选为基本样式，融入了女儿成长的感悟和妈妈关爱的柔情，以亲情的释放为出发点，以歌声直抵心灵的沟通方式作为节目的主要诉求点。这些关注群众、贴近百姓生活的情感类节目，如同综艺娱乐节目海洋里的一股清流，不但取得了节目收视与口碑的双重提升，也再次证明了素人节目的生命力，表明了媒体对社会责任的坚守。

（1）情感类节目新发展

①普通人再次成为节目审美的主角。回看近几年的各类视频节目，明星都是不可或缺的元素，也是节目的主打亮点。随着大众传播模式的改变，节目观众不再是单一受众，他们拥有了更多的发声反馈渠道，部分观众还拥有

了参与节目录制的机会，新媒体时代电视节目的一个重要特点就是更加平民化。因此，互联网时代情感节目的看点，也从名人明星之间的纠葛与故事变成了素人之间的火花与选择。《妈妈的选择》以普通人为主角，关注母女间的亲情与沟通，表现普通人的真情实感，着力弘扬母爱与孝道。节目通过对素人节目的主题、内容以及表现形式进行创新，通过关注母女间的亲情与沟通，让素人成为节目的主角，突出素人特色，引导代际沟通，淡化了娱乐性和功利性色彩，展现了亲情和人性之美，延续着爱与感动，为整个节目注入了正能量，也让观看节目的观众通过母女之间的故事体会"选择"背后的爱与温情。

②情感表达的仪式化。节目邀请到的嘉宾都是来自受众身边的平凡人。他们现场表现出的真实感有很强的感染力与代入感。在《妈妈的选择》里，母女两人摆脱了环境与模式的局限之后，互相掏出沉淀在心底多年的"心病"，通过音乐传递情感，释放人性特有的柔美与细腻，此时"真情"的价值便得到了无限放大。正是这种情感的宣泄、真情的流露，才能直抵受众内心深处最柔软的地方，这也是情感节目在当今新时代真正的核心所在。在《妈妈的选择》节目舞台上，代际沟通成了最重要的话题。每期登场的母女之间都有各不相同的故事，在不同的故事里暴露出不同的问题，节目用真实的故事展开探讨，娓娓道来这些她们经历过或者正在经历的种种问题。这避免了说教式的生硬，更容易引起受众的同感和共鸣，从而引发两代人共同的反思，将正能量更有效地传递给每一个小家庭。同时，节目设置让妈妈们掌握女儿是否被淘汰的生死大权，妈妈们也使出浑身解数帮助女儿在舞台上胜出，并为女儿保驾护航。每一个环节都充满变数，也让妈妈间多了些"明争暗斗"，在给足了观众新鲜感和期待的同时，也拉近了母女之间的距离。

（2）"互联网+"时代节目传播的契合特质

网络时代的到来让传播更加碎片化，受众的欣赏习惯也由原先的追求过程完整，转向即时进入、迅即离开。这一特点要求传统电视节目必须寻求平台的二次重构，寻求网络再传播的二次传播效应。而仪式化为网络传播提供了更大的可能。

①"管道设置"更有利于网络受众的快速导入。在节目丰富多元的当下，如何能留住手中握着主动权的受众是所有视频生产者面临的问题，节目表达的"管道设置"，容易搭建固定的收视情境，建立受众固定的收视习惯。一旦形成收视习惯，就能在潜移默化中为受众所认可，就可能成为节目碎片化传播的一种风格特点，起到良好的网络传播效应。

②网络碎片化传播气质更有利于情景营造。网络传播让短视频越来越流行，短视频对节目精华的剪辑，让视频节目的生产者，无论是传统媒体还是网络媒体都必须考虑传播内容的完整性和传播效果的最大化之间的平衡。所以现在很多网络用户，是在看到了节目的短视频（精华内容剪辑）后转而观看整期节目视频的。节目仪式化让节目的短视频更具悬念、冲突与氛围感，容易把受众引入规定的情境，继而强化了二次传播的可能。

③对节目"核心价值观"的坚守有利于在网络泛娱乐化传播中突围。情感节目采取仪式化表达，是对人类最美好感情的尊重，是对社会"核心价值观"的坚守。正是由于有了这样的价值观，才使得《妈妈的选择》从娱乐节目的海洋里突围，成为一股清流。《妈妈的选择》保留了大量对过往时代的回忆，选择了大量20世纪八九十年代的流行歌曲，这是对一个时代的记忆，能引发主流受众群强大的共鸣。否则纯粹依靠素人，没有明星的八卦和爆料，很难立足。

《妈妈的选择》自开播以来取得了收视和口碑的成功，节目承载和传递着更多的情怀与文化，上屏后，在与大量的明星真人秀和明星综艺节目的竞争中，收视率稳步提升，整体收视率进入全国前十，最高收视率达到同时段全国第四。2016年8月10日、8月17日更是连续两期在全国35个城市同时段收视率排名第六，并多次在新浪微博综艺榜关注度排名第一。视频网站节目播放点击总量破两亿，酷我音乐平台《妈妈的选择》歌曲总播放次数超过128万人次，新闻报道共360余篇，新闻类、社交类App合作链接数量超过20万条。国家新闻出版广电总局监管中心印发的《收听收看日报》第179期刊发了题为《河南卫视〈妈妈的选择〉引导代际情感沟通，创新真人秀节目样态》的专题点评，对这档节目给予了高度评价。

《妈妈的选择》播出期间，有近百万观众通过河南卫视微信平台参与了"爱就说出来"活动的留言，表达了对妈妈的爱。参加节目录制的嘉宾尼格买提也在节目中表示，这个节目让他"每天与母亲的通话时间延长了三倍"。网友"精卫填海"说："我是一名90后的孩子，我们90后不善于表达自己的感情。看节目中很多母女平时都不善于对彼此表达感情，我想说，爱就是要大声表达出来！老妈老爸我爱你！"《妈妈的选择》将情感节目推进新时代，为素人节目在市场竞争中打开了一个行之有效的收视通道，这无疑对讲好中国故事做出了有益的探索。这种探索既是节目形态的一次升级，也是社会正能量的有效传递。

### 2.《脱贫大决战》

随着媒介技术的更新迭代，作为"新物种"的新媒体平台正深刻地影响着人们的生活。同时，新媒体的涌现也给传统媒体带来了极大的挑战，只依靠单一媒体进行单向性传播的方式，在当前的媒体环境下必然会导致渠道失灵。传统媒体若想打通传播的"最后一公里"，实现传播效果的最大化，既要借助融媒体，又要注重深耕内容。从这一点看河南卫视的《脱贫大决战》，就是一个做得很优秀的代表性节目，从多方面体现出了传统媒体在全媒体时代注重打造跨界传播的决心和对内容的创新与重视。内容与渠道齐发力，不仅使《脱贫大决战》构建了一个线上、线下并行的立体传播场景，更让河南卫视的品牌影响力得到跨媒体的全方位渗透，堪称传统电视节目的深度蜕变。

为深入贯彻落实党的脱贫攻坚战略，切实发挥党媒"围绕中心，服务大局"的职能，河南卫视于2016年10月26日推出了使命类大型公益扶贫节目——《脱贫大决战》。节目以脱贫攻坚为重点，内容聚焦国家的精准扶贫战略，生动地展现出在扶贫之路上涌现出的典型人物和典型事件。该节目通过主动设置议题来把握时代脉搏，在当前泛娱乐化的时代摒弃浮躁和喧嚣，在选题和内容上倾注真情实感，希望做成一档真正做到"为时代讴歌、为人民欢唱"的电视节目。

（1）全面布局精品，扶贫节目扬帆起航

2016 年 10 月 26 日至 2020 年 11 月 24 日，《脱贫大决战》节目已经完整走过五季。在前两季节目中，《脱贫大决战》作为扶贫节目的初尝试，逐渐走入大众的视野。在《脱贫大决战》第一季中，节目组邀请敬一丹、张凯丽、牛群等知名人士担任特约记者，深入贫困地区进行实地走访，体验扶贫项目的成效。节目依托河南广电全媒体矩阵进行传播，由新媒体平台做节目的持续跟进。第一季节目播出后，《脱贫大决战》迅速走红，在全国范围内引发热议。据统计，《脱贫大决战》第一季 10 期节目平均收视率为0.24%，在全国 35 个城市同时段排名前十。河南卫视"脱贫大决战"微博相关话题多次位居微博话题榜全国小时榜、全国综艺榜双榜第一，阅读量达5400 多万，百度搜索量 400 余万，参与讨论量突破百万，并在河南省第十次党代会上引发了党代表的热烈讨论。此外，《脱贫大决战》第一季的成功延伸出了《老家的味道》和脱贫公益宣传片等媒介产品助力精准扶贫，唤起社会公众对扶贫和脱贫的理解和共识。

由于《脱贫大决战》第一季的成功，河南卫视于 2017 年 10 月 11 日继续推出了第二季节目。相比第一季，第二季对节目内容进行了优化升级，通过深入贫困村，见证产业扶贫、金融扶贫、党建扶贫、电商扶贫等扶贫模式带来的实际成效，着重为观众呈现近年来贫困地区的显著变化。在节目的主体上，第二季更多的是关注扶贫群像，如思路开阔的"80 后海归"第一书记、艰苦奋斗 30 年的山村老支书、通过互联网平台返乡创业的年轻"村小二"、用科技力量助力脱贫的"花生院士"、把"乡愁"变成财富的致富带头人等等。这些扶贫群像的塑造，更能体现出党的十九大报告中所说的脱贫攻坚要"动员全党全国全社会力量"这一指导精神。在节目特约记者的设置上，第二季选取了具有新闻属性的媒体人，并让其带着自己的观点和思考深入扶贫第一线，在实地走访中全面、客观展现精准扶贫和脱贫的成效，使第二季节目更加具有深度。由于《脱贫大决战》的影响很大，《人民日报》等各大媒体，国务院扶贫开发领导小组办公室，河南省委、省政府主要领导纷纷给予其较高的评价并同时予以节目支持和厚望。

承接于前两季的成功，河南卫视重磅打造《脱贫大决战》第三季，并于2018年10月19日正式播出。第三季按照"聚焦贫困村精准扶贫、广电全媒体融合传播"的创作思路，更加致力于用融合传播的方式助力精准扶贫。每一期节目都会有河南广电主持人深入贫困地区进行实地走访，全面了解当地贫困群众的实际需求和当地的脱贫模式，在节目中联动大象TV市集、交通广播、喜买网等广电全媒体渠道，为贫困村精心策划"大象TV市集特色农产品推介会"，以线上线下相结合的方式助力农产品走向市场。值得一提的是，在第二期节目中，河南广电主持人深入河南省林州市大垴村，探访当地特色林药业的脱贫模式。当了解到当地药材销售渠道不畅时，主持人与河南广播电视台交通广播全程视频直播，及时反映和发布相关问题。同时节目也联动新媒体平台，在微博、人民网等新媒体平台上掀起热烈讨论，进而引发人们的关注。在实地走访和融合传播的助力下，大垴村药材的销售渠道得到有效拓展，吸引了药材企业的关注。由此可以看到融合传播助力精准扶贫的力量。

（2）探索节目的成功之道

河南卫视的《脱贫大决战》已创作了五季，每一季均能引起公众强烈反响并收获好评。在互联网飞速发展的今天，海量的信息让人们面临更多的选择，《脱贫大决战》这样一档朴实的节目能够从万花丛中脱颖而出，必然有其优异之处。在对该节目的制作模式进行评估和探索之后，它的成功之道也逐渐明晰起来。

首先，节目内容平实不作秀，能够引发公众的情感共鸣。每一季的《脱贫大攻坚》节目以实地走访为主基调，在镜头的聚焦下，真实展现了贫困地区的面貌和当地人民的生活状态。同时，在节目特约记者的解读下，又将节目内容上升到一定的高度，使节目内容能够引发公众的理解和思考。通过这档节目中的一个个鲜活生动的案例，将公众对扶贫的理解具体化，让观众更加真实地感受到脱贫攻坚的全过程，增强了观众的体验感。

其次，有效利用融媒体传播，扩大了节目的辐射范围。从节目的第一季到第五季，该档节目始终依托河南广电全媒体矩阵进行传播，打破了传统媒体过去的单向性传播，不仅丰富了内容传播的形式，还从多角度对节目进行了叠加效果的宣传，进而收获了更为广泛、不同领域的观众群体。

再次，在第三季中，节目还特设了连线互动的形式，联动河南交通广播、喜买网等平台扩大了节目的辐射范围，提高了节目的传播效果。在播出过程中，节目还将内容发布在公众常用的微博、微信、人民网等新媒体平台上，从而打通了"渠道隔阂"，将节目内容精准传播到公众的终端上，进而使《脱贫大决战》引发公众的强烈关注。

最后，观众主动性的提高也是《脱贫大决战》节目取得成功的原因之一。在当前全媒体时代，由于议程设置权力的下放，使受众拥有了话语权，主动性得到极大的提升。在《脱贫大决战》节目的播出过程中，公众自觉参与节目的讨论，进一步增加了节目的热度和关注度，使节目受到社会各界的重视。在这一过程中，公众参与性的提高功不可没。

今后《脱贫大决战》还将继续深化融媒体的传播形式，在节目传播过程中多点发力，联动广电、新媒体渠道，尽可能地辐射更多更广的社会群体，将节目的品牌影响力提升到一个新的高度。《脱贫大决战》在当前泛娱乐化的社会中体现了媒体的社会责任感和使命感，发出了"打赢脱贫攻坚战"的时代强音。

## 四　展望与建议

省级卫视作为主要的宣传机构，在政策解读和节目制作上有着深厚的功底，电视台应围绕这一传统优势，坚持内容创新。用独家有深度的内容与网络媒体进行差异化的竞争，以此来吸引观众。省级卫视具有新兴媒体不具备的公信力、持续追踪能力和专业化优势，只有坚持自己的优势做差异化的产品，才有可能在竞争中取得胜利。近年来，河南卫视依托河南深厚的文化底蕴、紧扣时代发展的脉搏，陆续推出了《梨园春》《武林风》《华豫之门》这些既叫好又叫座的电视节目，分别以群众喜闻乐见的戏剧、武术、文物鉴宝为切入点，既弘扬了河南本土灿烂的历史文化，又和其他卫视的娱乐型节目区分开来，打造了自身"文化卫视"的鲜明标签，还推出了以脱贫攻坚为题材的《脱贫大决战》，内容围绕精准扶贫这一主题，在保证节目"好看"的基础上，还积极为贫困地区群众脱贫致富寻找门路，播出以来好评如潮、热议不断。网络播放数超过百万，并获得国家新闻出版广电总局"2016年电视创新创优节目奖"。《梨园春》《武林风》《华豫之门》《脱贫大决战》等节目的成功充分说明了好的IP才是综艺类节目的核心竞争力。新媒体时代的到来，媒介形式多样，节目内容百变，对于电视台等传统媒体来说，做好内容，苦练内功，才能永葆主流地位。在线下利用现有网络，多渠道、全方位地进行节目的覆盖，并尽可能地去抢占更加便捷的传播渠道，在线上充分利用好"两微一端"，做好和受众间的互动，并在此基础上持续发力，在条件可以保证的情况下，建立卫视视频客户端，利用直播和回看内容打造一个良性的业内闭合传播生态圈。

融媒体时代的大电视产业指的是传统电视业的持续发力和电视融媒体产业的融合发展。展望其未来的发展趋势：一是传统电视产业较早形成的网络融合空间会进一步增大，具体表现为传统电视媒介持续向全媒体转型，有线网络全面化发展以及终端移动化。二是视频网站不甘于现有"视频搬运工"的身份，更加注重网络原创内容的生产，这从近年来各大视频网站陆续推出自制网络剧可见一斑，具有互联网思维的视频网站已经开始尝试用大数据的思维去定向分析客户对视频的具体需求和喜好，从而进行定向的创新型生产。

在这一时代背景下，河南卫视的大电视产业首先应该做好自我分析与定位，利用好河南的区位优势，发挥河南在发展中积累的在智能手机、电视机顶盒等智能终端生产制造上的前期优势，和这些企业进一步深化合作，尝试软件嵌入等研发，在助力"河南智造"的同时，以智能终端为载体，展示河南的文化软实力。其次，利用好河南人口基数大、富余劳动力充足和消费市场前景广阔这些长处，结合当下热门的电视购物、电子商务等新技术，依托现有的河南广电中原云大数据平台，大力发展"视频电子商务"新型业态，借助河南在国家"一带一路"倡议中的优势地位，使平台快速融入"买全球，卖全球"的电子商务行列。最后，充分发挥河南文化资源旅游大省的优势，借助虚拟现实等新技术，用新的视频技术做好河南旅游资源的宣传，实现科技与历史文化和旅游资源的嫁接，加快发展河南"VR 旅游"，深度拓展河南创意文化产业发展的新空间。

IP 资源的衍生产业拓展了创收渠道。《武林风》《梨园春》《华豫之门》作为河南卫视三大重量级传统节目，借助新媒体拓展了创收渠道。《武林风》与腾讯等公司开展手机游戏合作，打造了国内首家实战功夫手机游戏，吸引了一大批对中国功夫感兴趣的年轻用户，促进了节目的下游产业发展。河南卫视带领三大传统节目打造自己的 App，观众可以通过手机直播、点播电视节目，还可以给喜爱的节目、演员投票，甚至可以通过 App 实现名家教唱、鉴宝、赏宝、预约专家、商城购物；为广告客户提供适用于互联网移动端的各种品牌产品短视频制作、线上线下活动、朋友圈宣传品制作、手游广告产品植入制作、网络商城搭建等多种服务，最终把电视观众和广告客户转换为手机 App 用户，实现多渠道营销生态系统。

融媒体时代下，卫视平台要以融合发展为主要方式，积极主动地进行自我创新打造新兴媒体，从媒体的运营、媒体的商业发展、媒体的制度等方面进行创新发展，结合卫视平台生存的真实情况，探索出适合自己的特色发展方式，实现新旧卫视平台的无缝对接。打造全面的数字信息化媒体平台，以积极主动的姿态迎接新时期媒介转换的机遇与挑战。

河南卫视作为河南对外宣传的一个重要窗口，拥有数量众多的忠实观众，既是压力也是动力。丰富的中原文化是无形资产，河南卫视在此基础上不断创新，开发新的节目形式，利用先进技术，着眼于大屏、小屏的互联互通，最终形成以用户体验为中心，节目创新、资源共享、多屏联动的媒体融合大格局，成为特色鲜明、发展潜力巨大的新型媒体传播平台。

**参考文献**

庞晓戈：《〈梨园春〉栏目在全媒体时代的媒体融合探索》，《新闻爱好者》2020 年第 8 期。

张英建、刘杰:《论电视搏击类节目的发展优势——以〈武林大会〉和〈武林风〉为例》,《新闻战线》2018年第22期。

潘艳艳:《打好本土元素牌,提升电视栏目影响力——以河南卫视〈武林风〉节目为例》,《传播力研究》2017年第8期。

何磊、姚利娟:《"武林风"栏目发展现状调查研究》,《河南农业》2018年第24期。

江世明:《区域电视栏目的跨文化传播策略——以河南电视台〈武林风〉节目为例》,《西部广播电视》2018年第4期。

张君:《中国体育武术类节目的实践与探索——以〈武林风〉为例》,《新闻战线》2018年第8期。

李丽:《"武林风"十五年:区域体育武术类电视栏目的定位与传播策略》,《中国文艺家》2019年第11期。

苗婷:《融媒体时代电视节目如何守正创新服务受众——以河南卫视〈危机大调查〉栏目为例》,《新闻爱好者》2019年第12期。

刘志峰:《情感节目的仪式化表达——从〈等着我〉到〈妈妈的选择〉》,《新闻爱好者》2017年第10期。

张富河:《河南卫视〈脱贫大决战〉——传统电视节目的深度蜕变》,《声屏世界·广告人》2018年第12期。

李乐:《新媒体时代河南卫视的创新发展》,《新媒体研究》2017年第14期。

刘蓓蓓:《融媒体时代卫视台融合创新的发展策略——分析河南卫视媒介融合背景下的发展策略》,《新闻传播》2018年第2期。

# Ⅲ 管理篇

# 河南政务新媒体发展调查报告

何中有　牛凌云　谷恩星*

**摘　要**：随着媒体形态的不断更新，政务新媒体经历了政务微博、双微时代、两微一端、两微一端一抖的形态，逐渐形成全方位发展的政务新媒体矩阵。本报告通过量化指标，梳理了"河南省政务新媒体影响力"榜单，公安、法院、宣传系统政务新媒体在综合传播力方面表现突出，省直单位政务新媒体影响力普遍高于基层单位，也有个别基层单位账号脱颖而出。经过一段时间的发展、沉淀，政务新媒体逐渐在信息公开、舆论引导、形象塑造、线上履职、服务民生甚至经济效能等方面发挥着独特作用。同时，政务新媒体发展参差不齐，在运营管理、信息内容、服务效能方面存在不同问题。本报告针对政务新媒体现存问题，从运营人员媒介素养、政务新媒体发布考核管理、平台搭建、内容建设方面，提出针对性对策建议。

---

* 何中有，东方今报社舆情研究中心总监；牛凌云、谷恩星为东方今报社舆情研究中心舆情分析师。

**关键词：** 政务新媒体　政务微信　政务微博　政务抖音　影响力榜单　社会治理

# 一　河南政务新媒体发展历程

## （一）政务新媒体的概念界定

2018 年 12 月，国务院办公厅印发《关于推进政务新媒体健康有序发展的意见》（以下简称《意见》），指出政务新媒体，是指各级行政机关、承担行政职能的事业单位及其内设机构在微博、微信等第三方平台上开设的政务账号或应用，以及自行开发建设的移动客户端等。[①] 这是国家管理层面首次对"政务新媒体"进行全面、规范、系统的概念表述和功能定位。

从《意见》的概念界定来看，所谓"政务新媒体"，其运营主体为各级行政机关以及承担行政职能的事业单位及其内设机构，形态包括历次互联网技术革新后所形成的新媒体，如微博、微信、今日头条等客户端。

业界对于政务新媒体，并没有明确的概念界定。袁国宝认为，政务新媒体是在政务领域对新媒体的具体应用。除了媒体属性之外，政务新媒体还需承担政务属性。公众可以通过政务新媒体，获取优质的政务服务。[②] 政务直通车团队认为，政务新媒体以微博、微信为主要载体，向公众提供政务信息，同时能够及时回应社会关切。[③]

综合国家管理层面及业界观点，我们认为，所谓的政务新媒体，是一个组合词，即"政务+新媒体"，是政务单位作为运营主体，利用各种形态的新媒体发布政务信息、回应舆论关切。政务单位可以借此推动政务公开、延伸政务服务范围、提高政务服务水平，加快完成服务型政府的建设。

---

① 国务院办公厅《关于推进政务新媒体健康有序发展的意见》（国办发〔2018〕123 号），2018 年 12 月 27 日。
② 袁国宝：《政务新媒体：引爆指尖上的"政能量"》，中国经济出版社，2020。
③ 政务直通车团队：《政务新媒体时代——微博微信实战宝典》，新华出版社，2015。

互联网、信息技术的历次革新，为政务新媒体的形态更迭提供了技术支撑。21世纪初，政务网站在中央从上至下的部署中，由点到面铺开，2006年，中央人民政府门户网站正式开通，全国政务网站覆盖率逐步提高。2009年，微博出现，政务新媒体有了新的形态——政务微博。2011年是中国"政务微博"元年，当年通过认证的政府官方微博达万余家。2012年，腾讯公司在微信普及率提高的同时，推出微信公众平台，为用户开辟了新的自媒体活动平台，政务单位借机大力发展政务微信。在客户端发展浪潮下，政府还与主流媒体、技术公司合作，共同搭建政务传播新平台。2018年，随着短视频的爆发，政务单位积极敏锐地抓住时机，纷纷入驻短视频平台，将信息传播方式，由平面文字延伸至立体的视频形式。

本报告结合不同新媒体形态的普及率及传播特点，聚焦政务微博、政务微信、政务短视频三种代表性政务新媒体，着力探讨河南省20年来政务新媒体发展情况。

## （二）河南政务新媒体发展历程

政务新媒体的演化进程，大体与新媒体形态的推陈出新进展相吻合，即先有某种形态的新媒体出现，才有该平台在政务领域的应用。对应不同技术水平下新媒体形态的变化，政务新媒体的发展历程，大致经历了"政务微博"、"双微时代"（政务微博+政务微信）、"两微一端"（政务微博+政务微信+政务App）、"两微一端一抖"（政务微博+政务微信+政务App+政务抖音）四个阶段。

政务新媒体的各个发展阶段，并非简单的更新迭代即新形式取代旧形式的过程，而是结合不同媒体形态的传播特点，取长补短的过程，从而形成多平台综合传播的政务新媒体矩阵。由于新媒体的更新换代以及应用是全国性的，并无区域差异，所以，河南省政务新媒体的发展路径与全国基本情况一致。

### 1. 政务微博阶段

2009年11月2日，常德市桃源县政府官方微博"桃源网"开通，这是全国首个政务微博账号，标志着政务机构微博问政时代的开端。同年11月

21 日，为了对昆明市螺蛳湾批发市场群体性事件作出公开回应，云南省委宣传部开通账号"微博云南"，及时发布事件调查进展，该信息公开形式赢得广泛美誉。有了第一个"吃螃蟹"的人之后，各地政府机关陆续"试水"开通政务微博，加入"微博问政"行列。在此大背景下，河南省各级政府机关也积极响应，开启了政务微博发展热潮。

（1）井喷式发展阶段

河南省首个政务微博是洛阳龙门石窟景区于 2010 年 9 月 3 日在新浪微博平台认证的官微"龙门石窟"。随着政务微博在全国的遍地开花，2011~2012 年，河南省政务微博迎来井喷式发展。据国家行政学院电子政务研究中心发布的《2011 年中国政务微博客评估报告》，2011 年河南省共有 1718 个党政机构和 987 个党政干部认证微博，增长速度名列全国前茅。2012 年，河南政务微博的发展点面结合，全线开花。① 新浪微博发布的《2012 年新浪政务微博报告》显示，截至 2012 年 10 月底，河南政务微博总数超过 4000 个，排名全国第 2。其中，公职人员微博数为 2285 个，排名全国公职人员微博数第 2，政府机构微博数为 1786 个。

据新浪数据统计，2010 年底，河南省只有 6 家政务微博开通上线，2011 年政务微博增长速度位居全国前列，2012 年政务微博总数位居全国第 2。这一时期，河南政务微博处于高速发展阶段。

（2）稳步增长阶段

经过 2011 年、2012 年的快速增长，2013 年之后河南政务微博呈现平稳发展、逐渐增加的态势。中国互联网络信息中心（CNNIC）历次《中国互联网络发展状况统计报告》显示，2013 年、2014 年，河南省政务微博数量变动较为明显，2014 年相较 2013 年新增 3553 个。2015 年及以后，直至 2020 年，河南省政务微博数量稳定保持在 1 万以上。其中，2017 年数量最多，达到 12951 个（见图 1）。全国排名方面，2014~2016 年，河南省政务微博数量稳定在全国第 2。2017~2020 年，河南省蝉联第 1。

---

① 国家行政学院电子政务研究中心：《2011 年中国政务微博客评估报告》，2012 年 2 月 8 日。

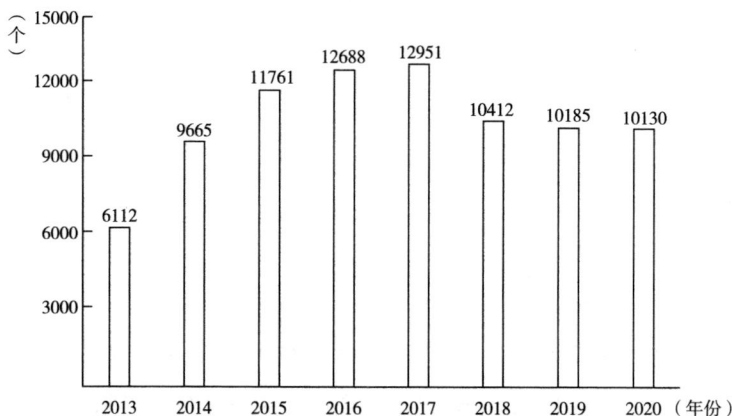

**图1　2013~2020年河南省政务微博数量统计**

资料来源：综合中国互联网络信息中心数据及新闻报道。

除了政务微博数量排名靠前之外，全省政务微博账号已经涵盖所有政府职能部门，其中，以"××发布""平安××""××天平"为命名惯例的政府部门、公安机关、法院系统，是政务微博的主要群体。另外，工商、税务等承担一定社会职能的机构，在河南省政务微博中的占比较高。除了机构运营之外，一些公职人员的个人微博也脱颖而出。比如交警杨华民，其个人微博账号"杨华民"，粉丝量高达35万人。公职人员个人微博，是对机构微博的良好辅助，有效提升了政务微博的信息服务到达率。

2.双微时代

2011年，腾讯公司推出社交软件——微信，它的即时语音功能受到网民的追捧，用户量迅速攀升。2012年，腾讯公司创造性地开发了微信公众平台，为个人、企业、政务机关搭建起一个低门槛的内容创作平台。这是继微博之后，政务部门可以利用的全新第三方发声平台。2012年8月30日，广州市白云区政府应急管理办公室率先"试水"，引领了政府单位开通政务微信的热潮。

对比微博和微信两个自媒体平台，微博发布规则要求"短小精悍"，而微信则无篇幅限制，且"声色俱佳"。两者不同的传播特点，为政府单位提供了多元化的政务宣传和服务渠道。2013年10月15日，国务院办公厅发布《关于进一步加强政府信息公开、回应社会关切、提升政府公信力的意见》(国办发〔2013〕100号),明确要求各地积极利用政务微博、政务微信等新媒体,及时发布权威信息,回应公众关切。这意味着国家层面开始注重政务微博、政务微信在互联网政务方面的"并驾齐驱"作用,"双微时代"由此开启。

(1)试水阶段

河南省政务新媒体也在此时进入"双微时代"。2013年起,河南省政务机构陆续进驻微信公众平台。2013年6月5日,郑州市生态环境局开通"绿色郑州"政务微信公众号,成为郑州首个通过腾讯微信认证的市直机关官方微信公众号。① 同年,河南省共青团系统、民政系统、交警系统等首个政务微信公众号陆续开通,分别是"青春鹤壁""洛阳民政""焦作交警"。不同地域和行业的首个政务微信公众号的开通,标志着河南省网络问政进入"双微时代"。

(2)爆发阶段

2014年,河南省政务微信公众号如雨后春笋般出现。截至2014年11月6日,河南省共有政务微信331个,占华中五省约1/4的比重,洛阳市超过郑州市成为河南第一政务微信大市。② 政务微信主要集中在交警、公检法等部门,这些部门常常处于社会利益冲突的最前端,急需开展指尖上的对话,除此之外,作为党的喉舌的宣传部门的政务双微也发展得较为突出。

(3)由量到质,挖掘政务微信的政务服务效能

经历了政务微信全面铺开的量化发展阶段之后,河南省政务微信随着腾讯公司后台部署能力的不断提升,微信公众号所能承担的数字化民生服务范围不断扩大。

历次《中国互联网络发展状况统计报告》显示,2017~2019年,河南省政务微信累计服务用户数始终稳定在全国第5名,且服务用户数逐年增加(见表1)。

---

① 栾姗:《郑州网络问政进入"双微时代"》,《河南日报》2013年6月6日。
② 《2014腾讯河南政务双微评选颁奖盛典圆满落幕》,腾讯·大豫网,2014年12月19日,https://henan.qq.com/a/20141219/003901.htm#p=1。

表1 2017～2019年河南省政务微信服务累计用户数

| 时间 | 微信城市服务累计用户数（亿人） | 河南微信城市服务累计用户数（亿人） | 全国排名 |
|---|---|---|---|
| 2017年12月 | 4.2 | 0.2 | 第5 |
| 2018年6月 | 5.0 | 0.25 | 第5 |
| 2018年12月 | 5.7 | 0.38 | 第5 |
| 2019年6月 | 6.2 | 0.42 | 第5 |

### 3. 两微一端

"两微一端"即微博、微信、客户端。除了政务微博和政务微信之外，政务客户端的发展随着4G网络的建设提速。2012年4月，北京市政府新闻办公室推出"北京城市"——中国首个政务客户端。此后，深圳、上海等一线城市的政务机构，开始零星推出政务客户端。

2014年，被称为"政务客户端元年"①。当年，360手机助手、91助手、QQ应用宝等六大应用商店中，政务客户端数量总和为548个②，可谓井喷式增长。数量提升明显，但客户端应用渗透率并不理想。中山大学政务App（客户端）研究组，发布2015年国内70个大中城市政务App的使用调查数据。数据显示，一线城市政务App渗透率较低，下载量不到许多商业App（例如微信、QQ、支付宝等）的一成，另外，六成政务App在3个月内从未更新③，呈现"僵尸"状态。

2016年3月，李克强总理在《政府工作报告》中首次正式提出了"互联网+政务服务"的概念；9月26日国务院下发了《关于加快推进"互联网+政务服务"工作的指导意见》，明确指出推进"互联网+政务服务"，让"两微一端"在推进互联网政务服务方面的工具性愈加突出。尤其是政务客

---

① 《政务客户端来袭，谁将主导4G舆论场?》，人民网，2014年7月21日，http：//politics. people. com. cn/n/2014/0721/c70731-25312093. html。
② 《2014年全国政务新媒体发展研究报告》，环球网，2014年12月25日，https：//world. huanqiu. com/article/9CaKrnJGdMS。
③ 邓圩：《中山大学调查显示：六成政务客户端三个月未更新》，《人民日报》2016年1月21日。

户端，作为掌上政务平台，其诞生的使命，即"本地化信息服务""问政式平台服务"。政务客户端在数量和质量方面得到长足提高。

随着技术的发展和群众诉求的不断增加，政务客户端与政务微博、政务微信共同发力、取长补短，在政务公开、打通两个舆论场、推进服务型政府建设方面，发挥着举足轻重的作用，让民生事项"掌上办"成为常态。

### 4. 两微一端一抖

"两微一端一抖"即"微博、微信、客户端以及抖音"。2016 年后，国内以快手、抖音为代表的短视频平台迅速崛起。Sensor Tower（移动应用数据分析公司，主要经营移动应用数据分析）数据显示，2020 年上半年，抖音/TikTok App 下载量登顶全球第一；2021 年 1 月 5 日，抖音发布《2020 抖音数据报告》，报告显示，截至 2020 年 8 月，抖音（包括抖音火山版）日活量突破 6 亿人；截至 2020 年 12 月，抖音日均视频搜索量突破 4 亿次。[①]

受众碎片化的阅读方式，让 15 秒短视频成为契合公众短、平、快追求的最新形态。在消磨时间的同时，获取有效信息。同时，短视频打破了以往文字、图片的二维传播形态，将信息以空前便捷、直观的方式呈现给大众，大大降低了受众获取信息的门槛。

短视频的风靡为政务宣传开辟了新的可能性。2018 年 4 月之后，一些政务机关先后入驻抖音，用视频方式进行形象宣传、政策宣讲、政务公开，直观的音视频让传播更有效。政务抖音也继政务微博和政务微信、政务 App 之后，成为当前政务新媒体的重要组成部分。除了传播形态是对"两微一端"的补充之外，抖音在下沉市场的流量，帮助政务新媒体"收割"基层用户，政务信息覆盖面进一步扩大。

第 47 次《中国互联网络发展状况统计报告》显示，在各项具体指标上，河南在政务新媒体发展上较为亮眼。截至 2020 年 12 月，河南各级政府共开通政务抖音账号 1133 个，数量排名全国第 8（见表 2）。

---

① 《2020 抖音数据报告（完整版）》，互联网数据资讯网-199IT，2021 年 1 月 5 日，http://www.199it.com/archives/1184841.html。

表 2 全国政务、河南政务抖音数量及河南排名情况

| 截止日期 | 全国政务抖音数量（个） | 河南政务抖音数量（个） | 河南排名情况 |
|---|---|---|---|
| 2019 年 12 月 | 17380 | 760 | 第 9 |
| 2020 年 6 月 | 25313 | 1061 | 第 7 |
| 2020 年 12 月 | 26098 | 1133 | 第 8 |

## （三）河南政务新媒体管理政策

### 1. 发展政务新媒体促进信息公开

从 2009 年起，经过两年的发展，政务微博在全国遍地开花，2011 年成为"政务微博元年"。而随着 2012 年政务微信的出现，"双微模式"逐渐成为政务新媒体的主旋律。国家多次出台相关政策，大力支持政务新媒体的发展。2013 年 10 月，国务院办公厅下发《关于进一步加强政府信息公开回应社会关切提升政府公信力的意见》，将"政务微博、微信"作为与"政府新闻发言人制度""政府网站"并列的第三种政务公开途径，并强调要着力建设基于新媒体的政务信息发布和与公众互动交流新渠道。2014 年 9 月 10 日，国家互联网信息办公室下发通知，要求力争在 2014 年底政务公众账号达到 6 万个，到 2015 年底形成覆盖全面、功能完备的政务公众信息服务体系。在国家政策的大力刺激下，政务新媒体数量快速增长，成为官民对话的重要渠道。

### 2. 持续稳定推进政务新媒体发展

党的十八大以来，习总书记多次在不同场合强调要创新媒体传播方式，他曾讲道："要把握好网上舆论引导的时度效"（2014 年 2 月 27 日，中央网络安全和信息化领导小组第一次会议），"领导干部要学会通过网络走群众路线"，"网上网下要形成同心圆"（2016 年 4 月 19 日，网络安全和信息化工作座谈会上）。

从 2016 年起，河南省政府办公厅多次发布相关文件，促进政务新媒体的建设与发展。2016 年 12 月 28 日发布的《河南省政务公开工作考核办法（试行）》，将"新媒体平台建设：政务微博、微信、客户端建设"作为政

务公开考核中的一项内容。2017 年 5 月 23 日发布的《关于明确 2017 年政务公开工作责任分工的通知》中，由省政府办公厅、省发展改革委牵头的"加强政务公开平台建设"，是"增强政务公开时效"四项措施中的一项。2017 年 8 月 30 日发布的《开展基层政务公开标准化规范化试点工作实施方案》，要求河南省各试点单位要在 2018 年 8 月底前健全政务公开工作机制，加强政务公开平台建设。

在此期间，省内城市也积极出台相应政策，加快政务新媒体的建设。如郑州市政府办公厅在 2016 年 3 月 5 日发布通知，在全市网格化管理中进一步推行政务微信，5 月底前，各一级网格（乡镇办）开通和完善微信公众号并统一向市、县（市、区）社管办报备，各乡镇办针对政务微信落实分管领导、具体运营维护人员。

### 3. 关停整合优化政务新媒体

在经历了一段时间的野蛮成长之后，政务新媒体逐渐暴露出诸多管理问题，如内容更新不及时、互动回应频率低等，因而规范运营管理被提上日程。《2018 年政务公开工作要点》中首次提出对政务新媒体运营管理实行"关停整合"机制，政务新媒体"只建不管"的状况开始得到一定改善。[1]2018 年 12 月，国务院办公厅发布《关于推进政务新媒体健康有序发展的意见》，提出对功能相近、用户关注度和利用率低的政务新媒体要清理整合，确属无力维护的要坚决关停。2019 年 4 月，国务院办公厅制定《政府网站与政务新媒体检查指标》和《政府网站与政务新媒体监管工作年度考核指标》，首次将政务新媒体纳入量化考核。2019 年 8 月 5 日，河南省人民政府办公厅发布《关于推进政务新媒体健康有序发展的通知》，提出对运维能力差、功能相近、用户关注度和利用率低的政务新媒体，进行清理整合，对存在不发声、乱发声、更新慢、回复敷衍、功能无法使用、言论不当等问题的要及时整改，对确属无力维护的要坚决关停。[2]

---

[1] 温志强、高静：《政务新媒体在政府公共关系中的应用》，《传媒》2019 年第 10 期。

[2] 《河南省人民政府办公厅 关于推进政务新媒体健康有序发展的通知》，河南省人民政府网站，2019 年 8 月 6 日，https://www.henan.gov.cn/2019/08-06/938879.html。

自 2019 年 4 月国务院办公厅将政务新媒体纳入量化考核之后，河南于
2019 年第四季度开始通报全省政府网站与政务新媒体检查及管理情况。截
至 2021 年 1 月，共发布 5 次检查通报。从检查情况看，河南政务新媒体合
格率不断提升，从 2019 年第四季度的 93.3%，逐渐上升为 2020 年第四季度
的 99.9%（见表 3）。

表3　河南政务新媒体检查情况

| 时间 | 检查数量（个） | 合格数量（个） | 不合格数量（个） | 合格率（%） |
|---|---|---|---|---|
| 2019 年第四季度 | 2543 | 2373 | 170 | 93.3 |
| 2020 年第一季度 | 2545 | 2485 | 60 | 97.6 |
| 2020 年第二季度 | 2370 | 2338 | 32 | 98.6 |
| 2020 年第三季度 | 2409 | 2404 | 5 | 99.8 |
| 2020 年第四季度 | 2876 | 2872 | 4 | 99.9 |

2020 年 12 月 16 日，国务院办公厅发布《2020 年政府网站和政务新媒
体检查情况通报》，共检查政务新媒体 728 个，总体合格率为 91.9%，包括
河南在内的 16 个地区的政务新媒体合格率达 100%。自 2019 年第四季度至
今，经过 5 次大规模检查，河南的政务新媒体建设逐渐规范。

## 二　河南政务新媒体影响力榜单

CNNIC 第 47 次《中国互联网络发展状况统计报告》显示，截至 2020
年 12 月，我国网民规模达 9.89 亿人，互联网普及率达 70.4%。手机网民规
模达 9.86 亿人，网民使用手机上网的比例达 99.7%。不断提高的数据显示，
互联网已经成为党和政府舆论工作的重要阵地。

河南省在互联网舆论阵地建设方面，加强建设政务新媒体，优化管理，
统筹发展，使各个时期涌现出的新媒体均能走在全国前列。第 47 次《中国
互联网络发展状况统计报告》显示，截至 2020 年 12 月，经过新浪平台认证
的政务机构微博为 14.1 万个，河南省各级政府共开通政务机构微博 10130

个，居全国首位。各级政府共开通政务抖音账号26098个，河南省数量为1133个，居全国第8。而第44次《中国互联网络发展状况统计报告》显示，截至2019年6月，全国微信城市服务累计用户数达6.2亿人。河南省微信城市服务累计用户数为0.42亿人，排名全国第5。

由此可见，河南省在各种新兴媒体平台的账号开设方面，均居全国前列，实现了政务新媒体多元化发展。帮助党政机关更加有效地开展信息宣传、为民服务、主动接受监督等工作。

### （一）2020年政务微信影响力排行榜

自2013年河南省首个政务微信认证通过至今，全省政务微信在机构类别上，已经覆盖政府新闻办、共青团、纪检委、公检法、文旅、税务、劳动保障、公共卫生、气象、消防等20多个部门。经过信息技术的发展、管理机制的探索和改善，河南省政务微信已经成为"互联网+政务"的主力军，推动了全省服务型政府的建设。

经过8年运营发展、探索创新，一批政务微信公众号在全省脱颖而出。河南省政务微信影响力综合排名TOP50如表4所示。

表4 河南省政务微信影响力综合排名 TOP50

| 排名 | 公众号 | 发文数（篇） | 总阅读数（次） | 头条阅读（次） | 平均阅读（次） | 总在看数（次） | WCI |
|---|---|---|---|---|---|---|---|
| 1 | 河南省教育厅 | 384 | 28831111 | 15548889 | 71619 | 218050 | 1555.54 |
| 2 | 河南共青团 | 146 | 7333333 | 6616667 | 51677 | 56397 | 1390.99 |
| 3 | 平安长垣 | 33 | 1530000 | 1504444 | 47735 | 39308 | 1224.03 |
| 4 | 郑州发布 | 282 | 6981111 | 4363333 | 22509 | 18322 | 1218.06 |
| 5 | 开封政法 | 128 | 1247778 | 816667 | 10185 | 61568 | 1112.59 |
| 6 | 中原盾 | 107 | 1796667 | 1216667 | 17032 | 8613 | 1078.16 |
| 7 | 郑州教育 | 73 | 1127778 | 844444 | 15032 | 7468 | 1031.02 |
| 8 | 郑州交警 | 7 | 364444 | 303333 | 55165 | 1046 | 1021.88 |
| 9 | 河南税务 | 136 | 1572222 | 1090000 | 11419 | 5708 | 1018.68 |

续表

| 排名 | 公众号 | 发文数（篇） | 总阅读数（次） | 头条阅读（次） | 平均阅读（次） | 总在看数（次） | WCI |
|---|---|---|---|---|---|---|---|
| 10 | 郑州警民通 | 22 | 546667 | 264444 | 25254 | 1982 | 1008.17 |
| 11 | 河南省卫生健康委 | 106 | 1220000 | 1106667 | 10261 | 3782 | 947.25 |
| 12 | 信阳政务 | 166 | 1040000 | 763333 | 6277 | 4444 | 932.40 |
| 13 | 清风中原 | 68 | 604444 | 526667 | 8880 | 3532 | 923.49 |
| 14 | 安阳市教育局 | 44 | 468889 | 390000 | 10714 | 2038 | 896.33 |
| 15 | 河南发布 | 208 | 1002222 | 766667 | 4785 | 4256 | 895.54 |
| 16 | 漯河交警 | 97 | 591111 | 360000 | 7219 | 1501 | 864.26 |
| 17 | 南阳交警 | 9 | 163104 | 108250 | 19122 | 847 | 848.84 |
| 18 | 平安洛阳 | 60 | 421111 | 300000 | 6860 | 1489 | 842.54 |
| 19 | 说泌阳 | 129 | 646667 | 283333 | 5022 | 2026 | 839.72 |
| 20 | 清风洛阳 | 22 | 157232 | 123860 | 7419 | 1107 | 838.21 |
| 21 | 豫法阳光 | 86 | 375556 | 270000 | 4539 | 4361 | 830.71 |
| 22 | 河南消防 | 91 | 410000 | 402222 | 4616 | 3726 | 817.92 |
| 23 | 鹿邑公安 | 18 | 219611 | 216277 | 11985 | 777 | 806.57 |
| 24 | 汝州城事 | 123 | 486667 | 220000 | 4007 | 1889 | 797.95 |
| 25 | 许昌网上警局 | 12 | 157759 | 101430 | 13501 | 482 | 790.38 |
| 26 | 网信商丘 | 461 | 521111 | 287778 | 1582 | 3425 | 780.49 |
| 27 | 河南武警 | 43 | 171111 | 152222 | 4231 | 5618 | 773.74 |
| 28 | 洛阳人社 | 12 | 129658 | 75505 | 12645 | 519 | 760.76 |
| 29 | 南阳市教育局 | 32 | 172958 | 141035 | 5905 | 2690 | 759.82 |
| 30 | 濮阳教育 | 73 | 286667 | 229659 | 4172 | 1643 | 757.34 |
| 31 | 平安博爱 | 114 | 291111 | 242222 | 2614 | 776 | 738.24 |
| 32 | 平顶山市教育体育局 | 210 | 392222 | 273995 | 1893 | 2604 | 737.73 |
| 33 | 孟津发布 | 66 | 193333 | 122289 | 2993 | 1308 | 727.88 |
| 34 | 温县发布 | 182 | 267778 | 74657 | 1504 | 8124 | 714.36 |
| 35 | 伊川新闻 | 162 | 238889 | 75335 | 1522 | 10866 | 713.31 |
| 36 | 今日汝阳 | 176 | 238889 | 83798 | 1380 | 4005 | 690.04 |

| 排名 | 公众号 | 发文数（篇） | 总阅读数（次） | 头条阅读（次） | 平均阅读（次） | 总在看数（次） | WCI |
|------|--------|--------|--------|--------|--------|--------|------|
| 37 | 郑州航空港区发布 | 37 | 132222 | 90277 | 3870 | 516 | 689.35 |
| 38 | 清风商丘 | 17 | 77414 | 69585 | 4942 | 257 | 688.81 |
| 39 | 汝州交警 | 95 | 191111 | 127465 | 2065 | 712 | 686.67 |
| 40 | 平安灵宝 | 67 | 141103 | 82255 | 2171 | 3508 | 679.42 |
| 41 | 平安平顶山 | 98 | 156667 | 97118 | 1701 | 991 | 677.58 |
| 42 | 平安周口 | 57 | 156253 | 92586 | 2891 | 615 | 676.80 |
| 43 | 长垣视点 | 94 | 192222 | 87826 | 2306 | 860 | 674.95 |
| 44 | 今日襄城 | 98 | 207778 | 83110 | 2161 | 849 | 673.59 |
| 45 | 邓州头条 | 139 | 245556 | 102414 | 1807 | 951 | 669.83 |
| 46 | 平安三门峡 | 126 | 193333 | 105075 | 1604 | 568 | 666.18 |
| 47 | 新郑融媒 | 102 | 174444 | 101217 | 1784 | 1032 | 660.51 |
| 48 | 焦作交警微发布 | 163 | 253333 | 124635 | 1565 | 545 | 658.88 |
| 49 | 林州公安 | 51 | 115452 | 92595 | 2374 | 559 | 653.80 |
| 50 | 汤阴发布 | 126 | 188889 | 78675 | 1580 | 993 | 651.09 |

注：本报告所有政务微信榜单数据统计时间为2020年1~11月；WCI为统计时间段内，账号整体传播力、篇均传播力、头条传播力等综合影响力数值；所有维度均为统计时间段内月均值。

资料来源：清博大数据。

排名前十的政务微信公众号，WCI（综合影响力数值）月均值均保持在1000以上。从行政级别来看，2020年河南省政务微信影响力TOP50中，省级单位有10个，市级单位有21个，县区级单位有19个。省级单位政务微信基数小，但综合影响力数值较高，如"河南省教育厅""河南共青团"，2020年1~11月，其WCI值均稳居前二。"河南税务"等设有"办事窗口"的服务型政务机构，其官方微信所提供的线上服务，帮助其提升综合影响力。县区级单位政务微信，客观上针对、服务的群体范围相对较小，但也不影响个别优质账号进入省级榜单头部，如"平安长垣""汝州城事"等，上榜河南省政务微信影响力综合排名TOP50，尤其是"平安长垣"，在统计时间段内，综合影响力排名第3。

除了省直单位整体表现突出之外，全省政务微信团队中，涌现出一批明显强势的账号。宣传部、公安系统、纪检监察部门、教育系统等，在政务微信的综合利用方面成绩优异。一个表现为，行业内政务微信覆盖率高。如公安系统，全省三级公安机关均较早开通政务微信，且覆盖不同分支机构，如交警、网警数量最多。尤其是交警部门，涌现出如"郑州交警"等头部账号。另一个表现为，行业内政务微信综合影响力值较高。以 TOP50 榜单为例，宣传部门政务微信有 14 个，公安系统有 18 个，教育系统有 6 个。纪检监察部门，在河南省政务微信中，形成一股特殊的"清风力量"。本报告在综合榜单的基础上，详细统计了上述职能部门各自的 TOP10 榜单。

1. 省直单位：整体影响力值较高

表5　河南省省直单位政务微信影响力榜单 TOP10

| 排名 | 公众号 | 发文数（篇） | 总阅读数（次） | 头条阅读（次） | 平均阅读（次） | 总在看数（次） | WCI |
|---|---|---|---|---|---|---|---|
| 1 | 河南省教育厅 | 384 | 28831111 | 15548889 | 71619 | 218050 | 1555.54 |
| 2 | 河南共青团 | 146 | 7333333 | 6616667 | 51677 | 56397 | 1390.99 |
| 3 | 中原盾 | 107 | 1796667 | 1216667 | 17032 | 8613 | 1078.16 |
| 4 | 河南税务 | 136 | 1572222 | 1090000 | 11419 | 5708 | 1018.68 |
| 5 | 河南省卫生健康委 | 106 | 1220000 | 1106667 | 10261 | 3782 | 947.25 |
| 6 | 清风中原 | 68 | 604444 | 526667 | 8880 | 3532 | 923.49 |
| 7 | 河南发布 | 208 | 1002222 | 766667 | 4785 | 4256 | 895.54 |
| 8 | 豫法阳光 | 86 | 375556 | 270000 | 4539 | 4361 | 830.71 |
| 9 | 河南消防 | 91 | 410000 | 402222 | 4616 | 3726 | 817.92 |
| 10 | 河南武警 | 43 | 171111 | 152222 | 4231 | 5618 | 773.74 |

省直部门的政务微信，影响力值普遍高于市级、县区级单位，与客观上省级部门的服务范围最大有关。省直单位政务微信，频繁在河南省乃至全国范围内的政务微信评比中，获得殊荣。例如，"河南共青团"（河南省共青团官方微信）、"河南消防"（河南省消防总队官方微信）、"豫法阳光"（河南省高级人民法院官方微信）等。

从传播内容上看，以 2020 年 1~7 月为统计范围，"河南共青团"共推出"10 万+"阅读量文章 252 篇，即平均每天都能产出一篇高质量的、具有传播影响力的文章。

在运营成果方面，"河南消防"等优质政务微信，多次在全省、全国范围内获得表彰。2014 年 11 月 26 日，由中央网信办指导的 2014 首届互联网政务峰会在北京举行。"河南消防"获得 2014 年度互联网政务创新奖。[①] 2018 年，"河南消防"继荣获"2018 年度河南政务微信影响力十强"奖项后，又获得腾讯总部颁发的"河南 2018 年度政务公信力城市之光"大奖。[②] "河南消防"形式活泼、内容实用，易于被群众接受，可循序渐进地宣传消防知识，激发群众消防热情，定位抢险的特色也使火情抢险救援更加迅速。

从政务微信统筹建设方面来看，省级单位响应速度遥遥领先。以"豫法阳光"为例，当全国各地正在发展官微时，2014 年 2 月，河南省高级人民法院又将微博、微信、微视三者有机融合，形成"三微一体便民互动"平台，开启政务新媒体的崭新时代。

2. 宣传系统：基层单位表现亮眼

河南省宣传系统政务微信影响力榜单 TOP10，如表 6 所示。

表 6　河南省宣传系统政务微信影响力榜单 TOP10

| 排名 | 公众号 | 发文数（篇） | 总阅读数（次） | 头条阅读（次） | 平均阅读（次） | 总在看数（次） | WCI |
|---|---|---|---|---|---|---|---|
| 1 | 郑州发布 | 282 | 6981111 | 4363333 | 22509 | 18322 | 1218.06 |
| 2 | 说泌阳 | 129 | 646667 | 283333 | 5022 | 2026 | 839.72 |
| 3 | 相约新乡 | 10 | 100436 | 100436 | 10690 | 669 | 833.20 |
| 4 | 孟津发布 | 66 | 193333 | 122289 | 2993 | 1308 | 727.88 |
| 5 | 伊川新闻 | 162 | 238889 | 75335 | 1522 | 10866 | 713.31 |
| 6 | 今日襄城 | 98 | 207778 | 83110 | 2161 | 849 | 673.59 |

---

① 《腾讯互联网政务峰会举办 河南 3 家政务机构获奖》，腾讯·大豫网，2014 年 11 月 27 日，https：//henan. qq. com/a/20141127/025425_2. htm。

② 《河南消防微信公众号再获殊荣》，河南消防网，2019 年 2 月 2 日，http：//ha. 119. gov. cn/net/xfyw/4561. html。

续表

| 排名 | 公众号 | 发文数<br>（篇） | 总阅读数<br>（次） | 头条阅读<br>（次） | 平均阅读<br>（次） | 总在看数<br>（次） | WCI |
|---|---|---|---|---|---|---|---|
| 7 | 荥阳发布 | 189 | 194000 | 72082.8 | 1071 | 579.2 | 661.78 |
| 8 | 新郑融媒 | 102 | 174444 | 101217 | 1784 | 1032 | 660.51 |
| 9 | 今日永城 | 143 | 215556 | 85454 | 1548 | 940 | 646.47 |
| 10 | 今日博爱 | 165 | 213333 | 113427 | 1294 | 722 | 639.13 |

宣传部门是一个单位外部形象的主要塑造者。在新媒体的利用、建设方面，各级宣传部门因自身的职能性质而具有天然优势。河南省政务微信发展过程中，以宣传部门为运营主体的"××发布""今日××"等系列账号，在全省政务微信中脱颖而出。此外，河南省基层宣传部门也表现亮眼。河南省宣传部门政务微信影响力 TOP10 中，"说泌阳"（泌阳县委员会宣传部）、"孟津发布"（孟津县委宣传部）、"伊川新闻"（伊川县委宣传部）等 WCI 值排名靠前。

3.公安系统：线上政务服务，提高受众"黏性"

河南省公安系统政务微信影响力榜单 TOP10，如表 7 所示。

表7 河南省公安系统政务微信影响力榜单 TOP10

| 排名 | 公众号 | 发文数<br>（篇） | 总阅读数<br>（次） | 头条阅读<br>（次） | 平均阅读<br>（次） | 总在看数<br>（次） | WCI |
|---|---|---|---|---|---|---|---|
| 1 | 平安长垣 | 33 | 1530000 | 1504444 | 47735 | 39308 | 1224.03 |
| 2 | 郑州交警 | 7 | 384000 | 316000 | 58261 | 740 | 1122.56 |
| 3 | 郑州警民通 | 22 | 546667 | 264444 | 25254 | 1982 | 1008.17 |
| 4 | 洛阳交警 | 77 | 770000 | 540000 | 10059 | 2566 | 998.41 |
| 5 | 南阳交警 | 9 | 150000 | 97032 | 16865 | 505 | 921.42 |
| 6 | 漯河交警 | 124 | 548000 | 320000 | 4610 | 1552 | 890.89 |
| 7 | 平安洛阳 | 60 | 421111 | 300000 | 6860 | 1489 | 842.54 |
| 8 | 鹿邑公安 | 18 | 219611 | 216277 | 11985 | 777 | 806.57 |
| 9 | 许昌网上警局 | 12 | 157759 | 101430 | 13501 | 482 | 790.38 |
| 10 | 周口市交警支队 | 59 | 150031 | 107957 | 2616 | 605 | 744.26 |

随着信息时代的到来，越来越多复杂的线下业务办理被"搬上"网络，大幅提高了办事效率。公安系统除了维护社会治安之外，还承揽着出入境签证办理、身份证业务、交通罚款等与公众日常关系密切的业务。其政务微信在政务公开基础上，沟通、办事功能更具实质性意义，这也决定着公安系统的政务微信多为服务号，注重服务型政务新媒体的建立，让公安系统政务微信具有高度"黏性"。

如"郑州警民通"政务微信，将"民意110""交管缴费""身份证办理""居住证办理"等十余项业务汇集在一个公众号中，真正实现政务服务"线上办理"，甚至"掌上办理"。通过扎实的便民服务功能，"郑州警民通"长期以来保持着60万左右活跃粉丝。公安系统用微信实现了群众与民警互动、网上与网下互动、勤务与指挥互动，成为"指尖上的警局"。

作为公安系统的分支，河南省交警部门在政务新媒体利用方面，顺应大趋势，先后通过政务微博、政务微信，在互联网阵地中抢占先机。随着"互联网+政务服务"的提出与推进，全省交警系统，着力通过政务微信，建设"互联网+交管服务"平台。涌现出"郑州交警""河南高速公安"等一批优秀账号。在"互联网+交管服务"建设方面，河南省交警系统的成绩受到肯定。

4.教育系统：头部账号优势明显

河南省教育系统政务微信影响力榜单TOP10，如表8所示。

**表8 河南省教育系统政务微信影响力榜单TOP10**

| 排名 | 公众号 | 发文数（篇） | 总阅读数（次） | 头条阅读（次） | 平均阅读（次） | 总在看数（次） | WCI |
|---|---|---|---|---|---|---|---|
| 1 | 河南省教育厅 | 384 | 28831111 | 15548889 | 71619 | 218050 | 1555.54 |
| 2 | 郑州教育 | 73 | 1127778 | 844444 | 15032 | 7468 | 1031.02 |
| 3 | 安阳市教育局 | 44 | 468889 | 390000 | 10714 | 2038 | 896.33 |
| 4 | 新乡市教育局 | 87 | 457562 | 335432 | 4627 | 1454 | 767.84 |
| 5 | 南阳市教育局 | 32 | 172958 | 141035 | 5905 | 2690 | 759.82 |
| 6 | 濮阳教育 | 73 | 286667 | 229659 | 4172 | 1643 | 757.34 |
| 7 | 三门峡教育 | 62 | 337500 | 252532 | 4239 | 2015 | 750.12 |

续表

| 排名 | 公众号 | 发文数<br>（篇） | 总阅读数<br>（次） | 头条阅读<br>（次） | 平均阅读<br>（次） | 总在看数<br>（次） | WCI |
|---|---|---|---|---|---|---|---|
| 8 | 平顶山市教育体育局 | 210 | 392222 | 273995 | 1893 | 2604 | 737.73 |
| 9 | 驻马店教育云 | 9 | 86393 | 86393 | 11414 | 533 | 680.76 |
| 10 | 洛阳教育 | 80 | 255000 | 188421 | 2557 | 1151 | 668.17 |

教育系统在政务微信方面的表现让人意外。尤其是头部账号"河南省教育厅"，WCI值始终位列榜首。"河南省教育厅"在内容板块设置上，全面覆盖不同教育阶段、教育领域，同时设置便民查询入口，建成与民沟通的有效平台。2014年"河南政务双微评选颁奖盛典"上，省教育厅官方微信获河南政务微信十大影响力奖，省教育厅官方微信在网友投票支持中排名第3位。[①]

在2020年教育政务新媒体年会上，河南省教育厅微信成为朋友圈里的"劳模"。全年无休，334天（2019年1月1日至2019年11月30日）共发布1326篇文章，阅读量6376万次，占全国省级教育部门阅读总数的1/4。208篇10W+阅读量，WCI值爆表2220.1。[②]

5. 纪检监察系统：政务微信实力平均

河南省纪检监察系统政务微信影响力榜单TOP10，如表9所示。

表9 河南省纪检监察系统政务微信影响力榜单 TOP10

| 排名 | 公众号 | 发文数<br>（篇） | 总阅读数<br>（次） | 头条阅读<br>（次） | 平均阅读<br>（次） | 总在看数<br>（次） | 总点赞数<br>（个） | WCI |
|---|---|---|---|---|---|---|---|---|
| 1 | 清风中原 | 67 | 618000 | 518000 | 9069 | 2403 | 2841 | 964.82 |
| 2 | 清风洛阳 | 22 | 157232 | 123860 | 7419 | 1107 | 1110 | 838.21 |
| 3 | 清风商丘 | 17 | 77414 | 69585 | 4942 | 257 | 250 | 688.81 |

---

① 《省教育厅官方微信获河南政务微信十大影响力奖》，河南省人民政府网站，2014年12月23日，https://www.henan.gov.cn/2014/12-22/333556.html。

② 《省教育厅在2020年教育政务新媒体年会上作典型案例发言》，河南省教育厅网站，2019年12月23日，http://jyt.henan.gov.cn/2019/12-23/1622588.html。

| 排名 | 公众号 | 发文数（篇） | 总阅读数（次） | 头条阅读（次） | 平均阅读（次） | 总在看数（次） | 总点赞数（个） | WCI |
|------|--------|------|------|------|------|------|------|------|
| 4 | 清风南阳 | 47 | 104219 | 68022 | 2178 | 422 | 478 | 647.05 |
| 5 | 清风信阳 | 61 | 107953 | 60036 | 1810 | 347 | 342 | 640.44 |
| 6 | 清风莲城 | 30 | 63313 | 41600 | 2100 | 404 | 438 | 627.50 |
| 7 | 清风平顶山 | 33 | 59379 | 36828 | 1805 | 476 | 713 | 621.46 |
| 8 | 清风郑州 | 79 | 93649 | 75812 | 1237 | 475 | 539 | 620.81 |
| 9 | 清风龙都 | 50 | 92699 | 54650 | 1873 | 245 | 307 | 619.38 |
| 10 | 清风开封 | 52 | 75045 | 40957 | 1469 | 396 | 316 | 603.95 |

2015年，省纪委、省监察厅官方微信公众号"清风中原"正式运营。随后，"清风鹤壁""廉洁漯河"相继开通，全省纪检监察部门的"清风"由此在微信公众号平台徐徐吹向公众。除了"清风中原""清风洛阳"影响力值超过800之外，其余TOP10账号影响力均在600~700之间，"清风系"账号实力相对均衡。

全省纪检监察部门"清风系"账号，设置内容丰富，包括曝光、发布、时评、动态、警示、史鉴、修身、廉考等栏目。通过与新媒体的深度融合，将日常与公众相对疏远的纪检工作，拉近至群众身边。让廉政建设与宣传、反腐败斗争成果展示等工作，与人民群众"微"距离接触、"零"距离交流。

### （二）2020年河南政务微博影响力排行榜

2020年中国新媒体大会数据显示，截至2020年6月，经过新浪平台认证的政务机构微博中，河南省各级政府机构微博已达10251个，居全国首位。经过十年的发展，河南政务微博中涌现出大批高质量账号。本报告借助铀媒平台数据，统计2020年1~11月的数据，制作了2020年河南政务微博影响力排行榜TOP50（见表10）。

表 10　2020 年河南政务微博影响力排行榜 TOP50

| 序号 | 微博昵称 | 累计指数 | 发布指数 | 互动指数 | 活跃指数 | 微博影响力（BII） |
|---|---|---|---|---|---|---|
| 1 | 平安洛阳 | 72.04 | 97.31 | 81.95 | 80.41 | 84.37 |
| 2 | 河南共青团 | 70.58 | 97.17 | 81.36 | 75.45 | 83.40 |
| 3 | 郑州发布 | 69.27 | 95.39 | 80.63 | 78.07 | 82.76 |
| 4 | 郑州市教育局 | 69.45 | 96.54 | 80.41 | 77.10 | 82.76 |
| 5 | 河南教育 | 70.64 | 95.66 | 80.33 | 77.71 | 82.65 |
| 6 | 平安郑州 | 71.12 | 96.06 | 79.46 | 74.21 | 81.84 |
| 7 | 平安商丘 | 71.65 | 96.79 | 79.34 | 72.97 | 81.81 |
| 8 | 平安开封 | 68.28 | 93.26 | 79.78 | 76.97 | 81.62 |
| 9 | 洛阳交警 | 70.00 | 94.24 | 78.62 | 78.40 | 81.29 |
| 10 | 河南消防 | 70.59 | 94.35 | 79.61 | 71.43 | 81.29 |
| 11 | 南阳政法 | 68.22 | 98.26 | 79.89 | 61.55 | 81.15 |
| 12 | 郑州市气象局 | 69.35 | 96.78 | 79.44 | 66.59 | 81.12 |
| 13 | 安阳市教育局 | 67.60 | 94.30 | 78.84 | 76.30 | 81.11 |
| 14 | 河南气象 | 70.20 | 97.68 | 79.62 | 62.97 | 81.10 |
| 15 | 平安中原 | 72.30 | 96.55 | 80.03 | 60.73 | 81.02 |
| 16 | 洛阳消防 | 68.93 | 93.61 | 78.97 | 73.79 | 80.88 |
| 17 | 平安洛宁 | 70.16 | 97.72 | 77.66 | 73.15 | 80.84 |
| 18 | 郑州反邪教 | 66.54 | 97.54 | 80.53 | 56.38 | 80.82 |
| 19 | 微博商丘 | 70.61 | 94.28 | 78.85 | 67.89 | 80.43 |
| 20 | 平顶山消防 | 67.27 | 96.48 | 77.23 | 72.26 | 80.08 |
| 21 | 河南高速公安 | 70.76 | 96.37 | 78.44 | 61.48 | 79.94 |
| 22 | 河南政府网 | 67.29 | 93.04 | 78.01 | 71.49 | 79.83 |
| 23 | 郑州交警 | 70.08 | 95.26 | 77.49 | 67.89 | 79.72 |
| 24 | 焦作消防 | 67.96 | 93.06 | 77.36 | 73.19 | 79.61 |
| 25 | 豫法阳光 | 71.88 | 95.33 | 79.37 | 52.91 | 79.54 |
| 26 | 河南网信 | 67.92 | 96.48 | 77.67 | 63.66 | 79.47 |
| 27 | 平顶山市教体局 | 64.45 | 93.75 | 77.04 | 73.06 | 79.35 |
| 28 | 三门峡发布 | 68.03 | 95.15 | 76.55 | 71.33 | 79.32 |

续表

| 序号 | 微博昵称 | 累计指数 | 发布指数 | 互动指数 | 活跃指数 | 微博影响力（BII） |
|---|---|---|---|---|---|---|
| 29 | 平安信阳 | 68.32 | 95.55 | 77.09 | 66.76 | 79.31 |
| 30 | 中原盾 | 68.23 | 96.28 | 78.28 | 55.91 | 79.14 |
| 31 | 开封市场监管 | 63.62 | 97.09 | 77.46 | 61.93 | 79.14 |
| 32 | 梨乡宁陵 | 67.04 | 93.21 | 77.07 | 70.27 | 79.12 |
| 33 | 精彩许昌 | 68.24 | 94.21 | 76.58 | 70.29 | 79.07 |
| 34 | 新乡气象 | 69.09 | 95.99 | 76.68 | 65.42 | 79.04 |
| 35 | 三门峡市教育局 | 67.12 | 94.89 | 76.81 | 67.40 | 79.00 |
| 36 | 绿色郑州 | 69.01 | 94.14 | 76.45 | 69.87 | 78.96 |
| 37 | 河南反邪教 | 68.68 | 92.50 | 76.59 | 72.23 | 78.94 |
| 38 | 河南交警 | 67.46 | 93.60 | 76.45 | 71.28 | 78.92 |
| 39 | 郑州中院 | 66.73 | 95.42 | 76.32 | 67.57 | 78.79 |
| 40 | 河南省教育网 | 66.80 | 95.21 | 78.02 | 56.84 | 78.78 |
| 41 | 平安吉利 | 68.59 | 96.79 | 76.26 | 63.88 | 78.75 |
| 42 | 开封交警 | 69.52 | 93.53 | 76.37 | 68.85 | 78.71 |
| 43 | 信阳消防 | 67.40 | 94.87 | 76.10 | 67.91 | 78.60 |
| 44 | 精彩洛阳 | 70.35 | 94.54 | 77.72 | 57.33 | 78.60 |
| 45 | 平安安阳 | 69.26 | 92.29 | 76.33 | 69.12 | 78.45 |
| 46 | 社旗发布 | 68.09 | 97.34 | 77.44 | 51.68 | 78.38 |
| 47 | 新乡消防 | 63.85 | 93.83 | 76.28 | 67.96 | 78.34 |
| 48 | 河南博物院 | 64.26 | 89.44 | 76.42 | 74.54 | 78.23 |
| 49 | 南阳交警 | 69.33 | 91.23 | 76.15 | 69.37 | 78.15 |
| 50 | 洛阳气象局 | 69.11 | 95.64 | 75.93 | 62.09 | 78.15 |

注：微博账号排行榜综合考虑河南政务微博账号的四个指数维度，包括累计指数、发布指数、互动指数、活跃指数。综合铀媒2020年1~11月的数据，计算各维度月均数值，以微博影响力为标准进行排名。

2020年河南政务微博影响力排行榜TOP50中，从行业类别来看，公安类账号上榜15个，占比30%；其次为宣传类账号，共10个，占比20%；法院、检察院、政法委账号有6个进入榜单，占比12%；消防类、教育类账号分别上榜 6 个、5 个，占比分别为 12%、10%。气象类共有 4 个账号上榜，分别为"郑州市气象局""河南气象""新乡气象""洛阳气象局"。此外，"河南共青团""开封市场监管""绿色郑州""河南博物院"也进入排行榜 TOP50，且"河南共青团"高居榜单第 2 位。

### 1. 公安类政务微博影响力整体较高

2020 年河南政务微博影响力榜单 TOP50 中，公安类账号共 15 个，而在榜单前 10 名中，则占据 5 席，分别为"平安洛阳""平安郑州""平安商丘""平安开封""洛阳交警"。其中，"平安洛阳"以 84.37 的影响力分值位居榜首。可见，公安类政务微博影响力整体较高。公安类政务微博影响力榜单 TOP10 如表 11 所示。

**表 11　河南省公安类政务微博影响力榜单 TOP10**

| 排名 | 微博昵称 | 累计指数 | 发布指数 | 互动指数 | 活跃指数 | 微博影响力（BII） |
|---|---|---|---|---|---|---|
| 1 | 平安洛阳 | 72.04 | 97.31 | 81.95 | 80.41 | 84.37 |
| 2 | 平安郑州 | 71.12 | 96.06 | 79.46 | 74.21 | 81.84 |
| 3 | 平安商丘 | 71.65 | 96.79 | 79.34 | 72.97 | 81.81 |
| 4 | 平安开封 | 68.28 | 93.26 | 79.78 | 76.97 | 81.62 |
| 5 | 洛阳交警 | 70.00 | 94.24 | 78.62 | 78.40 | 81.29 |
| 6 | 平安中原 | 72.30 | 96.55 | 80.03 | 60.73 | 81.02 |
| 7 | 平安洛宁 | 70.16 | 97.72 | 77.66 | 73.15 | 80.84 |
| 8 | 河南高速公安 | 70.76 | 96.37 | 78.44 | 61.48 | 79.94 |
| 9 | 郑州交警 | 70.08 | 95.26 | 77.49 | 67.89 | 79.72 |
| 10 | 平安信阳 | 68.32 | 95.55 | 77.09 | 66.76 | 79.31 |

洛阳市公安局官方微博"平安洛阳"高居榜首，实至名归。"平安洛阳"创立于 2011 年 3 月 31 日。截至 2020 年 12 月，"平安洛阳"粉丝数已达 425 万人，发布微博 7 万余条。仅 2020 年以来，微博共获得 112 万次转评赞，办理网民诉求 3695 起，总阅读量突破 5.7 亿次；"平安洛阳"矩阵发布情况通报 8 次，发布悬赏通告 7 次，发布实时路况 496 条。

自创立以来,"平安洛阳"数次获奖。据不完全统计,2012～2020年,"平安洛阳"先后荣获"2012年上半年河南省十大政务机构微博""全国政务微博十佳应用奖""河南十大政务微博""2018年度最佳矩阵案例奖""全国十大公安微博"等十余项荣誉。

**2. 宣传类政务微博两县级账号上榜**

2020年河南政务微博影响力榜单TOP50中,宣传类账号共10个入选,分别为"郑州发布""微博商丘""河南政府网""河南网信""三门峡发布""梨乡宁陵""精彩许昌""河南省教育网""精彩洛阳""社旗发布"。其中,"梨乡宁陵""社旗发布"这两个县级政务微博账号分别居于第6位和第10位(见表12)。

**表 12　河南省宣传类政务微博影响力榜单 TOP10**

| 排名 | 微博昵称 | 累计指数 | 发布指数 | 互动指数 | 活跃指数 | 微博影响力(BII) |
|---|---|---|---|---|---|---|
| 1 | 郑州发布 | 69.27 | 95.39 | 80.63 | 78.07 | 82.76 |
| 2 | 微博商丘 | 70.61 | 94.28 | 78.85 | 67.89 | 80.43 |
| 3 | 河南政府网 | 67.29 | 93.04 | 78.01 | 71.49 | 79.83 |
| 4 | 河南网信 | 67.92 | 96.48 | 77.67 | 63.66 | 79.47 |
| 5 | 三门峡发布 | 68.03 | 95.15 | 76.55 | 71.33 | 79.32 |
| 6 | 梨乡宁陵 | 67.04 | 93.21 | 77.07 | 70.27 | 79.12 |
| 7 | 精彩许昌 | 68.24 | 94.21 | 76.58 | 70.29 | 79.07 |
| 8 | 河南省教育网 | 66.80 | 95.21 | 78.02 | 56.84 | 78.78 |
| 9 | 精彩洛阳 | 70.35 | 94.54 | 77.72 | 57.33 | 78.60 |
| 10 | 社旗发布 | 68.09 | 97.34 | 77.44 | 51.68 | 78.38 |

"梨乡宁陵"是商丘市宁陵县宣传部的官方微博,在2020年河南政务微博影响力榜单TOP50中排名第32,而在宣传类政务账号中高居第6。"梨乡宁陵"开通于2011年3月21日,至2020年已持续运营近十年,共发布政务信息、政策信息、咨询投诉等各类信息4万余条,收获粉丝3.3万人。2015～2019年,"梨乡宁陵"连续六年入围"河南十大党政新闻发布微博"。

2020年11月18日，《2020年第三季度政务微博影响力报告》中，"梨乡宁陵"再次荣获"河南十大党政新闻发布微博"奖项，位列县级政务微博全省第2。另外，2018年，"梨乡宁陵"将官微的严肃与人格化运营的活泼相结合，宣传、营销家乡酥梨，获得"金梧桐年度县域营销创新案例奖"。

3. 政法委四个账号榜上有名

政法类（除公安外）政务微博共有6个账号进入2020年河南政务微博影响力榜单TOP50，其中，政法委账号共4个，分别为"南阳政法""郑州反邪教""中原盾""河南反邪教"；法院系统账号2个，分别为"豫法阳光""郑州中院"。而检察院系统账号影响力最大的为"河南检察"，在河南政务微博影响力榜单中排第62，未进入TOP50。政法类政务微博影响力排行榜TOP10如表13所示。

表13　河南省政法类政务微博影响力排行榜TOP10

| 排名 | 微博昵称 | 累计指数 | 发布指数 | 互动指数 | 活跃指数 | 微博影响力（BII） |
|------|----------|----------|----------|----------|----------|-------------------|
| 1 | 南阳政法 | 68.22 | 98.26 | 79.89 | 61.55 | 81.15 |
| 2 | 郑州反邪教 | 66.54 | 97.54 | 80.53 | 56.38 | 80.82 |
| 3 | 豫法阳光 | 71.88 | 95.33 | 79.37 | 52.91 | 79.54 |
| 4 | 中原盾 | 68.23 | 96.28 | 78.28 | 55.91 | 79.14 |
| 5 | 河南反邪教 | 68.68 | 92.5 | 76.59 | 72.23 | 78.94 |
| 6 | 郑州中院 | 66.73 | 95.42 | 76.32 | 67.57 | 78.79 |
| 7 | 河南检察 | 69.41 | 88.26 | 75.85 | 66.48 | 77.07 |
| 8 | 濮阳县法院 | 65.32 | 93.09 | 74.21 | 64.52 | 76.57 |
| 9 | 社旗政法 | 67.67 | 94.41 | 75.95 | 35.77 | 75.21 |
| 10 | 商丘天平之声 | 65.24 | 89.51 | 73.11 | 57.84 | 74.47 |

南阳市政法委官方微博"南阳政法"高居政法类政务微博影响力排行榜榜首，成为全省政法系统的榜样。《2019年中国优秀"互联网+政法服务"平台综合影响力评估报告》显示，"南阳政法"被评为"2019年度中国优秀政法新媒体"，河南省获此荣誉的只有"南阳政法"。仅2019年，南阳政法就有8次月排名全国政法委系统前五。

2013 年 12 月 11 日，河南省司法厅官方微博"豫法阳光"正式上线。《2013 年新浪政务微博报告》显示，河南省政法微博数量为 2504 个，约占全国总量（2.4 万个）的 10%，排名全国第 1，其中"豫法阳光"的粉丝值和影响力在全国法院微博中都位列第 1。2020 年 12 月 27 日发布的《2020 年中国优秀"互联网+政法服务"平台综合影响力评估报告》显示，"豫法阳光"获评"2020 年度中国优秀政法新媒体"。此项评选自 2016 年开始，"豫法阳光"还曾获得"2016 年度中国最具影响力政法新媒体""2019 年度中国创新型政法新媒体"等奖项。

此外，"豫法阳光"的开通，标志着河南省公、检、法、司四家政法机关均在新浪微博开通账号，并呈现蓬勃发展的态势。经过近几年的发展，政法微博已经形成了以公安微博打头阵，检察院、法院、司法行政机关微博齐头并进的态势。

### 4. "河南消防"入选榜单 TOP10

2020 年河南政务微博影响力榜单 TOP50 中，消防类政务微博共有 6 个账号，分别为"河南消防""洛阳消防""平顶山消防""焦作消防""信阳消防""新乡消防"。消防类政务微博仅次于公安类、宣传类，与政法类在政务微博影响力榜单 TOP50 中占比相同。

表 14　河南省消防类政务微博影响力榜单 TOP10

| 排名 | 微博昵称 | 累计指数 | 发布指数 | 互动指数 | 活跃指数 | 微博影响力（BII） |
|---|---|---|---|---|---|---|
| 1 | 河南消防 | 70.59 | 94.35 | 79.61 | 71.43 | 81.29 |
| 2 | 洛阳消防 | 68.93 | 93.61 | 78.97 | 73.79 | 80.88 |
| 3 | 平顶山消防 | 67.27 | 96.48 | 77.23 | 72.26 | 80.08 |
| 4 | 焦作消防 | 67.96 | 93.06 | 77.36 | 73.19 | 79.61 |
| 5 | 信阳消防 | 67.40 | 94.87 | 76.10 | 67.91 | 78.60 |
| 6 | 新乡消防 | 63.85 | 93.83 | 76.28 | 67.96 | 78.34 |
| 7 | 开封消防 | 66.25 | 93.10 | 76.41 | 62.47 | 77.85 |
| 8 | 郑州消防 | 67.82 | 90.82 | 76.98 | 61.45 | 77.73 |
| 9 | 三门峡消防 | 65.85 | 93.95 | 75.51 | 65.43 | 77.70 |
| 10 | 吴参谋说消防 | 63.72 | 92.84 | 75.46 | 68.00 | 77.61 |

"河南消防"以 81.29 的分值居 2020 年河南政务微博影响力榜单第 10 名，也是消防类最具影响力的政务微博。截至 2020 年 12 月，"河南消防"开通 9 年来共发布博文 3 万余篇，全网阅读浏览量达 5.9 亿次，在全国消防行业和省级政务新媒体中始终名列前茅，先后 10 余次荣获政务微博影响力、民生服务、管理创新等奖项。

"洛阳消防"仅次于"河南消防"，居消防类政务微博影响力榜单第 2 名。2018 年以来，"洛阳消防"逐步将微博当作官方发声的第一信源，得到了广大粉丝的一致认可与好评。2018 年 12 月，"洛阳消防"被中国消防全国粉丝后援会评为"2018 年度最受粉丝喜爱微博优秀奖"。2020 年第三季度，人民网舆情数据中心的河南十大政务机构微博中，"洛阳消防"榜上有名。2020 年，"洛阳消防"以微博之力，完整记录了 2020 央视中秋晚会背后消防人的忠诚坚守，援皖抗洪期间消防指战员昼夜奋战和与灾区人民鱼水情深的难忘瞬间，精准投放《王老师消防小课堂开课啦》《消防安全没有如果》《行业系统消防安全管理示范片》等原创精品视频，竭力科普消防知识，传播消防好声音。

### 5. "郑州市教育局"居教育类政务微博榜首

教育类政务微博有 5 个账号上榜 2020 年河南政务微博影响力榜单 TOP50，分别为："郑州市教育局""河南教育""安阳市教育局""平顶山市教体局""三门峡市教育局"。其中，"郑州市教育局"居榜首，"河南教育"紧随其后。河南省教育类政务微博影响力榜单 TOP10 见表 15。

表 15　河南省教育类政务微博影响力榜单 TOP10

| 排名 | 微博昵称 | 累计指数 | 发布指数 | 互动指数 | 活跃指数 | 微博影响力（BII） |
|---|---|---|---|---|---|---|
| 1 | 郑州市教育局 | 69.45 | 96.54 | 80.41 | 77.10 | 82.76 |
| 2 | 河南教育 | 70.64 | 95.66 | 80.33 | 77.71 | 82.65 |
| 3 | 安阳市教育局 | 67.60 | 94.3 | 78.84 | 76.30 | 81.11 |
| 4 | 平顶山市教体局 | 64.45 | 93.75 | 77.04 | 73.06 | 79.35 |
| 5 | 三门峡市教育局 | 67.12 | 94.89 | 76.81 | 67.40 | 79.00 |
| 6 | 开封市教育局 | 64.86 | 95.20 | 74.57 | 62.46 | 77.00 |

| 排名 | 微博昵称 | 累计指数 | 发布指数 | 互动指数 | 活跃指数 | 微博影响力（BII） |
|------|----------|----------|----------|----------|----------|-------------------|
| 7 | 南阳市教育局 | 65.54 | 82.59 | 73.57 | 65.35 | 74.15 |
| 8 | 洛阳市教育局 | 64.92 | 83.84 | 71.67 | 59.36 | 72.54 |
| 9 | 济源市教育局 | 62.74 | 87.36 | 70.88 | 55.72 | 72.25 |
| 10 | 鹤壁市教育体育局 | 61.99 | 85.89 | 71.02 | 57.96 | 72.24 |

"郑州市教育局"以微弱的优势领先"河南教育"，在河南教育类政务微博影响力榜单TOP10中排名第1。"郑州市教育局"于2012年12月1日正式运行，截至2020年12月，已拥有粉丝超36万人。2015年1月，"郑州市教育局"成为全国教育系统微博联盟成员，在新华网发布的《全国教育系统政务新媒体集群报告》中，位居排行榜前10名，并荣获中国电子政务理事会"2015年政府网站政务微博卓越奖"；同年，由人民日报、新浪网联合评选的"全国十大教育微博"，"郑州市教育局"位列其中；2017年、2018年、2019年，连续三年荣获"全国十大教育微博"，并且在2017年位列十大教育微博榜首。

河南省教育厅政务微博"河南教育"自开通以来，发布微博3.28万条，拥有粉丝174万人，2020年日均发布内容20条，阅读量1.4亿次。"河南教育"荣获"2016年度河南省十大政务影响力微博"。2020年12月16~17日，在2021全国教育政务新媒体年会上，"河南教育"在省级教育部门微博传播力TOP10中排名第2。

### （三）2020年政务抖音影响力排行榜

2016年以后，短视频平台异军突起。随着短视频成为新的流量聚集地，河南省政务机构也主动试水短视频，入驻抖音、快手等主流短视频平台。据CNNIC第47次《中国互联网络发展状况统计报告》数据，截至2020年12月，河南各级政府共开通政务抖音账号1133个，数量排名全国第8。本报告借助清博大数据平台，梳理出河南省政务抖音账号TOP50，具体数据见表16。

## 表16 河南省政务抖音账号 TOP50

| 排名 | 抖音账号 | 作品数（条） | 粉丝总数（万人） | 粉丝增量（人） | 点赞数（次） | 转发数（次） | 评论数（次） | DCI |
|---|---|---|---|---|---|---|---|---|
| 1 | 郑州发布 | 145 | 29.7 | 8400 | 433445 | 8624 | 14186 | 873.25 |
| 2 | 中原盾 | 25 | 10.4 | 3600 | 160088 | 895 | 14296 | 812.51 |
| 3 | 青春河南 | 25 | 146.4 | -3400 | 263088 | 1818 | 843 | 801.08 |
| 4 | 漯河交警 | 46 | 16.7 | 6800 | 74178 | 901 | 2207 | 779.44 |
| 5 | 河南警察学院 | 25 | 35.6 | 4200 | 128053 | 1111 | 1550 | 764.07 |
| 6 | 郑州交巡警二大队 | 12 | 104.5 | -1800 | 108305 | 2745 | 631 | 761.20 |
| 7 | 河南消防 | 16 | 41.8 | 1600 | 77330 | 381 | 1021 | 716.07 |
| 8 | 平顶山消防 | 21 | 112.7 | 600 | 37919 | 775 | 549 | 711.61 |
| 9 | 洛阳交警 | 17 | 11.3 | 1800 | 52314 | 602 | 688 | 702.83 |
| 10 | 洛阳消防 | 16 | 17.3 | -400 | 37175 | 2486 | 4908 | 699.95 |
| 11 | 河南警方 | 23 | 114.4 | -2400 | 98938 | 287 | 1022 | 699.84 |
| 12 | 河南省教育厅 | 64 | 57.8 | 1200 | 60299 | 3294 | 2100 | 691.74 |
| 13 | 南阳网信 | 60 | 20.7 | 1000 | 55473 | 955 | 2235 | 664.13 |
| 14 | 新乡交警 | 5 | 12.7 | 10400 | 488018 | 2215 | 22160 | 658.80 |
| 15 | 开封消防 | 14 | 12.8 | 1600 | 17351 | 342 | 355 | 655.09 |
| 16 | 河南环境 | 21 | 20.3 | 23800 | 5917 | 415 | 400 | 643.35 |
| 17 | 许昌学院 | 12 | 1.3 | 724 | 3467 | 120 | 1224 | 608.12 |
| 18 | 许昌交警 | 10 | 20.5 | 1200 | 3049 | 158 | 351 | 607.30 |
| 19 | 精彩洛阳 | 25 | 7.9 | 400 | 7104 | 459 | 171 | 606.28 |
| 20 | 周口交警 | 23 | 3.8 | 2200 | 9802 | 164 | 366 | 600.57 |
| 21 | 河南商丘消防 | 12 | 12.9 | -800 | 15252 | 88 | 213 | 592.26 |
| 22 | 新乡消防 | 15 | 9.9 | -400 | 13057 | 158 | 256 | 592.14 |
| 23 | 郑州消防 | 10 | 9.1 | 0 | 6895 | 98 | 248 | 588.63 |
| 24 | 河南禁毒 | 10 | 12.5 | 6200 | 65019 | 1617 | 221 | 575.23 |
| 25 | 南阳消防 | 10 | 24.2 | -2200 | 5093 | 49 | 188 | 562.22 |
| 26 | 三门峡网信 | 38 | 3.8 | 1000 | 9395 | 227 | 76 | 561.64 |
| 27 | 漯河消防 | 6 | 38 | -3200 | 11078 | 38 | 172 | 560.30 |

续表

| 排名 | 抖音账号 | 作品数（条） | 粉丝总数（万人） | 粉丝增量（人） | 点赞数（次） | 转发数（次） | 评论数（次） | DCI |
|---|---|---|---|---|---|---|---|---|
| 28 | 济源环境 | 49 | 1.4 | 1320 | 10554 | 371 | 211 | 559.97 |
| 29 | 安阳交警 | 7 | 5.8 | 800 | 6504 | 109 | 155 | 559.05 |
| 30 | 河南安阳消防 | 8 | 4.4 | 0 | 10161 | 125 | 184 | 557.24 |
| 31 | 许昌消防 | 11 | 4.9 | 0 | 6499 | 267 | 103 | 544.36 |
| 32 | 三门峡交警 | 12 | 1.7 | 1200 | 5986 | 101 | 115 | 523.92 |
| 33 | 河南交警 | 7 | 43.3 | −3000 | 2015 | 29 | 113 | 512.17 |
| 34 | 鹤壁市消防救援支队 | 9 | 3.8 | 0 | 3705 | 41 | 123 | 507.53 |
| 35 | 焦作消防 | 11 | 7.1 | 0 | 11383 | 139 | 171 | 504.55 |
| 36 | 河南省市场监督管理局 | 42 | 1.4 | 926 | 10393 | 3366 | 614 | 497.11 |
| 37 | 河南武警 | 5 | 103 | −5600 | 24548 | 339 | 292 | 490.60 |
| 38 | 河南特巡警 | 11 | 26.7 | −200 | 98763 | 387 | 181 | 488.38 |
| 39 | 三门峡消防 | 10 | 7.7 | −600 | 2711 | 16 | 88 | 479.87 |
| 40 | 济源特警 | 6 | 5.3 | 200 | 2403 | 32 | 69 | 476.81 |
| 41 | 信阳消防 | 8 | 7.7 | −800 | 2940 | 24 | 65 | 472.13 |
| 42 | 济源消防 | 7 | 3.4 | −200 | 1823 | 33 | 72 | 471.40 |
| 43 | 南阳交警 | 5 | 3.2 | 200 | 4976 | 161 | 167 | 467.80 |
| 44 | 网信开封 | 9 | 3.2 | 200 | 2879 | 156 | 103 | 454.23 |
| 45 | 焦作警方 | 6 | 5.8 | 200 | 4807 | 36 | 179 | 445.28 |
| 46 | 濮阳环境 | 35 | 0.1760 | 33 | 561 | 25 | 81 | 443.05 |
| 47 | 河南高速公安 | 21 | 45.9 | −1400 | 3825 | 19 | 138 | 438.52 |
| 48 | 信阳警事 | 5 | 19.9 | −800 | 1410 | 18 | 36 | 435.86 |
| 49 | 豫法阳光 | 2 | 7.9 | 1000 | 28188 | 993 | 156 | 428.95 |
| 50 | 南阳气象 | 21 | 0.4417 | 423 | 1042 | 157 | 142 | 427.88 |

注：统计时间段为2020年7~11月；DCI，即抖音账号传播力指数，通过抖音账号发布的短视频的数量、互动状况、覆盖用户程度来综合体现政务抖音账号在短视频平台的传播影响力；粉丝量数据截至2020年12月31日，其余各维度数据均为月均值。

资料来源：清博大数据。

从个体账号来看，"郑州发布""中原盾""青春河南"等，在发布作品数量、粉丝黏性、互动性方面，综合表现名列前茅。"郑州发布"的月均作品量名列前茅。统计时间段内，"郑州发布"（郑州市委宣传部官方账号）在上榜机构中，"勤勉指数"最高，月均发布作品数量达145条。是上榜账号中，唯一月均发文量超过100条的单位。在发布数量方面优势明显。另外，其作品月均转发数达8624次，在上榜单位中，排名第1。两大优势拉动整体影响力值。"青春河南"借助新媒体矩阵提升影响力。习近平总书记曾提出，青年在哪里，团的组织和工作就延伸到哪里。河南共青团"为党育人"路径不断拓宽，线上积极抢占"双微"、抖音、快手等平台，形成了政务新媒体工作矩阵。2018年6月19日，河南省共青团正式入驻抖音，账号为"青春河南"。截至2020年12月29日，"青春河南"共收获粉丝146.5万人，发布作品600条，获赞6459.1万次。

从机构类别来看，公安、消防两个系统，在账号覆盖程度、整体影响力方面表现突出。在综合影响力TOP50中，公安系统账号占比高达38%。消防机构上榜16个账号，占比达32%，据此，本报告特做行业分榜，具体呈现。

### 1.公安类政务抖音：细分领域，百花齐放

河南公安系统在政务抖音开设方面，细分领域、百花齐放。特警、禁毒、网警、森警等不同领域齐上阵，形成各有特色的专业性公安抖音账号，"爆款"视频频出。河南省公安类政务抖音综合影响力榜单TOP10如表17所示。

**表17 河南省公安类政务抖音综合影响力榜单TOP10**

| 排名 | 抖音账号 | 作品数（条） | 粉丝总数（万人） | 粉丝增量（人） | 点赞数（次） | 转发数（次） | 评论数（次） | DCI |
|---|---|---|---|---|---|---|---|---|
| 1 | 漯河交警 | 46 | 16.7 | 6800 | 74178 | 901 | 2207 | 779.44 |
| 2 | 河南警察学院 | 25 | 35.6 | 4200 | 128053 | 1111 | 1550 | 764.07 |
| 3 | 郑州交巡警二大队 | 12 | 104.5 | -1800 | 108305 | 2745 | 631 | 761.20 |
| 4 | 洛阳交警 | 17 | 11.3 | 1800 | 52314 | 602 | 688 | 702.83 |

| 排名 | 抖音账号 | 作品数（条） | 粉丝总数（万人） | 粉丝增量（人） | 点赞数（次） | 转发数（次） | 评论数（次） | DCI |
|---|---|---|---|---|---|---|---|---|
| 5 | 河南警方 | 23 | 114.4 | -2400 | 98938 | 287 | 1022 | 699.84 |
| 6 | 新乡交警 | 5 | 12.7 | 10400 | 488018 | 2215 | 22160 | 658.80 |
| 7 | 许昌交警 | 10 | 20.5 | 1200 | 3049 | 158 | 351 | 607.30 |
| 8 | 周口交警 | 23 | 3.8 | 2200 | 9802 | 164 | 366 | 600.57 |
| 9 | 河南禁毒 | 10 | 12.5 | 6200 | 65019 | 1617 | 221 | 575.23 |
| 10 | 安阳交警 | 7 | 5.8 | 800 | 6504 | 109 | 155 | 559.05 |

注：统计时间段为2020年7~11月；DCI，即抖音账号传播力指数，通过抖音账号发布的短视频的数量、互动状况、覆盖用户程度来综合体现政务抖音账号在短视频平台的传播影响力；粉丝量数据截至2020年12月31日，其余各维度数据均为月均值。

资料来源：清博大数据。

聚焦"冷门"，打造新传播热点。2019年2月，南阳市淅川县公安局巡特警大队的抖音账号"淅川特警"正式开通。截至2020年12月，该抖音账号共收获278.8万粉丝，发布445条作品，获赞6376.1万次。在飞瓜数据平台上，"淅川特警"排在政务周榜第11名（2020年12月第4周）。作为一个基层政务账号，除了记录特警工作中的感人瞬间，运营团队还在一起摸索属于淅川特警自己的特色。"淅川特警"创造性地以"连续剧"形式，记录了"黑虎""巴万"等警犬的日常，除展示特警专业性之外，更体现出这个群体接地气的一面。开辟传播新热点，视频内容趣味与温情兼具。其中，《巴万的逆袭》共38集，播放量达3.3亿次，平均每集播放量868万次。成为宣传淅川特警大队的亮丽名片。

2. 消防类政务抖音：用感动汇聚关注度

消防员的工作性质，使其在线下拥有广泛的群众基础，加之消防安全关乎每个人，因此，群众高度关注消防部门的宣传工作。那些幽默诙谐、惊心动魄的消防宣传视频，在抖音平台上颇有热度。2019年河南政务新媒体峰会上，"洛阳消防""商丘消防"获评河南"最具传播力政务抖音号"。"洛阳消防"上线伊始，就通过一条战士们日常训练挥汗如雨的视频内容，走红抖音。15 秒的视频，一天时间内，阅读量达数百万次，收获网友点赞 52 万次。除了日常通过视频宣传消防知识之外，"漯河消防"为部分粉丝送出"钥匙扣消防礼包"，用消防队"周边"吸引公众，既传播了消防知识，又增加了用户黏性。该视频获得 76.4 万次点赞、5.8 万条评论，成为上线以来最"火"视频。河南省消防类政务抖音综合影响力榜单 TOP10 如表 18 所示。

**表 18  河南省消防类政务抖音综合影响力榜单 TOP10**

| 排名 | 抖音账号 | 作品数（条） | 粉丝总数（万人） | 粉丝增量（人） | 点赞数（次） | 转发数（次） | 评论数（次） | DCI |
|---|---|---|---|---|---|---|---|---|
| 1 | 河南消防 | 16 | 41.8 | 1600 | 77330 | 381 | 1021 | 716.07 |
| 2 | 平顶山消防 | 21 | 112.7 | 600 | 37919 | 775 | 549 | 711.61 |
| 3 | 洛阳消防 | 16 | 17.3 | -400 | 37175 | 2486 | 4908 | 699.95 |
| 4 | 开封消防 | 14 | 12.8 | 1600 | 17351 | 342 | 355 | 655.09 |
| 5 | 河南商丘消防 | 12 | 12.9 | -800 | 15252 | 88 | 213 | 592.26 |
| 6 | 新乡消防 | 15 | 9.9 | -400 | 13057 | 158 | 256 | 592.14 |
| 7 | 郑州消防 | 10 | 9.1 | 0 | 6895 | 98 | 248 | 588.63 |
| 8 | 南阳消防 | 10 | 24.2 | -2200 | 5093 | 49 | 188 | 562.22 |
| 9 | 漯河消防 | 6 | 38 | -3200 | 11078 | 38 | 172 | 560.30 |
| 10 | 河南安阳消防 | 8 | 4.4 | 0 | 10161 | 125 | 184 | 557.24 |

注：统计时间段为 2020 年 7~11 月；DCI，即抖音账号传播力指数，通过抖音账号发布的短视频的数量、互动状况、覆盖用户程度来综合体现政务抖音账号在短视频平台的传播影响力；粉丝量数据截至 2020 年 12 月 31 日，其余各维度数据均为月均值。

资料来源：清博大数据。

## 三  河南政务新媒体的社会治理作用

### （一）舆论引导

政务新媒体是各级行政机关引导网络舆论的重要阵地。自媒体时代带来了民意诉求的网络狂欢，以"两微一抖"为代表的政务新媒体，在澄清谣言、发布正确信息、回应公众关切、引导社会舆论等方面发挥着重要作用。

尤其是遇到突发事件及敏感舆情时，更需要及时全面地发布信息，以积极态度回应质疑和批评，化被动为主动，正确引导社会舆论。政府运用好、管理好政务新媒体是把控舆论场、正确引导舆论的有效途径。

例如，高考答题卡"调包"事件，教育厅回应迅速获好评。

2018 年 8 月 5 日，河南省四名家长实名举报高考答题卡疑似"调包"，引发全网关注。当日，"河南省教育厅"微信公众号迅速发布情况说明，表明态度。8 月 11 日，微信公众号"清风中原"作为权威第三方发布详细的调查结果，河南省教育厅进行转发，两大机构联动配合，消解公众质疑，澄清不实信息，共同维护了河南高考的权威性与公平性。

## （二）塑造形象

政务新媒体，是公众了解政务机关的窗口，在很大程度上是"政府的名片""城市的名片"。除了信息传播之外，政务新媒体有效弥补了传统模式的不足，与公众的实时互动有助于政府机构有效感知舆论的微妙变化，以便及时做出相应调整，强化形象塑造。作为政府与公众之间沟通的纽带，政务新媒体为政府形象塑造提供了新的契机。

### 1."平安中原"塑造河南公安良好形象

河南省公安厅官方微博"平安中原"连续多年入选"全国十大公安机构微博"。作为河南公安形象的展示窗口，"平安中原"在其微博主页滚动显示河南公安干警英姿飒爽和亲民爱民的画面。此外，还经常发布一些贴心、实用的信息，如反诈骗小知识，加之幽默、口语化的语言，以及网络流行语的使用，拉近了与网民的距离，塑造了河南公安的亲民形象。

### 2."交巡警二大队"网言网语拉近政群距离

2014 年 5 月 19 日，一首关于杜绝酒驾的公益歌曲《白搁这儿乱了》传遍互联网，视频与 MP3 版的点击总量至今已突破 2000 万次。而这首歌的首推者，便是郑州市公安局交通巡逻警察支队第二大队（微信公众号为"交巡警二大队"）的微信公众号。该视频打破了交巡警原有的冷漠生硬形象，寓教于乐的同时，在无形中让交警形象更加立体，拉近了政群距离。

### 3."精彩河南"等为城市形象助力

在城市形象推广方面，"精彩河南""河南省文化和旅游厅官方微博"展现了各自的神通。"精彩河南"先后推出了"咱河南人""文化河之南"等板块，为海内外同胞了解河南开辟了一个全新通道。"河南省文化和旅游厅官方微博"将博主"人格化"，用一个有着"老家"情感底色的中年男人形象，让微博"活起来"，通过一套完整的"老家河南"主题来增强城市认同感和归属感。

## （三）线上履职

移动互联网时代，政务新媒体是探索社会治理新模式、提高社会治理能力的重要途径。2018年，国务院办公厅印发的《关于推进政务新媒体健康有序发展的意见》指出，要持续提升政府网上履职能力，努力建设利企便民、亮点纷呈、人民满意的"指尖上的网上政府"。而政务新媒体矩阵联动，线上线下协同办公，是网上履职能力的体现。

### 1.洛阳公安微博矩阵联手办案

2017年5月2日8点30分，网民在线举报洛阳市辖区两处违法种植罂粟后，"平安洛阳"10分钟快速响应垂直批转，下属微博"平安偃师"34分钟、"平安孟津"46分钟先后协同回应，偃师孟津两地公安先后在异地"双管齐下"，并于14点43分、14点56分，分别公示处置结果，"全部当场依法铲除销毁"。随后"平安洛阳"转发公示，完美收官。

### 2.公安、消防联动，第一时间消灭负面舆情

2013年2月1日，河南省三门峡义昌大桥上一辆装载易燃易爆品的货车突然发生爆炸，致使大桥南半幅被炸毁，连霍高速公路双向断行。面对突发事件，"平安中原"、"河南高速公安"以及"河南消防联合现场"网友于第一时间积极主动公开现场情况，"平安中原"负责发布事故最新消息，主动辟谣，"河南高速公安"负责播报事故交通状况，发布出行提示，"河南消防"36小时不间断播报救援情况；三家政府微博分工合作，图文并茂地从行业角度传递最新消息，第一时间消灭负面舆情，得到网友的极大关注。

## （四）民生服务

2016年《政府工作报告》中，提出"互联网+政务服务"概念及落实要求，要求大力推进"互联网+政务服务"，实现部门间数据共享，让居民和企业少跑腿、好办事、不添堵。"互联网+政务服务"的提出，说明我国政府职能正向着服务型转变。在政府工作报告的"引领"下，全国各地开始推出因地制宜的《"互联网+政务服务"实施方案》。群众事务"网上办""掌上办""远程办""自助办"等成为趋势，助力群众"少跑腿""零跑腿"。

### 1. 政务微信：指尖上的政务服务

政务微信在技术方的不断升级改善下，除了政务公开、政民互动等基本功能之外，其强大的数据库后台帮助政务微信成为民生事务"掌上办"的重要媒介。部分行政机关的业务办理功能从窗口"搬"到政务网站，进一步延伸至群众的"掌上""指尖"。在"互联网+政务服务"方面，政务微信起到至关重要的作用。在"掌上办"业务方面，公安、税务、社保等单位的诉求相对其他政务微信更多。

河南公安类政务微信"郑州警民通"随着微信技术的发展及业务范围的完善，逐步成为公民离不开的"便民神器"。2018年1月至2019年，"郑州警民通"先后经历三次功能升级，推出"就跑一次""面对面报警""举报中心"等服务，逐步成为"简政放权，一次不跑"的代表，让群众切身体会到郑州公安"互联网+政务服务"建设带来的便捷。

### 2. 政务微博：服务公众、贴近民意

近几年，为了取得更好的传播效果，政务新媒体逐渐走出了"接地气"的特色路子，站在受众角度打造传播内容，受到公众认可。

"洛阳消防"坚持线上互动，将高屋建瓴的新思想、新实践、新成就，化为"接地气"的微话题、微行动、微服务。成功原创#逆行男神#、#2018年的第一场雪#、#全国消防宣传月#、#炫富摔#、#消防员的周末这样过#等话题内容，每条阅读量均破万。与此同时，多条话题微博被"中国消防"

"河南消防""洛阳晚报""洛阳同城"等"大V"转发、留言，在网络上引发网友热议评论。①

## （五）信息公开发挥全民监督作用

政务新媒体为网络问政提供了新兴渠道，已成为网民参政议政必不可少的工具。一方面，政务新媒体让政务公开的范围空前扩大，且其不受限制的发布方式提高了公开的时效性。另一方面，政务新媒体将政府机关的政务行为、言论放在网络聚光灯之下，让政务机关随时接受群众监督。

例如，2014年起，商丘市纪委监察局政务微信"清风商丘"开始受理"'四风'问题随手拍"。鼓励全市人民用手机、相机、摄像机等设备，重点对党员干部作风方面的问题和违纪违规现象进行监督。查处的案件在向举报人反馈的同时，在"清风商丘"政务微信上通报，打通反腐"最后一公里"。为群众举报搭建了一个便利、快捷、直接的监督平台。② 便捷的举报方式，大大提高了公众对公职人员的监督主动性。

## （六）抗击疫情

2020年，新冠肺炎疫情发生后，各级政务新媒体充分发挥权威信息"发布墙"、政策"扩音器"职能，让疫情信息更透明、更有效。

### 1．"河南共青团"抗疫系列教育

疫情发生后，共青团河南省委微信公众号"河南共青团"以"凝聚青春正能量，众志成城抗疫情"为主题，面向社会青年、团员学生等不同群体，把疫情防护小常识通过简洁的歌词、视频画面呈现，活泼生动、好玩好记，让网友特别是青年网友直呼"听得进去、长知识"。

---

① 《【聚力再前行】@洛阳消防 政务微博受到广大粉丝认可》，大河报网，2018年12月14日，http：//www.dahebao.cn/news/1308712？cid=1308712。

② 《"四风"问题随手拍 请您来当监督员——商丘市纪委政务微信"清风商丘"受理"'四风'问题随手拍"反映线索》，河南省纪委监委网站，2015年9月18日，http：//www.hnsjct.gov.cn/sitesources/hnsjct/page_pc/gzdt/dfzf/article312ccb22f9144ccebaea3d31268bf146.html。

### 2."郑州发布"三封家书传递正能量

2020 年 2~3 月，郑州市微信公众平台"郑州发布"相继推出"给市民的三封家书"，通过多样化的传播方式、亲切的口吻、温暖的语言和真挚的情感，向公众传递疫情防控信息，为广大市民鼓劲。"三封家书"让市民感受到了政府的温暖，加强了公众对政府的信赖和理解。

### 3.新乡村支书的硬核喊话

"短视频+地方方言"成为新冠肺炎疫情期间传播量很大的一种表现形式。2020 年 1 月，河南新乡辉县市占城镇大占城村党支部书记李德平通过大喇叭喊话村民、提醒做好疫情防控的一段怒吼视频火爆网络。"青春河南""魅力新乡""平安博爱"等政务抖音账号发布相关视频，获得较好的传播效果。

## （七）直播带货助力脱贫攻坚

政务新媒体作为一种宣传渠道，随着社会潮流的发展，衍生出了"带货"功能。尤其是在全国脱贫攻坚工作如火如荼进行时，政务新媒体利用其高度权威性，在宣传农产品方面发挥了重要作用。得益于直播功能，政务短视频平台成为带货主力军。

2020 年受疫情影响，农产品滞销严重，为了提振经济，助力脱贫攻坚，全国各地掀起了地方官员直播带货风潮。抖音、淘宝、快手、微博等平台，针对性推出助农活动，利用地方官员的公信力、影响力、号召力，以及地方媒体的支持，将农产品搬上屏幕，方便海量网友选购。同时，在销售、运输、加工等环节上形成产业链，实现"造血式"帮扶。政务新媒体直播带货的新尝试，让官方机构再次获得了一项民生服务职能，亲民形象进一步加深。

## （八）政策宣传

《河南省 2019 年政务公开工作要点》指出，不少普通百姓都很关注有关重大改革举措、督查活动、突发事件的处理情况，政务新媒体就成为广大民众获取官方权威信息的最佳渠道。当遭遇社会重大突发事件时，政府要按照法定程序第一时间进行发声，并跟踪事件进展，及时向公民报道。

# 四 河南政务新媒体现存问题

20年来，大数据、云计算、人工智能、5G等技术的发展，推动媒介形态持续更新迭代。河南省各级政务机构顺应每一次技术创新，积极运用政务新媒体，提升政府治理能力。河南省政务新媒体在推进政务公开、塑造官方（城市）形象、线上履职、民生服务、互动监督等方面，发挥了不可或缺的作用。但是，在发展过程中，政务新媒体在运营管理、信息内容、服务效能方面也暴露出诸多问题。

## （一）运营管理问题

### 1.重开设轻管理，政务新媒体沦为"僵尸号"

移动互联网时代，新的媒体形式不断涌现，各级政府也与时俱进，纷纷开通政务新媒体，发布便民服务信息、辖区新闻速递等。其中一部分政务机关是在迎合互联网发展需要，争取互联网流量，扩展信息发布渠道和方式，为政务机关塑造良好的形象。另一部分政务机关则是在上级单位的统一部署下，被动开通政务新媒体。无论是主动出击还是被动开通，其提升政府形象、拓展信息发布渠道、完善网上政务服务的初衷都是不可否认的。但是，在具体实操及需求度方面，不少政务新媒体却沦为"僵尸号"。例如郑州商务局官方微博，半年仅发布一条微博，引发网友吐槽："是不是把密码给忘了？"再如郑州民政局的官方微博，41条留言未见回复。

政务新媒体沦为"僵尸号"，一方面是因为部分机构缺乏前期评估，"一哄而上"、贪大求全，导致后期无信息可发、无业务可办、的确无需求。另一方面是因为部分政务新媒体缺乏运营管理人员，运营能力欠缺，导致政务新媒体"曝光量低""涨粉慢"，难以发挥理想化作用，最终弃用。

### 2.政务号被"山寨"

因为微博账号的注册是开放式的，只要输入的名称没有其他人注册就可以注册成功，这就导致一部分网友"钻空子"，为了"吸粉"冒用政府机构名称，从而出现部分山寨政务号，影响了政务新媒体的权威性。如"河南省财政厅"（目前已注销）和"河南省财政厅机关文明办"，看似是河南省财政厅的官微，但其实河南省财政厅并未开通官微，这两个微博是网民个人注册的。2018 年 5 月，网友发现"郑州市检察院"早已是"僵尸号"，已六年未更新。经调查，郑州市人民检察院官方微博是"郑州检察"。由此可见，山寨的政务新媒体账号极易麻痹公众，加强政务新媒体管理、"关停整合"的态势已十分迫切。

### 3. 信息更新不及时

有些河南政务新媒体的内容更新不及时，甚至两条信息的发布时间能前后相隔几个月，发文不足导致信息量少，进而粉丝流失，关注度下降，账号也就形同虚设。按照河南省政务新媒体检查标准，两周内无更新，即为减分项。《关于 2020 年第三季度全省政府网站与政务新媒体检查及管理情况的通报》显示，抽查不合格的 5 个政务新媒体中，有 3 个是政务微信，不合格原因均为"两周内无更新"。

## （二）信息内容问题

### 1. 定位不清，内容刻板

政务新媒体的内容发布、语言风格、互动方式等，均是开设部门应该重视的问题。在政务新媒体的发展过程中存在一种较为普遍的现象，即账号定位模糊，共有三个常见表现。其一，发布内容繁杂，与单位职能无关；其二，存在不当"人设"，为了吸引用户关注和获取流量，发布娱乐性内容；其三，形似公文，内容刻板，无可读性。长此以往，政务新媒体的这些失范现象会在一定程度上削弱相关部门的公信力。

### 2. 发布不当言论

在常态运营过程中，个别政务新媒体出现"公器私用"问题。运营人员借助具有公信力的政务新媒体，发布满足个人兴趣的无关信息，使政务新媒体的公信力大打折扣。另外，个别政务新媒体发布的信息"情绪化"严重，言论背离社会主流价值观。说到底，政务新媒体不是"私器"，互联网平台也并非私人社交圈，运营人员虽然掌握着信息发布的主动权，但发言不能抛弃"官方身份"自说自话。河南省不乏类似问题引发的机构舆情风波。

2019 年 1 月 24 日，网友发现平顶山郏县公安交通警察大队官方微博"郏县交警"在两个月内先后发布 9 条"为明星朱一龙应援"的信息。问题曝光后，相关微博被删除。作为公职人员，违规使用"公器"为明星应援，暴露出运营人员缺乏基本的新媒体素养，执行工作纪律制度不严格，同时，暴露出该单位政务新媒体发布审核机制不健全。

### 3. 自宣埋坑

"政务新媒体"本质上是政务机构在不同平台的宣传渠道，是塑造机构形象与时俱进的工具。发布信息应以正面宣传为主，但在实际工作过程中，不乏"表扬稿"变成"举报信"的现象。本意是高调宣传工作进展、典型事件，却在无意中暴露出严重工作错误。这就要求宣传工作者不能再延续传统媒体时代的宣传思维"自说自话"，而要时时刻刻保持"他视角"，在发布宣传稿时，走出行业内部的惯性思维，站在受众角度考虑该宣传稿可能引发的舆论反响。

发生在 2018 年的"鲁山县检察院'冰释前嫌'案"是官方微博、微信高调宣传检察院办理的一起未成年人强奸案，强调在检察院的努力下，双方和解"冰释前嫌"，检察院收到锦旗。这一结果引发舆论争议。公职人员看重荣誉，想要宣传一把，为检察院"贴金"。然而，官方微博、微信高调宣传"强奸案和解"，实则暴露出"知法不懂法"的严重问题。

## （三）服务效能问题

### 1. 回复滞后

政务新媒体，一方面，被冠以"媒体"之名，承担宣传职能；另一方面，其"政务"职能不可或缺。政务新媒体不仅是政府倾听民意的新平台，还是帮助"粉丝"和网友解决问题的平台。但是有些政务新媒体对网友的咨询充耳不闻、视而不见。例如，网友对"河南省政府法制办"2012 年 7 月 27 日的提问"请问，现在农村宅基地不能再建房子吗？南阳市淅川县厚坡镇"和 2012 年 10 月 15 日的质疑"请你们先关注一下郑州五龙口吧，违规拆迁，不签字不安置老人"，均未获得回复。

### 2.盲目追求流量，脱离"政务"职能

政务新媒体在发展管理过程中，其评价考核标准不断更新。账号开设前期，一味追求"曝光度"，不少单位会以转评赞数量为考核标准，试图迅速在互联网中收获一席之地，导致一批政务新媒体为了抢占流量，盲目蹭热点，追求"10W+"，发布娱乐新闻、花边新闻，甚至是捕风捉影的事件，将政务新媒体做成"媒体"，而脱离服务轨迹。2019 年 4 月，国务院办公厅印发《政府网站与政务新媒体检查指标》和《政府网站与政务新媒体监管工作年度考核指标》，对政府网站和政务新媒体的运行和考核制定了严格标准。考核标准中，粉丝量、转发量、点赞数等不再作为重点，而内容安全、更新及时、有效互动成为考核的"单项否决"指标。由此可见，政务新媒体的政务服务职能正在不断强化。

### （四）舆论引导能力欠缺

新媒体的日新月异，让群众表达观点、参政议政、舆论监督逐渐便利，由以往的线下反映，发展为互联网时代的"人人都有麦克风"，再到短视频时代的"人人都有摄像头"。在复杂的舆论环境和社会架构之下，政务机构的宣传工作迎来严峻挑战。除了日常主动运营、宣传发布政务信息、互动沟通了解民众诉求的常态工作之外，政务新媒体在舆情突发之际，承担着重要的舆论引导职能。但是，不少政务新媒体在舆情发生时，"不发声""迟发声""语言表述不恰当"，致使谣言伴生，群众负面情绪激化。

## 五　推进河南政务新媒体健康有序发展的意见

### （一）提升运营人员媒介素养

随着传播技术的演化发展，政务新媒体平台不断延伸领域，既有账号影

响力需要保持，新兴媒体账号活跃度亟须提高，这就要求各政务机关，对政务新媒体保持常态化运营，专业的运营人员团队，越来越成为影响政务新媒体传播效能的直接因素。

1. 媒介素养的基本——避免公器私用

政务新媒体运营人员需持中守正避免价值偏差。政务新媒体虽然具有媒体性质，但本质上是官方机构的发声渠道，时时刻刻贴有官方标签。运营人员虽然掌握着信息发布的主动权，但并不代表其"持有主权"，可以按照个人主观想法自由表达。

运营人员需端正认知，避免公器私用。对政务新媒体现存问题进行梳理后发现，"盲目带货""娱乐追星"等现象不在少数，成为鲜活的"负面典型"，让公器变私器，严重影响了政府形象，弱化了政府的公信力。同时，情绪化的泄愤、怒怼网友等，仅是逞一时之快，却使政务机构与公众之间的沟通受到约束，出现障碍。另外，在一些富有争议的舆情事件中，官方立场常和公众立场存在一定偏差。此时，政务新媒体运营人员难免与网民产生观点交锋。一方面，这是舆论生态平衡的体现；另一方面，观点交锋中容易产生次生舆情。

因而，运营人员需将个人情绪隐藏，持中守正，防止公器私用，规避因操作不当而致使政务新媒体个人化，这是政务新媒体运营人员需要具备的基本的媒介素养。

2. 紧跟形势，提高技术硬实力

随着政务新媒体形态的不断丰富，以往单一的文字、图片等二维传播，已经不能再满足受众需求和习惯。从单纯的码字到制图，再到短视频生产，政务新媒体对运营人员技术硬实力的要求逐步提高，且随着技术更迭速度加快，要求运营人员对新技术的适应、学习能力必须保持足够紧迫的状态。

尤其是短视频领域，作为当下最大的流量聚集地，政务新媒体要想"抖起来"，达到"吸睛"效果，避免淹没在视频海洋中，除了简单的视频录制、转发热门视频之外，还需要在视频特效、画面质量、美感方面下大功夫。这就要求运营人员具备一定的视频编辑水平和能力。以抖音平台为例，其花样繁多的特效为普通的视频增添活力，大大提高了视频传播效果。运营人员需要学会"蹭热点特效"，创新视频形式，为政务新媒体赋能。

### 3.培养新闻敏感，灵活设置议程

自媒体时代，官方传播机构的议程设置效果日渐式微，公众的话语权得到空前保障，话题引导能力逐步凸显，甚至超越官方媒体。这就要求政务新媒体运营人员，首先摒弃僵化、强硬的议程设置理念，具备新闻敏感，能够将"官味十足"的议程充分"包装"，成为贴近公众生活的议题，充分了解受众的心理、生活需求，"投其所好"。如此才能吸引公众的注意力，达到传播政府形象、汇集民智、互动沟通的效果。

### 4.加强运营团队的系统性培训

"媒体竞争关键是人才竞争，媒体优势核心是人才优势。"政务新媒体作为一个专业化政务传播机构，需要建立一支人员结构合理、理论实践扎实、部门协调有力的专业化管理服务团队。[①]

这就要求政务机关注重培训，提高运营人员的专业化素养。基于前述三个观点，针对运营人员的培训，需要涉及政治意识、专业知识、媒介素养、新闻敏感、技术水平甚至服务意识等方面。只有人才队伍足够专业，才能保证政务新媒体在常态化运营期内健康发展。

## （二）强化管理考核，定位要清晰，服务须实用

2018 年，国务院办公厅发布《推进政务新媒体健康有序发展的意见》，为政务新媒体的管理提供了方向性引导。具体到各单位，还需提高管理意识，针对账号开设、发布机制、内容审核等方面，细化管理流程。

### 1.明确主体定位，事前评估，避免烂尾

从发展历程来看，政务网站、政务微博、政务微信均经历过"一哄而上"的跟风开设阶段，发展至政务短视频，也没能跳过这个"魔咒"。政务新媒体追逐流量、追逐用户，本无可厚非，但每一次开拓新领域，均出现

---

① 金婷：《浅析政务新媒体的发展现状、存在问题及对策建议》，《电子政务》2015 年第 8 期。

"一哄而上"，导致后期出现"僵尸号"、应付管理的现象，就需要深刻反思。因此，面对新兴领域，各政务机关需要保持观望。事前明确自身定位，清晰评估后续工作量、能力范围，在顶层设计方面做好统筹规划之后，再决定是否入驻，以免出现"僵尸号""烂尾""临时工"等影响公信力的事件。

### 2. 健全信息发布审核机制

政务新媒体的"政务"性质，客观上为其信息内容划定了范围。政务信息，任何时候都代表着官方的立场、态度、政策解读，于政务机关来说，是塑造形象的直接渠道，于公众来讲，是政策方针的导向。因此，某条信息能不能发、何时能发等，都需要一个完整的审核过程。当前，不少政务单位相继出台"政务新媒体内容发布审核制度"，例如"先审查、后公开""一事一审""信息三审"制度等。确保信息表述准确性以及更新及时性。

### 3. 摒弃"政绩泡沫"，避免形式主义

当前，为了对政务新媒体的传播效力加以总结验证，不少社会机构、媒体、地方网信部门等，从多个角度推出政务新媒体影响力排行榜，如"最具影响力政务新媒体""政务新媒体影响力月榜""年度政务新媒体影响力TOP10"等，一方面能够从客观上刺激运营人员提高自身素养，另一方面加剧了政务机关对于政务新媒体的"唯数据论"考核。导致运营人员将政务新媒体的影响力指数作为政绩目标，盲目吸粉、追逐流量，稀释政务效能。

各政务机关需要在考核机制上，摒弃"政绩泡沫"，僵化的粉丝量数据、更新次数并不适合政务新媒体的政务属性。复旦大学新闻学院副教授沈国麟提出了这样的衡量维度：要有量上的分析，包括发表频次与更新频率，原创内容比例，形式是否丰富；也要有定性的判断，包括渠道来源是否可靠权威，网络群体性事件中的政府回应是否及时、对突发事件政府应对态度是否积极、政府回应内容是否全面、渠道是否多元，甚至还包括信息传播的效果，比如网络群体性事件中处置不当的政府官员事后是否被问责等。[1]

---

[1] 《政务新媒体如何从有走向优？学者和运营者来支招》，人民网，2017 年 1 月 24 日，http：//media.people.com.cn/n1/2017/0124/c40606-29045033.html。

### 4.以公众为中心，加强互动沟通，提高服务实用性

政务新媒体的作用，归根结底要落实在"政务"上，这是政务新媒体开设的"初心"。在微信城市服务以及微博这两个方面，31个省区市均已开通相关服务，而正在兴起的短视频，也有与网民的对话渠道。对于各形态的政务新媒体，可以有针对性地搭建沟通交流、咨询、"掌上办"板块，保证日常互动沟通渠道畅通。另外，在投诉、回复、应对、处置方面，应形成一套系统的跟踪问责机制，让群众诉求能够得到回应。

## （三）注重平台搭建，强化矩阵联动

### 1.开疆拓土，扩大主体范围

第47次《中国互联网络发展状况统计报告》显示，我国互联网普及率已经高达70.4%，网民数量近10亿，99.7%的网民使用手机上网。网络短视频用户规模达9.27亿人，这也表明，受众接受信息的方式和习惯发生急剧变化。

群众在哪儿，领导干部就要到哪儿，舆论阵地就在哪儿。基于以上背景，政务新媒体管理者、运营者要发扬创新精神，主动"开疆拓土"，顺应但不囿于主流传播渠道，拓展政务新媒体的主体范围。不仅要看到抖音、快手、微博、微信等大众性、普遍性传播渠道，也要看到以B站、知乎等为代表的相对小众的、标签化明显的平台，全领域渗透。以共青团为例，2017年1月，共青团中央进驻了B站。截至2020年末，该平台已经有来自全国的共计45个共青团认证账号。共青团这次主动拓展传播领域的做法，赢得公众叫好。被视为官方融入互联网生态，打破刻板形象的创造性改革。由此可见，政务新媒体也需要主动求变革，开辟新的传播阵地，寻求新鲜血液，如此才能构建全面、有效且特色鲜明的传播体系。

### 2.打破信息孤岛，构建政务新媒体矩阵

国务院办公厅2018年发布《关于推进政务新媒体健康有序发展的意见》，明确到2022年，建成以中国政府网政务新媒体为龙头，整体协同、响应迅速的政务新媒体矩阵体系。"矩阵"，目前是一个数学概念的延伸引用，

业界暂无统一的定义。截至 2020 年，政务新媒体的形态主要有微博、微信和短视频。为了保证舆论阵地的充分占领，全平台齐上阵，是目前多数政务新媒体体系的状态。"多渠道"＋"组合"可避免信息孤岛的出现。目前，业界探索出的矩阵联动，主要有以下三种模式。

其一，机构内不同媒体形态间联动。面对突发公共事件，政务机构可以利用微博、微信、抖音等全平台共同发声，形成矩阵互补。用政务微博的广场效应，扩大传播范围，形成网络围观，迅速聚焦公众吸引力；通过短视频账号，还原现场视频，做到有图有真相；另外，借助政务微信的长文发布、政务服务功能，及时疏导网民情绪。充分利用不同媒体平台的传播特点以及多元化受众群体，多管齐下，针对受众的不同需求运用多种政务新媒体工具，可实现信息发布的时效性、权威性、全面性、有效性，获得最佳的传播效果，推动突发公共事件舆情的有效化解。

其二，机构间政务新媒体联动，推进"互联网＋社会治理"。从目标来看，加强机构间政务新媒体联动，就是要建立"网上的集中办事大厅"。以某个单位账号为龙头，串联公安、消防、民政、税务、社保、卫生、法院等多部门，做到线上"转办督办"渠道畅通。如此，既形成了政务机构间的协同力量，保证信息公开的权威性，又能切实理顺听取民意、网上办事的渠道，打造解决民生问题的新载体。

其三，上下级协同联动。目前，根据我国行政级别以及垂直部门体系的分级，政务新媒体矩阵多分为三级、四级联动模式。机构间横向到面联动，保证信息的跨界传播，上下级纵向到底联动更突出专业性。如此矩阵，才能升级政务机构的社会治理能力。

### 3. 5G 赋能，加强产品设计和开发

5G 技术以其超高速、超大链接、超低时延等特点，将对信息传播方式产生革命性的影响。政务新媒体同样面临着新技术带来的机遇和挑战。政务新媒体要充分利用技术优势，加强产品设计和开发，在信息移动化、可视化、智能化方面发力。政务新媒体要利用 5G 的技术优势，实现用户的精准定位和内容智能分发，以算法赋能政务新媒体，提高政务信息的传达率。另

外，5G 技术下，政务新媒体可加强 AI 与人工的结合，让政务服务的时间不再受限，提升用户满意度。

### （四）加强内容建设，提高内容品质，丰富内容形式

#### 1. 掌握网络话语方式，摒弃官话传播

第 47 次《中国互联网络发展状况统计报告》显示，截至 2020 年 12 月，中国网民数量为 9.89 亿人。网民结构相对复杂。其中从城镇分布来看，农村网民占比 31.3%，城市网民占比 68.7%。学历结构方面，初中、高中/中专/技校学历的网民群体占比分别为 40.3%、20.6%；小学及以下网民群体占比由 2020 年 3 月的 17.2%提升至 19.3%。面对网络素养、文化素养参差不齐的受众，政务新媒体要了解、掌握网络话语方式，摒弃生硬呆板的"官话""套话"。只有发布的内容让公众"看得懂"，才能谈及传播效果。同时，"接地气"要有度，一味使用卖萌体、咆哮体、娱乐化内容，并不符合官方的权威形象。

#### 2. 结合职能，打造特色内容

人民网党委委员、董事、副总裁，人民视听董事长唐维红表示，我们所处的时代已不是"人找信息"，而是"信息找人"。① 所谓的"信息找人"，要求政务新媒体发布的内容要体现个性化、差异化、分层化，达到分众传播的效果。在这"三化"方面，政务新媒体首先要明确自身定位，针对性打造符合自身职能的宣传风格，成为个性化的传播者。其次，信息传播的对象化、分众化趋势，要求各运营者为不同平台、不同受众群体"量体裁衣"，如此才能形成强劲的传播力。

#### 3. 占领舆论引导高地，提高舆情处置能力

自媒体时代，信息传播速度空前加快。因为"首因效应"，第一条舆情信息的导向往往决定着公众的认知。因此，舆情发生后，政务机关需要快速

---

① 《政务新媒体摆脱说教才更可爱 推动个体性和矩阵性统一》，人民网，2019 年 6 月 4 日，http://media.people.com.cn/n1/2019/0604/c14677-31119676.html。

响应，在坚持"事实第一"的原则下，第一时间通过政务新媒体发声，抢占先机，阐明事件真相。舆情应对并非一蹴而就，政务机关需要实时研判舆情走向，根据事件的进展更新动态，让公众及时了解真实的最新情况，降低谣言滋生的概率。互联网时代，需强化互联网思维，善用政务新媒体进行舆论引导。

# 河南网络信息安全发展20年报告

魏 猛<sup>*</sup>

**摘 要**：21世纪以来，河南互联网经历了由弱到强、用户由少到多，从普通互联网到移动互联网，再到万物互联的发展过程。河南网络信息安全的问题主要表现为网络攻击行为、网络泄露隐私行为、网络诈骗、网络色情、网络赌博等现象，上述网络传播的乱象严重危害互联网用户的身心健康，危及国家安全。和我国整体的互联网发展状况相似，河南地区网络传播乱象随着互联网发展呈现阶段性特征。目前，河南地区对网络信息安全的治理越来越重视，科技含量也逐步提高；网络恶性舆论事件的发生率也逐年下降，但是互联网思维仍没有真正形成，部门利益和传统思维对网络舆论引导仍具有消极影响。同时，中西方意识形态领域的斗争、部分领导干部的信仰缺失、网民的媒介素养不高等因素都对河南省网络信息安全产生负面影响。另外，河南地区解决网络信息安全问题方面也有一些有利因素，其中包括：政府逐步把握了网络传播的基本规律，信息公开意识增强；经济实力的提升增强了国民的"四个自信"；党和政府的坚强领导为维护我国意识形态安全提供了根本保证等。河南省网络信息安全问题的解决，首先要加强网络信息安全的技术保障；其次要加强网络空间的舆论治理；最后要加强主流意识形态的话语能力。

**关键词**：网络信息安全 舆论引导 意识形态安全 网络传播

---

\* 魏猛，文学博士，郑州大学新闻与传播学院讲师，新闻学系主任，主要研究方向为新闻评论、舆论引导。

互联网舆论与意识形态安全是国家安全的重要组成部分，也是网络空间治理的重要内容。党的十九届四中全会指出，要"建立健全网络综合治理体系，加强和创新互联网内容建设，落实互联网企业信息管理主体责任，全面提高网络治理能力，营造清朗的网络空间"。党中央的这一决定不仅对新闻宣传工作提出了要求，而且对新闻媒体条件下的信息安全提出了很高的要求，既有对21世纪以来网络信息安全发展的历史思考，也有对未来国家信息安全的重要考量。

进入21世纪的前21年是河南省互联网高速发展的21年，网络舆论由弱到强，逐年活跃，网络事件不断刺激公众的神经，引起党和政府有关部门的高度重视，并取代传统媒体的优先地位，成为重要的大众传播媒介，新媒体成为党和政府引导舆论和维护主流意识形态安全的重要阵地。但是，利益主张相互碰撞，不同观点频繁交锋，对网络舆论秩序和意识形态安全产生了重大影响。以"两微一端"为代表的新媒体成为公众表达意见的平台和信息集散地，同时，一些危害网络安全的现象值得我们的重视。

# 一 河南省网络信息安全现状及问题

## （一）河南省网络信息安全存在的问题

1995年，中国第一本杂志《神州学人》登录互联网，中国互联网开始进入大规模的民用时期。各种大小媒体建立了网络版，网民规模也呈逐年扩张的趋势。1999年之后，中国互联网进入空前活跃时期，但是，从互联网进入商用开始，青年就是主要用户。中国互联网络信息中心1997年的报告显示，全国上网人员共有62万人，其中青年用户占78.5%，河南青年用户占全国网民的2.8%，在全国处于比较靠前的位置（第7名）。网民对当时的互联网的主要反映是：收费贵、反应慢、中文信息和可应用信息少等。但是，截至2020年6月30日，我国网民规模已经达到9.40亿人，其中手机网民规模达9.32亿人，信息浏览、网络购物、网络支付、网络游戏、网络教育等功能被广泛应用。在河南地区，截至 2017 年 8 月，全省互联网用户达 9252 万户，位居全国第 5 位；互联网省际出口带宽达到 12373G，居全国第 4 位；中国联通中原数据基地二期、中国移动（河南）数据中心等重点项目建设快速推进，区域性数据中心加快构建；全省网站备案数量 28 万个。[①] 但是，随着互联网应用的扩展，网络安全问题也被提上议程，成为政府和网民比较关注的重要议题。其中，网络有害信息是网络信息监管部门监督管理的重要内容之一，这些有害信息包括对计算机网络的攻击信息、侵犯公民隐私的信息、网络赌博、网络虚假信息、网络诈骗等经济犯罪信息。

### 1. 网络攻击行为

计算机病毒几乎是随着互联网的诞生与之俱来的，21 年来，计算机病毒攻击给世界互联网带来的损失不计其数。国家计算机网络应急技术处理中心统计数据显示，2020 年上半年，全国被篡改的网站有 147682 个，较 2019 年同期增幅较大，其中，被篡改的政府网站有 581 个，较 2019 年同期（370 个）增长 57%。虽然该数据是扩大了监控范围的统计结果，但是，仍说明网络安全问题是一个严重问题，根据郑州网络安全协会 2020 年 11 月初的通报，2020 年 10 月 16～31 日，郑州市网络安全协会共协调处置有害信息 53 条，包括彩票信息、出售试题、在线赌博、假发票、买卖黑卡、涉爆、网络招嫖、虚假网站信息、买卖银行卡、诈骗信息等。在河南省范围内，计算机有害信息对网络安全的影响更大，损害也更为严重。河南省网络安全月度通报显示，"2018 年 1 月，河南省有 55606 个 IP 地址所对应的主机被境内外木马和僵尸网络控制，相比 2017 年 12 月增加了 15835 个，约占全国感染总量的 10.8%，居全国第 3 位。河南省感染飞客蠕虫病毒的 IP 地址有 13283 个，较上月减少了 4 个，约占全国总量的 4.3%，居全国第 6 位，较上月持平；河南省被篡改网站数量为 362 个，较上月减少 39 个，占全国总量的

---

① 《河南省互联网用户达 9252 万户 居全国第五位》，河南省人民政府网站，2017 年 9 月 19 日，https：//www.henan.gov.cn/2017/09-19/380054.html。

8.8%，居全国第 3 位；河南省被植入后门的网站数量 240 个，较上月减少
32 个，占全国总量的 9.2%，居全国第 3 位，较上月持平"①。网络安全问题
成为公民和政府都不得不面对的严重问题。

网络安全漏洞和计算机病毒还可能被一些犯罪分子利用，成为进一步危
害网络安全和侵犯公民信息和财产安全的工具。2018 年 5 月，北京某教育
科技有限公司到郑州市公安机关网安部门报案称：其经营的"密码子"医
考培训机构网站在 2017 年 1 月到 2018 年 5 月不间断地遭受 DDOS 攻击，损
失惨重。经查，从 2017 年初到 2018 年 5 月，北京某医考培训机构老板张某
合指使其公司员工张某某雇用黑客李某等人对"密码子"等多家医考培训
机构网站进行 DDOS、CC 攻击，致使其网站瘫痪。作为报酬，张某合先后
给李某等人 20 余万元。

2018 年 8 月 16 日，郑州市高新区某智能科技有限公司员工报警称：该
公司位于电厂路大学科技园区内的电脑服务终端系统遭受多次入侵破坏，造
成公司运营的电动车智能充电桩设备故障，损失严重。经警方侦查发现，犯
罪嫌疑人孙某系该智能科技有限公司网络维护人员，因个人对公司有意见，
为泄私愤，孙某于 8 月 15 日、16 日多次前往万达广场，用笔记本电脑联结
肯德基、星巴克等店内 Wi-Fi 后，通过其掌握的后台系统高级权限，用自己
编写好的脚本对该公司电脑系统批量发送恶意指令，持续操作近 8 个小时，
使该公司 1400 个电动车智能充电桩系统服务器不能正常运转，造成严重
损失。

上述两个案件都是一些公司或个人以获利为目的，对其他的互联网络非
法入侵，从而造成其他公司或个人产生经济损失。还有一些案例是作案者本
人可能只是黑客技术的爱好者，本身并没有盗取别的计算机用户信息获利的
主观动机，但是，出于对黑客技术的爱好，非法入侵别的网站，造成信息泄
露或者给别的公司或个人造成经济损失。比如，南阳市卧龙区网络技术爱好

---

① 《2018 年 1 月河南省网络安全月度通报》，景安网，2018 年 2 月 23 日，https：//server.
zzidc.com/fwq/2018/0223/2315.html。

者吴某擅自利用计算机渗透工具非法侵入南阳网，被公安局网络安全部门侦获。吴某的行为虽然没有获利的动机，但是非法侵入国家计算机网络，已经违反了有关法律法规。

### 2. 网络泄露隐私行为

通过互联网获取公民个人信息获利的不仅只有互联网等高科技公司的工作人员和科技人员，随着网络经济个人信息网络化的深入发展，在日常的市场交易中，人们进行网上注册和支付的行为也越来越普遍，这些私人信息要么被一些犯罪分子通过非法途径获取，要么因个人防护意识不强，无意中被泄露出去，还有一些是获取公民个人信息的商业机构不遵守个人信息的使用规范，把个人信息非法泄露出去。个人信息的泄露给一些信息犯罪活动提供了机会。新郑市某房地产公司工作人员李某为推销房产，从新郑市某商场管理人员贾某处非法购买商场会员信息 3000 余条，其行为构成非法获取个人信息罪，新郑警方依据《中华人民共和国网络安全法》第 64 条规定，对李某给予 2 万元罚款的行政处罚，泄露公民信息的商场管理人员贾某则被另案查处。鹿邑县某装修公司为推销业务，非法购买个人信息 1500 余条，因其行为构成非法获取个人信息，该公司被警方行政处罚。

公民信息泄露使在公共考试等需要彰显公平竞争的领域出现信息混乱，扰乱公共视听，削弱党和政府的公信力。2018 年 6 月 30 日，许昌市公安局接教育局工作人员报警称，许昌市 2018 年招教考试考生信息被某教育辅导机构非法获取，以提前告知考生成绩的名义大肆向考生打电话招揽生意，群众对考试的公平性产生质疑，造成了恶劣的社会影响。经警方侦查发现，犯罪嫌疑人钱某利用手中掌握的计算机知识，以牟利为目的，利用某公司研发的考生报名系统漏洞，非法入侵报名考生数据库，共非法获取考生信息 1 万余条，以 5 万元的价格将考生信息经中介层层转手贩卖给社会教育培训机构，教育培训机构以考试包过、先面试再交费、内部有人等欺骗性语言，招揽考生到其培训机构接受培训，对顺利招录的考生收取 2 万元到 3 万元的培训费用。

在社交媒体时代，公民的银行卡、支付方式等私人信息往往与有关的手机 App 绑在一起，一旦信息被非法窃取，就可能对公民财产造成损失。2018 年 3 月 7 日，焦作市沁阳市公安局在办理一起网络诈骗案时发现，郭某令自 2017 年 6 月以来，在网上从田某、李某、王某、赵某宇等人手里收购他人银行卡、身份证、手机卡等套装 50 余套卖给谢某、陈某、林某等人，非法获利 10 余万元。谢某、陈某、林某等人又将收购的银行卡套装卖给诈骗人员谢某东、郑某等人，非法获利 10 万余元，案件涉及犯罪嫌疑人 30 余人，给上当受骗的公民个人带来巨大的财产和精神损失。

一些犯罪嫌疑人还把网络信息犯罪的黑手伸向防御能力较差的老年人。在驻马店市，崔某等人非法收集大量老年人购买药品、保健品时填写的姓名、手机号、住址等信息，并将相关信息贩卖给多个医疗诈骗团伙，严重危害人民群众生命财产安全。警方经调查成功打掉崔某等人侵犯公民个人信息犯罪团伙，抓获涉案人员 11 人，扣押电话卡 600 余张、公民个人信息 20 余万条。

信息安全漏洞给公民个人、企业和国家都带来重大损失，引起政府监管部门的高度重视。2019 年，中央网信办、工业和信息化部、公安部、市场监管总局联合在全国范围组织开展 App 违法违规收集使用个人信息专项治理。从 2019 年 3 月起，App 专项治理工作组分 6 批次对下载量大、用户常用的千余款 App 进行了评估。评估发现，存在违法违规收集使用个人信息问题的 App 共计 6976 个，他们将问题向 256 款 App 的运营者通报，督促其完成 1267 个重点问题的整改工作。同时，他们也建议有关部门下架未落实整改要求的 App 共 11 款。

新的媒介技术，尤其是在硬件中植入窃取个人信息和商业信息的程序，也会给公民个人和企业信息带来泄露的风险。尤其在人脸识别技术逐步成熟以后，人脸识别技术在很多商业场合得到广泛使用，一些小区门禁、商业网站或者 App 的注册等都需要人脸识别才能使用，这为一些非法窃取公民个人信息和商业信息的行为带来了便利。更有一些商业机构违反法律，借助网络技术和设备窃听公民个人信息和商业信息，生产和销售定位、窃听、偷拍设备，甚至形成了一条龙的黑色产业链。据央视报道，一些窃听设备和木马程序被伪装成充电宝，可在使用者不知情的情况下，被人远程定位、轨迹查询、远程录音等，并借助互联网，将这些信息窃取并销售，造成个人信息或者商业信息的泄露。这说明，对非法窃取私人信息和商业信息的硬件生产和销售的监管也必须尽早提上日程。

3. 网络诈骗

近年来，一些犯罪分子利用网络信息的不对称性骗取其他用户的信任，进而诈骗钱财的案件时有发生。由于互联网具有匿名性，线索追踪需要专业技术，普通公民很难进行有效的追踪，一些犯罪嫌疑人还通过设在海外的网站遥控指挥国内诈骗，进一步增大了网络诈骗的破案难度。很多人在遭遇网络诈骗以后对追回被诈骗钱财基本不抱希望。

据统计，在网络诈骗的类型中，以 QQ、微信、朋友圈等社交媒体为媒介进行的诈骗近年来呈多发趋势。QQ 成为受害者接触诈骗者或诈骗信息的最主要途径，占总量的 10.69%。其次为微信，占总量的 10.38%。电话这种相对传统的工具排在第 3 位，占总量的 9.76%。可以看出，社交平台 App 正取代电话成为诈骗者实施网络诈骗利用最多的工具。① 一名自称姓陈的医生通过微信坐诊称他们销售的"奇草筋骨祛痛贴"可以治疗腰痛病，商丘市居民杨某便于 2018 年 1 月 2 日、22 日分别购买了 798 元、2394 元的祛痛贴，使用后无任何效果。经查，杨某所购买的"奇草筋骨祛痛贴"并不是治疗骨病的药品，而是一群网络犯罪团伙借助微信等新媒体平台施行网络诈骗的道具。警方调查发现，该犯罪团伙有 100 多人，自 2015 年以来，该团伙通过百度、360、搜狗等网络搜索引擎发布、推送广告信息，信息内容多为微信号码并注明本公司有知名中医名家坐诊治疗，专门诊治各类疑难杂症病情。之后通过专用微信号码和顾客添加好友聊天，巧用医生、名医等噱头使用营销话术骗取患者信赖。患者问什么问题，员工就依据公司提供的话术回答顾客的问题，为取得患者信托，会主动或者帮助患者

---

① 《走近"2019 年网络诈骗之王"，让亲朋好友不再上当》，河南日报网，2020 年 1 月 10 日，https：//www.henandaily.cn/content/2020/0110/206986.html？ivk_sa＝1023197a。

查看拍片情况，故意说病情严重，使患者心理压力增大。如果患者犹豫不定，该团伙便采取一对一工作模式，定时追踪联系患者并推销本公司的药品，保证2至5天见效，最多3至4个疗程治愈。为了达到目的，在患者有意向购买产品时，该团伙营销人员便及时跟进，提出可以预付定金或者货到付款突破患者心理防线，最终骗取被害人钱财。该犯罪团伙先后作案数千起，诈骗金额3000余万元，涉案地遍及全国10多个地区，受害群众1万余人。目前，这种网络诈骗的方式比较普遍，而且受害者多是一些病人和老年人。

除了这种借助一定"产品"进行诈骗以外，一些诈骗团伙还借助向别人进行网络荐股等形式实行网络诈骗。2018年7月25日，南阳市公安局汉冢分局接群众举报信函，称南阳市独山大道某小区办公楼内有一处炒股诈骗窝点。经侦查人员侦查发现，该公司是以电话营销的方式，利用自动拨号机拨打电话，对外均称是证券公司工作人员，向受害人推销股票配资等证券业务，整个交易在两个非法平台网站上进行。经网络安全部门鉴定，确定这两个网站均为非法网站，同时发现该公司在南阳市区还有一处窝点。

据360企业安全集团、360猎网平台发布的《2019年网络诈骗趋势研究报告》，金融诈骗、游戏诈骗、兼职诈骗成为举报量最高的三大诈骗类型，金融诈骗造成的人均损失位列前三。[①] 2019年2月11日，受害人汤某报警称：其于2018年9月在南阳市宛城区汉冶路某小区家中接到一个电话，称可以教受害人怎么炒股票，并让汤某添加一个微信昵称叫"财神"（护卫）的人。"财神"将汤某拉到了一个叫"【聚福阁指令】855群"的微信群里，微信群中有人向汤某推荐恒指50，汤某就按照对方引导操作在网上购买期货共计280万元，随后联系不到对方，才发现上当受骗。从受害人的特征来看，男性更容易上当受骗，而女性的损失更多。从年龄来看，80后、90后举报受到诈骗的案例最多，50后、60后受害者的损失则最大。2017年，中

---

① 《2019年网络诈骗趋势研究报告》，360互联网安全中心，2020年1月7日，http：//zt.360.cn/1101061855.php？dtid=1101062366&did=610412125。

国农业银行林州支行多个网点发生多名中老年客户集体开办银行卡事件，银行大堂经理经询问得知，这些老人都加入了一个微信群，群里说可以领取红包，但是必须绑定农行借记卡才能领取。这实际上就是一起典型的网络诈骗活动，幸亏银行大堂经理警惕性比较高，第一时间通知了运营主管，并上报林州支行，才避免这些老年人上当受骗。《2019年网络诈骗趋势研究报告》还显示，尽管网络诈骗的举报数量有所起伏，但网络诈骗的人均损失数额却逐年提升。这从一定层面反映出，网络诈骗骗术越发精准和专业了，导致个体上当受骗的损失越来越大。

与网络诈骗相似，网络传销也给网民带来巨大的损失。2018年1月13日，鹤壁市淇滨区居民高某报案称"中国联合世界信息技术有限公司"利用微信平台，以推广购买免费产品为由，诱骗其缴纳6990元加盟费获得高级会员资格，后以2元至700元的返利为诱饵，让其帮助拉人或发展下线人员。接报后，鹤壁警方立即开展侦查。现已查明，该犯罪团伙采用三级的传销模式，利用自己设置的"中国联合世界信息技术有限公司"公众号和网站，以推广购买免费产品为由，诱骗被害人缴纳会员费以获得会员资格，会员分为2990元、4990元和6990元三个级别。之后该团伙通过操作会员的微信号以发朋友圈、张贴二维码，并根据他人分享扫描二维码，以及新注册会员的情况给予会员返利，以此发展人员加盟，形成网络传销的组织架构，并从中牟利。该案涉案资金流水达2亿余元，涉及参与传销人员6000余人。该组织通过网上支付总次数为9521人次，支付金额在5000元以上人数5978人，总支付金额达4473余万元，支付返利300余万元，该犯罪团伙非法获利4173万元。2018年8月29日，河南省许昌警方打掉一个特大网络传销团伙后，在前往浙江金华查扣涉案现金时，发现犯罪嫌疑人买下一栋价值千万的别墅，专门用来藏匿非法所得，在现场查扣的涉案现金高达13亿元。

**4.网络色情**

除了网络诈骗和泄露公民私人信息以外，网络赌博和网络色情行业也是当下影响较大的网络公害之一。

2004 年 2 月至 7 月，"想赚大钱"的梁某先后在湖北、上海、郑州市租用互联网虚拟空间，申请域名，放置自己制作的 5 个淫秽色情网站，并把其中两个含有 36 部淫秽色情电影的网站放置在郑州，通过手机连接网站注册广告赚钱。经过鉴定，这 36 部淫秽电影的点击次数达 24 万余次，梁某借此从广告商处获取暴利 4 万余元。2009 年，开封市公安局发现建于 2008 年 8 月底的"乱伦熟女"网站涉嫌传播淫秽色情，网站含有大量的淫秽信息，包括淫秽图片、色情电影、色情文章等，而网站的服务器在境外，嫌疑人在东莞，这是河南警方在河南本地发现的境外的网络色情案件。

2009 年以后，网络视频逐步兴起，播客技术日臻成熟，一些网民利用网络聊天室等视频空间进行色情表演、制作淫秽作品获利等犯罪活动，严重污染了网络空间。重庆一名男子创建名为"MMV8"的淫秽视频聊天网站，招聘所谓的"女主播"在"聊天室"进行色情表演，以吸引网民加入，诱惑网民花钱注册为网站会员并购买"私聊"和"虚拟礼物"。在"MMV8"网站，聊天分为两种：一种是群聊，进房间须付 200 元；另一种是一对一私聊，须再付 88 元。聊天室中的会员按照消费"V 币"的不同，视频聊天内容也有所区别——第一次注册的用户会有几分钟的时间免费和视频主播聊天；如果经不住诱惑，想和某主播私聊，就必须多消费"V 币"。进入私聊后，"女主播"们就会想尽办法诱惑网民赠送她们价格不菲的"虚拟礼物"，送的"虚拟礼物"越贵重，会员在视频中欣赏的色情表演及淫秽画面就越"暴露"。该网站于 2008 年 10 月至 2009 年 7 月，共注册会员 330 多万人次，非法牟利数百万元，推广联盟网站达 3158 个。在公安部督办下，河南开封警方和重庆警方联合部署，打掉了该色情网站。

色情网站是 2010 年之前网络色情传播比较常见的形式，随着网络技术的提升，一些犯罪嫌疑人通过侵入网络服务器，向服务器中植入木马病毒程序，并直接链接色情网站，这种通过木马程序链接色情网站的违法行为查处起来也有一定的困难。2017 年，周口市网络安全和技术侦查支队在网上巡查时，发现市内两家网站存在链接色情网站的违规行为，网站上存有大量黄色图片、小说及电影。发现此情况后，周口市网络安全和技术侦查支队迅速成立专案组，开展专项调查工作。经查，嫌疑人秦某利用服务器相关漏洞侵入服务器，并安装、启动木马程序，从而达到链接境外色情网站的目的。随后，专案民警在西安市秦某家中将其成功抓获。

2018年2月，新乡警方在侦办一起传播淫秽物品案件时，发现其中一名嫌疑人在网上开办了一个名为"谷歌站"的网站，该网站上存有大量淫秽色情视频供会员购买下载。根据此线索，新乡警方立即开展侦查，发现该网站注册会员13000余人，大版主7个，小版主2个，网站分为免费板块和收费板块，均以论坛发帖形式传播淫秽色情图片和淫秽色情视频下载的百度云链接和提取码。会员使用站内虚拟货币"谷歌币"（1"谷歌币"为1元人民币）可以在自购大区中购买帖子内附件的下载权限，下载保存在网盘内的淫秽色情视频。该网站传播淫秽视频、照片达6000余GB，且会员众多，传播效应广泛，社会影响极其恶劣。

近年来，网络色情不再仅限于建立色情网站、开设色情聊天室，由于移动互联网和手机App的广泛使用，依托手机App的色情信息广泛存在于网络空间，甚至有一些以未成年为主要传播对象的教育类App也内置色情信息，给未成年人的教育和身心健康带来极大的危害。据《新京报》调查，拥有上亿用户的"手机QQ"，其中有一项搜索功能原本是为方便交友设置，却被从事色情服务的人士利用。通过手机QQ搜索，QQ头像瞬间弹出占据屏幕。其中不乏衣着暴露的女子图片，点开图片，里面是基本信息介绍，留有QQ号、手机号，明码标示"外出、包夜"的价格。有时色情信息能占到手机屏幕显示的1/3。不少招嫖者是有组织的，除发布招嫖信息外，一些人还借助QQ这项搜索功能，做起诈骗和敲诈生意。

据国家网信办消息，2019年，国家网信办会同教育部、全国扫黄打非办等有关部门根据网民举报线索，对国内教育类移动应用程序信息服务组织巡查，查实"作业狗""口袋老师""初中知识点大全"等20余款程序传播淫秽色情等违法违规信息，存在过度商业营销和娱乐化等不良行为。国家网信办随即清理下架上述程序，关停违法违规情况严重的应用程序，约谈部分程序运营方，督促删除内容低俗及与学习无关的文章 5.5 万余篇，关停 420 余个专栏以及 320 多个违规账号，同时，国家网信办还清理下架以青少年为主要用户的二次元和社交类违法违规程序 1.21 万款。这些不良 App 传播色情低俗信息，大量推送商业广告、游戏等与学习无关的内容，存在诱导消费等不良行为，分散青少年学习注意力，误导未成年人偏离正确价值观，严重危害青少年的身心健康。

据中国互联网违法和不良信息举报中心统计，网络色情信息主要有表现形式：①境外中文色情网站；②借即时通信工具进行的色情违法活动；③色情直播；④色情小游戏；⑤利用云存储等工具传播色情有害信息；⑥色情小说、电子书；⑦情感、两性等网站栏目传播低俗、色情有害信息；⑧低俗、色情药品广告；⑨色情手机应用程序；⑩弹窗、弹幕、广告栏侧边栏；⑪色情漫画、动漫网站；⑫色情低俗音频；⑬色情服务网站；⑭隐蔽发布色情资源；⑮评论区、微话题存在低俗色情互动。①

**5. 网络赌博**

2019 年 4 月，村民张某通过微信下载了"三朵金花"网络赌博游戏。其后，在游戏中购买金币（1 元人民币可购买 1 个金币），以"炸金花"的方式进行赌博，并伙同他人在该网络赌博平台多次进行赌博。直到 6 月下旬，共输掉 16 万余元，血本无归后才如梦初醒，来到汝南县公安局报案。经查，郭某、李某是"三朵金花"网络赌博平台的实际运营者，吴某是"三朵金花"网络赌博平台的设计、研发者。2008 年 10 月，吴某以 12 万元的价格将该平台销售给郭某、李某，每月收取 2.38 万元的系统维护费。两人高薪雇用王某和廖某作为平台的客服，平时负责平台的运营。郭某和李某购买电脑 2 台、作案手机 27 部，在湖北省天门市一小区内租赁房屋，组织大量参赌人员通过"炸金花"的方式公开进行网络赌博，并发展下线代理商。"三朵金花"网络赌博平台自 2018 年 10 月到 2019 年 9 月 1 日，运营近

---

① 《网络色情信息主要表现形式》，中国互联网违法和不良信息举报中心网站，2017 年 10 月 9 日，http://www.81.cn/jubao/2017-10/09/content_7779416.htm。

11个月，发展下线代理商70多名，下线代理商涉及湖北、湖南、贵州等9个省份20多个地市，参赌人员近万人。根据吴某的设计，"三朵金花"网络赌博平台自动按照赢家每次赢钱金额的3%抽取非法利润，抽取的非法利润直接归郭某和李某支配。截至案发时，郭某、李某从该平台抽取的非法利润达461万余元，该平台参赌金额共计1.5亿元。

除了直接开设赌博网站以外，微信群、QQ群等社交软件也成为网上赌博分子利用的赌博渠道，也就是开设网上赌场。2019年10月1日，河南省南阳油田公安局五一派出所民警王建、徐永生在辖区走访巡查时，一名男子向民警反映，最近他被朋友拉进一个微信群，在群里玩儿一个抢红包的游戏，一天竟输掉了3000多元钱。民警判断该男子参加的所谓"抢红包群"，实际上是有人借助网络组织赌博活动的新型赌场。民警发现组织者主要是利用手机下载一款名叫"城信"的聊天软件建群，采取一种俗称"踩雷"的玩法进行赌博，即发红包的人在发红包之前需要标注一个"雷点"，"雷点"可以是0到9之间的任意数字，抢红包的人如果抢到的金额尾数与"雷点"一致，就叫"中雷"。"中雷"的人需要按照发送群红包的15倍，返还红包给发红包的人，而群主就像赌场里的"庄家"，享有特权，"中雷"后只需返还本金，并使用支付宝或微信作为支付平台进行赌资结算，群内几小时输赢可达上万元，资金流水巨大。

据犯罪嫌疑人宋某喜供述，他在2019年3月初，通过手机下载"城信"软件建立"老朋友"赌博群，先后拉入40余人以抢红包"踩雷"的方式进行赌博，截至案发，赌博流水达300余万元；犯罪嫌疑人刘某清、鲍某梅2019年3月被人拉入"开心娱乐"赌博群后，看到群主获利巨大，便用手机下载"城信"软件，建立"开心娱乐"微信赌博群，拉入60余人采取同样的方式进行赌博，赌博流水达400余万元；犯罪嫌疑人刘某刚供述2019年9月初，用手机下载"城信"软件，建立"2019都走好运"赌博群，拉入20余人采取与上述相同的方法赌博，赌博流水达30余万元。由于网络的独特性、广域性、大众性、隐蔽性，引起的后果会比现实的赌博危害性更大。

## （二）河南省网络信息安全的现状

### 1.近20年网络舆论发展的阶段性特征

舆论是在一定的空间里，公众对某一问题或现象基本一致的看法、意见或者态度倾向。在传统媒体时代，舆论传播的空间极其有限，传播速度也受制于传播渠道的短缺，扩散缓慢。但是，在互联网时代，舆论的传播无远弗界，习近平说："新媒体是全程媒体、全息媒体、全员媒体、全效媒体。"通过新媒体的舆论发生、扩散都空前迅速广泛，实时同步跟进，极大影响着社会心理和社会情绪，影响政府形象。21年来，我国网络舆论从线下到线上，从弱到强，从传统媒体主导到新旧媒体互动共振，逐步改变了我国的舆论结构，推动了我国民主政治的发展进程。河南网络舆论发展的轨迹与全国的互联网舆论发展具有高度的相似性，河南省网络舆论的发展进程，大体上分为以下几个阶段。

第一阶段，从互联网诞生到2003年，这一时期是我国网络舆论发展的第一阶段，在Web1.0的技术条件下，门户网站是这一时期互联网舆论生产的主要形式。舆论主要是通过网站、论坛、电子邮件等媒体发起并扩散，网络舆论传播表现出比传统媒体更高的效率和优势，互联网开始为传统媒体设置"议程"，公众接收信息的习惯被逐步改变，以互联网应用为媒介的社会交往开始走向网络空间，公共舆论的发展影响政府的决策。互联网推动了公民监督，保障了公民的知情权，网络对中国舆论场重构的威力开始显现。但是，虚假信息、有害信息也成为网络空间的公害。这一时期，"2003中国网络媒体论坛"在北京举行，论坛以"网络媒体的社会责任"为主题，通过了由中国各网络媒体代表共同签署的"北京宣言"，倡议在各网络媒体内部开展增强社会责任感的学习教育活动。2003年也被确定为中国网络媒体的"社会责任年"。

第二阶段，2004~2008年，互联网在中国成为主流媒体，到2008年，中国网民总数超越美国，成为第一互联网大国，由于中国网民总体上文化程度不高，媒介素养不高，信息生产与传播的能力不高，网络信息传播呈自然无序的状态，网络舆论场则呈现一定的混乱状态，这对现实社会的舆论也产生影响，网络危机事件高发，剧烈的舆论震荡对中国舆论场产生极大的影响，并不断刺激公众神经，同时也推动了我国的民主化进程和网民网络媒介素养的提高。

为了矫正网络舆论的被动局面，政府推动信息公开，我国首部政府信息公开条例以行政法规的形式在 2008 年 5 月 1 日施行，新闻发言人制度建设在政府中成为共识并付诸实施。这一时期，发生的"5·12"汶川地震，国务院以信息公开的基本原则，在新闻报道、抗震救灾、信息发布等环节上做出了表率，获得了较好的社会反响。

第三阶段，2009~2012 年，这一时期互联网已经进入移动互联网时代，互联网终端微型化，网络舆论表达多样化，线上线下的舆论互动带来巨大的社会张力，不断挑动公众神经。以微博为代表的社交媒体非常活跃，成为公民表达观点、传播个人化信息的重要渠道，影响力较大，但如果缺少积极的引导，也会给社会稳定带来危害。网络公知的舆论引导力凸显出来，他们通过圈层式传播，每一个都有巨大的粉丝群，左右着舆论发展的基本态势。

第四阶段，2013 年至今。社交媒体进一步发展，不仅成为人们社会交往的重要渠道，还成为公民参与社会公共事务，进行公民表达的重要平台。由于新媒体特别是社交媒体自普及以来，新媒体舆论基本处于野蛮生长的状态，媒介的传播个性得到彰显，但是新媒体从业者的自律一直没有得到有效施行，一些新媒体从业者，尤其是有众多粉丝的网络"大 V"，在互联网上几乎可以呼风唤雨，使新媒体广场效应的负面效果在舆论场上被放大，给社会带来了极大的危害，同时，混乱的舆论场也消解了政府的公信力和引导力，官民矛盾、干群矛盾、劳资矛盾等集中爆发，给社会治理带来更大的压力。这引起了政府对新媒体舆论场大规模的干预行动，2013 年，我国对网络空间进行治理，对一些兴风作浪的网络"大 V"、网络水军及其组织者实行了严厉制裁，"秦火火""立二拆四""薛蛮子"等网络"大 V"受到法律制裁，网络空间从舆论对抗逐步向话语协商转变，网络空间的理性情绪得到张扬。

这一时期，国家通过一批法律法规规范网民的信息传播行为，为网络行为立下规则。这些法律法规包括：2012 年 12 月，《全国人民代表大会常务委员会关于加强网络信息保护的决定》；2012 年 12 月，新闻出版总署关于《网络出版服务管理办法（修订征求意见稿）》等规章公开征求意见；2013 年 1 月，国务院修改《信息网络传播权保护条例》；2013 年 9 月，最高人民法院、最高人民检察院发布《关于办理利用信息网络实施诽谤等刑事案件适用法律若干问题的解释》；2014 年 8 月，工业和信息化部出台《关于加强电信和互联网行业网络安全工作的指导意见》。2014 年 10 月，文化部成立文化部网络安全和信息化领导小组，加强对文化部系统网络安全和信息化工作的领导。2015 年 1 月，国家版权局办公厅通过《关于规范网络转载版权秩序的通知》，2017 年 1 月 1 日起《网络安全法》开始施行。

**2. 河南地区网络舆论安全的现状**

政府对舆论的重视程度空前提高，舆论治理的科技含量越来越高，但是，舆论引导意识与社会治理的需要仍存在脱节现象。首先，新媒体政务发展迅速，提高了政府行政效率。以前需要跑很多次、跑很多部门才能办成的事情，现在基本上都能在行政服务大厅办好，这在很大程度上改变了以前那种"门难进、脸难看、事难办"的现象，政民关系、党群关系得到有效改善，这为舆论环境的改善提供了条件。其次，党的十八大以来的网络舆论治理成效卓著，一些在互联网上兴风作浪的网络舆论制造者被整治，文明上网的观念得到网民的认可，网络环境的改善也为舆论安全提供了保证。最后，网络新技术的使用，尤其是大数据技术的普遍使用，改变了舆论安全工作职能被动应对的局面，大数据可以对网络信息和数据进行挖掘和分析，对很多可能具有潜在风险的事件提出事前预防的措施。

舆论监测技术的提高需要施政水平的相应提高，但是，对于很多地方政府来讲，专业的舆论分析和应对人才缺乏，社会治理水平不高仍是危及舆论安全的重要因素。

随着反腐败力度的加大和深入，官员腐败在一定程度上得到有效遏止，烈性官民冲突和恶性暴力事件发生的频率大幅下降，这也为保障舆论安全提供了条件。目前，河南省各级政府的舆论调控能力极大提高，但是，仍存在一些不完善的地方。在传统的舆论思维观念中，舆论引导就是通过传统媒体进行正面宣传，树立政府正面、积极的形象。随着新媒体的普及，很多政府官员在面对新媒体的时候，思维一下没有转变过来，还沿用传统媒体的思维来应对和引导对自身不利的舆论，这必然带来一些舆论场上的"次生灾难"。

随着移动互联网的出现，信息公开化、政治民主化、交往全球化、文化多元化成为互联网信息传播的基本背景，信息公开的速度迅速提高、程度不断加深，包括媒介素养在内的公民素养也得到不同层次的提高，要求政府文明执政、信息公开的呼声也越来越高，这对政府的执政水平，尤其是舆论治理水平提出了更高的要求，如果不尊重互联网传播的基本规律、不尊重社会发展的基本规律、不尊重群众利益，必然会带来严重的舆论危机。

整体上来看，网络舆情相较于党的十八大前趋缓，由于2013年以来，国家对网络空间大规模的整治行动，对一些利用互联网的"广场效应"制造网络舆论、扰乱网络秩序的网络"大V"集中进行了整治和打击，使多数在互联网上制造舆论的网络"大V"的网络舆论操纵活动减少，网络舆论趋于平静。但是，由于网络整治也给互联网带来一种"寒蝉效应"，使一些网络舆论制造者不敢发言，网络舆论"大V"整体上转向"商业化"。在这种背景下，网络舆论总体上趋于平静，网络重大舆论事件减少，舆论烈度降低，对社会稳定的总体危害程度在降低。但是，这也带来另外一种趋势，即网络舆论监督的力量在削弱，很多涉及民生民情的事件很难在网络空间中得到传播，"删帖"成为政府应对网络舆情的重要手段。这是最近几年，网络舆论发展的总体趋势。

虽然网络"大V"和网络舆论的总体态势趋于平静，但是，互联网作为舆论集散平台的特征并没有改变，只不过网络舆论从公开平台向私人化、圈层化传播转变，朋友圈、微信群等网络社区成为新的舆论集散地，这也造成舆论传播的隐性化，对舆论监测能力的要求更高，对舆论引导能力的要求也更高。另外，相较于前几年网络舆论更注重情绪性传播而言，现代的网民更注重政府回应的数据和细节，这也要求政府在回应网民质疑的时候，更要注重用数据说话、用细节说话、用事实说话。

**3. 信息沟通与疫情下的河南网络信息安全**

受新冠肺炎疫情的影响，2020年网络安全问题更为突出。疫情之下，河南省也存在许多应对网络安全问题的有利因素。目前，河南地区已经初步形成了涵盖纸质媒体、网络媒体、移动媒体、户外媒体的现代传播体系。面对疫情，河南省有一套完整的信息发布和筛查系统，可以减少谣言的产生。在政府坚强领导抗疫斗争的同时，做好网络空间的舆论和意识形态工作，为顺利抗疫创造了良好的网络环境。河南省长尹弘也"圈了一波粉"，被网友称为硬核省长。舆论安全方面，疫情之下河南省各个媒体围绕疫情形势进行发声，对疫情之下的积极情况和事件进行详细报道，以更好地应对疫情，打赢疫情攻坚战、阻击战。

## 二　河南地区解决网络信息安全问题的有利因素

虽然在互联网信息安全方面，我们仍存在许多问题，但是，在解决网络安全问题方面我们也存在一些有利因素，这些因素主要体现在以下几个方面。

**1. 网络逐步普及，基本把握了网络传播的规律**

近20年，河南地区互联网从稀有到普及，已经成为普通百姓家的寻常信息渠道，在互联网普及过程中，政府和普通民众都已经熟悉了网络传播的基本规律，掌握了网络空间治理的基本规律，特别是2013年以来，网络空间治理的基本经验，为维护网络空间意识形态安全提供了基本的思路。党的十八大以来，在党中央的坚强领导下，我国加强了对新媒体阵地的"占领"和巩固，强调用马克思主义理论指导网络空间的建设，把新媒体看成舆论斗争和意识形态斗争的主阵地，并对传统媒体进行了有效的改革和调整，形成了新旧融合、层次分明的媒体格局，对意识形态和舆论斗争进行了全局性的安排，形成了较强的战斗力。对非主流意识形态进行分类管理，突出了主流意识形态的指导地位，对网络黄赌毒、反主流意识形态进行了有效管理，强化了主流意识形态的声音。

**2. 经济实力的提升增强了国民的"四个自信"**

21世纪以来，我国经济发展势头强劲，对巩固我国意识形态的经济基础和意识形态本身的安全起到了很好的支撑作用。意识形态不仅是经济基础的反映，科学的意识形态对巩固经济基础也有反作用。21世纪以来，西方世界的经济一直在金融危机的泥潭中徘徊，1998年亚洲金融危机和2008年席卷全球的金融危机对西方经济形成强大的冲击力，一些国家的居民生活水平因此受到影响。与此同时，我国经济状况虽然也受到冲击，但是基本保持了一枝独秀的局面。到2010年，中国GDP超过日本，成为世界第二大经济体。这充分显示了社会主义制度的优越性，增加了社会主义制度的号召力、凝聚力，为巩固马克思主义意识形态创造了良好的经济条件。

**3. 党和政府的坚强领导为维护我国意识形态安全提供根本保证**

随着新兴媒体的出现、多元社会思潮的冲击、社会主要矛盾的转化，网络意识形态领域的斗争变得更加复杂，网络空间鱼目混珠，各种非马克思主义，甚至反马克思主义思潮都在互联网上获得自己的拥趸，使马克思主义意识形态在网络空间遭到多方面的攻击，再加上西方国家对我国主流意识形态的瓦解和攻击，网络意识形态安全面临前所未有的新情况，在客观上增加了理论甄别的难度。

为维护国家安全，党和政府向来重视对新媒体的利用和治理，把舆论斗争的主阵地、意识形态斗争的主阵地都转向新媒体，并特别重视转变思维方式，积极进行新媒体的政治传播。党的十八大以来，以习近平同志为核心的党中央和各级政府综合施策，加强了党对思想理论领域的各项领导，主流意识形态在网络空间得以稳住阵脚，实现了对新媒体阵地的占领和利用。新媒体成为传播国家声音、维护国家安全的重要平台。党和政府集中统一领导具有强大的体制优势，这一点在发展经济、脱贫奔小康、科技教育、内政外交等领域和工作中都得到充分证明，党的领导能够明辨是非、把握方向，在复杂多变的世界格局中找准自己的位置，并制定和实施恰当的政策和策略，这也从根本上保证了社会主义意识形态，特别是社会主义核心价值观的吸引力和引导力。新时代维护国家安全必须高度重视网络意识形态安全，深刻把握网络意识形态安全的内在要求，大力加强网络意识形态安全能力建设，使互联网这个"最大变量"变成意识形态安全的"最大增量"。这种居安思危的意识只有在党和政府集中统一领导下才能落到实处，才能警钟长鸣。

河南地处中原，连接东西，沟通南北，发展状况与我国的整体状况具有相似性，在维护网络安全、维护舆论安全和意识形态安全等方面都具有某种程度的一致性。"中原定则天下安"，包括意识形态在内的网络安全对维护河南的网络安全。当前，我们尤其是要在党的集中统一领导下、全国一盘棋的思维指导下，做到守土有责，确保意识形态生产和传播的安全性，维护国家安全的大局。

## 三　河南省网络信息安全问题的解决策略

### （一）加强网络信息安全的技术保障

网络安全是集基础设施、信息传播、网络空间治理等多方面措施于一体的综合治理的结果。确保网络安全，技术创新是必经之路。要充分应用新技术催生的新工具、新应用、新平台、新渠道等，提高网络空间基础设施的建设，加大网络科研投入力度，强化安全网络安全威胁监测机制、加快网络硬件和软件的迭代更新，强化网络安全风险评估等基础技术设施建设，为网络空间问题的治理和防范提供设施基础和基建安全。

#### 1. 发展先进技术，确保计算机硬件系统安全

计算机硬件系统包括电脑主机、服务器、UPS 备用电源等设备，它是支撑网络监控安全的重要的物理条件。[①] 网络硬件系统是网络安全的基础，

---

① 吕增金：《信息技术在系统网络监控中的应用》，《科技风》2021 年第 1 期。

没有网络安全就没有国家安全。在当今网络时代，现实世界与网络世界的界限模糊，两者联系紧密、相互影响。网络安全日益关系到现实安全和国家安全。网络中出现的硬件"木马病毒"等危害对网络安全造成巨大威胁。1991年海湾战争中，美军通过激活设置在打印机芯片中的"木马"，侵入了伊拉克防空指挥系统，导致后者在战争伊始即陷入瘫痪，关键性的制空权"拱手相让"。2007年"熊猫烧香"病毒通过感染计算机硬盘进行信息篡改，给网络造成混乱。2015年7月，部署在土耳其边境的德国"爱国者"防空导弹系统遭受不明网络攻击，短暂失控。据推测，攻击者可能是通过入侵指挥控制系统的计算机芯片实施网络攻击的。为此，在进行网络安全治理时，首先要保证硬件系统的安全。[①] 对计算机芯片、网络处理器和计算机硬盘等加大技术投入，进行迭代更新。不断提高网络硬件安全，提升网络稳定性和抗病毒性，为网络治理提供坚实稳定的基础。

### 2.培养网络技术人才，加强融媒体建设

信息技术的安全及应用，对于网络安全治理发挥着不可替代的作用。而技术的根本在于人才。网络传播安全必须依靠大量的信息技术人才，因此必须加强对信息技术人才的招揽和培养。首先，在网络传输技术中，应通过构建安全高效的信息传输通道，保证网络信息传输的有效性，防止在信息传输过程中因传输不稳定性和"冗余噪音"干扰等导致信息失真，造成网络问题。其次，应加强融媒体建设，确保意识形态阵地的安全性，做好主流意识形态的生产和传播，高扬社会主义和马克思主义的主旋律。为此，大河网依托河南日报报业集团成立大河网舆情研究院，拥有一个中心——大河网舆情研究院和两个平台——大河舆情系统平台、人工舆情分析平台，通过一个中心和两个平台对舆情信息进行筛选把握，建立起强大的信息资源库，提供完备的舆情方案，为河南网络技术的提升和网络平台的融合进步提供了范例。2014年，河南成立了大象融媒集团，是河南广电旗下4家传统媒体单位和8家媒体公司组建成立的新型集团公司，拥有报纸、杂志、广播、电视、网

---

① 陈森：《应对网络威胁，要"软""硬"兼施》，《解放军报》2017年12月14日。

站、网络电视台、IPTV、手机报、手机电台、手机电视、电话广播、手机客户端、移动电视、户外大屏 14 类主流媒体业态和 38 个媒体传播平台。新型融媒体建设为主流意识形态的传播开辟了新渠道。

此外，为保证信息安全，切实规避和应对网络治理中出现的问题，区块链技术的开发和应用也亟须加快步伐。区块链从本质上来讲是一个公开分布式的信息数据库，具有公开透明、可追溯的特点。在中央政治局第十八次集体学习时，习近平总书记强调，"把区块链作为核心技术自主创新的重要突破口"，"加快推动区块链技术和产业创新发展"。区块链目前已在商业、物流和医疗领域有所应用，而"区块链+新闻"的形式也已经成为必然趋势。将区块链应用到新闻信息领域，在保证新闻信息真实性、追踪新闻信息发布源头、防止信息被恶意篡改等方面发挥着有效作用。

3. 依法治网，确保网络环境安全

构建安全的网络环境，关键在于运用法律合理规范，通过建立法律、规范秩序，提高网络空间治理能力，推进互联网法治，清朗网络空间。"法律是治国之重器，良法是善治之前提。"① 互联网虽是虚拟空间，却不是法外之地，在现在的网络社会中，侵犯个人隐私、剽窃他人成果、洗稿融稿以及色情信息、虚假信息、暴力犯罪、煽动民族分裂等内容频频出现、屡禁不止，网络环境安全遭到破坏。为此，必须完善网络法律法规，建立完备的法律体系，让新时代互联网环境下网络治理有法可依。

2016 年，中华人民共和国第十二届全国人民代表大会常务委员会第二十四次会议通过《中华人民共和国网络安全法》，该立法为互联网的治理提供了法律依据。另外，各行政机关单位也需要有所作为，依法行政。要进一步规范网络秩序，整治"无资质、乱采访，无权限、乱转载，无底线、乱曝光，无备案、乱接入"的现象，严肃查处网络新闻领域的问题。要整治影响未成年人健康成长的不良网络社交行为、低俗有害信息和易于沉迷的网

---

① 《法律是治国之重器 良法是善治之前提》，网易新闻网，2014 年 10 月 24 日，https：//news.163.com/14/1024/08/A9ACH3KR00014AED.html。

络游戏等，依法打击取缔一批违法违规的网站平台，净化网络环境、建立健全保护监督机制。

## （二）加强网络空间舆论治理

2015年12月25日，习近平总书记在视察解放军报社时强调，"现在，媒体格局、舆论生态、受众对象、传播技术都在发生深刻变化，特别是互联网媒体领域催发一场前所未有的变革"①。在此种变化中，网络空间变得更加难以管理。为治理网络空间，防止主流媒体舆论引导力量的弱化，除了对网络软硬件进行升级之外，还需要对网络舆论进行有效引导，使其朝着安定和谐的网络环境发展。

### 1.培养主流公知，引导网络舆论

构建安定有序的网络空间，不只需要政府的力量，还受到公知等多重因素的影响。在网络空间中，公知一般是信息的积极提供者和意见的活跃的表达者。由于信息的海量性和难以分辨性，受众对于信息难以形成有效的判断。为了及时应对意见环境和气候的变化，获取有效信息以协调自身的社会行为，接受公知筛选过并进行解读的信息成为最有效最直接的方式。此种情况下，公知作为观点的提供者对受众的态度、心理和行为会产生相应的影响。

此外，网络公知通过自身的公开性和强大影响力可以在网络空间中形成一个强大的压力场所，通过营造信息压力和意见压力对网络中的受众产生规范和制约作用。除了充分利用传统媒体传播权威信息以外，还可以培养具有河南本地特色的网红，这些人熟悉河南本地文化，拥有新媒体传播技术，也拥有巨大流量。可以通过在学术圈、专业圈和亚文化圈等社会各个领域中培养主流公知，从多角度、全方位、宽领域构建公知引导机制，弘扬社会主义核心价值观念、传播正能量，将社会主流价值观传递到网络各个角落。

---

① 《习近平视察解放军报社》，新华网，2015年12月26日，http://www.xinhuanet.com/politics/2015-12/26/c_1117588434.htm。

**2. 增强主流媒体议程设置能力，构建话语体系**

美国学者麦库姆斯和肖曾提出著名的"议程设置理论"，在网络时代下该理论虽经过嬗变之后情况更加复杂，但不可否认的是，网络时代下主流媒体的议程设置能力在影响受众认知、态度和行为方面仍然发挥着强大的作用。除了影响受众对网络信息本身的认知外，"议程设置理论"还具有属性议程设置的功能，通过对信息正负属性的重新设置，影响受众对信息的态度和评价。新冠肺炎疫情发生后，《人民日报》《大河报》《河南日报》官方微博都将疫情形势的报道和防疫抗疫宣传等摆在首位，通过对疫情信息"议程"的设置，形成以疫情为中心的舆论环境。设置议程的过程中，主流媒体官方微博坚持正确的舆论导向，坚持以正面报道为主，把在疫情环境下国民众志成城、一方有难八方支援的民族团结精神完整地展现出来。通过增强主流媒体的议程设置能力，增强官方话语力量，营造积极正面的信息环境，引导舆论朝着正面的方向发展。

**3. 推进县级融媒体建设，解决好信息的分发问题**

2018 年 8 月 21~22 日，习近平总书记在全国宣传思想工作会议上发表重要讲话，指出"要扎实抓好县级融媒体中心建设，更好引导群众、服务群众"①。从全局出发论述了县级融媒体建设方向。县级融媒体的构建，将推动新闻传播力不断朝纵深方向发展，打通县镇乡村地区新闻传播建设的"最后一公里"。

县级融媒体通过融合媒体、整合资源、培养复合型人才等举措，加快形成新型主流媒体，增强主流媒体的话语力量，更好地引导网民舆论。

通过整合采编力量，推动媒体的深度融合，将网络时代下的媒体模式由"+互联网"的形式融合转变为"互联网+"的深度融合，实现以互联网为基础的采集、制作、发布、反馈等新闻生产流程的全方位融合。采用多媒体化的传播手段提高传播有效性、趣味性和触达率。同时，在网络时代下传统

---

① 《习近平出席全国宣传思想工作会议并发表重要讲话》，中华人民共和国中央人民政府网站，2018 年 8 月 22 日，http://www.gov.cn/xinwen/2018-08/22/content_5315723.htm。

新闻媒体受到自媒体等新兴力量的冲击舆论话语权力量有所削弱，为更好地提供新闻报道、进行舆论引导，必须促使媒体人员转型，推动媒体融合之变。深化专业人员的"四力"教育，"不断增强脚力、眼力、脑力、笔力，努力打造一支政治过硬、本领高强、求实创新、能打胜仗的宣传思想工作队伍"以"提高新闻舆论传播力、引导力、影响力和公信力"。① 通过打造产品矩阵，提供优质服务，以提升传播效率和传播影响力，进行舆论引导，推动网络治理进程，肃清网络环境。

#### 4. 强化网上群众路线，解决好社会关注的民生问题

互联网使原来科层制的政治结构走向扁平化，为政府与民众的对话提供了条件，但是这并不意味着，实现网上政务以后，政府与民众的对话就开始了。政府在新媒体上必须强化走群众路线的思想，必须把走群众路线落到实处，才能真正实现与民众的对话。政府应该有倾听民众声音的自觉，官员必须克服官僚主义的倾向，这样才能真正把网上群众路线走好。现实中，很多舆论事件，甚至发展成为被人利用的意识形态问题，都是由很小的民生问题发端的。如果这些问题在基层，从一开始就得到政府的重视，就不会发展到轰动网络的地步。

河南是一个农业大省，农业、农村和农民的问题隐藏着很多不稳定、不确定的因素，这就要求河南在意识形态和舆论安全方面更要注意解决民生问题。尤其要把历史遗留的问题解决好，才能保证社会的长治久安。对于严重的意识形态问题，删帖、封号等是必选手段之一，但是维护舆论安全和意识形态安全决不能只靠删帖来解决，要看到这些问题背后的民生诉求，并努力把它们解决好。

### （三）加强主流意识形态话语能力

随着互联网媒体属性越来越强，网络媒体和环境管理发生了巨大变化。

---

① 《不断增强脚力、眼力、脑力、笔力 打造过硬宣传思想工作队伍——"肩负起新形势下宣传思想工作使命任务"专家讲习之七》，人民网，2018 年 9 月 17 日，http：//theory. people. com. cn/n1/2018/0917/c40531-30298632. html。

网络环境受到谣言、诈骗、色情、犯罪等各种因素的影响，情况复杂、环境污浊、难以管理。加强网络法治建设和舆论引导，确保网络信息传播秩序和国家安全、社会稳定，维护网络意识形态安全，把握舆论引导主动权，是进行网络治理、确保网络安全的需要。

**1. 强化新闻发言人制度，掌握意识形态话语权**

我国新闻发言人制度的确立是妥善应对突发事件、阐明事实，主动引导舆论、维护社会稳定的需要。通过召开新闻发布会等一系列活动主动向社会提供信息，阐释会议文件基本讲话精神，将意识形态话语权紧紧掌握在自己手中。危机发生时，由于涉及范围广、受众关注度高，加之匿名性、开放性和信息发布的多主体性等，网络成为谣言滋生的温床。为有效抑制谣言，塑造和谐的网络环境，政府迅速举办新闻发布会，及时发布信息、进行网络舆论的引导，将谣言扼杀在摇篮之中。政府新闻发言人制度具有信息公开功能、舆论引导功能、传播意识形态功能等，有利于营造主流意识形态、社会主义核心价值观的网络氛围，牢牢掌握意识形态话语权，有效治理网络、确保网络安全。

**2. 用社会主义意识形态占领网络空间**

社会主义意识形态以社会主义核心价值观为核心，是一种长期的精神追求，是建设和谐社会必须长期坚持的重要任务。为建设风清气正的网络环境，必须将社会主义核心价值观融入空间管理之中。"网络空间是虚的，但运用网络空间的主体是现实的。"① 建设安全的网络，首先应加大对网络管理人员的核心价值观的建设力度，以高尚的精神塑造人、鼓舞人；加大对网络用户的引导力度，以主流意识形态引导人；形成正确认识网络、健康使用网络、避免沉迷网络、全面监管网络的格局。将社会主义核心价值观的精神内核融入网络讯息内容，以潜移默化的方式对网民的思想观念产生影响。其次，应加强对网络空间本身的治理，在网络中增强社会主义核心价值观的声

---

① 《习近平在第二届世界互联网大会开幕式上的讲话》，中国共产党新闻网，2015 年 12 月 16 日，http://cpc.people.com.cn/n1/2015/1216/c64094-27937316.html。

音，以主流的正确的声音击溃危机和谣言，在微博领域，"微博热搜榜"通过设立"置顶评论"的方式将主流文化的新闻和事件置顶，以防止人为控榜以及其他非主流形态的事件冲击主流意识形态，以维护网络意识形态安全、加强网络意识形态引导力。

**3.开展意识形态教育，增强网络安全意识**

社会主义核心价值观是提升网民思想境界、营造风清气正的网络环境不可或缺的元素。思想观念作为世界观的核心，对于个人精神形成、情趣养成、行为实践至关重要。加强网络治理，形成积极健康、向上向善的网络环境需要立足于思想教育，通过开展全方位的意识形态教育固本培元，引导网民群众思想健康向上。在促进群众思想进步的实践中，也要具体问题具体分析，针对学生、社会人士等不同群体，需要制定不同的策略和活动。针对学生群体，需要发挥学校的教育引导作用，将社会主义核心价值观等主流思想意识形态融入教育中，普及网络安全教育，为学生的思想路径设置导向标，引导学生群体明辨是非、知晓善恶，树立正确的是非观、善恶观，对网络乱象有清醒的认识，不跟风、不从众。

对于社会人士的思想观念的培养则需要政府和网络平台的共同努力。政府与媒体平台合作，创作出形式新颖、内容丰富、意味深远的网络教育视频、产品等，在网络和生活两方面同时发力，进行线上线下的联动，增强群众的网络安全意识。针对近年来盛行的网络电信诈骗，为了让大家更好地防范，南通海安市公安局城东派出所推出"反诈奶茶"，通过派出所和奶茶店联名，将反诈骗的小贴士提醒贴在奶茶杯上，在日常生活中潜移默化地对群众进行普及教育。这种做法改变了传统生硬的宣传方式，起到了良好的效果。除了海安市的"反诈奶茶"之外，还有浙江金华的"反诈肉饼"，这些都是增强群众网络安全意识的有效举措。

在西方国家中，维护主流意识形态安全的主要手段有收编、对话、对抗等，在我国这样的多元文化环境中，也应该加强对非主流文化的甄别，并采取不同的措施。尤其对那些反主流意识形态，必须加强管制与批驳，比如以胡锡进和环球网为代表的一些新媒体人和新媒体，在传播主流意识形态的同时，也对危害我国舆论安全和意识形态安全的西方意识形态进行直接的批判与对抗，在这些直接的批判中也加强了对我国网民的主流意识形态教育，起到了较好的传播效果，目前，更应该加强对新媒体公知的培养，建立强大的传播主流意识形态的思想文化队伍。

### 4.加强智库建设，巩固意识形态安全

在西方国家的意识形态建设和政治传播过程中，智库是一个不容忽视的智力因素。在美国，智库研究成果常常为国家制定内外政策，为传播国家话语和意识形态出谋划策。我国在 21 世纪也开始逐步重视智库建设，在实践中，智库也确实能够帮助党和政府建设自己的话语权，提升国家的软实力。比如，可以由政府牵头，加强与国内的高校联系，委托高校等专门的研究机构制定维护意识形态安全的策略。社会科学院是我国比较常见的智库，2020年 12 月，河南网信办与河南省社会科学院签订战略合作协议，共推网信智库建设，本着"资源共享、优势互补、互相推进、共同提高"的原则，双方共建意识形态分析研判中心、网络舆情研究中心和网络传播研究中心，加强网络意识形态领域的分析研判，定期梳理分析网络舆情风险点，加强对网上传播规律的研究，构建推进河南网络强省建设的高水平网信智库。① 另外，一些由专业人士组成的民间智库也是政府可以利用的智慧力量，虽然这些民间智库多数是一些对政府起监督作用的民间社会组织，但是这些社会组织可以起到有效监督政府和公职人员的作用，在政府与民众之间的对话中起到桥梁的中介作用，有助于减少政府与民众的直接冲突。而且，一些跨国的民间智库，还可以直接成为国家主流意识形态的传播者，因为其民间身份能起到更好的传播效果。

---

① 《河南网信办与河南省社会科学院签订战略合作协议共推网信智库建设》，国家互联网信息办公室网站，2020 年 12 月 18 日，http：//www.cac.gov.cn/2020-12/18/c_1609858711299311.htm。

# 河南社交媒体舆情发展研究报告

崔汝源[*]

**摘　要：** 在当今的大数据时代，社交媒体已成为河南省政府治理、经济社会发展和人民生活的重要组成部分。本报告通过梳理河南省社交媒体发展历程，系统阐释河南省新浪微博账号、抖音账号、民间微信号的内容呈现与影响力，进而从加强舆情引导与制度管理、注重内容特色化发展以及提高民众社交媒体素养等层面提出社交媒体管理策略。

**关键词：** 社交媒体　舆情发展　舆情管理　河南

## 一　河南社交媒体发展历程

互联网的发展是围绕社会化进行的各种进化。不同社交媒体的出现、共存构筑了河南省社交媒体发展的景观。河南省社交媒体在论坛贴吧兴起时迎来初发展，论坛贴吧使人们按照兴趣话题聚集在一起，加速了圈层文化的发展。SNS（Social Networking Services）社交媒体的出现又使河南省社会媒体更加注重人与人之间的关系。河南省社交媒体的形态不断丰富，在一定程度上得益于垂直社区和协同出版类社交媒体。后期，微博、微信出现并快速发展，至此，河南省社交媒体时代正式到来。

### （一）河南社交媒体的发端

论坛的兴起与普及标志着河南社交媒体的发端。从 2005 年起，论坛就

---

\* 崔汝源，传播学博士，郑州大学新闻与传播学院讲师，主要研究方向为媒介化社会、国际传播。郑州大学新闻与传播学院本科生王婉霖、石芳儒和尚玉洁对本报告的素材收集、内容撰写亦有贡献。

开始进入繁荣期，大量的网民涌入各类论坛。论坛成了网民张扬自我、展示个性的网络社区，出现了如"芙蓉姐姐""流氓燕"等"网络红人"。在这一时期，论坛的"话题"功能受到大众欢迎，论坛话题的影响力空前强大。随着人民网强国论坛等在国家政治生活中具有一席之地，国内论坛的发展进入黄金期，河南省论坛的发展也步入繁荣发展期。以百度贴吧为代表的网络社区异军突起，其可以使用户深度交互，以兴趣话题打造圈层文化。贴吧基于兴趣分区，用户可以自主建"吧"，也可以通过关键词搜索找"吧"，在"吧"内匿名发帖等。2009年"贾君鹏"事件更使百度贴吧人气暴增。贴吧迅速成为青年群体聚焦的社区，其中最活跃的就是大学生群体，高校贴吧成为贴吧重要的组成部分之一。河南大学在2004年便注册了自己的贴吧，河南工业大学、郑州大学等一系列河南高校紧随其后，在贴吧刚兴起时纷纷建立各自的贴吧。各高校"吧"内话题广泛，讨论活跃，聚集了大批青年群体。河南的高校贴吧一度在全国颇具影响力，其中最具影响力的是郑州大学贴吧。2009年因高校贴吧政策改变，高校贴吧转变为俱乐部形式，2012年再次因政策改变而得以恢复。郑州大学贴吧2016年组员人数已突破30万人，经过几年发展，成为全国第一高校贴吧。如今郑州大学贴吧关注人数达到了69.8万。

然而近年来论坛贴吧类社交媒体影响力下降，主要归因于两个方面。一是论坛本身商业化诉求，使得论坛话题营养成分稀释，有价值的内容被大量网络广告贴图取代。越来越严格的发帖审核也迫使不少网民选择了噤声和退隐。二是新型社交媒体对论坛贴吧产生了较大冲击。2009年微博上线，2011年微博热度继续提升，同时微信上线，论坛人气下滑趋势日趋明显，社交媒体格局面临重构。河南的社交媒体同样如此，新型社交媒体迎来大批新用户，例如河南大学于2010年注册微博账号、2012年注册微信公众号，郑州大学于2014年注册微博账号和微信公众号。论坛贴吧依旧存在，但逐渐无人问津，新型社交媒体成为媒体发布信息和网民浏览信息的主要平台。

## （二）河南社交媒体的发展

河南社交媒体的发展阶段可以分为以下三个时期。一是以人人网、开心网为代表的 SNS 社交网络的发展。人人网、开心网是 SNS 社交网络的代表。SNS 强调人与人之间的关系，目的在于寻找目标联络人。人人网是中国精分社交的开创者，专做校园社交，是网络分众社交理念的实践者。人人网保证用户的纯粹性，倡导实名社交，短时间内便聚集了以大学生为主要群体的优质用户。2008 年成立的开心网，将办公室白领定位为主要用户，其中的社交游戏、日记、相册等功能深受办公室白领喜爱。2008 年底开心网注册用户已达千万。然而主打熟人社交的人人网、开心网也因用户的局限性，被后起之秀微博、微信冲击。二是以豆瓣为代表的垂直社区的发展。2005 年中国社交媒体出现以豆瓣为代表构建精分人群的垂直服务社区。豆瓣是一个社区性网站，核心服务对象是"人"，用户黏性极高，豆瓣的用户文化素养较高，热衷于参与各种线上线下活动。豆瓣同城发布的各种线下活动，以及小组话题成为热门板块。河南各城市的同城小组中，"郑州豆瓣"的组员人数最多，突破 6 万人，组内有专门用来组织线下聚会的"活动聚会"板块，组建的活动种类丰富，有运动健身、桌游、自驾游、读书会、美食探店等。豆瓣用户规模多年稳健增长，2012 年用户已超过 1 亿人。三是以百科、知乎等为代表的协同出版类社交媒体的发展。"协同出版"主要是指网络百科和问答社区。在这类社区中，影响较大的是百度百科，问题质量较高的是知乎。2008 年 4 月正式发布的百度百科是一个协同出版的知识社区，截至2016 年 9 月，百度百科已收录词条 1300 多万，参与人数超过 590 万人，词条编辑次数为 1.1 亿多次。知乎是当前中国知识分子比较认可的问答社区。2010 年 12 月知乎上线运营，为了保证话题质量，知乎前三年并不对所有用户开放注册，而是采用定向邀请用户注册的方式，直到 2013 年才向公众开放注册，不到一年注册用户数量迅速由 40 万人达到 400 万人。知乎受到投资界关注，先后获得李开复、启明创投的近千万美元投资。知乎上一些关于河南的问答有着很高的阅读量，例如问题"关于河南，你想说些什么？"有1320 万浏览量；问题"你有多爱河南？"有 894 万浏览量。此类问答对河南城市形象的构建与传播具有一定的作用。此外，河南的一些热点舆情事件也在知乎上引起广泛讨论。关于"2017 爱奇艺 HR 地域歧视，过滤河南人事件"的知乎讨论有 249 万浏览量；关于 2018 年发生在郑州的滴滴顺风车"空姐"遇害事件的知乎讨论有 3066 万浏览量；关于 2019 河南 7 岁女童在学校疑眼中被塞纸片的知乎讨论有 428 万浏览量。知乎高质量的内容和理性化的氛围，吸引到大批用户，关于各种社会化问题具有活跃度和传播力的问答又推动了热点事件影响力的扩散。

### （三）河南社交媒体时代的到来

微博和微信先后在 2009 年和 2012 年出现，标志着我国正式进入社交媒体时代。初期的微博是一款限定字数的社交应用软件，可在移动终端上使用，使用户间交流更加及时。2009 年 8 月，新浪微博开始内测，三年后正式上线。微博自上线起就在中国快速发展。2013 年微博"大 V"造谣事件，使传播生态遭到破坏。由于国家法律层面的治理，以及 2013 年微信的崛起，其活跃度受到一定影响。2015 年新浪数据显示，微博用户活跃度有所增加，新浪微博成为微博中的标杆。值得注意的是，近年来河南省政务机构微博在全国范围内发展较为亮眼。第 45 次《中国互联网络发展状况统计报告》结果显示，河南政务机构微博开通数量居全国首位，截至 2019 年底，河南各级政府共开通政务机构微博 10185 个。河南省微博整体来看发展迅速。传统媒体账号和粉丝量级过百万的个人账号增多，传统媒体借助微博提升影响力，个人账号借助微博生产个性内容吸引粉丝，提高商业价值。时尚美妆类微博影响力居高不下，他们凭借精心策划的内容和内含的隐性广告，产生了巨大的吸引力和经济效益。河南抖音账号热度较为高涨，实用类账号与娱乐性账号都获得很高的关注度，在表现突出的前 10 名河南抖音账号中，有 6 个账号的获赞数皆突破 1 亿次。河南政务微信在便民利民、政民互动上的作用更加明显。大河网大河舆情研究院数据显示：2018 年度，纳入监测的河南区域政务微信公众号共 1553 个，发布微信推文 149193 次。除政务微信注册数量不断增加，网络声量持续增长外，政务微信的服务功能也大幅提升，互动形式丰富多样，进一步打造了服务性政府。个人微信公众号内容比较贴近生活，移动互联网下沉，更多本地资讯内容增加。公众号内容中引入小程序和跳转链接，注重延展力。

总体而言，河南社交媒体发展与中国社交媒体发展历程同步，从论坛阶段的兴起，到 SNS 社交网络、垂直社区以及出版协同类社交媒体的发展，再到微博、微信的普及，受众的集体性迁移及社交媒体的更迭较为明显，社交媒体的话题影响力呈现出阶段化、圈层化现象。目前，论坛贴吧类社交媒体的影响力下降，微博、微信等新型社交媒体成为主流选择。垂直社区和协同出版类的社交媒体有着独特的功能，也被人们广泛使用。河南社交媒体的出现和发展，深刻地改变着每一个人的生活。

## 二　河南省社交媒体格局与问题

### （一）河南省社交媒体热点舆情事件分析

#### 1.河南省社交媒体热点舆情事件类型

从整体上看，河南舆情热点事件类型主要涉及教育管理、社会民众、灾害事故和新冠肺炎疫情等。首先，近年来教育管理类事件热度居于高位。2018 年 8 月 "河南四家长质疑考生答题卡调包，实名举报河南省招生办负责人"，纪委监察部门介入调查使得该事件成为教育管理类舆论热议重点。此外，"河南一考生遭北大三次退档""河南省招办回应高考撕他人答题卡""河南公布专升本考试泄题调查进展：警方已立案"等与国内重大考试相关事件自带热度，引发全民关注和讨论。涉及教师师德及校园暴力的相关事件同样备受关注，如 "河南一女童在学校疑眼中被塞纸片""幼师发布亲吻男童视频被官方通报""河南焦作幼儿园教师投毒案，幼师被判死刑"等。

其次，与百姓生活密切相关的社会民生类事件依旧是舆情热点事件。有关儿童、女性安全的恶性事件频频爆出，妇幼安全成为舆论讨论重点。此外，关乎社会公德的事件，如 "河南一异味老人遭公交司机拒载相关人员被处理""男子国庆返乡途中堵在高速，拍 361 张图片举报占用应急车道的车辆"等也引起舆论热议。教育、社会公共安全等 "老话题"在 "新热点"

助推下屡屡凸显，不断激起热烈反响，不仅充分体现了民生、公共安全问题话题燃点低、爆点多的特点，也表明社会大众对幸福感、安全感的诉求日益强烈。

最后，突发性的灾害及安全事故等较易触动公众情绪。"河南三门峡气化厂爆炸""河南永城一女子酒后驾驶玛莎拉蒂致 2 死 1 伤"等事件得到媒体网民的持续关注，相关事件情况及人员伤亡牵动人心。尤为重要的是，2020 年初突袭而至并蔓延全球的突发公共卫生事件"新冠肺炎疫情"成为 2020 年河南省舆情重点，"河南卫辉 1 例境外输入新冠无症状感染者复阳""河南濮阳通报 1 例新增无症状感染者""郑州确诊一例境外输入病例 男子返郑后被查出隐瞒境外行程"等事件成为网民热议重点。

**2.河南省社交媒体热点舆情事件传播特点**

（1）公共领域与私人领域的叠加现象日趋明显

作为现实社会延伸的社交媒体平台，在媒介技术和网络市场因素的推动下，表现出公共领域与私人领域界限逐渐模糊，甚至相互叠加的趋势。在以微博为代表的社交媒体平台中，私人话题逐渐演变为公共话题、私人空间异化为公共空间的趋势进一步加剧。个人经历、言谈举止这些原本属于私人领域的事务在公众关注之下异化为一种社会产品，有时还会引起媒体的大量报道，使之成为社会焦点进而变成公共事件。能转化为公共议题的私人领域事务往往具有新奇性，可以触及受众敏感点，具有一定的讨论价值，再加上社交媒体信息传播迅速，此类事件一旦被爆出便会吸引大量关注。

（2）短视频成为舆情发酵的重要触点

近年来，鉴于互联网飞速发展与智能终端技术革新，短视频以发布便捷、具象化呈现和传播快速等特点，成为人们获取信息的重要方式，进而成为河南省众多舆情事件的源头和重要节点，在舆情传播中的影响力日益凸显。一方面，短视频的制作和发布门槛低，人人皆能成为视频的生产者、发布者和传播者，再加上抖音、快手等短视频平台庞大的用户量，这些特性可以在短时间内促使舆情事件实现裂变式传播。另一方面，短视频影像具象化的文本呈现方式，更易使公众产生多元情绪和意见，致使舆情升级，成为舆情发酵触点。

### 3.河南省社交媒体热点舆情事件影响

（1）共情效应助推灾害事故类议题热度

全媒体时代，随着互联网信息技术和移动设备的快速迭代发展，信息传播速度加快，以微博、微信为代表的社交平台已成为如今的社会符号，呈现出"人人都有麦克风"的传播格局，重大灾害事故的曝光时间大幅缩短。在共情心理的作用下，灾害事故易在短时间内引发全民关注和参与，形成强有力的舆论风暴。而这类舆情往往呈现发酵期短、衰减速度快、延续期长的特征。2019年7月19日17时50分左右，河南三门峡市义马市气化厂发生爆炸事故，方圆3公里的门窗玻璃很多被震碎，有的室内门也被气浪冲落。同日19时全网有关此次爆炸事故的信息量便达到高峰。19日之后，相关舆情热度大幅减少，进入舆情消散期。但其长尾效应明显，直到7月底，相关信息仍在全网传播。

2020年疫情蔓延全球，牵涉国内外政治经济文化，关联效应使疫情信息的传播效果叠加。2020年整个年度与"肺炎"相关话题持续受到舆论的广泛关注。

（2）社交媒体舆情反转加剧

社交媒体平台信息传播呈现出感性诉求对公众意见的影响大于客观事实的特点，这一特点对近年来舆情反转的发生和常态化产生重要影响。一方面，舆论主体容易受到媒体信息瀑布、刻板印象等效应影响，致使公众轻信媒体报道内容，对舆情事件的发言以宣泄性情绪为主，为舆情反转埋下伏笔。如"河南一女童在学校疑眼中被塞纸片"事件，舆情初期，相当一部分网民被情绪主导，忽视事实跟进，在社交平台上围绕"学校失责""家庭教育缺失"等话题持续性发表情绪化观点。随着人民网、中国新闻网、中国青年网等主流媒体对事件相关调查结果的报道及跟进，证明"眼睛里放多张纸片理论上不可能"，不实言论得以攻破，舆情得到反转。另一方面，虽然由于信源泛化，社交媒体平台虚假信息大量存在，但虚假新闻被揭露的能力也大大提高，舆论对新闻真实性的考究日趋严谨，舆情反转成为网络热点事件演进的常态。舆论场的重心先是由网民共情再到真实性质疑，最后演变成对谣言产生原因的反思。在这个过程中，部分传播主体利用公众情感先行赚取流量、传播声名，其构建的失真信息也加剧了舆情反转的常态化。舆情反转加剧的现状考验着官方的反应速度和媒体探求真相的能力，这就要求面对突发事件时官方提高应对能力，主流媒体做好舆论引导工作，也要求受众提高媒介素养，在面对突发新闻事件时做出理性判断。

### （二）河南省新浪微博账号影响力分析

本部分所考察的新浪微博账号是微博注册地为河南省的账号。基于西瓜微数分析数据，情感、影视娱乐、资讯、美妆时尚、搞笑、体育、美食、游戏等行业内容成为河南省新浪微博账号关注度最高的领域。

#### 1. 传统媒体借力微博实现共赢

基于粉丝量排名，《大河报》微博粉丝量最多，达到 1538.99 万人，河南省都市报龙头《东方今报》的微博粉丝量也达到 813.13 万人。《大河报》官方微博于 2010 年 4 月开通，自开通以来，其与母媒之间形成良性互动机制。在内容选择上，官方微博基本是以新闻为主，大多是直接呈现母媒采编的新闻，不同的是微博更加短小精悍，其内容较之原文更加简洁明晰，亲民的文风和更加开放的交流环境也拉近了纸媒《大河报》与大众之间的距离。纸媒《大河报》与官方微博正逐渐融合并进，互为依托，共同提升影响力。

#### 2. 微博成为用户自我呈现的平台

在粉丝量排名前十的新浪微博账号中，有近一半微博的发布内容着重于自我呈现。例如微博账号"王思忆"，2016 年开通微博至今拥有粉丝 741.07 万人，内容定位为"用年轻人的角度看世界"，分享自己的情感、人生、生活等感悟（见表 1）；"女排朱婷 ZT"和"杜鲁门儿"属于体育明星微博，是河南籍女排运动员朱婷和足球运动杜威开设的个人新浪微博账号，粉丝量分别为 415 万人和 627.02 万人。微博内容主要是个人日常生活和训练的分享；"许晓诺－senior"是河南籍演员许晓诺的个人微博账号，拥有粉丝 279.80 万人，共发布 489 条微博，主要围绕生活记录、参演剧作宣传等。

上述微博账号通过个人感悟、日常生活等内容的呈现，完成青年情感作家、体育明星、影视演员等个体身份的自我建构，并在与社交媒体用户的互动中，强化身份认同，进而实现个人商业价值最大化。正因如此，"女排朱婷ZT""王思忆"等账号发布的微博中，品牌与相关活动的宣传推广也占了很大比例。

### 3.时尚美妆类微博影响力凸显

时尚美妆类微博在河南微博影响力排行中处于领先地位，影响力较大的有"苏呆""全球流行热门榜"，其中"苏呆"已步入粉丝千万俱乐部，"全球流行热门榜"也拥有900多万名粉丝。时尚美妆类微博受众为年轻女性群体，美妆博主针对她们精心策划选题，如"各种节日主题妆容""日常实用妆容""博主自己新发现的好看妆容分享"等一系列主题。通过前期策划、拍摄视频，后期精心剪辑，视频风格相当契合年轻爱美女性的喜好。以前用文字传播的内容，现在用视频进行立体化的展示，更能产生强大的吸引力。同时，时尚博主与他们的粉丝群体正在形成一个社区。博主通过发起活动，与粉丝建立对话，粉丝积极参与后，社区形态逐渐趋于稳定。不同于其他类型的微博，时尚博主传播内容的倾向性是比较明显的，通过口碑营销创作隐性广告，最终实现经济价值。互联网迅速发展改变了人们的消费习惯，人们在做决策之前往往会先上网了解信息，向普通网友提出相关问题，咨询相关领域的"权威"等。时尚博主的传播推广方式更易于被当下的受众所接受。新浪微博作为主要的社交媒体平台，"苏呆""全球流行热门榜"等时尚博主的影响力不容小觑，他们以独特的个人风格和精湛的"专业知识"，产生了巨大的吸睛效果与显著的经济效益，进而开辟了时尚类联合效应。

表1　河南省新浪微博最受欢迎账号

| 账号 | 粉丝量（万人） | 开通时间 | 内容 |
|---|---|---|---|
| 小熊三贱客 | 1149.67 | 2016年10月19日 | 情感语录 |
| 王思忆 | 741.07 | 2015年11月5日 | 生活Vlog以及对生活、工作、爱情、友情的感悟 |

续表

| 账号 | 粉丝量（万人） | 开通时间 | 内容 |
|---|---|---|---|
| 圈内领袖 | 1053.88 | 2018年5月4日 | 明星娱乐资讯 |
| 剧荒终结者 | 700.29 | 2018年6月6日 | 电视剧、综艺、明星分享及资讯 |
| 大河报 | 1538.99 | 2018年4月26日 | 新闻资讯、民生百态 |
| 东方今报 | 813.14 | 2009年12月22日 | 民生新闻 |
| 苏呆 | 1002.00 | 2014年7月9日 | 美妆产品的试用和分享，时尚穿搭 |
| 全球流行热门榜 | 937.32 | 2012年6月3日 | 主要是明星、网红、模特的时尚穿搭分享，偶尔会有好物推荐 |
| 留几手 | 135.36 | 2010年6月22日 | 对娱乐新闻、热搜八卦等转发、抒发感想 |
| 杀马特强子 | 563.72 | 2014年3月11日 | 早年微博大多数是身穿杀马特装束跳舞的视频、火星文字、杀马特照片，近年主要发一些网上的搞笑视频，偶尔会有杀马特视频 |
| 女排朱婷ZT | 415.00 | 2012年2月16日 | 个人生活分享和一些活动、品牌的宣传推广 |
| 杜鲁门儿 | 627.02 | 2013年2月9日 | 日常生活分享 |
| 旅游必去地 | 320.69 | 2011年12月24日 | 风景照片分享，旅游攻略 |
| 发痴少年 | 307.46 | 2011年7月24日 | 美食Vlog，美食制作分享 |
| 许晓诺-senior | 279.80 | 2012年2月24日 | 生活记录，参演剧作宣传 |
| 神奇de办公室 | 57.72 | 2020年8月3日 | 《王者荣耀》同人视频创作 |

注：粉丝量统计截止日期为2020年12月1日。

资料来源：西瓜微数。

## （三）河南最具影响力抖音账号内容呈现与运营策略分析

本部分考查的抖音账号界定为抖音平台注册地址显示为河南省的账号。基于卡思数据和抖查查平台，本报告从粉丝数量、作品数量、互动指数（点赞数）等维度梳理出表现突出的河南抖音账号。如图1所示，抖音账号"河南广播电视台民生频道"的粉丝数和发布作品数最多。"河南广播电视台民生频道"是河南广播电视台同名节目的官方抖音账号,有 2270 万名粉丝关注,共发布 2689 条作品,在地方级媒体抖音账号中综合得分高居榜首。宠物抖音账号"王泡芙"自 2018 年 8 月入驻抖音发展至今,已成为同类抖音中最具影响力的账号。"王泡芙"拥有粉丝 2027 万人,共发布短视频作品 300 余条,内容主要为分享宠物猫泡芙的日常生活片段。

以搞笑类原创视频为主要内容的抖音账号"海扬"也是影响力较大的河南抖音账号。2017 年 11 月正式开通抖音账号,粉丝数量达到 1949 万,共发布原创视频 258 条,并创造出经典形象"外卖小哥",短视频内容主要是关于"外卖小哥"的搞笑故事,力求在给用户带来欢乐的同时引发对社会问题的思考。游戏类抖音是最受用户欢迎的类别之一,河南省游戏主播中人气最高的"蛋白",2018 年 5 月正式入驻抖音,拥有 1443 万粉丝。"蛋白"以《我的世界》这款游戏操作为主要内容,辅之以幽默诙谐的语言和个人价值观输出,获得大量粉丝。

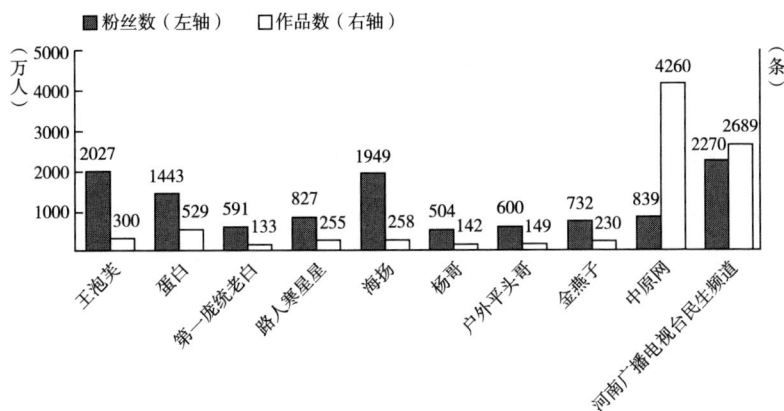

**图 1 河南省最具影响力抖音账号**

资料来源:卡思数据。

从点赞数来看,如图 2 所示,在表现突出的河南抖音账号中,"王泡芙""蛋白""路人寒星星""海扬""中原网""河南广播电视台民生频道"点赞数居于前列,均在 1 亿次以上。其中获点赞数最多的抖音账号是

"中原网"，点赞数为3.9亿次。"中原网"视频内容立足河南、涵盖全国，展现社会万象、人生百态的资讯，以片段式、可视化、形式化等特点保持与用户较好的互动。

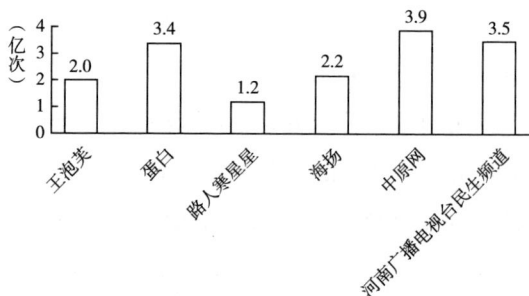

**图2 河南省最具影响力抖音账号点赞数**
资料来源：卡思数据。

基于对影响力排名前十的河南抖音账号分析，其内容与运营方面具有如下特点：传统媒体与抖音深度融合。基于上述分析，河南广播电视台民生频道同名官方抖音账号在粉丝数、发布作品数量和互动方面均表现突出，位于前3名。在很大程度上，河南广播电视台民生频道实现了与抖音等社交新媒体的深度融合。官方抖音账号在内容呈现上保持传统电视节目属性，但在新闻叙事层面，则结合抖音信息传播特点进行创新表达。短视频内容多以"讲述核心问题—寻求解决方法—出现波折激化矛盾—解决问题"的多段式结构推进情节的起承转合。短视频平台视觉化、故事化、情感化的传播逻辑也为民生类新闻扬长避短，抢占流量优势提供了绝佳的渠道。

从内容主题上看，受关注内容呈现出娱乐与实用并重的特点。与微博情况相同，影响力排名前十的河南抖音账号多偏重娱乐性的游戏、搞笑、影视等内容，另有账号关注实用性的资讯，包括社会新闻、旅游出行等。与微博有所不同的是，抖音更强调正能量主题。针对正能量匮乏以及平台内容低俗的情况，抖音推出"树木计划"来增加正能量内容供给，对正能量账号进行扶持。一个典型示例就是"金燕子",这个账号在抖音上记录了主人公对家庭困难的孩子与老人进行帮助的过程,生产温情内容,呈现人格的力量。另外,原创内容占比在上升。例如抖音账号"海扬"发布的内容多是以外卖小哥为主人公的原创故事,抖音账号"王泡芙"也主要是原创视频,分享宠物猫泡芙与主人互动、与其他网红猫相处的时光,让用户在抖音中体验云养猫的快乐。

从技术形态上看,抖音短视频善于发挥音乐优势,同期声不再是唯一的声音元素。例如动漫领域,抖音账号"橘老丝儿"对原生动漫片段进行剪辑,在他的抖音作品中,同期声不再是唯一重要的声音元素,音乐和配音发挥出优势,与同期声互为补充。旅游类抖音账号"户外平头哥"也是如此,通过加入音乐烘托户外运动的探险性。

从运营特点上看,一方面,抖音营销策略更注重和粉丝的互动,提高用户黏性。影响力排名前十的账号注重双向互动的强化,在评论区和网友进行互动,解答问题,交流感想。另一方面,结合热点进行创作。抖音上的热门行业账号多选择利用热门背景音乐的方式创作视频。值得注意的是,与微博相比,抖音尚未形成系统的盈利模式。大多数视频内容并无广告介入,多以公共服务与公益传播为主。自媒体的运营离不开商业化,因此抖音的盈利模式是未来探索的重要方向。

### (四)河南省民间微信公众号影响力分析

民间微信公众号是指非政务性质的个人或社会组织运营的账号,数量、种类繁多,包括自媒体工作者创办的个人微信公众号、组织创办的用于宣传和提供服务的微信公众号。民间性质的公众号更贴近受众,能较好地反映河南省社交媒体发展状况,是河南省社交媒体格局中的重要组成部分。

依据中原传媒研究院数据,参考公众号的自身特征对民间微信公众号进行分类,根据总发文数、总阅读数、微信传播指数(We Chat Communication Index,WCI)等数据,选取排行榜中影响力排行前十类别的微信公众号进行分析(见表2)。

**表 2　2020 年 8～12 月河南省民间微信公众号影响力分析**

| 类别 | 公众号 | WCI 指数 | | | | |
|---|---|---|---|---|---|---|
| | | 8 月 | 9 月 | 10 月 | 11 月 | 12 月 |
| 文化类 | 诗词天地<br>（shicitiandi） | 1514.12 | 1480.28 | 1619.48 | 1663.61 | 1679.82 |
| | 圣网<br>（sq7777777com） | 1198.76 | 1195.72 | 1283.67 | 1371.24 | 1385.61 |
| | 书法<br>（weishufa010） | 1139.48 | 1126.80 | 1217.31 | 1218.73 | 1238.24 |
| 情感类 | 睡前一起夜听<br>（yuedu586） | 1418.14 | 1385.93 | 1432.10 | 1488.47 | 1460.34 |
| | 花田大叔<br>（viphuatian） | 1126.21 | 1133.53 | 1192.84 | 1278.45 | 1257.23 |
| 旅行类 | 环球旅行<br>（Viphuanqiu） | 1313.08 | 1354.61 | 1461.46 | 1476.18 | 1449.62 |
| | 旅行攻略<br>（vipgonglue） | 1178.74 | 1157.98 | 1229.03 | 1233.69 | 1171.83 |
| 娱乐类 | 网红八卦<br>（scc597） | 1192.38 | 1188.89 | 1313.71 | 1455.80 | 1432.63 |
| | YY 八卦<br>（yybg87） | 1216.53 | 1152.06 | 1281.12 | 1368.15 | 1425.79 |
| 影视类 | 电影工厂<br>（vipidy） | 1312.66 | 1335.64 | 1418.46 | 1467.16 | 1452.42 |
| | 河马电影<br>（hemamovie） | 1265.11 | 1242.90 | 1381.37 | 1412.17 | 1376.13 |
| 时尚类 | 零点种草<br>（zhongcao656） | 1260.85 | 1268.37 | 1272.15 | 1361.37 | 1361.75 |
| 楼市类 | 郑州楼市<br>（zzloushi） | 1093.90 | 1160.78 | 1231.99 | 1306.45 | 1285.10 |
| | 房东俱乐会<br>（zzfdjlb） | 1083.94 | 1095.28 | 1134.35 | 1177.50 | 1144.18 |

续表

| 类别 | 公众号 | WCI 指数 | | | | |
|------|--------|------|------|------|------|------|
| | | 8 月 | 9 月 | 10 月 | 11 月 | 12 月 |
| 资讯类 | 滑州百事通<br>（huaxianbest） | 1010.79 | 1004.95 | 1089.02 | 1183.96 | 1237.92 |
| | 大濮网<br>（dapuwang001） | 951.47 | 960.30 | 1206.66 | 1129.70 | 1165.21 |
| 美食类 | 蜜雪冰城<br>（mixuebingchenggf） | 1314.89 | 1258.05 | 1250.63 | 1129.89 | 1174.06 |
| | 我和郑州<br>（zuizhengzhou1） | 1047.22 | 1096.63 | 1078.11 | 1176.33 | 1188.39 |
| 医疗类 | 爱儿康<br>（arkang666666） | 1108.79 | 1075.60 | 1178.77 | 1176.34 | 1182.54 |

资料来源：中原传媒研究院。

### 1. 内容呈现

（1）图文是首选，视频内容有所增长

目前微信公众号存在大量问题，运营上洗稿、非法转载屡禁不止，标题党、快餐式内容随处可见，这就要求创作者生产优质原创文章并努力打磨内容。针对这些问题，微信公众号针对原创文章也提供了打赏、付费阅读等功能，来激发创作者的原创动力。公众号"睡前一起夜听"在 2020 年共发表文章 755 篇，其中 732 篇声明原创[1]，原创比例高达 96.95%，高质量的原创内容能有效地吸引粉丝，提高传播影响力。

相较于短视频和直播平台，微信公众号更讲求有深度、有质量的文章。图文传递信息更深更广，短视频抢占用户大量的碎片化时间，而严肃、深刻的图文内容能为读者留下思考空间。

在短视频和直播风靡的当下，微信也对视频方面重视起来。2020 年 1 月 22 日微信视频号正式内测上线，6 月 22 日 IOS 端全量开放，8 月 3 日微信视频号 PC 端上线。视频号的推出加上公众号视频内容的增长，更利于公

---

[1] 《新榜"睡前一起夜听"公众号年度报告》。

众号吸引粉丝和提升自身价值。

（2）生活、情感类内容更受欢迎

生活、情感类内容受众面广，趣味性强，文章内容易于与读者产生共鸣，是提高公众号浏览量的一大利器。2020年微信公众号文章中新增标签功能，运营者在编辑器底部或首页已群发列表可以给原创图文配置关联标签，标注文章类别。参考新榜《2020中国微信500强年报》数据：情感类话题标签收录了最多的文章，有48963篇。生活类标签则最受作者的喜欢，有6575个公众号都创建了这个话题。[①] 表2中文化类公众号"诗词天地""书法""圣网"，情感类公众号"睡前一起夜听""花田大叔"影响力较大。"睡前一起夜听"公众号主要推送情感类内容，以音频和文字结合的方式呈现更能带动读者情绪、引起读者共鸣，提高了该公众号的传播影响力。多数定位不同的公众号中也会推送生活、情感类文章以吸引受众提高文章阅读量。

（3）内容与定位不符

一般来讲，一个公众号对自身进行准确定位，推送差异化、个性化生产内容才更能突出自身特色，提高自身竞争力，然而目前多数公众号运营进入瓶颈期，一味追逐热度而违背自身最初定位，投放大量混杂的内容。或是公众号自身最初定位过于狭隘，面临严重生存困难迫不得已转型，非法转载、洗稿也是造成该现象的一个原因。例如公众号"环球旅行"虽然定位为旅行，公众号简介中声明"每天为大家分享旅游指南、世界风光、旅游见闻"，但是目前为提高阅读量，该公众号推出的更多是情感、生活类文章。

2.运营策略

（1）注重延展力

延展力表现在微信公众号在文章中引入小程序，在阅读原文处设置跳转网站等，这样的措施能有效地引导流量，推动形成内容服务闭环。例如在文章中添加自身公众号开发的小程序、视频号等链接，为自身的内容增加浏览

---

① 《2020中国微信500强年报 | 新榜出品》，搜狐网，2021年1月20日，https：//www.sohu.com/a/445629160_108964。

量，或是添加广告商的链接、为广告主引流进行流量变现。公众号运营者通过公众平台、微信个人号、小程序、小商店等打造流量闭环，实现流量运营的最深化，为商业变现提供了多维度保障。① 这样通过多种工具联动让受众进行延展阅读的方式，能有效实现用户运营、产品营销、商业转化，打造流量闭环。公众号"零点种草"在文末增加"往期回顾"一栏，为往期文章引流以提高阅读量。公众号"蜜雪冰城"在菜单栏中增加"点单小程序"入口，不仅为受众提供服务，也为小程序送去流量。

（2）本地化资讯服务需求增加

随着互联网覆盖范围扩大，移动互联网持续下沉，三四线城市及广大农村地区的居民成了新的目标受众。2020年底统计农村网民规模为3.09亿人，较2020年3月增长5471万人；农村地区互联网普及率为55.9%，较2020年3月提升9.7个百分点。② 更多下沉用户的加入促使大量提供本地资讯的公众号诞生，这些公众号专注于推送当地饮食、文化、招聘、娱乐等信息，深度挖掘本地用户群。三四线城市及乡村的居民生活圈小，本地资讯的公众号便能有效满足居民的日常生活需求。在微信建构的"熟人社会"中，用户间也更倾向于相互推广此类公众号，因而本地资讯类公众号有较好的生存能力。例如影响力较强的"滑州百事通"［曾用名"滑县佰（百）事通］专注于提供滑县地区的资讯，"大濮网"提供的是有关濮阳地区的资讯，两者面向县级或市级受众，粉丝局限于当地居民，虽然文章单篇阅读量低但发文量大，具有较强的传播影响力。

3. **代表性案例**

（1）"诗词天地"

"诗词天地"是专注于发布包含人生哲理、感悟的文化类公众号，2020年8~12月均位于河南民间微信影响力榜首，在新榜2020年度微信公众号

---

① 《2020年公众号生态趋势调查报告》，西瓜数据网，2020年8月14日，http：//data.xiguaji.com/Help/ShowHistoryDetail/127。

② 《CNNIC发布第47次〈中国互联网络发展状况统计报告〉》，中华人民共和国中央人民政府网站，2021年2月3日，http：//www.gov.cn/xinwen/2021-02/03/content_5584518.htm。

■滑州百事通 □大濮网

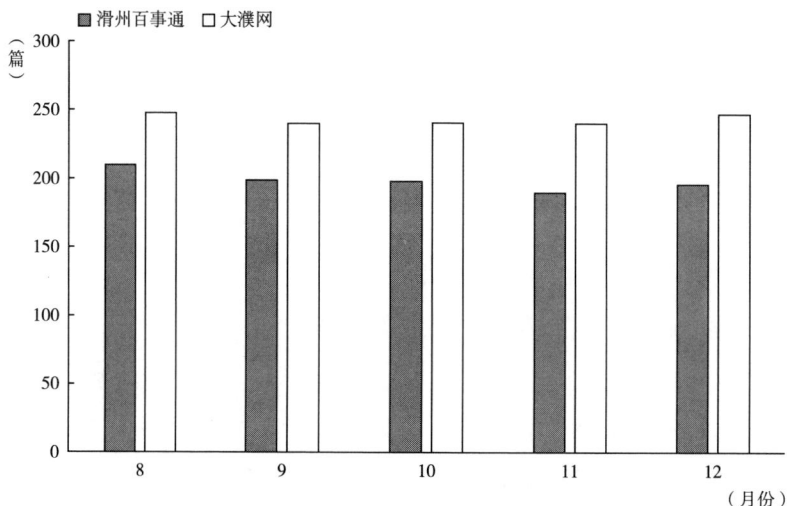

**图 3　2020 年 8~12 月"滑州百事通"和"大濮网"发文数统计**
资料来源：中原传媒研究院。

500 强榜单中位于第 40 名，在河南省乃至全国范围内都有着较强的影响力。首先，在运营策略上，"诗词天地"发文量多，基于庞大的粉丝量获得了较高的浏览量。"诗词天地"2020 年累计发表文章 2654 篇，原创内容共 114 篇，阅读量"10W+"文章数高达 456 篇，2020 年度文章共获得 1.3 亿累计阅读数，276 万累计在看数。[①] 其次，"诗词天地"注重和粉丝互动，留言区有着良好的文化氛围。文章的留言区中粉丝积极参与互动，评论自行创作的诗词，且该公众号有固定的粉丝进行评论，粉丝黏性高。最后，为实现流量最大化，"诗词天地"在微博、头条、喜马拉雅关联有全平台账号，通过多平台联动引流扩大了"诗词天地"的全网影响力，在打造好主阵地的同时也兼顾了全网流量。

（2）"滑州百事通"

"滑州百事通"公众号内容主要是滑县本地的资讯、民生百态。虽然

---

① 《新榜"诗词天地"公众号年度报告》。

仅是一个县城的资讯类公众号，但在同类县级微信公众号中传播影响力较大。如表3所示，"滑州百事通"在2020年8~12月影响力均在40名以内。热门文章《滑县村长霸气喊话：他可能会灭村！他祖祖辈辈对不起咱村！》获得"10W+"阅读量。此篇文章发表于2020年1月29日，内容是一个4分钟左右的村主任喊话疫情管理的视频，涉及新冠肺炎疫情发生后河南省硬核防疫管理的热点，富有趣味性，得到广泛的关注。"滑州百事通"公众号取得成功还在于其注重利用视频来增加表现力，在菜单栏中设有视频一栏并且开通了视频号，这不仅有利于吸引受众，也增强了传播效果。"滑州百事通"作为一个面向县级城市的公众号，和当地居民有很强的接近性，其重视使用视频化的语言表达方式宣传当地风土人情，做到了娱乐与实用并重。

**表3 "滑州百事通"2020年8~12月传播影响力**

| 时间 | 排名 | 发文数（篇） | 总阅读数（万次） | 头条阅读（万次） | 平均阅读（次） | 总在看数（次） | 总点赞数（次） | WCI |
|------|------|------|------|------|------|------|------|------|
| 8月 | 36 | 210 | 223 | 105 | 10651 | 2807 | 3351 | 1010.79 |
| 9月 | 38 | 199 | 203 | 99 | 10229 | 1895 | 2821 | 1004.95 |
| 10月 | 30 | 198 | 188 | 89 | 9533 | 1570 | 2224 | 1089.02 |
| 11月 | 17 | 190 | 195 | 88 | 10316 | 1486 | 2641 | 1183.96 |
| 12月 | 15 | 196 | 244 | 108 | 12455 | 2155 | 2532 | 1237.92 |

资料来源：中原传媒研究院。

### （五）河南社交媒体发展现存问题

河南社交媒体处于快速发展之中，技术形态、内容形式一直在不断丰富。社交媒体基于其时间性强、交互性强、传播内容及方式丰富等特点，被广泛应用。然而，当社交媒体在当下给更多人带去便利时，它的局限性也暴露出来并影响到更多人的生活。目前河南社交媒体在发展过程中仍存在以下问题。

**1.泛娱乐化倾向严重**

"泛娱乐化"指的是以消费主义、享乐主义等为核心，将现代媒介作为主要载体，以浅薄、戏谑的内容形式来试图放松人们在日常生活中紧绷神经的现象。[①] 其产生的内容大多是为了刺激受众感官、迎合受众心理的庸俗甚至低俗的内容。尼尔·波兹曼在《娱乐至死》中曾讲道："娱乐过度会造成大众低智化与社会公德的丧失。"[②] 泛娱乐化也是"娱乐至死"的一种体现。河南省微博媒体已呈现出泛娱乐化的态势，在河南省新浪微博最受欢迎账号中，大部分都是时尚美妆、娱乐资讯类的娱乐账号，文化类账号寥寥无几。在这样一个泛娱乐化的信息时代下，人们沉浸于对娱乐的追求，文化类内容的价值性受到娱乐信息的猛烈冲击。

**2.河南官媒势小声微**

河南抖音账号的头部中多是个人账号，缺乏有影响力的官方账号。个人账号开设时间早，经过团队运作打造个人 IP，并衍生出直播带货等产业，粉丝量大且粉丝黏性强。河南官方抖音账号的起步较晚，2018 年开始，官方机构才陆续开通抖音账号，开始从"两微一端"向"两微一抖"转变。官方抖音账号在丧失了流量先机后大量涌入，造成内容同质化严重且与用户的互动性不强。目前，大多河南官方抖音账号的视频内容仍然走"以多取胜"的路线，缺乏精致且有影响力的内容，难以与用户形成情感上的共鸣，宣传效果不佳。官方机构抖音账号有影响力内容的缺失，会形成官方机构与短视频传播之间的信息壁垒。

**3."豫文化"传播缺失**

河南作为中华文化的主要发祥地之一，有深厚而独特的文化底蕴。中原文化在悠久的发展历史当中，积淀和形成了自己独特而伟大的民族性格和民族精神，表现为自强不息、厚德载物、朴实诚信、乐天知足、崇尚礼仪等特征。[③] 从上古时期的大禹治水、愚公移山到当代的红旗渠精神，都印证了河

---

① 张子奕、燕婷：《粉丝经济浪潮下的泛娱乐化现象分析》，《经济研究导刊》2019 年第 27 期。
② 〔美〕尼尔·波兹曼：《娱乐至死》，章艳译，中信出版社，2015，第 4、79 页。
③ 赵弼：《中原文化的核心内涵及特质》，《湖北省社会主义学院学报》2013 年第 2 期。

南人热爱生活、向往幸福、追求理想。他们在长期的农业生产中，渐渐磨炼出了一种朴实、诚信、自强的品质。但在现阶段，河南社交媒体的传播过程中，忽略了"豫文化"传播所带来的影响。微博、抖音、微信公众号等社交媒体头部账号中均没有传扬河南文化的账号。互联网社交媒体如今已是人们获取资源与信息的重要途径，但这片汪洋湍急的信息流中，"豫文化"处于缺失状态。

### 4.省内的失实报道易传播

谣言在互联网环境下传播得更快、更广，但相关的治理并没有到位。网络谣言借助于博客、贴吧、微博、微信、论坛、短信等社交媒体，呈现出"点—面—面"的多重传播趋势。社交媒体互动性强，吸引更多人参与讨论，形成持续的连锁反应。一些不负责任的新闻媒体为了经济利润争夺点击率，不经核实就随意传播那些博人眼球的新闻，肆意制造它的轰动效果。如"河南一女童在学校疑眼中被塞纸片"事件在微博引起巨大争议，多家媒体先后转发，煽动网友的情绪，助长了河南假新闻的传播。

## 三　河南省社交媒体舆情管理策略

社交媒体舆情是一把"双刃剑"。新华社前总编辑南振中先生认为，在现实生活中存在两个不完全重叠的"舆论场"：一个是主流媒体着力营造的"媒体舆论场"，一个是人民群众议论纷纷的"口头舆论场"。当社交媒体舆情发生时，民间舆论场和官方舆论场快速形成，并进行互动和博弈。一方面，民间舆论场可以净化官方舆论场。民间舆论场的出现和官方舆论场的互动和博弈为整个社会打开了一个新的自上而下的舆论通道。民间舆论场不仅担负着公众宣泄情感的功能，还能利用自己的场域资本优势，监督官方舆论场。当两个舆论场相互配合、相互影响，甚至相互博弈争夺话语权时，往往能形成合力，共同推进事件的发展。另一方面，在社交媒体舆情的发展过程中，由于信息不对称等各种因素，民间舆论场往往是带有情绪化的，易对官方舆论场带来负面影响甚至对整个河南省的形象造成长久难以磨灭的损害。

因此，正确而有效管理社交媒体舆情变得迫切而必要。

## （一）扎实推进网络空间治理法制化

2014年2月27日，习近平总书记在主持召开中央网络安全和信息化领导小组第一次会议时强调，"做好网上舆论工作是一项长期任务，要创新改进网上宣传，运用网络传播规律，弘扬主旋律，激发正能量，把握好网上舆论引导的时、度、效，使网络空间清朗起来"。作为互联网大国，我国将全面进入"依法治网时代"。基于社交媒体开放性特点，有关部分更应重视社交媒体平台治理力度，特别是在依法治理网络空间和完善互联网信息内容管理法规制度层面扎实推进。首先，对不实信息和违法有害信息应依法查处。通过行政手段保障用户体验，微博、微信公众号、抖音等社交媒体平台严禁恶意营销及诱导分享朋友圈，更严禁发布色情低俗、暴力血腥、政治谣言等各类违反法律法规及相关政策规定的信息。在河南省内建立专门的网络监测平台，联合公安、网监等多部门的资源和手段对网络上的信息进行监测，及时发现不良信息，立即查处。加大对低俗恶俗以及违法信息、直播等的查处惩戒力度，严禁其在网络平台继续发声。要建立河南省网络乱象的长效预警机制及处理机制，及时发现，严格执法，用行政手段净化网络空间。

其次，加强网络信息安全和治理网络欺诈隐患。社交媒体发展大大促成了网络舆论场影响力的增强，近年来因社交媒体使用而出现的恶性事件时有发生，如公民或儿童隐私泄露致伤害、盗取个人社交媒体账号密码、盗取手机支付账号密码、植入各种吸费木马和流氓软件、利用社交媒体搭讪性犯罪和抢劫、利用社交媒体造谣传谣等犯罪现象。这说明网络安全问题仍是当前和未来相关职能部门关注的重点。网络不是法外之地，应完善河南省互联网犯罪的法律法规，保障公众的信息以及财产安全，提供健康的网络环境。加大普法力度，增强社会公众的法律意识，提高公众面对网络信息的警惕性，减少自身因素导致的信息泄露以及欺诈等违法行为的发生，学会用法律手段维护自身的合法利益。

### （二）加强社交媒体网络的舆情管理

社交媒体时代网络信息量大、用户互动性强，网络舆情迅速发酵，传播以及发展的速度快，对个人、企业和政府的形象造成极大的影响。在舆情产生、发展以及消亡阶段，网上的信息纷繁复杂，仅依靠人工的力量难以应对网上海量信息的收集和处理，往往会错过舆情处理的最佳时间，扩大舆情的负面影响，需要不断提高舆情管理能力以更好地应对舆情。

无论是政府部门，还是企事业单位，首先，需要强化舆情信息管理，建立健全舆情处置预案，怀有客观真实的报道理念，正确引导舆论，化解不必要的危机。河南省 2010~2020 年，重大舆情事件主要集中在灾害事故类、公权力形象类、司法事件类、经济民生类、时事政策类、生态环境类、公共卫生类以及文化教育类。根据重点舆情事件的类型，建立健全相应的舆情处置预案，在舆情发生时能够从容应对，扩大正向舆情事件的热度，降低负面舆情事件的危害。2020 年"河南 4 名高考生答题卡疑遭调包""河南一考生遭北大三次退档""高考撕他人答题卡"三起因高考引发的舆情事件引发网友热议，高考自带话题热度，而河南省作为高考大省，更加引发社会关注，处理不妥当则会引发公众对政府公权力以及社会公平公正的质疑。政府需要提前建立完整的应急预案，及时发声，还原事件真相，回应公众关切。

其次，培养敏锐的洞察力，树立危机意识，努力提升风险的预判能力。网络舆情治理的最高层次是"治未病"，就是在舆情还未发生之时便通过技术手段预见即将发生的舆情事件，并通过一定的措施进行治理，使舆情在孕育之初便走向消亡，防患于未然。长期以来，无论是政府还是企事业单位，对舆情的治理仍然停留在事件发生后的应急处理，缺乏对舆情事件的预警和防范的意识及能力，导致在舆情的处置过程中往往处于被动的地位。改变主体在舆情事件中的被动地位，需要变"管控"为"防控"，明晰舆情从孕育、生成、发展到消退、消亡的每个环节和整个过程，发挥人工智能、大数据、云计算等新兴技术在网络舆情监测和研判中的优势。

最后，做到要包容、不包庇。以开放包容的心态对待舆论监督，及时有效地公布事件进展，真实不隐瞒。选择性发布是各级政府部门控制和统治公众舆论的一种正常手段。在舆情爆发之初，政府部门没有及时向公众发布已经掌握的信息，并且有选择地公布事件的起因、发展状况以及事件的可能后果，隐藏事件的敏感内容或负面信息，以期减少舆情的负面影响，并达到管控公众舆论的目的。当无法掩饰，甚至舆论完全爆发时才会采取措施弥补这一过失。因此，河南省各级政府部门在应对舆情事件时，不仅要及时发布相关信息，而且要如实有效、正确面对和确定突发事件的可能后果，并及时发布可控的真实信息，以防止舆论继续发酵，造成更大的损失。

同时，社交媒体网络舆情的有效管理还依赖于完善的舆情管理体系：一是要建立统一、高效的突发事件总体应急预案、信息报告制度、新闻发布制度、舆情收集制度、信息反馈制度等。加强对预案的动态管理，适时修订，并组织内部相关部门进行演练，使其熟练掌握舆情处置流程，提高风险防范能力。2020年初疫情发生后，河南省建立严格的信息报告以及新闻发布制度，每日公布省内疫情的最新状况，定期举行新闻发布会，通报疫情防控的最新进展，一方面安抚民心，稳定社会秩序；另一方面体现河南省政府信息公开，尽职尽责，提升政府形象。另外，及时辟谣，防止谣言在疫情信息的笼罩下迅速扩散。

二是要建立舆情防控大监督体系。内部应建立舆情工作队伍，形成核心、骨干、普通三级舆情监督网络。应设立一名舆情工作人员和建立新闻发言人制度，及时有效监控媒体报道、网络信息，确保事情发生时信息灵通、快速反应、及时应对。首先，政府可以通过网络新闻发言人及时响应公众的信息需求，从而保持政府的信誉。当公众有疑问并且政府机构未及时答复时，就会出现许多无法理解的语言问题和冲突。在舆论爆发之初，政府可以通过在线网络新闻发言人及时向公众通报真相，满足公众的知情需求，最大限度地减少公众的质疑和对政府信誉的损害，防患于未然。其次，政府可以通过网络新闻发言人传播舆论，从而恢复政府的信誉。分享准确、权威的信息，消除误解并解决矛盾，即使政府的信誉受到损害，也可以通过适当的指导对其进行修复。

三是建立舆情事件应急指挥部，各级舆情工作人员服从统一调度，按照职责分工，协调作战。外部应重视与地方主流媒体和各网络媒体的沟通联系，主动出击，正面引导社会舆论，避免恶意炒作带来负面影响，维护好自己的形象。在负面舆情出现后，要快速了解事件真相，快速提出解决措施，快速接触媒体，快速解决舆情所反映的问题，正确把握舆论主动权和话语权，引导舆论传播。更要通过舆论风险，自我剖析，找准症结，狠下猛药，从根源上消除矛盾和问题，借舆情来推动自身工作，杜绝相同事件再次发生。同时，巧借媒体力量，在化解舆情过程中，将自身的定位和战略告知媒体与大众，引导舆论主流，强化正面形象。

需要强调的是，社交媒体舆情有牵一发而动全身之势，存在大量未知领域。由于受互联网生存法则和盈利模式的内驱力影响，围绕人的一般需求，舆论流可能会向广告流、金融流、技术流、交通流等不同领域扩散。这就要求社交媒体网络舆情管理应具有全局意识，不仅强调政府、媒体、企事业单位等的责任，更要找准公共治理的根本问题和网络信息的传播规律，建立网络舆论生态治理体系。

## （三）完善社交媒体内容生产和运营规范

近年来，河南省社交媒体格局快速变迁，社交媒体平台不断增多，呈现专业性分化，更为重要的是，各类社交媒体平台开放性不断提高。越来越多的用户加入社交媒体内容生产队伍，以简单的配图、典型的案例、轻快的音乐，通过微博推送、微信公众号转发等形式供大众快速共享阅读。这种快捷的信息传播方式在一定程度上破坏了社交媒体内容生态，具体表现为虚假新闻泛滥、信息内容质量不高等问题。因此，河南省网信办会同有关部门应定期开展社交媒体专项整治行动，依法处置违法违规账号和信息，严格内容生态治理，改善行业生态环境。

然而，要从根本上改善社交媒体散布虚假信息、宣扬错误价值观、恶意营销、敲诈勒索等现象，社交媒体平台基础管理能力亟待进一步提高。针对突出问题，必须从基础管理这一关键环节入手，坚持依法治理、标本兼治、管建并举，动员各方力量，有效根治社交媒体领域的痼疾顽症。第一，要抓住关键环节，狠抓任务落实，以全面排查清理问题账号为基础，以推进分级分类管理为重点，进一步压紧压实平台、用户、属地管理责任；第二，要重点推进微信、微博等社交媒体主要平台的公众账号分级分类，为社交媒体账号的属地管理、精准管理、信用管理打下坚实基础，提升社交媒体规范管理水平；第三，要深入推进和重点完善社交媒体账号内容生产和运营的行为规范，优化平台运行规则；第四，要强化技术治网能力建设，为实施规范管理提供支撑；第五，要建立健全正向激励机制，引导鼓励社交媒体运营主体生产高质量信息内容。基于上述措施，在网络综合治理体系框架内，建立健全社交媒体管理体系，形成多部门协调监管、社会各方共同参与的治理格局，全面推进河南省社交媒体依法管理、规范管理、综合治理。

### （四）重视提升民众的网络素养

社交媒体舆情的生产者和消费者都是民众，民众的网络素养对社交媒体舆情的产生、发展以及消亡起着至关重要的作用。河南省是人口大省，对社交媒体舆情提出很大的挑战。因此，亟待提高河南省民众的网络素养，从内改善舆情发生的网络环境，推动社交媒体舆情朝更好的方向发展。

首先，要重视青少年网络素养教育。当今，青少年互联网用户所占比例较高，而青少年心智不成熟，在面对纷杂的社交媒体舆情时缺乏独立自主认识和清晰准确的判断，易被居心叵测之人煽动，从而发表一些带有情绪化的言论。提高青少年网络素养，需要从两方面入手。一方面，通过立法对网络内容进行严格审查和监管，从保护青少年的角度出发，努力净化网络环境，使青少年避免接触不健康甚至有害的网络信息；另一方面，通过各种有效途径，鼓励政府部门、传媒企业以及社会公益组织等开展各类针对青少年的网络素养教育活动和培训项目，以提升青少年网络素养和增强网络安全意识。①

---

① 耿益群：《新加坡网络舆情治理特色：重视提升民众的网络素养》，《中国广播电视学刊》
2020年第9期。

此外，开展课程改革，在中小学课程中设置媒介素养课程，将网络素质教育贯穿青少年发展始终，培养学生网络信息获取、甄别和制作传播等方面的技能和能力。

其次，需要发挥各类社会公益组织的作用。社会公益组织不同于学校教育，组织方式更加灵活，能够吸纳更多热衷于该项事业的人员。各级政府通过资金扶持鼓励各类社会公益组织参与民众网络素养提升活动之中，形成政府、市场和社会公益组织共同参与社交媒体舆情治理的局面，逐渐形成善治的网络舆情治理模式。河南省各类社会公益组织通过会集社会人力资源、提供网络素养培训课程，培养能够胜任网络素养教育的师资，与网络素养课程改革相互补充和配合。

### （五）充分发挥高校、研究机构等智库的作用

詹姆斯·麦甘认为，智库是通过研究和分析为政府和公众对公共政策的制定和理解提供可信赖的、易接受的信息支持，是学术界与政策制定者之间的桥梁。河南省共有普通高等学校 151 所，其中本科院校 57 所，高职院校 94 所[①]，可以充分发挥高校智库在社交媒体舆情管理及防控方面的优势：一是河南省高校聚集了大批专门研究社交媒体舆情的教师，郑州大学、河南大学等河南省多所大学都拥有相当规模的博士和研究生队伍，其智库建设的人才储备是其他机构和部门难以比拟的；二是河南省的多所高校学科门类齐全，既开设了与社交媒体舆情相关的新媒体学科，也开设了其他种类的自然科学与社会科学学科，有利于跨专业、跨学科综合判断社交媒体舆情问题，为舆情监测解决提供更多的方案；三是高校设施完备，基础研究实力雄厚，在研究社交媒体舆情方面可以增加理论深度，提高决策水平；四是高校可以与其他省份高校以及研究机构取得广泛深入的联系，为河南省处理社交媒体舆情事件提供经验，拓宽视野，在日后处理类似社交媒体舆情事件时扬长避短。

---

① 《2020 年河南省教育事业发展统计公报》。

# Ⅳ 行业篇

# 河南新媒体广告观察与思考

韩文静 黄 庆 郭淑婷 薄 晨 何 冰 喻馨君*

**摘 要：** 近年来，随着互联网技术的发展和智能媒体终端的普及，广告市场的需求、形式、结构和各类主体角色不断变化，广告行业开始出现很多新技术与新业态，新媒体广告正成为广告行业重要且必然的发展趋势。本报告通过梳理河南省近年来的广告发展历程，包括对河南省新媒体广告的发展进程、广告形态发展演变过程以及新媒体广告在不同行业显现的分析，指出河南省新媒体广告发展的优势、劣势并提出相应的发展建议。

**关键词：** 新媒体广告 互联网技术 河南省

## 一 河南新媒体广告的发展进程

技术与传媒业历来是双向共生的关系，前者是助推传媒业革新繁荣的关

---

* 韩文静，广告学博士，郑州大学新闻与传播学院广告系主任、副教授，主要研究方向为数字广告、营销传播效果；黄庆、郭淑婷、薄晨、何冰、喻馨君为郑州大学新闻与传播学院硕士研究生。

键性力量，后者是技术变革的原动力。信息技术的迅速发展和普及给以移动网络终端为代表的新媒体带来了新的发展视角以及活跃领域。2019 年河南省网民规模达到 8798 万人，互联网普及率为 91.3%。手机网民规模达到 8630 万人，占比达到 98.1%。[①] 随着 5G 基站的建设和正式商用，各类移动网络终端以手机作为载体，日益成为用户生活中的一部分。新媒体有别于传统意义上的媒体形式，不仅仅局限在信息分布、娱乐消遣等领域，广告产业也在以 5G、AI 以及区块链等为代表的人工智能时代涌现出新的形态。

在中国，新媒体广告的发展进程始终跟随着技术的演进。借助现代新兴技术进行内容生产与传播的互联网时代，同时推动广告在数字化空间的进一步延伸。新媒体广告是指广告主依托网络技术和数字媒体技术，在互联网媒体上开展的各种广告宣传的营销活动。今天，从 Web1.0 到 Web4.0、从门户网站到社交媒体再到智能媒体、从一对多的单向广告模式到多对多的社群营销再到基于算法的个性化广告推荐，每一种新的媒介形态和传播模式的演变都与技术的变革速度变化有关。[②] 河南省作为国家级互联网骨干直联点、信源集聚地，为广告产业提供了与时俱进、形式多样的新媒体平台。河南新媒体广告在历经 Web1.0—Web4.0 的技术快速发展的期间，除保留广告原有的特征外，还成为广告主与受众之间的新型连接链条。河南广告媒体和广告公司以技术为底层逻辑，紧跟技术更新的步伐，催生出一批新兴广告公司，并且借助新媒体的技术特征变革营销理念，创作出现象级的广告作品，打响河南省知名品牌，探索具有河南特色的新媒体广告之路。

## （一）Web1.0门户网站时代的广告

在传播资源匮乏的时代，信息内容的呈现模式相对单一，广而告之的传播模式虽能辐射一定的范围，但传播效果对应的价值难以衡量。通过 Web 万维网，互联网上的资源可以在一个网页内清晰直观地展示，并且各种元内容

---

[①] 《〈2019 河南省互联网发展报告〉新闻发布会》，河南省人民政府网站，2020 年 5 月 15 日，https：//www.henan.gov.cn/2020/05-15/1454990.html。

[②] 刘岩：《技术升级与传媒变革：从 Web1.0 到 Web3.0 之路》，《电视工程》2019 年第 1 期。

可以以链接的方式使其随意跳转至任意界面。这种利用互联网络实现资源共享与传递的技术，就叫"Web1.0"。Web1.0时代，最为显著的标志则是新浪网和搜狐网等一系列门户网站和网络搜索引擎的出现，它们开创了中国第一代搜索聚合工具。河南省借助《河南日报》、腾讯、搜狐等平台的科技支持相继推出了大河网、腾讯·大豫网等专业的河南城市门户网站。新的媒体承载形式必然推动广告形式和广告投放的转变。网幅广告是新媒体广告的开端，它是定位在网页内的图像文件，可直接表现广告内容并具有一定的交互性。该新型广告形式增强了用户的体验感和分享欲。河南广告媒体和广告公司基于Web1.0成本低廉、可双向交流、便于跟踪等优势，开始逐步转向网幅广告的投放。

根据网页不同版面的差距，广告投放的金额以及表现方式也有所差异（见表1）。由于大河网、腾讯·大豫网以及中原网等各个网站的特定目标群体不同，在不同的流量网站做广告，可以使广告有针对性地影响潜在消费者。网幅广告通过互联网将产品、服务等的信息不仅仅只传播至河南省内，还覆盖世界各地。其凭借广阔的辐射范围以多对多的方式使广告主和广告公司纷纷转向此领域，刺激了河南省广告产业的新媒体化发展。目前网幅广告的投放对象以房地产和财经类企业为主，依据目标消费者的喜好选择类型不同的网页进行呈现（见图1）。

**表 1 映象网首页广告价格**

| 类别 | 广告形式 | 广告位置 | 尺寸（宽×高） | 独播价 | 轮播价 |
|---|---|---|---|---|---|
| 首屏 | 炸屏广告 | 导航栏上方 | 1000px×定制 | 30000 元/天 | — |
| | 通栏广告一 | 导航栏下一 | 1000px×60px | 18000 元/天 | 15000 元/天 |
| | 通栏广告二 | 导航栏下二 | 1000px×60px | 16000 元/天 | 14000 元/天 |
| | 通栏广告三 | 导航栏下三 | 650px×60px | 15000 元/天 | 12000 元/天 |
| | 悬浮广告 | 随网页上下浮动 | 120px×300px | 1000 元/天 | — |
| | 按钮广告（左） | 通栏广告三左侧 | 165px×60px | 4000 元/天 | 2000 元/天 |
| | 按钮广告（中） | 通栏广告三中间 | 650px×60px | 10000 元/天 | 7000 元/天 |
| | 按钮广告（右） | 通栏广告三右侧 | 165px×60px | 4000 元/天 | 2000 元/天 |
| | 新闻焦点图 | 新闻栏右侧 | 656px×368px | 10000 元/天 | — |

续表

| 类别 | 广告形式 | 广告位置 | 尺寸（宽×高） | 独播价 | 轮播价 |
|------|---------|---------|-------------|--------|--------|
| 二屏 | 按钮广告 | 专题右侧 | 315px×90px | 3000 元/天 | 2000 元/天 |
| | 通栏广告 | 二屏 | 1000px×60px | 6000 元/天 | 4000 元/天 |
| | 文字链接 | 二屏 | 18 个字以内 | 5000 元/周 | — |
| 底屏 | 通栏广告 | 底屏 | 1000px×60px | 2000 元/天 | 1000 元/天 |
| | 友情链接 | 从左至右 | — | 60000 元/年 | — |

资料来源：映象网，http：//house. hnr. cn/201903/25/1285. html。

**图1　各网站的网页广告形式**

资料来源：http：//www. hnr. cn。

Web1.0时代的广告服务可扩散度虽然在不断提高，但是基础硬件设施存在巨大差异，并且其方便性与可携带性在某种程度上不敌传统媒体。此外，由于网页上可供选择的广告位置有限，表现形式趋向单调化，容量小、缺乏美感使其产品详细内容难以充分展现。

## （二）Web2.0社交媒体时代的广告

如果说Web1.0是注重对信息搜索、聚合的需求，Web2.0则更为注重人与人之间的沟通与互动。Web2.0是以用户为核心的互联网，这一基本定位要求广告业必须秉持用户至上的观念。广告传播方式开始从传统的互联网电子邮件广告、网幅广告、横幅式广告等拓展到富媒体广告、网络游戏广告、社区论坛广告等，从粗糙到精细化，实现不断升级，更加强调营销的互动性和精准性。[①] 特定的新媒体发展阶段要求关注用户个人的需求，互联网作为平台载体使得企业及广告主能以最低廉的成本接触客户，并进行跟踪，对客户进行管理。

Web2.0时代的新技术发展给互联网带来了互动性、精准性的转变，在这种环境下，我国的广告市场力求使用户由被动接受广告到主动参与广告内容的生产与传播，通过增加广告的创意吸引用户积极主动参与传播。社交媒体时代的广告业依托新技术的使用，加强了网络的互动功能，使得广告形式更加多样化、广告传播效果更加精准化。这一期间，河南省的广告媒体与广告公司也开始调整原有的营销策略，拥抱社交媒体时代的广告新形态。目前借助微博、百度等多种网络平台，河南省的交互性广告、搜索引擎广告以及富媒体广告等纷纷涌现，为客户创造了更大的价值。以搜索引擎广告为例，个人根据需求进行检索时，数据平台依据用户画像实时推荐相关产品，已然体现精准营销的特征（见图2）。在百度中搜索"营销搜索引擎广告"时，会出现相应的广告推荐首页，推荐哪家公司最适合（见图3）。以用户主动参与为基础，随后根据广告竞价进行推送的Web2.0广告成为河南省广告公

---

① 安琪：《我国Web2.0时代下的网络广告新形式探析——以腾讯为例》，硕士学位论文，厦门大学，2008。

**图2 搜索引擎广告**

资料来源：http：//e. baidu. com/product/sousuo？ refer＝60478330。

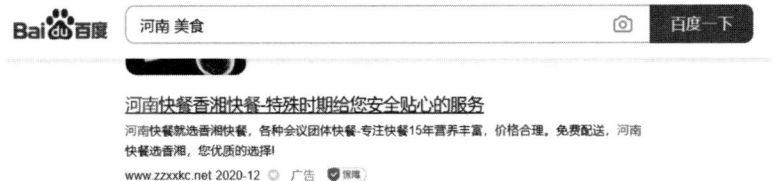

**图3 河南锐之旗搜索引擎广告营销页面**

资料来源：百度搜索引擎。

司和广告主的主要选择对象，其具有更大的辐射范围。

同时，随着产品多样化和消费水平差异化发展，市场由"大众化"逐步转向"分众化"，消费者的消费行为及媒介接触习惯呈现分散化、多元化和个性化的发展趋势。河南省众多知名食品品牌如卫龙，借助新媒体的传播辐射范围精准揣摩用户心理。将拍摄宣传片上传至微博，开启网络营销的新时代。与网红张全蛋合作拍摄宣传片，与暴走漫画合作制作表情包（见图4），甚至学习iPhone7的视觉设计。种种营销方式，使卫龙拥有了中国辣条市场的绝对份额。明确的目标客户、微博的裂变式传播、娱乐化的解构模式使卫龙在社交媒体时代独树一帜。

### （三）Web3.0移动互联网时代的广告

自下而上地体现广大用户集体智慧和主导力量的互联网体系是Web2.0

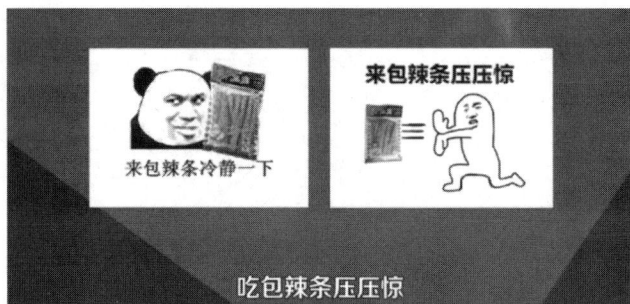

**图 4　与暴走漫画合作制作的表情包**
资料来源：https：//baijiahao. baidu. com/S?id=1692039761295216936&wfr=spider&forpc。

时代最为明显的产物，其推动了社交媒体平台的出现。但 Web2. 0 时代的信息泛滥使得检索效率和可信度不高，营销者虽然能锁定目标客户群体并进行互动沟通，但信息传播广度与深度有待拓展。① Web3. 0 时代大的核心理念是个性与精准，这进一步完善了新型广告形式的演变逻辑。信息可信度得到保障，消费者检索信息的效率大大提高，产品定制化、个性化得以实现。微信、今日头条、抖音等移动互联网时代的典型产品，根据顾客的网络行为数据把握用户的消费心理，并为个体用户开发定制化产品与服务，保证信息流通过程的对称性，减少冗余信息以提高产品的转换率。这一时期的广告较为突出的则是信息流广告、开屏广告、H5 广告等新兴形式，广告数字化形式的发展为河南省广告产业发展提供了新的方向，更易基于大数据的支持满足广告主的需求和期待。

　　由于产品同质化与宣传创意重合化，社会化媒体营销的竞争加剧，且受众的注意力有限，阅读习惯随着移动终端的改变趋向碎片化，这使得顾客的忠诚度难以维持。因此产品的差异决定着用户的差异以及营销模式的选择，为避免一对多的传统广告信息的单向性，移动互联网媒体打造了强关系网，这种关系网的价值是有利于提升广告的影响力，用新的方式来扩散广告产品的基本内容。

---

　　①　张茹：《基于 Web3. 0 视角下社会化媒体营销的思考》，《中国商论》2020 年第 15 期。

信息流广告，作为 Web3.0 时代最具创新力的表现形式，它以植入的形式隐蔽性地进行传播，通过一种潜移默化的方式使用户在无意识中进行购买。借助微信、微博等社交平台运营品牌，也逐渐成为新媒体广告领域内的新方式，广告主以流量聚集的平台运营账号，通过内容生产与加工打造"人设"，进而推动品牌销售。目前广告公司负责广告主的产品内容生产，与抖音、今日头条等合作进行推广。如领先传媒与今日头条·河南合作，推出一系列君乐宝的抖音短视频，以特定的语言风格突破圈层限制，进入下沉市场吸引用户注意力。河南省本地知名名牌如好想你、999 感冒灵与领先传媒、华禾传媒等本地广告公司合作，申请微信公众号、小程序、抖音账号等进行产品促销与品牌推广（见图5）。

**图 5　好想你抖音短视频广告**

资料来源：抖音。

## （四）Web4.0智能媒体时代的广告

Web 万维网从未脱离某一具体的历史阶段，Web4.0 在 Web3.0 时代用户需求、算法推荐和场景匹配等方面不断进行优化与智能化。21 世纪，技术向机器化发展已成为必然，智能化成为未来传播形态最重要的特征。智能技术的发展推动媒介形态、营销方式以及消费者习惯等发生改变，信息的智能化应用使整个广告产业模式发生巨变。人工智能技术深入广告运作的全部流程已成为学界与业界的共识，在颠覆传统广告的基本运行方式后，智能广告成为河南省广告产业的转向目标。智能广告主要是研究人机交互过程中广告信息的智能化传播及其与消费者的深度沟通。[①] 智能广告运作的核心逻辑在于自动化信息推送、动态化场景匹配以及基于算法的品牌价值延伸，因此广告产业必须积极拥抱大数据等技术。除此之外，智能媒体时代的广告进一步加强了对广告效果的有效监测，对受众行为进行科学分析。5G 技术的投入使用将促进物联网的完善，用户每天在各类电子屏幕间获取有关生存和发展的信息等，媒介依赖程度不断加深。同一个场景不仅要为消费者提供个性化的广告信息，还需具备快速、高效、便捷的转化渠道，解决消费者在信息、知识与行动、决策之间的连接问题，从而完成整个购买闭环。

智能技术加持的广告运作不再表现为时间落差明显的先后阶段，而是形成感知、创作、交互、评估不断融合和不断循环的闭环机制，把广告运作从延时转化为实时。[②] 智能媒体时代的广告最为突出的则是程序化购买广告（见图 6、图 7），其也是目前河南省广告产业与流量平台合作的基本方式。程序化购买广告由数据驱动，对目标人群进行细分与会集，精准勾勒目标消费者画像，颗粒化的画像描绘提高了广告投放的精准度。此外，5G 技术可以打通线上场景和线下场景的连接渠道，实现消费者与广告的全场景匹配，各种触点在计算数据的驱动下，对受众的网络行为与情感进行解读，精准的

---

① 易龙：《论智能广告研究的价值及其框架的构建》，《新闻界》2009 年第 5 期。
② 郑新刚：《超越与重塑：智能广告的运作机制及行业影响》，《编辑之友》2019 年第 5 期。

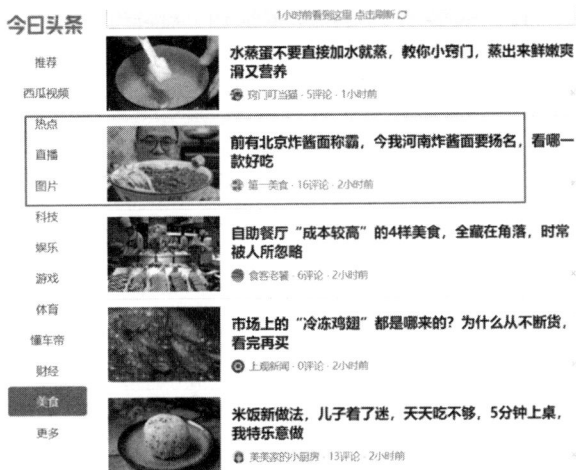

**图6 今日头条程序化购买广告**

资料来源：今日头条网页版。

**图7 拼多多与淘宝的程序化购买广告**

资料来源：拼多多与淘宝客户端。

广告投放会直击消费者的痛点，增强消费者黏性并提升其忠诚度。河南省作为中部地区发展的核心驱动力，腾讯·大豫网、河南百度、今日头条·河南等大型技术中心的设立为广告产业提供了技术支持。广告主在获得大量消费者的场景数据后，就能够跟踪、获取、记录并分析消费者的潜在需求，在消费者对其商品或服务感兴趣的瞬间将广告推荐出来，激发消费者的欲望，从而使得潜在需求向实际需求和实际消费转化。如位置定位在郑州市，算法将会根据内容搜索实时推荐符合消费者潜在需求的内容，在保证个性化需求的同时保障广告主的利益。

# 二　河南新媒体广告形态分析

## （一）媒体形态观察与划分

### 1. 传统媒体转型后的广告形态

面对网络广告的兴起，报纸、杂志、广播、电视四大传统媒体广告陆续进入下行通道。2018 年 CTR 媒介智讯调查显示，自 2015 年起，我国传统媒体广告的投放量滑入下降通道。报纸广告降幅高达 30.7%；杂志广告降幅达 8.1%；广播广告增长 6.8%，资源量却下降 4.3%；电视广告增长 0.9%，资源量下降 7%。2019 年，互联网广告营业额达 4367 亿元，电视和广播广告营业额均有所减少，分别同比下降 14.3% 和 5.7%，其中电视广告营业额创下自 2009 年以来的最大跌幅。[①]

在媒体融合变革和互联网广告激烈竞争的背景下，传统媒体开始从传统业态不断向新兴业态转型升级。河南省传统媒体一方面通过成立媒体集团集中广告资源，另一方面积极拥抱人工智能、大数据等新技术，实现媒体形态的变革与创新，以及运营模式的转型与升级。

---

① 惠杰：《大数据对传统媒体广告发展的影响》，《西部广播电视》2020 年第 14 期。

（1）报纸新媒体广告

2019 年，全国共出版报纸 1851 种，较 2018 年减少 1.1%；利润总额 38.2 亿元，增长 15.8%。2019 年，全国出版报纸 317.6 亿份，较 2018 年减少 5.8%，降幅收窄 1.1 个百分点。2019 年，报刊出版集团资产与收入增长提速，利润总额大幅增加。45 家报刊出版集团共实现主营业务收入 423.9 亿元，较 2018 年增长 4.8%。①

2018 年，河南省共有报纸 117 种。其中，党委机关报 20 种，都市报、晚报 14 种，专业行业报 16 种，企业报 11 种，广播电视报 7 种，学生辅导类报纸 9 种，高校印报 40 种。②

河南报社探索媒体融合转型道路，不断从传统业态向新兴业态升级，通过多元化经营、新媒体运营度过"寒冬"。河南日报报业集团不断改革创新、融合转型，"报、台、网、微"门类齐全，形成多维化、立体式传播矩阵。河南日报报业集团自 2015 年起，筹建融媒体指挥中心 1.0 版，实现文字、图片、音视频内容的融合。2017 年研发出拥有完全自主知识产权的融媒体指挥中心 2.0 版。③

2018 年，集团新媒体用户及账号粉丝总数接近 1.51 亿人。集团积极推进媒体深度融合，坚持移动优先策略，出现《河南日报》客户端、大河网客户端、《河南手机报》、"大河报"微博、豫直播 5 个千万级用户平台，呈现蓬勃发展新气象。2018 年《河南日报》广告刊登额再创新高。④ 2019 年，河南日报报业集团总体经济规模居全国同行业第 5 位。⑤ 目前，受新媒体冲击，《河南手机报》全国广告经营状况较差，主要依托于网站进行部分隐形广告经营。

传统报纸广告注重利用新媒体技术，增强广告互动效果，实现传统媒体向新媒体平台引流。2018 年 5 月 8 日，《河南日报》报眼刊登了一则 AR 广

---

① 资料来源：CTR 智库。
② 《河南省新闻出版年鉴 2019》。
③ 《跨媒体融合 跨行业融合》，人民网，2018 年 9 月 25 日，http：//media.people.com.cn/n1/2018/0925/c421527-30311991.html。
④ 《河南省新闻出版年鉴 2019》。
⑤ 资料来源：CTR 智库。

告，用户使用 QQ 扫描广告，即可在手机端观看"仰韶·彩陶坊酒"的视频广告（见图 8）。

**图 8 《河南日报》AR 广告**

资料来源：《河南日报》电子版。

媒体融合大势之下，纸媒在产业化经营上持续发力，多元化收入成为其营收的重要支柱。在传统广告收入之外，其他渠道的收益帮助报社走向了新的发展阶段。例如，河南日报报业集团斥巨资竞得郑州高铁、地铁、公交、核心商圈，以及乌鲁木齐高铁站等媒体资源，陆续建成党报阅报栏 2000 多座，各类户外媒体资源总面积超 10 万平方米，初步形成了全方位、立体化户外媒体传播网络。户外广告已成为河南日报报业集团产业多元布局的重要一环，旗下全资子公司河南大河全媒体广告公司深耕河南，布局全国，是省内资源型全媒体广告公司的代表之一（见图 9）。

**图 9 河南日报报业集团户外广告**

资料来源：河南大河全媒体广告公司。

河南日报报业集团把握新形势，实现从"+互联网"到"互联网+"的变革，不断增强品牌社会影响力，更好提升广告传播力。以《河南日报》客户端小薇品牌建设为例，抓住十九大契机上线"小薇带你读报告""小薇跑两会"，此后不断发挥优势，乘胜追击，打造小薇品牌，推出"当古塔遇上如意城""小薇邀你来答题"等系列融媒体产品（见图10）。"小薇邀你来答题"系列融媒体产品以H5的形式发布在《河南日报》新闻客户端和微信平台上，总点击量达2266万次。用户完成答题后可进行抽奖，奖品由广告赞助商提供。

图 10 "小薇" H5 融媒体产品

资料来源：《重磅1千万党端联合六大公众号，小薇邀你来答题》，《河南日报》网站，2017年11月6日，https://www.henandaily.cn/content/szheng/2017/1106/74173.html。

（2）数字电视新媒体广告

2020年7月8日，"国家广播电视总局"微信公众号发布《2019年全国广播电视行业统计公报》。公报显示，全国有线数字电视实际用户1.94亿户，占有线电视实际用户的93.72%，比2018年提高了1.52个百分点。有线电视智能终端用户2385万户，同比增长26.59%。全国交互式网络电视（IPTV）、互联网电视（OTT）用户规模持续扩大。IPTV用户12.74亿户，OTT用户28.21亿户。2019年广播电视和网络视听机构通过互联网取得的新媒体广告收入828.76亿元，同比增长68.49%。广播电视机构通过IPTV、OTT业务取得的收入持续增长。IPTV平台分成收入121.23亿元，同比增长

20.69%；OTT 集成服务业务收入 62.53 亿元，同比增长 33.16%。①

截至 2019 年 12 月 27 日，河南有线覆盖全省 18 个地市和 108 个县级市，在网用户 1500 多万户。高清有线电视用户突破 1 亿户，同比增长 9.16%；IPTV 用户总数达到 1775.3 万户，居全国第 5 位。②

电视新媒体广告收入包括内容盈利和广告盈利两种方式。内容盈利方面，2020 年 9 月 20 日河南有线"豫见 5G 新视界暨大象 TV 上线发布仪式"在郑州举行，正式推出面向 5G 的新型业务形态——大象 TV，同时携手爱奇艺发布首款 AI 智能语音机顶盒——象小果，象小果以会员付费方式获取收益。广告盈利方面，数字电视新媒体广告通过受众数字电视媒介接触行为与日常生活的彼此渗透延长了有效可支配注意力的时间。数字电视新媒体广告穿插于用户的各种收视行为过程中，不受电视频道、收视率、观众喜爱程度等因素影响，触达率和曝光频次都远超过其他任何形式的传统媒体广告。其中，开机广告、换台广告、贴片广告是到达率最高、用户接触最频繁的广告类型。③

河南省广播电视台以中原云大数据为支撑，整合新闻广播、新闻频道、《东方今报》、猛犸新闻、映象网等市政新闻采编播力量，打造河南广播电视台新闻岛"中央厨房"，构建全媒体传播矩阵。截至 2018 年，"河南新闻" App，"猛犸新闻" App，"交广领航" App 等产品下载量均突破 400 万次。④

在新媒体的巨大冲击下，以电视台为代表的传统媒体，转变观念，创新机制，充分利用社交传播和流量红利（见图11）。以河南电视台都市频道为例，其通过传统电视媒体和公众号、线上商城等新媒体联动，提供线上线下引流、品牌推广、活动策划、品牌营销、全媒体宣传等服务，利用电商平台与广告主实现共赢。2020 年 3 月，都市频道和统一集团合作，用广告置换统一的新产品

---

① 《2019 年全国广播电视行业统计公报》，国家广播电视总局网站，2020 年 7 月 8 日，http://www.nrta.gov.cn/art/2020/7/8/art_113_52026.html。

② 《〈2019 河南省互联网发展报告〉新闻发布会》，河南省人民政府网站，2020 年 5 月 15 日，http://www.henan.gov.cn/2020/05-15/1454990.html。

③ 王小宁等：《中国有线数字电视新媒体广告业务发展趋势研究》，《广播电视信息》2017 年第 7 期。

④ 《河南省新闻出版年鉴 2019》。

**图11　数字电视新媒体广告**

资料来源：百度。

黑芝麻乳，通过都市严选电商平台快速将产品变现，从而获得了可观收益。

（3）广播新媒体广告

2019 年全国广播电视行业总收入 8107.45 亿元，同比增长 16.62%。传统广播电视广告收入下降，新媒体广告收入增长明显。2019 年全国广告收入 2075.27 亿元，同比增长 11.30%。其中传统广播电视广告收入 998.85 亿元，同比下降 9.13%；广播电视和网络视听机构通过互联网取得的新媒体广告收入 828.76 亿元，同比增长 68.49%，包括广播电视机构新媒体广告收入 194.31 亿元，同比增长 25.11%；广播电视和网络视听机构通过楼宇广告、户外广告等取得的其他广告收入 247.66 亿元，同比下降 9.41%。① 广播广告投放行业结构不断变化，广播广告正逐渐朝类型更丰富、内容更多元的方向发展。

截至 2018 年底，河南省广播综合人口覆盖率为 99.05%，同比增长 0.43%，超出全国平均水平 0.34 个百分点。河南省电台 18 座，其中省级 1 座，省辖市 17 座。节目 154 套。调频、电视转播发射台 162 座，调频发射机

---

① 《2019 年全国广播电视行业统计公报》，广西新闻网，2020 年 7 月 13 日，http://news.gxnews.com.cn/staticpages/20200713/newgx5f0bdc7c-19687365.shtml。

190 部。全省经批准县级广播电视台 115 个。① 河南广播多朝着垂直化细分市场方向发展，内容涵盖新闻、交通、音乐、娱乐、经济、旅游等多种类型。

智能手机作为移动收听收视终端，音频客户端快速发展，不断冲击着传统广播的独占优势，河南广播媒体与新媒体融合发展，经营方式悄然变革。河南广播媒体积极拥抱互联网，打造全媒体矩阵。一方面，打造自有移动客户端、网站，实现广播节目多渠道、多平台传播，方便用户实时收听和回放；另一方面，积极布局其他平台，利用微信、微博、抖音等社交媒体，蜻蜓 FM 和喜马拉雅 FM 等音频媒体，增加互联网听众数量。凭借新媒体实时、互动等特性，拉进与用户的距离，探索直播、电商等新型盈利路径。

河南交通广播全媒体矩阵，利用媒体公信力背书，将听众转化为粉丝，进而转化为付费客户。在"交广领航"App 中针对汽车用户和交广会员开辟审车、汽车美容等特色服务。2020 年 12 月，河南交通广播在微信公众号上线 FM104.1UP 商城，为用户提供美妆、家居、食品等产品（见图 12）。

**图 12　河南交通广播线上商城**
资料来源：河南交通广播微信端及客户端。

---

① 《河南省新闻出版年鉴 2019》。

（4）杂志新媒体广告

截至 2018 年 9 月，河南省共有期刊 243 种。近年来，河南期刊狠抓内容生产，不断提升出版质量，已打造出一批市场定位准确、栏目特色鲜明、学术水平较高的期刊集群，豫版期刊获得了不少荣誉，社会影响力和地域辐射力不断增强。如《史学月刊》《妇女生活》《老人春秋》等期刊荣获全国"百强报刊"；由河南日报报业集团主办的《漫画月刊》入选全国重点动漫产品；等等。同时，豫版期刊被中国知网、万方数据知识服务平台等收录的有 192 种，并有 20 种期刊在海外发行。此外，豫版期刊转型升级态势良好。据不完全统计，全省已有 132 种期刊实现了互联网出版，已基本形成了用户全方位覆盖、传播全天候延伸、服务多领域拓展的豫版期刊传播体系，囊括纸媒、网站、客户端、微博、微信、户外媒体等产品形态。①

河南杂志新媒体案例如《今日消费》杂志新媒体矩阵，包含"今日消费·今日加油"微信公众号和郑州 ZAKER 移动端等新媒体平台。《今日消费》将目光放在郑州本地民生消费类产品上，利用电商平台，快速裂变，积累用户。官方微信公众号为郑州 30 万名用户提供"吃、玩、购"指南，并打造微信小程序"大郑州精选"，聚合郑州本地餐饮美食、旅游票务、亲子教育、美容丽人、休闲娱乐等各类生活服务，建立微信群开展社群化运作，积极借助新媒体进行直播带货。"今日消费"电商平台在 2020 年 11 月 18 日完成认证，经营综合食品、母婴用品等（见图 13）。

ZAKER 客户端能够凭借强大的算法、先进的数据抓取技术，精准分析并解读用户的阅读习惯和兴趣，根据用户的阅读兴趣、地理位置、移动终端、时间等元素实现精准投放（见图 14）。

**2. 新媒体广告形态**

（1）门户网站广告

门户网站是指通向某类综合性互联网信息资源并提供有关信息服务的应

---

① 《第五届中国期刊交易博览会开幕 88 种豫版期刊精彩亮相》，河南省人民政府网站，2018 年 9 月 16 日，http：//www.henan.gov.cn/2018/09-16/691547.html。

**图 13  "今日消费"线上商城**

资料来源："今日消费"微信端。

**图 14  ZAKER 客户端广告**

资料来源：ZAKER 客户端。

用系统。在全球范围中，最为著名的门户网站有谷歌、雅虎，在中国著名的门户网站有百度、新浪网、搜狐网、腾讯网、新华网、人民网、凤凰网等。河南省也有不少地方门户网站（见图 15），如郑州黄河风景名胜区门户网站、郑州旅游门户网站、腾讯·大豫网、河南省人民政府门户网站、网易河南等，多为旅游类、政务类及新闻类门户网站，门户网站广告多集中于旅游、新闻、商业性质的网站。

**图 15　郑州旅游门户网站首页**

资料来源：郑州旅游门户网站。

以腾讯·大豫网为例（见图 16、图 17），广告的形式以横幅广告、通栏广告和定位广告为主，还有少量的赞助广告、促销和竞猜广告、插播广告。位于网页上部的广告，主要是横幅广告，还存在部分自动弹出式广告、多媒

**图 16　腾讯·大豫网首页广告形式**

资料来源：腾讯·大豫网门户网站。

**图 17　腾讯·大豫网广告类型**

资料来源：腾讯·大豫网门户网站。

体广告与对联广告。多样化的广告形式更能抓住浏览者的注意力。就内容来看，多为房地产、汽车卷入性高的广告。采用较小的动图和图片，占用的空间面积比较小，浏览速度很快，总体来看，网络广告的链接速度相对较高。

此外，河南地方门户网站呈现广告与生活服务相融合的特点（见图18）。结合地方新闻、本地生活与服务营销，使用户在浏览门户网站时感到亲近，营造一种场景服务感。在提供生活资讯的同时获得用户信任，促进商品及服务的销售。

**图 18　腾讯·大豫网生活烩板块**

资料来源：腾讯·大豫网门户网站。

（2）微信广告

微信广告是指在微信朋友圈、公众号、小程序中以信息流方式呈现出来的广告形式，一般由图片和文本内容组成。2019年信息流广告市场规模达到1761.7亿元，预计2022年将超过4500亿元。从增速来看，信息流广告增速有所放缓，但信息流广告对于网络广告的推动作用仍旧十分明显。随着提速降费扎实推进，信息消费规模持续扩大。全省手机上网流量资费为4元/G，较上年下降26.5%，降幅居全国第4位。手机上网流量达到95.1亿G，居全国第3位，较上年增长38.9%。手机上网月户均流量为7.3G。物联网终端接入流量达到9303.9万G，居全国第9位，较上年增长175.8%。全省100M以上、1000M以上宽带用户占比分别为99.1%、0.78%，分别居全国第1位、第10位。[①] 河南省庞大的移动终端基数为移动数字广告提供了广阔市场。

信息流广告文本内容主要是广告中的文字，是品牌与用户进行沟通的重要元素，品牌通过文本内容向用户传播关于产品的质量、价格、促销、场景等多方面的信息，从而实现品牌信息传达、形象塑造、即时销售等目标。微信拥有11亿名月活跃用户，易实现品牌曝光，传递品牌文化，优化品牌形象，并配合精准定位，让更多用户参与品牌活动，实现品效合一。信息流广告可用于推广品牌活动、产品、应用、公众号、小游戏，派发优惠券，收集销售线索。利于展示产品元素，使用户深入了解。在本地场景中提供解决方案，帮用户解决问题。或进行问题导入，引导用户深入关注，提供使用场景，让用户沉浸思考。还可以加入社交元素，鼓励分享。例如，河南省盘子女人坊古风摄影旗舰店在微信朋友圈投放的信息流广告以其品牌名称为朋友圈发布者昵称，广告词配以广告图，广告词明确标识郑州用户，并以原生形式出现在朋友圈中，可降低用户的广告回避率，传递品牌信息。并且在左下角配备链接可供感兴趣的用户直接点击（见图19）。总之，兼顾了用户体验与商业效果。

---

① 《2020年全省信息通信业保持平稳较快发展电信业务总量和业务收入分居全国第4、第5位》，搜狐网，2021年1月26日，https://www.sohu.com/a/446846327_120043327。

"中培励学教育焦作校区"也是一则针对河南省的信息流广告，针对人群为河南本地人，以图片海报的形式对艺考培训及其文化课进行宣传。并且在左下角写出其主要的培训类型——"1 对 1""全科辅导""中小学教育"，可快速并有针对性地提高知名度、捕捉潜在用户（见图 20）。此外，还有公众号广告和小程序广告，内置于公众号和小程序中，也是微信广告的一种形式。

**图 19 盘子女人坊古风摄影旗舰店**
**微信朋友圈信息流广告**
资料来源：微信朋友圈。

**图 20 中培励学教育焦作校区**
**微信朋友圈信息流广告**
资料来源：微信朋友圈。

（3）微博广告

2020 年受新冠肺炎疫情影响，经济发展下行，作为经济发展晴雨表的广告行业也开始面临艰苦困境。加之传统广告投放方式转化率、影响力有限，新媒体广告尤其是微博广告成为广告投放的优良渠道。2019 年底微博月活跃用户达到 5.16 亿人，日活跃用户增长至 2.22 亿人，30 岁以下的青年群体占到 80%以上。截至 2020 年第一季度，西瓜数据微博版收录的数据显示，粉丝数在 1 万人以上，每周保持积极持续发博的活跃博主大概有 18.5 万人，占了已收录博主的 9.2%。明星入驻微博后，大量的话题榜、超话榜、热搜榜蜂拥而至，为微博增添了更多人气，微博成为广告投放的热门渠道。微博财报显示，2019 年微博全年营收提升至 122.4 亿元，其中广告营收达到 106 亿元，品牌广告收入同比提升 12%。2020 年第一季度受节假日疫情影响，实际广告发文篇数明显减少。而整体广告投放量在经历 2 月份短暂下降之后，3 月份开始爆发性增长。此外，还注重加强对重点行业腰部客户和新客户的开拓。[①]

《2019 河南省互联网发展报告》显示，在休闲娱乐方面，河南省越来越多的网友加入看视频、玩游戏、听音乐、看直播的大军。2019 年，参与网络视频、网络游戏、网络音乐、网络直播的网民规模分别达到 7540 万人、6106 万人、5983 万人、4725 万人，分别同比增长 11.5%、14.4%、7.6%、10.2%。[②] 微博广告平台推出超级粉丝通、粉丝头条、WAX 平台和 DMP 平台 4 种广告产品供广告主选择。

其中郑州互通合众文化传媒有限公司用"微博超级粉丝通产品"以微电影形式为好想你品牌投放广告（见图 21），从不被看好到在全国 300 多个小城市开办近 2000 家专卖店，牢牢占据全国红枣销量第一的宝座。其微博广告覆盖人数达 6635.4 万人，视频播放量达 396.5 万次。这显示了微博广告是新媒体环境营销推广的一种极为有效的形式。

以郑州集美整形医院的微博广告为例，在毛利率较高但竞争激烈的医美行业，面对巨大的消费市场和众多竞争对手，郑州集美整形医院在微博使用"微博超级粉丝通产品"投放广告（见图 22）。转化率达 71%，客资成本为 100 元。微博营销从认识集美、开始推广到玩法升级、突破瓶颈、经验分享步步升级。以往投放于电梯、公交车上的广告只能覆盖到部分地域的人群，且无法精准计算获客成本，亟待找到精准聚合用户的投放渠道。微博工具具有地域定向、兴趣标签定向的优势，能够更精准触达目标用户，且可以及时

---

① 《2020 年 Q1 季度微博数据分析报告》，搜狐网，2020 年 12 月 29 日，https：//www.sohu.com/a/441149950_120974595。

② 《〈2019 河南省互联网发展报告〉新闻发布会》，河南省人民政府网站，2020 年 5 月 15 日，https：//www.henan.gov.cn/2020/05-15/1454990.html。

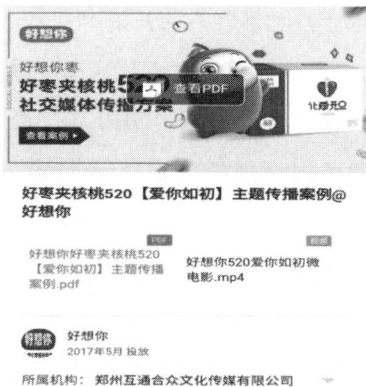

图 21　微博好想你广告示例

资料来源：微博广告营销学院，https://hd.weibo.com/senior/view/18157。

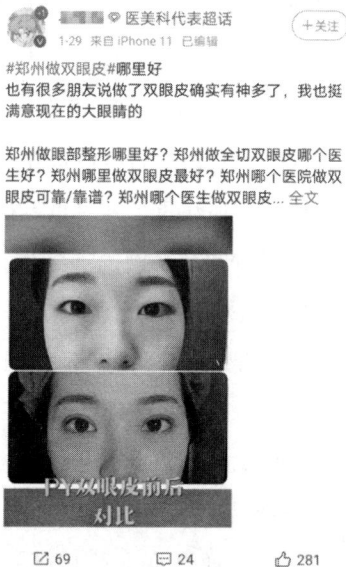

图 22　郑州医美超话推荐帖

资料来源：微博。

对投放素材产出的数据效果进行分析优化。并且微博天然具有较多 18~30 岁女性年轻用户，其学历多为专科、本科，是医美行业的目标消费者。例如，郑州集美整形医院的文眉项目，通过真人视频案例投放、猜价博文互动与半隐藏式文案收获了 3.73% 的互动率，咨询成本为 85 元/人，预约成本为 250 元/人，到店成本为 600 元/人。二次投放广告时其利用"微博超级粉丝通产品"定向后台，选择数据应用市场中的美容行业数据包进行人群拓展，使定位人群更加精准。同时利用"微博超级粉丝通产品"自定义人群管理功能，对之前投放广告的互动人群进行拓展，提升广告投放精准度。加之咨询进店的话术服务的改善，转化率达到 71%，转化率的提升带动了到店成本的降低。

（4）短视频广告

截至 2020 年 12 月抖音日均搜索量突破 4 亿次，短视频广告的市场份额增长迅速，依赖社交平台和社区的短视频形式在全国市场的增长潜力不容小觑。抖音在带动地方经济上也有较强大的实力，援鄂复苏活动中 42779 家湖北商户在抖音带货，销售额达 41 亿元。河南省的旅游、扶贫、电商都借助抖音、快手等短视频平台获得了较大发展。其中郑州上榜 2020 年抖音获赞城市 Top10。河南省新安县和新野县分别排全国县城获赞榜第 1 名与第 4 名。① 其中，河南省南阳市是中国最大的玉器交易市场，如抖音用户@谭江海玉文化档案发布短视频《中国和田玉在新疆，世界和田玉中心在河南南阳》对河南省南阳市石佛寺玉器市场进行介绍讲解，使其成为南阳市的一张地域名片。抖音用户@胖虎文玩珠宝发布系列短视频《来南阳买玉的小技巧》，以技巧分享的形式对河南南阳玉石市场进行分析介绍，点赞量达 1.6 万次，为该市场吸引了全国各地的顾客（见图 23）。

**图 23　抖音用户@胖虎文玩珠宝发布的南阳玉石市场视频**
资料来源：抖音。

---

① 《2020 抖音数据报告（完整版）》，搜狐网，2021 年 1 月 6 日，https://www.sohu.com/a/442893269_441449。

此外，河南广播电视台对焦作温县黄庄镇南韩村第一书记"王保军"进行采访并在抖音短视频平台发布《铁棍山药这么好，第一书记来助销，您愿意帮助这些坚守古法种植的村民们吗?》，获得了5.7万次点赞，采用短视频的形式为焦作的铁棍山药做了一次成功的营销推广。还有许多温县农户自己利用短视频为自家农产品做广告。如抖音用户@田园刘娟发布的关于河南焦作温的垆土铁棍山药的采挖场景短视频点赞量达1.7万次（见图24）。短视频广告越发成为注入河南新媒体广告市场的一股活力。

**图 24　温县南韩村第一书记"王保军"及抖音用户@田园刘娟利用直播助销铁棍山药**
资料来源：抖音。

（5）电商广告

中国网络广告在细分领域的市场份额仍在变化，2020年电商广告市场份额与上年同期相比有所增加，预计达39.2%。根据《2020年中国网络广告市场年度洞察报告》，电商广告直击用户购买诉求，实现了广告主的销售目标，而嵌入内容中的信息流广告提升了用户的体验流畅度，在某种程度上抵消了用户对广告的逆反心理。目前来看，两种广告形式都在基于核心壁垒去做差异化的壁垒拓展，试图打出"销售+内容壁垒"的营销组合拳。随着淘宝直播、抖音直播和快手直播电商模式的成熟，头部主播的带动效应越发强大。河南省电商广告的尝试集中在扶贫领域。河南省南阳市镇平县县长走进直播间，用直播广告将富有地方特色的牛肉烩面推广出去；参加全国100位县长"文旅助农"直播大会，走进直播间推荐镇平特产，打响本地品牌（见图25）。围观人次突破200万，截至2020年4月份，其60%的玉雕生意已经通过电商直播恢复，70%因疫情滞销的生鲜产品已通过电商平台销往全国，100%的农业工业企业全部复工复产。

**图25 镇平县"文旅助农"直播大会**

资料来源：百度。

（6）数字户外广告

户外广告顾名思义是相对于室内广告而言的，多针对公共场所人流量较大的地方，只有这样其广告的成效才会更显著。比如地铁、商场、机场、超市、公交站台、交通要道路口以及电梯等地。数字户外广告与传统的户外广告有所不同，传统户外广告为静态，而数字户外广告使用数字屏幕，可播放动态图和互动图像，灵活度高，更易吸引人们的注意力。此外，管理成本低、内容多元且极具创意性、可播放更加详细的内容，还能根据观看广告的人数、年龄、性别等及时切换，具有数据统计功能。河南省数字户外广告多集中于城市地区。在郑州新郑国际机场 T2 航站楼接站大厅有巨幅显示屏用于轮回播放不同的广告展示图或展示片。其中，河南本地品牌杜康酒借助数字户外广告进行展示，更利于外国或外省旅客第一时间接触到本地品牌（见图 26）。

**图 26　河南郑州新郑国际机场杜康酒数字户外广告**
资料来源：笔者拍摄照片。

除了机场，地铁是郑州重要的人流交换地，在地铁的进站口有电子大屏与小屏分别用于播放广告和地铁提示信息，此外候车处与地铁上的电子屏都分留窗口给广告，供人们观看（见图 27）。地铁广告更易接触到青年群体，70.4% 的人群年龄为 25~44 岁，男女比例平衡，且人均月收入 6993 元，学历较高，61.4% 的地铁乘客有本科以上学历，86.1% 的乘客为上班族。河南省的数字户外广告越发成为更易接触到消费者的普遍有效的广告形式。

## （二）新媒体广告行业显现

2019 年河南省地区生产总值 54259.20 亿元，按可比价格计算，比上年

**图 27　河南郑州地铁 1 号线数字户外广告**
资料来源：笔者拍摄照片。

增长 7.0%，实现了 7%~7.5% 的年度预期目标，高于全国平均水平 0.9 个
百分点。作为现代服务业和文化产业的重要组成部分，广告业在推动经济结
构转型升级、扩大消费、促进经济增长方面具有巨大作用。并且随着互联网
的发展，5G、大数据以及区块链等技术的加持，新媒体广告成为广告业发
展的重要一环。选择房地产、食品饮料、旅游、农业、汽车以及公益这 6 个
具有代表性的领域可以体现出新媒体广告对产业行业发展的巨大作用。

**1. 房地产业新媒体广告**

2019 年河南省房地产开发投资增长 6.4%；商品房销售面积 14277.55
万平方米，增长 2.1%；商品房销售额 9009.98 亿元，增长 11.9%。仅河南
本土房地产公司就有建业、正商、康桥等 20 余家，并且还有大量诸如万科、
碧桂园等全国知名房地产开发公司的参与，因此各大房地产公司都想利用新
媒体广告营销的巨大辐射力提升自身企业品牌的知名度以扩大影响力、增加
销量。

河南建业集团于 2020 年 12 月 9 日开展 "我家住在黄河边" 活动（见
图 28），联合青海昆仑山、宜宾五粮液、四川新希望等 10 余家黄河流域知
名企业，将黄河历史文脉、生态主脉、经济命脉、情感血脉联系在一起，促

进区域协同和企业发展。在这次活动当中，建业集团善用新媒体广告来为活动造势。微博平台#我家住在黄河边#词条阅读量超过 4300 万人次，讨论量也达到 1.4 万人次以上。内容方面建业集团通过数字海报、短视频、H5 游戏等手段吸引众多受众参与。

**图 28　建业集团举办"我家住在黄河边"活动**
资料来源：建业集团官网，https：//www.centralchina.com/。

除此之外，建业集团还发布大量信息流广告。以"我家住在黄河边"为依托，在抖音短视频平台推出"黄河新说唱"活动，将短视频与当下火热的说唱形式相结合，对黄河流域 9 个省区的文化进行宣传，同时这也是对集团自身品牌进行宣传。建业集团通过此次活动成功将自身品牌知名度延伸出河南，并通过新媒体广告的运作，成功将传统文化与企业品牌联系在一起，提升了品牌知名度。

近年来，河南省各大房地产公司都积极利用新媒体广告来对自身进行宣传。郑州万科与易选房联手通过微信公众号和爱奇艺平台举办"2020 易之夜年度盛典"（见图 29），碧桂园等卖房中介通过微信朋友圈发布文化日课来进行变相营销，郑州融创城通过微信发布微信小游戏吸引近万人参与（见图 30）。河南房地产公司一方面通过信息流广告手段在微信、微博等社交平台或者易选房、贝壳等购房 App 发布新媒体广告（见图 31）；另一方面整合内容营销，运用各种新技术和新形式在全平台布局新媒体广告，为品牌和活动造势。

**图 29　郑州万科等举办的"2020 易之夜年度盛典"**

资料来源：易选房微信小程序。

**图 30　融创城通过微信小程序举办的寻宝活动**

资料来源：郑州融创微信小程序。

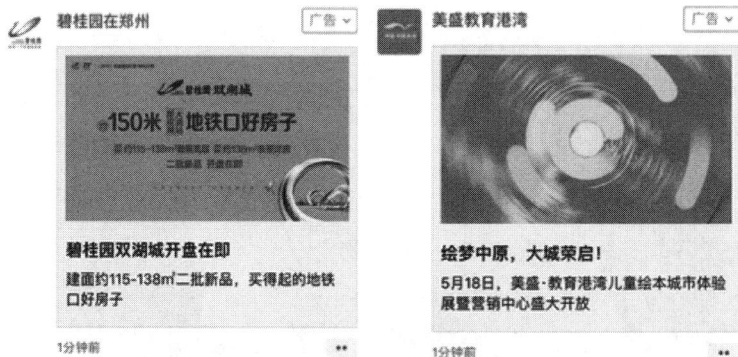

**图 31 郑州房企发布的信息流广告**
资料来源：微信朋友圈。

在国家推行"房住不炒、因城施策"的大环境下，房地产企业一方面要面临房价下行的压力，另一方面要积极完成去杠杆、降负债的任务。在保证自身产品品质的基础上，新媒体广告是吸引消费者买房的重要因素。并且当下房地产消费受众呈现出年轻化趋势，以郑州为例，郑州购房者平均年龄仅为 31.6 岁。因此，善用新媒体发布符合年轻消费者胃口的广告是未来房地产企业营销和宣传的重要一环。

**2. 食品饮料业新媒体广告**

河南是人口大省也是粮食需求大省，在食品饮料业涌现出了一批在河南乃至全国知名的品牌。双汇、三全、思念、卫龙、白象、好想你等一大批食品饮料业企业在河南这片沃土上发展起来。

河南食品饮料业各企业主要通过微博和抖音等短视频平台推广自己的品牌和产品。其营销形式主要有以下三种。

第一种以三全和思念为代表，通过冠名 IP 影视剧，再凭借影视热度在微博平台导流来吸引受众。三全食品通过冠名《三十而已》并在剧中植入广告获得好评；思念食品则和腾讯视频合作冠名热播剧《有翡》，重点宣传旗下产品"金牌虾水饺"（见图 32）。以《三十而已》为例，该剧从开播以来热度飞速攀升，以超过 132 个热搜话题引爆互联网，其中三全水饺因多次出现在剧情当中而登上微博热搜受到人们关注，拥有 22 万名粉丝的"三全食品"微博官方账号也借此积极利用热度宣传自身产品。

**图 32　思念冠名影视剧《有翡》**
资料来源：思念食品官方微博。

第二种以白象和好想你为代表，邀请品牌代言人通过新媒体平台为品牌做宣传和推广。白象食品邀请河南籍相声演员岳云鹏为其代言，通过微博平台发布#岳云鹏和汤好喝锁了#与受众进行宣传互动，该词条阅读量超过 1300 万人次，评论量也达到 2.2 万人次。2020 年，好想你则邀请赵丽颖成为其品牌代言人，以微博为主要平台通过与赵丽颖进行相关话题互动获得大量流量，仅#赵丽颖好想你品牌代言人#单个词条阅读量就超过 4700 万人次，评论量也达到 23 万人次（见图 33）。

第三种以卫龙和花花牛为代表，通过直播来对产品进行营销并达到售卖目的。卫龙食品每周通过微博、淘宝直播卖货 2~3 次，并且多次与李佳琦和薇娅等头部主播进行合作；花花牛则在 2020 年举办轻觉轻松直播秀，将直播与选秀相结合，全方位借助新媒体手段提升品牌形象（见图 34）。

河南食品饮料业整体在运用新媒体广告上手段多样，充分结合当前的新技术新形式，将短视频、直播与传统的明星代言、影视冠名相结合，并经常巧借话题和热点营销自身品牌，塑造品牌竞争力。

**图33　岳云鹏代言白象与赵丽颖代言好想你微博广告**
资料来源：白象食品官方微博、好想你官方微博。

**图34　花花牛与卫龙通过直播带货**

### 3.旅游业新媒体广告

河南省文化和旅游厅数据显示，2019年河南省接待海内外游客达9.02亿人次，同比增长14.72%。河南作为中原文化的发源地，在旅游业方面具有独特优势。河南各大旅游景点除了在传统广告领域继续保持外，近些年开始将重心转向新媒体广告领域，其中抖音平台成为旅游景点对自身进行宣传的主要发力点。

通过数据分析可知，河南旅游景点大都已经开通自己的抖音官方账号，并且在运营方面比较重视。例如，粉丝量排名第一的"郑州方特"拥有

53.9万名粉丝，共发布作品730条；排名第二的"河南老君山风景名胜区"则拥有36.8万名粉丝，共发布作品205条（见表2）。

表2 河南旅游景区抖音官方账号粉丝排行

单位：万名

| 排名 | 景区抖音官方账号 | 粉丝量 |
|------|------------------|--------|
| 1 | "郑州方特" | 53.9 |
| 2 | "河南老君山风景名胜区" | 36.8 |
| 3 | "云台山" | 27.7 |
| 4 | "清明上河园" | 14.1 |
| 5 | "龙门石窟" | 10.2 |
| 6 | "建业华谊兄弟电影小镇" | 8.2 |
| 7 | "红旗渠" | 5.2 |

资料来源：抖音平台2020年12月20日账号粉丝数据。

以老君山风景名胜区为例，根据《2019抖音数据报告》，老君山在抖音景点播放量排行榜中排名第九，在抖音热门贫困县景点中栾川老君山排名第一（见图35）。老君山之所以在抖音平台如此火爆，是因为其自身在拥有优质旅游资源的同时还善于运用新媒体平台对自身的旅游资源进行宣传。近年来洛阳文旅产业积极拥抱新媒体，从牡丹文化节、央视秋晚、快手网红大会到抖音老君山等一系列营销，让各地游客、网红对洛阳的关注度不断提升。

除了在新媒体平台开展一系列营销外，河南云台山、白云山等景区还通过投放信息流广告吸引受众（见图36）。移动短视频信息流广告基于原生、精准、多元三大特征，不仅能够助力用户形成品牌认知，还能在用户心底加深品牌记忆、培养品牌好感，最终实现品牌营销目标。文旅景区投放信息流广告一方面能够提高景区知名度，另一方面还能够诱发受众的行动，直接通过短视频链接进行购买，方便游客进行消费。

河南文旅产业资源丰富，旅游资源在新媒体时代下更具发展前景和机遇。河南省各大文旅机构积极拥抱新媒体广告并制造热点吸引受众是旅游业发展的大方向。

**图35　老君山风景名胜区在抖音旅行榜中的排行情况**
资料来源：抖音。

**图36　云台山风景名胜区在抖音短视频平台投放的信息流广告**
资料来源：抖音。

4. 农业新媒体广告

河南地处华夏之中，沃野千里，是产粮大省、畜牧大省、农产品加工大省。河南农业已拥有"中国驰名商标"78个、省级知名品牌400个、"三品一标"4429个，打造了双汇、牧原、三全、思念等一批"中国第一、世界有名"的河南农业品牌"顶级名片"，打造了新乡小麦、信阳毛尖、正阳花生、泌阳夏南牛等具有鲜明河南特色的区域公用品牌"金字招牌"。

以双汇为例，作为一家农业产业化国家重点龙头企业，双汇形成了饲料、养殖、屠宰、肉制品加工、调味品生产、新材料包装、冷链物流、商业外贸等完整的产业链。2020年双汇邀请杨紫代言产品"辣吗？辣香肠"，开启Z世代圈粉计划；赞助浙江卫视《奔跑吧》综艺节目并与郑恺达成合作，积极拥抱年轻受众。值得一提的是，2020年双汇携手王者荣耀、完美世界影城打造全域挑战赛——首届双汇王者荣耀挑战赛（见图37），用手机游戏这样的新形式来对自身产品进行宣传，积极拥抱深受年轻人喜爱的网络游戏二次元，开启独树一帜的"双汇游戏"潮流模式。

**图37 双汇冠名举办王者荣耀挑战赛**

资料来源："完美世界影城福利社"微信公众号。

河南是农业大省，孕育了众多农业品牌。在保证粮食安全的基础上，人们对于粮食产品品质的要求不断提升，农产品和农业品牌利用新媒体打响自身品牌是未来企业发展的常态，新乡小麦、信阳毛尖、正阳花生、泌阳夏南牛等特色区域"金字招牌"急需新媒体广告的加持。

5.汽车产业新媒体广告

汽车产业是河南重点支持的五大优势产业之一，是构建现代产业体系、推进先进制造业强省建设的重要支撑。2019年全省共计生产汽车76.22万辆，营业收入3400多亿元（排全国第12位）。近些年来行业呈现出产业规模不断扩大、产品结构持续优化、产业集群度不断提升、新能源汽车推广应用成效明显、智能网联及燃料电池汽车迅猛发展等特点。

汽车产业已经成为新媒体广告投放量第一的产业，河南汽车产业在通过新媒体广告进行营销时呈现出由电视向互联网过渡的趋势。以河南本土汽车品牌宇通客车为例，2020年宇通客车与京东平台合作，开辟线上销售渠道（见图38）。同时积极布局直播领域，为新冠肺炎疫情防控常态化时期看车不便的客户提供线上看车、购车服务。在内容上，宇通客车紧跟话题热点提

**图38　宇通客车在京东开设线上商店**

资料来源：宇通客车官网，http://www.yutong.com/。

升品牌知名度，在抖音平台借"丁真事件"宣传理塘的宇通客车，在微博平台借"嫦五奔月"将客车与航天事业紧绑（见图39），突出品牌质量。

**图 39 宇通客车作为嫦娥五号发射任务媒体官方用车**
资料来源：宇通客车官网，http：//www.yutong.com/。

2020 年新冠肺炎疫情给汽车产业带来了较大的挑战，各大车企纷纷紧缩广告预算，不少车企进一步缩减电视、户外这类主打品牌曝光、互动性较弱的硬广告，反之在新媒体广告上增加投入。这是由于新媒体广告能够准确抓住目标受众，最大限度地使广告得到反馈，进而直接转化为行动。今日头条、抖音、快手、微博等河南本地频道都有汽车信息流广告的预设（见图40），新媒体广告营销手段正成为车企们摆脱困境的重要手段。

**图 40 今日头条郑州区域的汽车广告**
资料来源：今日头条郑州板块信息流广告。

**6.新媒体公益广告**

公益广告是面向社会广大受众传播的正能量广告，主要针对社会现象进行思想文化内容的传播。公益广告具有较强的导向性、目的性和指向性，在当今社会高速发展的今天，公益广告存在于人们生活的方方面面，并且在广告中的比例也有所增加。新媒体时代的到来使得公益广告能够借助更多的形式引起受众的共鸣。河南省将发布公益广告情况纳入省文明城市、文明单位、文明网站创建测评体系，鼓励各方社会力量积极投入公益广告的策划、制作和传播，支持公益广告基地的建设，举办公益广告比赛等。

2020年新冠肺炎疫情防控常态化时期，以河南省文明网为平台，河南省文明办开展了"抗击新冠肺炎公益广告展播"活动（见图41），各种H5、

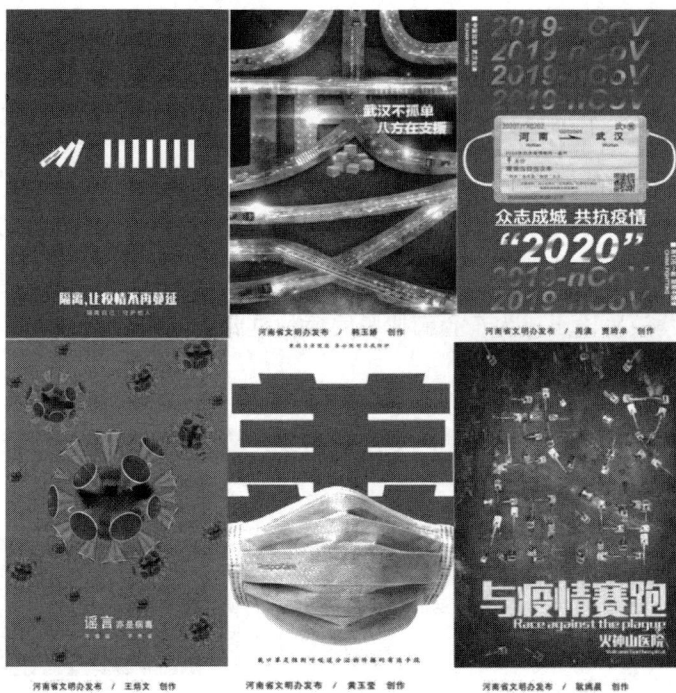

**图41 河南省文明办开展"抗击新冠肺炎公益广告展播"活动**
资料来源：http://news.xxrb.com.cn/html/2020/henan_0212/237039.html。

平面、视频以及数字公益广告通过大河网、微博广泛传播，充分展示出河南人民在抗击疫情过程中的坚忍顽强精神，同时诠释出"一方有难，八方支援"的意义，提升河南整体形象；除此之外，围绕河南深厚的历史文化积淀，"讲文明树新风""培育社会主义核心价值观""文明河南建设和环境保护""打好脱贫攻坚战"等主题新媒体公益广告也在发挥着重要作用。例如，以共青团中央青年大学习为背景，宣传河南在精准扶贫方面取得的成就；以大众电影百花奖为契机，邀请刘昊然担任形象大使并拍摄广告宣传片《在郑州遇见百花》以提升省会影响力。

## 三 河南新媒体广告发展之思考

### （一）河南新媒体广告的特点

#### 1. 广告形态多元化

河南新媒体广告充分利用新媒体技术，同时结合多元视觉传达设计艺术，形成了门户网站广告、微信广告、微博广告、短视频广告、电商广告、数字户外广告等多种新媒体广告形态，并且在视觉表现、信息传输等方面的创新性明显优于过去传统媒体时代的广告。多元化的表现形态符合全媒体时代受众的阅读习惯，具有较强的表现力和传播力。就设计语言而言，新媒体广告能够利用信息技术融入影音设计元素，为受众提供动态化的广告形象。就表现方式而言，无论是内容还是形式，都从不同角度进行创新设计给受众带来了多维度的感官刺激。就传输过程而言，新媒体广告打破传统媒体广告的单一传播局面，借助不同终端、不同平台进行精准化传播，达到了前所未有的传播效果。

#### 2. 广告覆盖面积更大

在新媒体平台上，不仅涵盖了数量庞大的稳定使用者群体，也具有数以万计的广告位，对扩大广告触达面积具有非常重要的作用。在以往的传统媒体广告推广中，可供使用的广告位以及用户数量都十分有限，电视节目播放中预留给广告的时间是一定的，报纸上刊登广告的篇幅也有较大的限制，同时在互联网技术的冲击下，电视、杂志以及报纸等传统媒介影响力变小，难以取得较好的广告宣传效果。在新媒体平台上，能够根据实际状况添加或减少广告位，通过使用者的搜索有针对性地将广告推送给用户，与此同时还能够增加广告内容推送次数的比例，有助于扩大广告的覆盖范围，让更多的用户接收到广告信息，从而为广告商带来良好的经济效益，这些是传统媒体广告无法实现的。

### 3. 广告创意场景化

移动互联网时代，移动化和碎片化阅读，不仅让人们有更多的机会接触新媒体广告，而且使他们不经意间就进入广告营销场景中。新媒体广告具有较显著的场景化特点，强调在时空要素的创意搭配下，快速占有受众的碎片化时间，有效吸引受众关注。在新媒体广告的场景化创意空间中，图像符号已经成为视觉表达不可或缺的元素，广告的文案与图像是不可分割的统一体，是完成场景化创意架构的必备手段。

## （二）河南新媒体广告的优势

### 1. 独特的地理位置为广告产业发展带来机遇

河南自贸区、粮食生产核心区、中原经济区、郑州航空港经济综合实验区、郑洛新国家自主创新示范区、中国（郑州）跨境电子商务综合试验区等六大国家级战略规划的落地，将打造河南经济升级版，成为河南广告产业新的增长点和着力方向；2016 年郑州被国家发改委列为全国仅有的 8 个"国家中心城市"之一，河南省社会经济辐射带动能力进一步提升，成为河南省广告产业发展的强劲动力；郑州作为"一带一路"核心节点城市，现代综合交通枢纽、"米"字形高速铁路网络、国际物流中心的初步建成，成为未来河南广告产业发展的重要领域。从发展平台看，郑州依托航空国家一类口岸，打通国际空中走廊，货邮吞吐量增速连续 4 年居国内大型机场首位；依托郑州国际陆港和铁路国家一类口岸，构建以中欧班列（郑州）为载体的中欧、中亚陆路走廊，开行班数、货重、货值均居中欧班列前列；依托海关特殊监管区，打通"买全球、卖全球"的跨境贸易走廊，交易规模、分拨能力、监管创新水平全国领先，为广告产业加强国际交流合作提供了前所未有的开放平台，[①] 有利于开阔河南新媒体广告产业的眼界和思路，同时为河南新媒体广告产业带来更丰富的资源。

### 2. 政府政策为新媒体广告产业发展提供支持

从广告产业政策来看，为适应新形势的发展，广告产业政策的重点也在不断调整。河南省相继出台了《河南省建设文化强省规划纲要（2005—2020年）》《关于促进全省广告产业发展的意见》《关于推进河南广告业发展的战略合作协议》《河南省广告产业"十三五"发展规划》等广告产业政策，这些产业政策均是以促进广告产业发展为主要方向，为河南省广告产业发展提供了强有力的政策保障。2012年中原国家广告产业园落户郑州高新区，政府按照鼓励新兴产业发展的相关政策，对中原国家广告产业园建设和招商引资给予有力支持，可见政府的重视程度。

### 3. 广告市场环境逐步改善

全省工商系统稳步推进省、市、县三级广告监测体系建设，实时对全省150余家媒体进行全天候、全覆盖监测，对虚假违法广告始终保持高压态势。建立完善虚假违法广告整治联席会议制度、行政约谈制度、定期公告制度、责任追究制度等长效监管机制，虚假违法广告数量明显减少，广告市场秩序持续好转。同时新修订《广告法》及相关配套法规、规章的顺利施行，也为河南省建立良好的广告市场竞争秩序，促进广告产业健康发展提供了有力支撑和保障。

## （三）河南新媒体广告的劣势

### 1. 本土广告公司经营思维落后

河南的新媒体广告发展起步较晚，广告基础薄弱，目前河南省广告产业

---

① 《河南发布〈河南省广告产业"十三五"发展规划〉》，新华网，2017年2月13日，http://www.ha.xinhuanet.com/wangqun/20170213/3652922_c.html。

的整体规模、效益和水平相对滞后，从事广告产业的市场主体大多缺乏系统性，发展方式粗放，代理发布等低端模式还占较大比例，结构性矛盾突出。从经营范围来看，河南省广告公司经营范围是以代理设计、制作、发布国内广告业务为主，广告创意服务少，能够提供从前期市场调查、中期创意制作到后期精准投放一条龙服务的广告公司极度缺乏，本土广告公司广告服务内容、服务方式较为传统并且趋同，对于广告创意的重视不够。广告公司的服务重心和利润来源都集中在广告产业的末端，即制作、发布、活动或承接外埠广告公司的地方化执行等，利润率较低；主要广告主的广告业务外流严重，进一步加剧了本地广告公司之间的竞争；广告主广告意识淡薄，广告需求不足；新媒体广告产业发展缓慢，经营意识落后，经营层次较低。[①]

河南省广告公司虽以私营性质的企业为主，私营企业的经营现状却不容乐观。大多数本土广告私营企业仅依靠接、转单或户外媒体生存，停留在广告"代办"的初级水平，都处于广告产业链底层，没有形成规模效应。数量巨大的广告小门店以平面类制作为主，经营项目单一，同质化严重，只能通过价格战在市场中获得一席之地，这样的恶性竞争不利于河南省广告产业的结构转型和良性发展。[②] 以至于目前河南省广告产业中传统媒体广告仍占主导，新媒体广告占比却相对有限。同时大多数新媒体广告作品的设计、创意水平不高，还没有形成自己的龙头广告品牌。

### 2.专业人才相对匮乏

目前的河南新媒体广告产业中，专业人才储备不足，人才引进机制不全，造成目前河南省广告产业专业人才没有形成规模梯次，从业人员专业服务技能也有待提高，高端人才相对匮乏。河南虽为我国的人口大省，但每年都有不计其数的人才流向北上广等广告强省，造成广告专业人才需求存在巨大缺口，人才已成为河南省新媒体广告产业能否健康发展的关键因素。一方面，在豫大学生毕业以后留在本地发展的极少，人才流失严重，尤其是高端

---

① 颜景毅：《中原国家广告产业园定位探析》，《青年记者》2015 年第 11 期。
② 张小臣：《经济新常态下河南省广告产业发展战略研究》，硕士学位论文，湖南大学，2018。

人才几乎全部流向北上广等发达城市。另一方面，由于河南省人才引进机制不完善，人才上升空间不大，考出省的人才大多不愿回豫发展，更加剧了河南广告专业人才的缺失。由于专业人才需求缺口的问题得不到解决，河南只能被迫接受一些非相关专业、非专业人员。所以，虽然近几年河南省广告从业人员基数较大，但是人才质量不高，缺乏具有创新思维的广告人才，从而影响整个新媒体广告产业的发展。[①]

### （四）河南新媒体广告的发展趋势及建议

#### 1.加强新媒体广告产业人才队伍建设

人才是广告产业运作的最基本单位，也是广告公司最核心的资源之一。广告产业作为一个以"智力"服务为主的行业，必然要以高素质的人才为发展基石。区域性广告产业或区域性广告公司是否具有竞争力，取决于人才是否充分发挥其才能。专业人才储备不足，加上人才引进机制不完善，造成了目前河南省新媒体广告产业从业人员匮乏的局面。所以，河南省必须从内外出发，优化人才结构，鼓励培养和引进高层次广告创意人才，建设中原广告人才智库。充分利用省内高校人才资源，依托郑州大学、河南大学、河南财经政法大学等高校开设的广告学及其相关专业，重点培养新型的新媒体广告人才，打造属于自己的有竞争优势的广告人才核心团队；同时通过有效的人才政策吸引急需的新型广告人才，吸引与新媒体广告产业有强关联性的人才回流，扎根中原，建设具有中原特色的新媒体广告产业。

#### 2.调整优化广告产业结构

在厚植传统媒体广告发展优势的基础上，积极培育广告产业新业态，打造广告产业新增长点。积极发展以"互联网+广告"为核心的新媒体广告产业。鼓励广告企业运用互联网思维、现代广告理念、新型广告技术，建立与国际接轨的新媒体广告产业体系。充分发挥现代信息网络技术优势，推动云计算、大数据、物联网等在广告技术创新、广告产品创新、广告管理创新和

---

[①]  张小臣：《经济新常态下河南省广告产业发展战略研究》，硕士学位论文，湖南大学，2018。

广告商业模式创新方面的应用。广告企业应调整运营思维，进一步加深与国内知名新媒体广告企业的合作，引进智能化、大数据技术，推动精准广告和全媒体广告的发展。重点发展广告数据智能、创意策划、设计制作企业，广泛开展新媒体广告创意策划、数字营销等活动，不断提升新媒体广告从业人员创意、策划、设计、制作水平。引导广告产业实现由传统媒介型向技术创新型、由创意驱动型向数据驱动型转变，推进以"创意、创新、创业"为核心的新媒体广告产业快速发展。

### 3. 充分结合河南省区域优势

河南是全国第一人口大省、重要的农业大省和经济大省，拥有极具开发价值的海量数据资源和市场优势。中原地区传统文化源远流长，具有深厚的内涵和底蕴，为河南新媒体广告设计提供了丰富的视觉元素和创意来源。河南承东启西、连南贯北，最大的优势是区位优势，坐拥全国十大骨干网互联枢纽地位，有利于"超高速率、超低时延、大连接"的 5G 信号传输。华为、浪潮、紫光、海康威视、甲骨文等一大批国内外知名大数据企业纷纷落户国家大数据（河南）综合试验区，形成了"核心引领、节点带动"的大数据产业集聚发展态势。在新媒体广告产业发展中，河南省要兼顾本地的区域经济优势与中原地区产业特色，与商业、文化、旅游、地产、农业、交通等优势地方产业融合，因地制宜，形成中部地区广告服务的差异化产业特色。中原国家广告产业园是现有 15 家国家广告产业园之一，承担着推动中原地区广告产业转型升级和促进中原地区社会经济发展的责任，也是 2012 年国家工商总局与河南省人民政府所签署的推进河南省广告业发展战略合作协议内容的具体落实。[①] 中原国家广告产业园借助于减免、优惠、补贴、奖励等扶持政策和公共服务平台的服务内容、服务质量和价格优势等，吸引省内外大型互联网公司、新媒体广告公司、关联技术公司、广告支持机构、数字营销机构等有一定的规模和品牌价值以及高成长性的企业入驻[②]，正在形

---

① 颜景毅：《中原国家广告产业园定位探析》，《青年记者》2015 年第 11 期。
② 颜景毅：《中原国家广告产业园运营模式探析》，《青年记者》2015 年第 14 期。

成要素完善的新媒体广告产业链并以新媒体广告服务于河南地区数字经济和智能商业的发展，推动河南本土品牌与文化的传播。

4.加强政策、资金、技术支持与保障

通过政策引导、资金扶持、技术引进等方式，加速广告产业与数字技术的融合，驱动广告产业结构的转型和升级，加强新媒体广告产业的监管，鼓励各类新媒体广告企业的发展。进一步引进国内外大型互联网企业、大数据企业，促进5G、VR、AR以及区块链等前沿科技技术在广告领域的应用，推动短视频内容制作、直播带货、KOL种草、MCN、电商营销等新媒体广告业态走向成熟。广告管理正日趋规范，认真落实河南省《大力推进文化金融合作促进小微文化企业特色文化产业发展的若干意见》，吸引国内外社会资本投资广告产业，培育和支持符合条件的广告企业在境内外资本市场上市挂牌和融资。支持符合条件的中小型广告企业到全国中小企业股转系统和地方区域性股权市场上市挂牌和融资。增加适合广告产业的融资品种，探索开展无形资产质押和收益权抵（质）押贷款等业务，选择广告产业项目贷款并开展信贷资产证券化试点。积极争取中原文化股权投资基金、中原航空港产业投资基金、科技创新风险投资基金、新型文化业态发展专项引导资金等投资广告产业领域，鼓励广告行业组织在具备相关资质的广告企业与金融机构之间搭建合作平台。① 开拓新媒体广告服务领域，充分发挥新媒体广告在服务地区战略和经济转型中的作用。

**参考文献**

刘岩：《技术升级与传媒变革：从 Web1.0 到 Web3.0 之路》，《电视工程》2019 年第 1 期。

安琪：《我国 Web2.0 时代下的网络广告新形式探析——以腾讯为例》，硕士学位论文，厦门大学，2008。

张茹：《基于 Web3.0 视角下社会化媒体营销的思考》，《中国商论》2020 年第

---

① 《河南发布〈河南省广告产业"十三五"发展规划〉》，新华网，2017 年 2 月 13 日，http://www.ha.xinhuanet.com/wangqun/20170213/3652922_c.html。

15 期。

易龙：《论智能广告研究的价值及其框架的构建》，《新闻界》2009 年第 5 期。

郑新刚：《超越与重塑：智能广告的运作机制及行业影响》，《编辑之友》2019 年第 5 期。

惠杰：《大数据对传统媒体广告发展的影响》，《西部广播电视》2020 年第 14 期。

王小宁等：《中国有线数字电视新媒体广告业务发展趋势研究》，《广播电视信息》2017 年第 7 期。

颜景毅：《中原国家广告产业园定位探析》，《青年记者》2015 年第 11 期。

张小臣：《经济新常态下河南省广告产业发展战略研究》，硕士学位论文，湖南大学，2018。

颜景毅：《中原国家广告产业园运营模式探析》，《青年记者》2015 年第 14 期。

# 河南人民广播融媒体发展20年

李 宏<sup>*</sup>

**摘 要：** 在网络技术赋能广播的背景下，借助互联网、车联网以及物联网技术，传统广播逐渐网络化、移动化，产生了新的形态即移动网络广播。在网络融媒体时代，河南各级人民广播的声媒话语"领袖"的影响力受到冲击，广播节目制作的专业生产内容（PGC）要和用户生产内容（UGC）同台竞技了。移动网络广播在发展的过程中经历了UGC模式和PGC模式，但是由于UGC模式难以保证节目质量，而PGC模式虽然能够保证节目质量却无法满足用户多样化的需求，因此业界在2015年提出了PUGC生态模式。这种模式结合了PGC模式和UGC模式的优势，利用专业用户从事内容生产，构建了立体的生态传播模式，目前发展态势良好，全面的融媒体广播已开启。

**关键词：** 广播事业 广播融媒体 河南

## 一 河南广播事业融媒体的探索期
### （2000～2005年）

21世纪以来，国家广电总局将2003年定为"广播发展年"，推动广播事业进行探索。河南省广播节目形态开始有了变化，这种变化主要体现在节目内容生产、传播平台与路径、体制机制改革三个方面。总体来说，河南省

* 李宏，语言学博士，郑州大学新闻与传播学院副教授，主要研究方向为国际传播、广播电视学。郑州大学新闻与传播学院研究生卓晓凡、张佳思、王怡晴、王佳璐在资料收集整理上也有贡献。

广播节目形态的演变是一个从单一到多元的过程。

在节目内容生产方面，河南省广播体现为互动化，主要包括热线互动和短信互动。在热线电话介入广播之前，信函是河南省广播传受双向互动所采用的一种主要方式，但是由于这种方式互动过程麻烦、反馈率较低，所以始终没有成型。随着"珠江模式"的诞生，热线电话将广播传受双向互动带入即时互动时代。在河南省广播电台节目中，短信互动也是一种反馈互动的新模式。声音是听众收听广播节目时可感知的唯一信号，所以受众只用听的方式获取信息难免觉得枯燥、单调。使广播节目变得有趣、吸引受众，成了河南省广播节目形态演变与发展过程中的一大倾向。

在传播平台与路径方面，河南省积极探索广播传播方式，寻求突破。在传播方式进化的初期，一些广播机构在广播播出过程中，通过网站进行同步视频直播，有些广播台甚至将广播直播的视频信号接入电视频道，以借助名牌电视节目的影响力，"广播可视化"成为一时热门话题。随着移动互联网的兴起，一些广播机构开始在直播室架设互联网直播摄像头，取代了电视化的重型直播设备，在互联网上引发用户围观，为广播的推广和营销带来了一定的新鲜感。[1] 在广播事业多元特色发展期间，河南省成为在国内第一家采用ATM播控系统，全国首批实现电台播控系统的数字化、网络化的地区。

## （一）河南人民广播电台

### 1. 节目内容生产

从节目类型上看，河南人民广播电台出现了很多新的广播节目种类，如信息广播，开播时间为 1994 年 6 月；影视广播，开播时间为 2004 年 4 月；音乐广播，开播时间为 2003 年 5 月；农村广播，开播时间为 2005 年 10 月；旅游广播，开播时间为 2005 年 10 月。2003 年，河南人民广播电台第一套节目开始以"河南人民广播电台新闻广播"的呼号播出，新闻广播由此诞生。

---

① 涂有权：《改革开放 40 年广播的创新发展》，《中国广播》2018 年第 3 期。

《政府在线》自开播以来，服务大局，当好喉舌，在党委、政府和群众之间搭建了互相交流、沟通理解的连心线，成为服务全省工作大局和普通百姓的直通车，做到了"领导满意、群众欢迎、专家认可"，显示出强大的社会影响力和旺盛的生命力，被评为第十五届中国新闻奖新闻名专栏。《谁是谁非》收听率和单个节目的广告占有率一直在经济广播的各档节目中位居前列，2003年被评为全国经济广播名栏目并荣获全国经济广播栏目一等奖。

2. 传播平台与路径

河南人民广播电台（原）技术装备实力处在全国省级电台的前列，2003年，在国内第一家采用ATM播控系统，在全国首批实现了电台播控系统的数字化、网络化。进入21世纪，伴随新技术革命的突飞猛进和网络媒体的兴起，河南人民广播电台顺应时代潮流，抢抓发展机遇，积极探索和推进与新媒体的融合发展，2005年7月，在全国省级电台中较早地开办了官方网站"河南广播网"。

## （二）地市人民广播电台概述

### 1. 郑州人民广播电台

《今夜不寂寞》，1993年4月1日开办，新闻综合广播每晚22:40～23:45播出，是一档情感类谈话节目，以热线参与、情感倾诉、主持人倾听交流、短信互动为主要沟通方式。从细微的情感关怀中发掘人文关怀，用真情实感启迪心灵，感动听众。《叱咤中原——河南戏剧演员排行榜》，戏曲类节目，2005年10月开办，文娱广播9:00～11:00、17:00～19:00播出，是河南省第一家专业戏剧演员排行榜，也是中国电台第一支戏剧演员排行榜。

### 2. 安阳人民广播电台

（1）节目内容生产

《市政热线》是安阳人民广播电台实施版块直播节目改革的成果之一，在市民和政府之间架起了沟通的桥梁，成为安阳人民广播电台的名牌节目。

2001 年，安阳市广播电视局共获得省级及以上奖 76 件，其中，全国二等奖 5 件，三等奖 2 件；省一等奖 2 件，二等奖 25 件，三等奖 42 件。2002 年，安阳市广播电视在全国全省优秀节目评选中，共有 72 件新闻作品获奖，其中，全国一等奖 2 件，二等奖 5 件，三等奖 4 件；省一等奖 9 件。2003 年，市广播电视系统共有 82 件作品获省级及以上奖。

（2）传播平台与路径

2001 年 5~12 月，安阳人民广播电台完成了全市有线电视综合信息网市、县联网工程，基本形成了一个上接全省、全国，下连县、乡、村，相互联通的宽带、数字、双向、高速的广播电视网。2001 年，安阳广播电视大厦落成后，安阳人民广播电台配备了数字化音频工作站，实现了制作数字化、播出自动化。

3. 平顶山人民广播电台

1998 年以后，平顶山人民广播电台根据形势发展和听众的需要，对节目播出方式进行了较大的改革，其主要特点是向综合性的版块节目和主持人直播节目方向迈进，节目设置为新闻、信息、教育、文艺、娱乐五大类。

4. 新乡广播电视台

（1）节目内容生产

2000 年，新乡广播电视台制作出了一大批"思想精深、艺术精湛、制作精良"的广播电视文艺作品，其中有一部分作品在新乡市广播电视作品评选中获奖。获一等奖的 4 件作品是市电台的戏曲剪辑《银杏情》、新乡县广播电视局的广播剧《挑馒头》、市电视台的电视散文《太行秋色》、卫辉市广播电视局的《庆祝中国首届记者节"记者风"文艺晚会》。2002 年，全市广电系统向省以上新闻媒体发稿 1860 篇，其中，中央级 220 篇，超额完成了年度目标。创新创优成绩显著，全市广电系统获奖作品 100 多件，其中，国家级 12 件，省级 25 件，市级 53 件。2003 年，新乡人民广播电台的"行风热线"栏目和新乡电视台的"沟通"栏目是受全市人民关注的名牌栏目。2003 年全市广电系统在参加各级组织的广播电视作品评选中，有 155 件作品获奖，其中，国家级 1 件，省级 17 件，市级 137 件。

（2）传播平台与路径

2000年，新乡广播电视台出现了几个变化。一是突出抓"村村通"工作的落实，圆满完成了"村村通"任务。新乡市共有广播电视盲村122个，分布在辉县市、卫辉市和长垣县内，共投资110万元，经过各级政府和广播电视部门的共同努力，6月圆满完成了建设任务，9月经省广电局的检查验收，全部达到技术要求，较好地解决了盲村内广大人民群众听广播看电视的问题。二是积极抓新乡市区和各县（市）城到乡的网络建设。2020年初开通了四区八县（市）的广播电视光缆传输网络，同时，紧抓各县（市）城到乡的光缆传输网络建设。其中从长垣县到乡的光缆传输网络已全部建成并投入使用，乡镇所在地已全部接收到新乡市电视信号，其他县（市）城到乡的光缆传输网络建设任务已完成近50000个网点。三是开展有线电视网络的多功能开发工作、市广播电视教育中心二期工程建设的准备工作、电台发射机的更新工作。

2003年，积极筹划了新的广播电视塔建设、电台的搬迁工作和购买市图书馆事宜。封丘县广播电视局新办公大楼于2003年12月竣工并投入使用。在有线电视网络建设方面，重点抓了县（市）城到乡、乡到村的有线电视网络建设，多数县（市）有不同程度的发展，特别是长垣县、新乡县、辉县市、原阳县发展较快。经统计，2003年，新乡市广播电视"村村通"整个系统投资200多万元，新架通了13个乡（镇）137个村的有线电视网络，新改造市（县）城区、新铺设道路、新建小区有线电视网络300多公里，完成了市区50个有线电视用户节点的改造，新发展有线电视用户2.4万多户，新发展数字电视用户1500多户，发展数据业务客户30个，发展互联网用户12家。认真落实"广播发展年"的要求，局、台联动，积极向省局争取开办了法制节目频道，争取资金购买了10千瓦备份发射机。辉县市大量更新了广播设备，提高了广播的有效覆盖。据统计，2003年，全市广播电视系统共投资600多万元对部分旧的采编播设备进行了更新换代，使全市广播电视设备的数字化程度达到了45%以上。

2004年，组织力量认真研究制定了全市广播电视"十一五"发展规划，新架通了 26 个乡（镇）151 个村的有线电视网络，新发展有线电视用户 2 万多户。市（县）城区有线电视网络改造和新建道路、小区有线电视网络的铺设完成超过 15 公里，市区网络用户节点的改造完成 180 个。有线电视网络多功能业务开发有新的进展。新发展数字电视用户 1000 多户，发展数据业务客户 3 个，扩展客户数据业务接入点 30 个，发展互联网用户 2 家。完成了广播电视中心二期工程建设的扫尾工作，演播大厅正式投入使用，并对中心大院进行了硬化；积极做好市电台办公和技术用房、广播电视发射中心建设的选址和协调工作；配合市领导完成了省中波台发射塔拆迁的协调工作和市区至凤泉区、获嘉县快速道光纤移位落地事宜，受到了市领导的表扬；积极推进设备的更新换代，使设备的数字化程度达到了 61.5%。

**5. 焦作人民广播电台**

（1）节目内容生产

焦作人民广播电台生活文艺广播正式开播。生活文艺广播是在原戏曲评书广播的基础上全新改版的，主要以"关注民生、服务百姓"为宗旨，以信息资讯、生活服务、家庭理财、文化娱乐为主线，设置"消费在线""我爱生活""非常理财""戏迷天地""说吧""娱乐随身听"等栏目。市广电局"零距离"栏目与广电报社联合省网焦作分公司，组成便民服务队，在锦祥花园小区开展了"广电进社区"服务活动。此次活动是市广电局落实行风评议意见建议整改和"行评365活动"的措施之一，通过开展深入社区服务活动提高从业人员的服务意识、服务水平，促进广电系统政风行风建设。

（2）传播平台与路径

不断加大投入，加快事业建设步伐。通过市、县两级广电共同努力，完成了全市 104 个 20 户以上自然村的"村村通"广播电视工程建设任务，圆满完成农村电影放映工程规定的放映任务，推进了焦作电视台四套节目在县（市）区有线网和焦煤集团有线网的传输。建设开通并逐步完善焦作广电网站，形成"声、屏、报、网"四位一体的立体宣传格局。全力以赴推进广电大厦建设，顺利实现搬迁入驻，广播、电视、报纸、网站设备水平在全省领先，全台网的数字化、网络化走在全省前列，信号指标有了质的提升。

## 二 河南广播事业台网融合初期
### （2006～2010年）

2006～2010年，我国移动互联网新兴产业的兴起，给广播事业的融合发展创造了新的战略机遇，河南广播事业经过探索期，硕果累累。自2009年开始，河南广播的收听率连续多年呈持续上升态势，这一时期河南广播事业在网络新媒体浪潮中迎来了自己的机遇和挑战，总体上呈现迅猛发展的态势。

从节目内容来看，全媒体技术的运用使广播节目的创作思维、传播方式发生了颠覆性的改变。河南省电台以及各地市级电台纷纷开始顺应潮流，创新自己的节目频率和节目类型，精品佳作不断涌现；同时，广播节目的定位在全国具有首创性、独创性和唯一性，河南新闻在中央人民广播电台发稿量实现八连冠，在中央台发稿量位居全国前三。全面展示了一个真实的、发展的、正在崛起的河南新形象，河南广播媒体为河南的发展赢得了良好的外部舆论环境和氛围。

从传播平台与路径来看，新媒体开始兴起之后，河南广播电台紧跟时代步伐开始完善和创新自己的传播平台。河南广播电台建设完善了数字音频工作站网络，建成了全国领先的数字化、网络化播控系统，实现播出的完全无磁带化、自动化和智能化。各市充分利用新媒体平台的优势，使得广播全媒体发展实现了新的突破，移动多媒体广播电视和手机电视融合发展势头强劲，推动了河南广播主流媒体向互联网、手机等新兴传播领域的延伸。

综上，河南广播事业在这一时期呈现稳健发展的态势，并积极迎接网络新媒体浪潮带来的机遇和挑战。在此阶段河南各广播电台具体的发展情况如下。

## （一）河南人民广播电台

### 1. 节目内容生产

随着经济社会的发展和受众收听需求的变化，河南人民广播电台历经数次频率扩充和定位调整，至 2010 年，初步形成了新闻、经济、交通（河南省人民政府应急广播）、戏曲、音乐、影视、农村、旅游、教育、信息 10套差异化定位专业广播"百花齐放"的频率格局。

中国五大剧种之一的豫剧发源于河南省，故河南省在戏曲的发展上不甘落后。《周末大戏台》是戏曲广播推出的一档精品节目，自开播以来，在社会上引起强烈反响，得到广大戏迷的认可。河南省著名的文艺评论家刘敏言、戏曲评论家荆桦、作曲家朱超伦等众多专家亲自到现场观看演出并给予了高度的评价和赞誉，省会的各大媒体也给予了关注和报道。剧场演出、同步转播，《周末大戏台》实现了可视、可听、互动立体化广播节目的播放方式，可以满足各个层面的观众、听众的不同需求，是河南人民广播电台第一档采用市场化运作方式生产的节目。

20 世纪 80 年代以来，随着媒体竞争的加剧和人民对精品精神文化产品需求的增加，河南人民广播电台开始大力推进品牌战略，涌现了"河南新闻"（中国广播影视大奖"优秀栏目奖"）、"河南新闻联播"（中国广播电视新闻奖"十佳栏目奖"）、"政府在线"（中国新闻名专栏）、"南方谈交通"（中国广播影视大奖"广播栏目提名奖"）等一批精品栏目，推出了大量的精品节目，有多篇作品获得中国新闻奖、中国广播影视大奖、"金话筒"播音主持作品奖、中国广播文艺政府奖等全国性行业最高奖项，曾连续八届获全国精神文明建设"五个一工程"奖。广播节目共计荣获全国及省级奖项 33 个。2008 年 1 月 10 日，河南人民广播电台交通广播荣获"温暖 2008 河南十大爱心集体"称号，成为河南省唯一获得此项殊荣的新闻媒体。

在此期间，河南人民广播电台还制作了许多广播剧，并取得了不错的成绩。河南人民广播电台精心制作了三集广播连续剧《天哨》，2008 年 8 月在河南人民广播电台各频率陆续播出,荣获 2008 年河南省精神文明建设"五个一工程"奖。广播剧《冰雪同行》共三集,由河南人民广播电台制作,2008 年在河南人民广播电台各频率多次播出,荣获河南省精神文明建设"五个一工程"奖。广播剧《生死较量》共三集,由河南人民广播电台制作,2008 年在河南人民广播电台各频率播出。本剧成功塑造了以安全局长何慧英为代表的各级领导和以马石头为代表的井下矿工的英雄群像,该剧也获得了河南省精神文明建设"五个一工程"奖。

河南人民广播电台《营救重症患儿爱心紧急行动》,2009 年 4 月 6 日播出,时长 12.5 小时。河南人民广播电台交通广播充分利用广播优势组织的这场营救重症患儿爱心紧急大行动,引起社会极大关注和一致好评,产生了巨大的社会影响。《新华社每日电讯》、《中国青年报》、《北京日报》及人民网、新华网、新浪网、搜狐网、央视网等近百家省内外媒体报道或转载了交通广播的爱心救助行为。

2. **传播平台与路径**

2008 年,河南共有广播电台 18 座,中短波发射台 30 座,广播综合人口覆盖率 97.06%,全年广播节目播出时长 607944 小时,全年广播节目制作时长 290547 小时。先后自主开发或合作开发了新浪河南网、映象网(河南广播网改革调整)、河南手机台、电话广播等一批新媒体。此外,2008 年,建设了河南省新广播电视发射塔,该工程是河南省"十一五"规划的重点文化基础设施建设项目,是省委、省政府建设文化强省、发展文化产业的重要举措,是河南省广播电视发展史上的一件大事。新发射塔建成后将发射 36 套中央和省广播电视节目(8 套调频广播节目、8 套模拟电视节目、10 套数字广播节目、10 套数字电视节目),信号覆盖半径 120 公里,主要担负中央广播、电视的无线发射任务,为郑州及其周边农村提供高质量的广播电视节目,为宣传党中央的方针政策和构建和谐中原、建设社会主义新农村服务。

2008 年 6 月 21 日,为纪念豫剧大师常香玉逝世五周年,由河南人民广播电台戏曲广播发起,联合陕西、江苏、安徽的戏曲广播齐聚古城西安举办

《永远的花木兰——纪念豫剧大师常香玉》专场演出，以此共同缅怀伟大的人民艺术家常香玉大师。本次四省戏曲电台大型联合直播演出活动在社会上引起强烈反响，开辟了河南人民广播电台专业频率走出河南、迈向全国跨省直播大型文艺演出的先河。7 月 31 日，河南手机电视成功接入中国移动全国播出平台，全面升级，全新亮相，内容更丰富，资费更优惠，适用手机更广泛。

2009 年，河南共有广播电台 18 座，中短波发射台 30 座，公共广播电视节目 150 套，广播综合人口覆盖率 97.21%，全年广播节目播出时长 628505 小时，全年广播节目制作时长 291549 小时，全年录制广播剧及长篇小说 26 集。

2009 年 8 月 22 日，河南人民广播电台与新浪网共同出资创办的"新浪河南网"正式开通上线，为河南省提供了又一全新的对外宣传渠道。河南电视台"大象网"视频网站以建成网络电视台为目标，已全面启动各项建设工作。在与中国移动合作开办手机电视和按照国家广电总局统一部署，成功试播移动多媒体广播电视的基础上，大力发展手机电视，整合两种资源，组建统一的手机广播电视公司。河南人民广播电台坚持"走出去"方针，形成了走出去搞演艺与办节目两手抓的格局，如"中原文化澳洲行"有力配合了河南省对外开放主战略；与澳门澳亚卫视合作开办了中华功夫卫星电视频道，于 2 月 16 日在澳门正式开播，开拓了对外宣传河南的新阵地。同时并行"请进来"的举措，实现了对外合作由国内合作向与国际大集团合作的延伸。

### （二）地市人民广播电台概述

#### 1.郑州人民广播电台

（1）节目内容生产

2007 年 10 月，文娱广播、都市广播两套节目获国家广电总局批准。广播剧《水妹》，由郑州人民广播电台节目制作中心制作，于 2008 年 11 月 16~17 日在中央人民广播电台"中国之声"播出。

（2）传播平台与路径

2010年3月，郑州人民广播电台从西区淮河路67号搬入郑东新区商务内环路17号新广播大楼，7套广播节目开始试播。新广播大楼办公区域面积共11000平方米，拥有9个直播室、4个会议室和综合演播厅、音乐录制室、语音录制室及30个音频制作间，拥有职工文化活动配套设施和全国一流的技术设备设施。郑州电台建设步入一个迅速发展的新时期。

（3）体制机制改革

2005年2月，原郑州人民广播电台、郑州经济广播电台、郑州文艺广播电台整合组建为新的郑州人民广播电台，正县级事业单位，核定事业编制180名，其中领导班子职工8名，中层干部职工51名，内设部门17个。共有新闻广播、经济广播、文娱广播、都市广播、女性时空广播、音乐广播、故事广播7套节目，其中新闻广播、经济广播、文娱广播3套节目为双频覆盖，其他4套节目为调频覆盖。

2. 平顶山人民广播电台

2008年，平顶山人民广播电台制作广播剧《太阳的女儿》，编剧为张梅莲、丁艳，导演为李祥钦。2008年6月在平顶山人民广播电台综合广播、交通广播播出。2008年9月，获得河南省第八届精神文明建设"五个一工程"奖。

3. 三门峡人民广播电台

（1）节目内容生产

三门峡人民广播电台成立于1995年7月。2015年有两套节目，播音时长34小时，每天播出栏目35档，其中自办栏目22档。"三门峡新闻联播""政风行风热线""有事你说话""车来车往"等自办栏目已被广大听众熟知，社会影响力广泛。

（2）传播平台与路径

三门峡人民广播电台2015年有职工51人，其中在编职工49人，聘用人员2人。2015，电台建有3个制作室、2个播控室、2个音频工作站，实现了办公自动化信号传输光纤化，短信在节目中的应用以及广播节目的数字化播出。

#### 4.新乡广播电台

2005 年，新乡广播电台创办的"行风热线""老人村""军营生活"和市电视台创办的"沟通""镜头聚焦""百姓信息""激情 50""法制在线"等栏目被广大受众评为受欢迎的名牌栏目。

#### 5.濮阳人民广播电台

2005 年以来，濮阳人民广播电台先后在新闻节目中开设了"助力中原经济区建设""一创双优推动赶超发展""三李精神光耀龙都"等各类专题专栏 40 多个。重点报道《濮阳多拜民少拜官》《往年四个党务大会今年一网打尽》《"三平精神"的代表者李文祥》等被新华网、光明网等几十家网站转载，多次获得省委、省政府好新闻特别奖。

"走转改"活动有声有色，成效显著。开办"走基层看变化"专栏。实行编辑记者联系定点单位，策划"金秋时节走农家""新春走基层"等多个采访活动，播发消息和专题 1000 多篇，其中《老李热线坚守工作岗位》《美丽的环卫工》等多篇稿子在中央和省级媒体播出。

## 三　河南广播事业台网融合发展期
### （2011~2015年）

随着移动互联网新兴产业的发展，河南广播事业的发展面临新的机遇和挑战，迎来了台网融合发展期。从 2009 年起，广播的接触率一直维持在59.5%~60.0%[①]，这表明，广播的收听市场并没有因为网络新媒体的介入发展而大幅冷却，它依然拥有自己的一席之地，受到一批忠诚听众的拥护。在新的历史时期下，河南广播事业的发展依然具有生机和活力，并紧抓机遇，迎接挑战，顺应潮流，创新发展。

---

① 《惊！中国广播听众与网民数量持平！》，搜狐网，2017 年 7 月 1 日，https://m.sohu.com/a/153540171_636435/。

在制度改革方面，河南广电媒体目前已进入大整合、大汇流的全新产业化发展时期，并成为新兴文化产业的重要部分。在体制上，河南省广播电影电视局推进由单一的事业体制向事业、企业双重体制转变；在发展道路上，客观的说，河南广电的管理体制机制改革只是迈出了一小步，要走的路还很长。

河南广播事业在这一时期总体上呈现稳健发展的态势，并在网络新媒体时代下积极创新、改进自身以应对面临的机遇和挑战。以下是河南广播事业台网融合期的具体发展情况。

## （一）内容生产

### 1.郑州人民广播电台

（1）抓住机遇，创造斐然成绩

2012 年以来，郑州电台在文化体制改革、移动互联网终端逐渐成为传播要地的背景下，感受着压力，也迎来了发展的契机。五年来，台领导班子思路清晰，及时调整站位，围绕创新发展的理念，使郑州电台成为全国城市广播的"领头羊"。郑州电台节目质量提升，市场占有率稳步提高，综合评估位于全国前三。两年间，包括北京、上海、广东、天津、安徽等在内的大陆十多家省级媒体和十几家台湾广播电台来郑州电台参观学习。郑州电台的发展实践得到中国记协的肯定，多次成为向海外媒体推荐的交流单位。英国桑德兰大学传播学终身教授安德鲁·克里塞尔还把郑州电台作为中国城市广播的研究样本。

（2）提升质量，强化品牌建设

2005 年以来，郑州人民广播电台严格遵守宣传纪律，围绕郑州市委、市政府中心工作，完成专题、系列等重大报道 300 多个。全媒体参与重点新闻宣传，起到主流媒体应有的作用。节目质量是电台发展的根本。面对全媒体和自媒体时代的挑战，郑州电台不断提升节目的质量。索福瑞、尼尔森等第三方数据显示：郑州新闻综合广播（FM986）综合收听率连续五年位居省会广播第一，郑州都市广播（FM912）车载收听率位居省会广播第一，郑州电台在省会广播收听市场份额中占据半壁江山，在全国省会城市中排前三位。

（3）创新创优，矗立行业前沿

郑州人民广播电台把创优工作融入日常节目建设，在编辑、记者、主持人心中牢固树立精品意识，实现节目质量建设和创优工作相互促进、共同提高。自2011年起，电台连续三年获得全国大奖。2014年，广播评论《微博问政：重"做"不重"秀"》斩获中国新闻最高奖——第二十三届中国新闻奖三等奖。2015年，电台的创优工作实现历史性突破，新闻评论《有权也不能"任性"》获中国广播影视大奖广播评论类大奖，广播文艺作品《空谷幽兰四十载花绽二度分外香——豫剧"活化石"苏兰芳的传奇人生》夺得中国广播影视大奖广播文艺类大奖，另有3件作品获得提名奖。

（4）网络并举，融媒扩大影响

截至2015年，郑州人民广播电台微信公众号的粉丝绝对数超过70万人。"大龙""张明幸福起航"等辅助号粉丝量超过15万人。郑州新闻广播2015年4月10日发布的《15岁郑州男孩失联已4天，吴浩，你到底在哪？爸妈急疯了！！！》阅读数达38.7694万次；2015年10月26日，"汽车912"发布的《最近郑州特别流行的这种瓜子不能多吃了》阅读数达27.4149万次；2015年12月7日，"汽车912"发布的《省政府通告：下周一、周二，郑州将调休！》阅读数达25.6602万次；2015年12月8日，"汽车912"发布的《郑州市公安局通告：明天12月9日交通管制时间、区域！》阅读数达24.6427万次；2015年12月24日，"车道931"发布的《60年前的"伦敦毒霾"可不是被风吹走的，是……》阅读数达1488.8289万次。

**2.河南人民广播电台**

得益于品牌战略的推进，河南人民广播电台的传播力、引导力、影响力和公信力日益提升。河南人民广播电台经济广播"中原民生汇"被国家广电总局评为"2012年创新创优广播栏目"；电台制作的广播剧《农民工司令》荣获中宣部第十二届精神文明建设"五个一工程"奖。据第三方权威统计，河南人民广播电台近几年在郑州地区综合收听市场及车载收听市场的收听率和市场份额每年都有1~2个百分点的提高。其中，交通广播和音乐广播在郑州市场长期占据第一和第二的位置，在全国专业频率的排名也处于同行业第一阵营。

### 3. 安阳广播电视台

安阳广播电视台坚持"新闻立台、特色办台、深度办台"方针。2014年，安阳广播电视台对节目进行了全新改版。一是对传统节目进行了升级改版，如《洛广早新闻》《民生热线》《927交通服务热线》《私家车行天下》《行风热线》《洛阳新闻联播》《法制时空》《华夏瑰宝》等。二是推出民生类新节目，如《直播洛阳》《都市360》《生活帮帮帮》等，服务百姓生活，解决民生问题。三是新增时尚类节目，如《风尚洛阳》等，锁定年轻受众，满足多元需求。2015年，积极推进全市广播电视无线数字化整体转换工作。

在对节目进行改版后，各频率、频道积极开展推介活动。一方面，在市区重要娱乐场所对节目进行广泛宣传，先后举办了"我是戏迷大赛""经济广播第四届歌手大赛""927节目推介会""1021主播见面会""听见就中奖936"等推介活动；另一方面，深入社区，开展持续半年的"广电走基层"系列活动，组织播音员、主持人开展"走基层  社区欢乐行"活动，组织"健康门"栏目组开展"走基层  送健康"活动，组织"政府与百姓"栏目组深入社区现场录制节目等。

### 4. 焦作广播电视台

2011年6月中旬，焦作广播电视台新推出新闻评论类电视栏目"十分关注"。"焦作新闻""零距离"两档新闻栏目实现直播，新闻时效性和播出质量明显提高。在省级政府奖评比中，每年都有30~40件作品获奖，综合排名始终保持在全省前三。电视文艺专题《云台瀑恋》和五集大型纪录片《竹林七贤》获河南省精神文明建设"五个一工程"奖。2011年10月2日，以中国记协书记处书记、全国"三教办"副主任顾勇华为组长的检查组来焦作市检查指导新闻战线"走转改"活动开展情况并给予了充分肯定。

### 5. 济源广播电视台

济源广播电视台组建于2013年5月，电台拥有工作人员173名，其中财政全供人员33名，自收自支人员69名，其他聘用人员71名。2013年，济源广播电视台共完成 12 件省级评优作品，其中广播作品 8 件。济源广播电视台的栏目有"济源交通时间""We are family""爱车天天汇""安全生产 365""乐享车时代""家居时代""蓝天碧水进行时""乐享健康""音乐客栈""律师在线""蜻蜓思想汇""文明大家行""小说联播""济源新闻""音乐时光""悦读者"等。

### 6. 三门峡广播电视台

三门峡广播电视台成立于 2012 年 10 月，由原三门峡人民广播电台、三门峡电视台、三门峡电视公共频道、三门峡教育台合并组成。三门峡广播电视台有 9 个宣传平台，其中，广播频率 1 个，即新闻综合广播；电视频道 4个，即新闻综合频道、公共频道、科教频道、图文频道；新媒体 4 个，即三门峡广播电视网、"三门峡广播电视台"微信公众号、"黄河三门峡"党政客户端，以及三门峡手机台。

### 7. 新乡广播电视台

2013 年，新乡广播电视台"新乡新闻"栏目先后开设"迎新春送温暖""让爱传递、温暖农民工返乡路""德润新乡·好人之城"专题系列报道等近 40 个专题、专栏，播发各类相关稿件 2000 多篇；组织引进、审核、播出电视剧 6440 余集，故事片 200 余部；审核、上传自办新闻、社教、专题等栏目 1160 余集；卫星、网络接收、审核节目 2800 小时；与深圳广播电影电视集团共同打造"GUTV 中原联播平台"。新乡广播电视台全年一套节目安全播出 8521 小时，二套节目安全播出 8521 小时，三套节目安全播出 7580 小时，台内停播率为零秒/百小时，完成全国、省、市党代会，两会，全省地市"十八谈"等播出期的转播任务。加强对新乡广播网的软、硬件建设，使其稳定性不断提高。及时上传更新新乡广播电视台的各项活动，提高对全台局域网的维护频率和对单机故障的响应速度，网上直播系统总体运行平稳正常，保证对"蜻蜓 FM"等第三方接口的稳定传输，全年摄制大量视频图片，全力配合全台各项重要活动的开展。

### 8. 周口人民广播电台

2011 年，周口人民广播电台的"乡村服务社""民生报道"栏目贴近民生、走进观众、反映民情，成为"走转改"活动的样板，广受听众好评。栏目的地域特色、文化特色、亲民情怀，以及大容量的采编生产模式，受到社会各界，尤其是业界的高度评价，使得许多媒体前来学习，被誉为"周口模式"。2012年，周口广播电视台的《时代呼唤电视精品节目》《创新电视媒体传播先进文化的手段》分别荣获2012年度河南省新闻奖新闻论文二等奖和三等奖。

9. 漯河人民广播电台

漯河人民广播电台创办于1986年，现有工作人员133人，其中专业技术人员80多人。近年来，漯河人民广播电台始终坚持正确的舆论导向，积极宣传漯河市改革、发展、稳定各项事业的成就，外宣工作势头强劲，树立了漯河良好的外部形象。创优成绩在河南省18个地市台中名列前茅，省广播电视协会专门发来贺信予以表彰和祝贺。2011年创作的广播剧《婆婆也是妈》荣获河南省精神文明建设"五个一工程"奖。强化技术管理，确保安全播出，2011年没有出现任何责任事故和设备事故，台技术部荣获2011年度河南省广播电视技术维护先进台站一等奖。

10. 濮阳人民广播电台

2010年以来，濮阳人民广播电台创作出一大批主题重大、题材新颖、具有较强竞争力的优秀作品，有力地促进了濮阳市广播宣传整体水平的提高。五年来，共有150多件作品获得省级奖，《樊梨花》等5件录音作品获国家级三等奖，获奖等级和数量连续多年位居全省18个地市前列。仅2010年就有13件作品获省新闻奖，在全省市广播电台创新创优中排名第六，受到河南省广播电影电视局、河南省广播电视协会的表彰。名牌栏目"阳光热线""家园""亲亲宝贝""戏迷乐园""新闻抢先报"等深受广大听众喜爱，其中"亲亲宝贝"曾获国家广电总局5万元奖励。

网络宣传有声有色。网络视频直播点播成为电台宣传报道的新亮点。开设"落实四有要求，助力赶超发展""濮范台扶贫开发综合试验区"等10多个专题，利用文字、音视频、图片等多种形式认真组织宣传报道，实现了广播能触摸、能收听、能收看、能互动。4篇网评文章分别获省一等奖和三等奖，20 多篇稿件和专题栏目获市级奖励。

## （二）传播路径

截至 2011 年，河南省共开设地市级以上播出机构 36 座，其中电台 18 座，开设县级广播电视台 113 座。地市级以上播出机构共开办广播节目 45 套。有中短波发射台 30 座，广播综合人口覆盖率 97.7%，全年广播节目播出时长 636000 小时，全年广播节目制作时长 297285 小时。

### 1. 郑州人民广播电台

2012 年 2 月，郑州人民广播电台获得国家广电总局颁发的信息网络传播视听节目许可证；7 月，郑州新闻广播第一次发布官方微信公众号；12 月，《我心中的郑州十大城市品牌网络颁奖晚会》视频直播、网络互动。2013 年 5 月，网络中心更名为新媒体中心；8 月，郑州人民广播电台微网站上线。2014 年 3 月，郑州人民广播电台成为中国网络视听节目服务协会第一届会员单位；8 月，郑州人民广播电台微网站上线。2015 年 1 月，多个直播间视频网络播出；2 月，郑州人民广播电台与全球最大的音频聚合平台"蜻蜓 FM"共同打造的新媒体平台"蜻蜓·河南"上线。

此外，2013 年 6 月，郑州人民广播电台"都市广播""音乐广播"两套节目正式在中原福塔发射，200 多米的发射高度加上美国先进的"哈里斯"数字化发射机使两套节目覆盖范围更广、收听效果更好，更好地服务了听众，也进一步提升了郑州人民广播电台作为省会主流媒体的传播力、公信力、影响力。

郑州人民广播电台作为郑州市的主流媒体，积极落实中央关于媒体融合的指示，取得了一定成绩。所有广播直播室实现"可视化"，录制大量音视频作品在移动互联网进行传播。以占股 51% 的模式与大型华语音频聚合平台"蜻蜓 FM"合作成立的"蜻蜓·河南"，成为河南省成长最快的互联网音频客户端。依托中国国际广播电台旗下的中华网技术团队专为郑州打造的 App"会面"彻底打破传统广播新闻的生产方式，占据全国城市电台新闻跨平台传播的制高点。郑州人民广播电台各频率的"两微一端"形成的新媒体矩阵成为市委、市政府发声的重要阵地，发挥着不可或缺的作用。郑州人民广播电台"两微"的用户数超过300万人，在全国排名靠前。

借助中央台和国际台的大平台向世界宣传郑州，树立郑州良好的城市对外形象。截至2016年，取得在中央人民广播电台发稿连续17年位居省会城市广播电台第一的好成绩，实现中央台外宣发稿"十七连冠"。

2014～2016年，郑州人民广播电台连续三年在俄罗斯、芬兰、土耳其、肯尼亚、柬埔寨、老挝、缅甸等国家多次举行"郑州广播周""丝路名人郑州行"等海外推广活动，成为郑州市对外宣传工作的一个亮点。

2.河南人民广播电台

2011年建成中原福塔，塔楼92～95层为发射机房，建筑面积约2200平方米。设计播出8套模拟电视节目、8套调频广播节目、10套数字电视（手机电视、移动电视）节目、10套数字广播节目，共36套广播电视节目。2016年已经开播5套模拟电视节目、5套调频广播节目和2套数字电视节目，覆盖半径达120公里，能有效覆盖中原城市群，免费为郑州及周边地区3600万名群众提供高质量的广播电视节目。2014年，根据省新闻出版广电局组建大象融媒体集团的需要，全部划归大象融媒体集团。此后，河南广播不辱发展使命，又在短时间内孵化开发了河南广播网（电脑端、手机端），"河南广播"客户端，"警广之声"互联网智能电台，10个类型化互联网电台等一系列融媒体，为河南广播布局新的发展领域。河南人民广播电台通过卫星、光缆、微波、互联网向全世界传送节目，覆盖范围广，手段多样，每天播音236小时，中波总发射功率1588千瓦，调频总发射功率637千瓦，全省有效覆盖率达到90%以上。自2008年起，可通过卫星移动直播车随时随地实现突发事件等重大宣传报道的现场直播，自2013年起，交通广播实现直升机应急报道。

全媒体发展实现新突破，河南人民广播电台推动广播电视主流媒体向互联网、手机等新兴传播领域延伸。加快发展手机广播电视。移动多媒体广播电视和手机电视融合发展势头强劲，总体用户突破200万人，在网用户数全国第二，活跃用户数全国第一。省电台与河南移动、河南联通合作，推出全国首家手机电台。以省电台主办的映象网经国务院新闻办公室批准为河南省重点新闻网站为标志，河南人民广播电台完成了广播、电视、报纸、杂志、新闻门户网站、音视频网站、手机广播、手机电视、移动多媒体广播电视、手机报的全媒体布局。

### 3. 焦作广播电视台

2013年6月28日，焦作广播电视台挂牌成立，焦作网络电视开播。作为新媒体的焦作网络电视为网友提供欧美国家出品的正版电影、电视剧、纪录片、周播节目、动漫节目及每周独播剧。同时，还实现焦作广播电视台旗下四套广播频率和六套电视频道的网络音视频直播，广播、电视重要栏目的点播，《每周刊》重要内容的网络发布功能。

2015年8月，焦作广播电视台和北京国广传媒公司合作开发建设的"无线焦作"手机客户端成功上线。目前，新闻资讯平台、移动播出平台、应急信息发布平台、互动娱乐社交类平台已经建成，移动电商互动平台正在建设之中。新媒体的建设，进一步丰富了报道形式，全媒体、融媒体新闻作品比重增大，传播效果不断提升。

### 4. 三门峡广播电视台

2010年以来，三门峡广播电视台努力适应媒体融合发展形势，积极发展新媒体，共开办新媒体4个，分别是三门峡广播电视网、"三门峡广播电视台"微信公众号、"黄河三门峡"党政客户端，以及三门峡手机台。

三门峡广播电视网于2009年7月正式上线，年浏览量78000余次，独立访客25000余人。"三门峡广播电视台"微信公众号于2015年3月正式运行，现有订阅数量3万人，月单条浏览量1200次左右；"黄河三门峡"党政客户端于2015年6月正式运行，现有下载安装用户16000人左右，月单条浏览量700次左右；三门峡手机台是集广播电视节目、视频在线直播、点播、新闻资讯、便民服务、生活应用、电子商务于一体的全资讯、综合性的城市民生"云"平台，有快讯、直播、点播、购物、专题、便民服务等18个频道。自2015年12月运行以来，三门峡手机台订阅用户量达5万多人，访问量近400万人次。

### 5. 新乡广播电视台

2015 年，新乡广播电视台新媒体建设加速发展，"新乡人民广播电台"微信公众号、"991 交通广播"微信公众号的粉丝量大幅增长。截至 2015 年底，粉丝总量近 12 万人，全年推送消息 3600 多条。新媒体部稿件《夏日微公益——新乡人，请转发》获河南省广播电视协会"河南省地市台广播新闻一等奖"。两会期间，《行风热线》首次在"新乡广播电视台"微信公众号开通"微观两会"平台，共征集环保、教育、医疗、就业、交通出行等方面建议 100 余条。

### 6. 周口广播电视台

2013 年，周口广播电视台投资建设周口广播电视多功能发射塔、多功能演播中心、3D 广电影视城，同时又自筹资金 2000 多万元，建设了一个 300 平方米的演播室、一个 100 平方米的直播室、一个 100 平方米的虚拟演播室和一个 100 平方米的广播新闻直播间。新建播出机房 300 平方米，新安装全省一流的硬盘播出系统，新上 36 条非线性编辑线和媒资管理系统，新添 4 部电视发射机、5 部电台发射机。这些一流的装备解决了长期以来周口广播电视台设备简陋、技术落后的问题。

### 7. 鹤壁市广播电视台

鹤壁市广播电视台拥有电视新闻综合频道、鹤壁新闻广播、直投平面媒体鹤壁广电传媒、门户网站鹤壁网、移动客户端"无线鹤壁"、移动直播平台无线鹤壁手机台、微信公众平台广播鹤壁网、微博无线鹤壁等全媒体阵容。广播发射功率 5 千瓦，覆盖半径 50 公里。依托广播电视优势资源，肩负意识形态安全使命，鹤壁市广播电视台拥抱互联网、发力移动端、汇全台之力、融全网传播，打造豫北媒体融合样板，媒体的竞争力不断增强。

### 8. 安阳广播电台

为适应时代发展的需求，安阳广播电台结合新区广电中心建设，在现有的基础上对全台技术装备进行了大规模升级改造。广播技术部使音乐频率顺利开播。电视技术部在 200 平方米的直播演播室和新闻网建成后，又投资

360 余万元完成了全台节目网络架构改造、摄像仪器采购及制作网建设。节目制作手段实现了从线性编辑全面过渡到网络编辑的新跨越。此外，为推动传统媒体与新媒体的融合，安阳广播电台成立了新媒体中心，正式启动了中网软硬件升级改造及"无线安阳"客户端建设项目。

安阳广播电台创新播出发射技术，扩大覆盖范围，尝试远程直播，探索电视采访的现场直播。播出发射部为嵩县九皋山发射台、洛宁马店发射台建立了远程监控监测系统，有效缩短了系统维护时间，降低了设备维护成本。2014 年 8 月，安阳广播电台第一次成功运用流媒体技术，借助移动光纤，对栾川县龙峪湾"2014 洛阳广播电视台电视节目主持人大赛"进行异地远程直播，实现了传输技术的新提升。安阳广播电台成立了信号覆盖办，与河南广播电视网络股份有限公司签订了传输协议书，圆满完成 4 套电视节目信号通过有线电视网络正常传输的覆盖任务。

### 9. 洛阳广播电视台

洛阳广播电视台 2015 年拥有 3 个广播频率（综合广播、经济广播、交通广播），4 个电视频道（新闻综合频道、科教频道、公共频道、移动电视频道），1 个新媒体中心等多种宣传平台。节目信号传输已实现无线、有线、网络全方位覆盖。在新媒体领域，相继推出"无线洛阳""笑脸社区"新闻客户端，以洛阳广播电视台"老贾播报""927 交通广播"为代表的微信矩阵粉丝总量已超过百万人。

### 10. 商丘广播电台

2015 年，商丘广播电台开办了戏曲长书广播，包装升级了音乐广播，更新购置了广播调音台、音频处理器以及办公设备。广播覆盖半径扩大到 100 公里，覆盖近 2000 万人，成为商丘本土受众最多的媒体。

## （三）制度体制改革

### 1. 郑州人民广播电台

从 2014 年开始，郑州电台开始频率总监制试点工作，通过频率内部推选竞聘上岗演讲等程序产生了总监和副总监的运营团队。频率团队在节目运营、人员管理、经营创收、绩效考核等方面具有明确的责任和管理权力，在总监负责制的探索过程中，频率管理效果明显，收听率和市场占有率稳步提高，影响力逐步扩大。

在总监负责制的频率运营下，频率总监将压力变动力，与频率同志一起奋斗。各频率纷纷研究收听率、市场占有率等监测数据，征求代理公司意见，调整节目和主持人，增加线下活动次数，投入人力、物力，利用其他媒体宣传频率品牌，扩大主持人和节目影响力，使得郑州电台总体创收能力稳步提升。2014年，广告收入8300万元；2015年，广告收入大幅增加，以年收入1.04亿元首次跨入亿元广告创收城市电台行列。

五年来，郑州电台严把进人关，坚持逢进必考，始终保持职工总数稳定。电台职工总数为380余人，与2012年的人数持平。加强全媒体记者培养，利用奖励性绩效分配的指挥棒，推动传统记者转型。新闻采编部门改变考核模式，利用绩效分配制度改革调动工作积极性，在绩效考核中，由只在传统广播发稿到向新媒体平台发稿倾斜。新媒体制作的数量、质量、点击量等全部纳入考核体系。目前每位编辑记者都能够做到新媒体的独立采写、制作和推送。

郑州电台共有主持人120名，占全台在岗职工约1/3。优秀的主持人已成为广播融合发展的核心竞争力。为了使优秀人才享受到荣誉和实实在在的待遇，郑州电台除建立公开竞聘的中层干部选拔机制，保证主持人的纵向职业发展通道以外，还建立了与行政职务平行的主持人职业晋升通道，分为九级（初级岗、高级岗、广播之星、优秀主持人、十佳主持人、首席主持人等），明文规定中层以上干部不得参与主持人职业晋升通道评选活动，给优秀的主持人才建立了职业发展通道。获得"十佳主持人"称号者奖励性绩效可享受副总监待遇，获得三届以上"首席主持人"称号者奖励性绩效可享受台长待遇。

### 2. 河南人民广播电台

2011年，河南人民广播电台宣传在总体上把握了正确导向，营造了积极向上的氛围，亮点频出。一是充分利用中央广播电视媒体宣传中原经济区。以国务院印发《关于支持河南省加快建设中原经济区的指导意见》为契机，积极争取中央人民广播电台、中国国际广播电台、中央电视台对中原经济区进行高密度的宣传报道。2011 年，河南新闻上中央人民广播电台、中央电视台重点新闻栏目有 719 条（期），创历史新高。二是对中原经济区的谋划和建设进行规模化、战役化、立体化、系列化的宣传报道，在使中原经济区建设深入人心，凝聚成全省干部、群众的共识和合力中发挥了特殊的重要作用。

河南省电台和新浪网合作开办的新浪河南网、省电视台打造的河南第一视频网站——大象网，内容结构进一步优化，已成为河南宣传的新阵地。移动多媒体广播电视（CMMB）和流媒体手机广播电视融合发展进一步深化，CMMB 用户已突破 80 万人，用户规模居全国第六，用户活跃度居全国第二。《东方今报》与河南省电台 10 个频率、河南省电视台 9 个频道进行新闻互动。广播的声音、电视的画面在《东方今报》延伸，让《东方今报》的文字在广播电视上放大。《东方今报》荣获"中国品牌创新力十强都市报"。《东方今报》主办的《手机今报》已有 2 万多订户。

### 3. 济源广播电视台

2010 年以来，济源广播电视台积极推进人员整合。面对媒体融合发展的新形势，传统媒体必须增强不甘居人后的使命感，保持紧迫感，提升主动融合的自觉性，以创造性思维积极推动融合发展，做到求真务实有创新、与时俱进有革新，使融合发展取得实实在在的成效，倡导创造性思维，推动创新性实践，培养创意型人才。争当"全能型""全媒型"记者。

### 4. 信阳市广播电影电视局

2010 年，信阳市广播电影电视局设 8 个内设机构：办公室（挂政务信息化办公室牌子）、宣传科（挂总编室牌子）、电影管理科、传媒管理科、广播电影电视产业科、计划财务科、保卫科、人事教育科。设置信阳市广播电影电视局直属一分局、二分局，为市广播电影电视局的派出机构，受市广播电影电视局的委托，分别对浉河区、平桥区辖区内的广播电视宣传和广播电影电视事业实施统一管理。2012 年进行职责调整，将原市文化新闻出版局、原市广播电影电视局承担的行政管理职责，整合划入市文化广电新闻出版局。

### 5. 商丘广播电视台

2010年，原来的商丘人民广播电台、商丘电视台、商丘有线电视台等整合升级为商丘广播电视台。2011年，推行分块式经营、层级式管理，继续探索制播分离改革。2015年，改革创新不断优化。一是机制创新不断深化。在推行频道中心制、绩效考核制的基础上，实行频道、中心"二次分配"，建立"数学模块"，定岗定位，计件计时，考核考绩，量化分值，设定基数，监督执行，推进成本核算、市场运作，促进人事、分配、绩效一体化改革、一体化运行。二是制播分离制度不断深化。广播、电视分别成立了经营性文化传播公司，公司业务范围涵盖新媒体、电子商务、广告经营、广播影视剧制作、节目制作等。建立了广播电视事业产业统筹协调、分开运行、分类管理、整体发展的科学运行机制。

### 6. 周口人民广播电视台

2012年，周口人民广播电视台在体制改革和机制创新方面，实行了台统一领导下的频道节目负责制，尝试实行项目责任制，提高了工作效能。2013年，周口人民广播电视台认真贯彻落实中宣部等五部门联合下发的《关于在新闻战线广泛深入开展"走基层、转作风、改文风"活动的意见》，根据市委宣传部部署，台领导带头走基层，蹲点调研，采写报道，组织编辑记者走进基层，服务群众，提升素质。

### 7. 安阳广播电台

2012年，安阳广播电台坚持"新闻立台、特色办台、深度办台"。体制机制改革稳步推进。一是规范推进省辖市电台电视台合并改革，目前18个省辖市两台合并改革基本完成。2014年，经过一年多的实践，安阳广播电台已经基本建立起较为公平、透明的激励机制。二是已经形成较为完备的进人机制。先后通过大赛、公开招考等形式招录了一批新闻采编、技术人员及主持人等一线人员。三是已经形成较为合理的用人机制。对中层干部实行"先认目标后当领导"，对部门实行目标考核。四是探索与责任、压力紧密结合的待遇分配机制。各部门正在探索实施二级分配办法。五是已经建立起较为规范的管理制度。先后推出了节目评审、节目引入及退出、制片人竞聘、广告经营管理、管理服务部门民主测评、全员培训、公示等多项制度。

# 四　河南广播事业融媒体共创期
## （2016～2020年）

广播已经发展成为我国较为普及、便捷的宣传工具、信息工具和娱乐工具。[①] 我国广播人口综合覆盖率已经达到96.31%。李克强总理提出"互联网+"的新概念，广播电视网、互联网、通信网络在科技、内容、研发等领域融合趋势越发明显。特别是以互联网、手机媒体、微博等为代表的新媒体，它们以独特的优势被人们接受，并迅速成为人们获取新闻信息的重要渠道，对社会发展和人民生活的影响也越来越大。河南省市两级的广播媒体也进入了融媒体时代。在新媒体的影响下，尽管传统广播媒体处境困难，广播媒体仍依托技术与生产两大优势不断转型向前发展。

随着传播方式的改变，受众的大量流失是传统媒体面临的严峻问题。广播因其伴随性强、区域化特性显著等特质在全媒体竞争中仍保持一定优势，但同时广播也面临当下以新媒体为主的媒介新环境下的一系列压力。现阶段融媒体时代的到来改变了我国各个媒体行业的工作模式，对于广播行业来说，融媒体时代所带来的挑战需要广播工作者积极迎接。广播电视媒体与新媒体融合发展是大势所趋，是广播电视媒体革新图存、赢得未来的必由之路。促进广播电视媒体转型升级，提升广播电视媒体在网络空间的传播力、影响力、公信力和舆论引导能力。广播媒体在融媒体的背景下，也有了新的面貌，随着新技术的发展，催生了新的传播模式与新的内容策划。新技术和新平台的投入使广播媒体的发展面扩大，未来也将有更多可能。前沿技术不

---

① 田志荣：《广播电视事业发展的几点思考》，《活力》2013年第4期。

断发展普及，用户的收听、收看、体验手段不断丰富。这一时期的河南广播电视媒体不仅提高自身的传播优势，而且还融合新媒体平台，在节目内容策划、技术加持新传播路径、人事机制、管理制度等方面进一步创新。

从广播节目内容生产来看，通过全媒体的联动进行内容生产已经是当下融媒体时代内容生产的制胜法宝，节目质量是电台发展的根本。面对全媒体时代的挑战，传统广播只有立足根本，求新思变，不断提升节目内容策划能力，才能增强影响力、竞争力。节目提升要求有内容、见变化、敢创新，从深入剖析、精准定位、打造品牌、强化效应、依托互联网等新媒介方面入手，放大传统广播的优势，吸引更多的移动收听人群从而实现节目收听率的不断提高，节目品牌效应的最大化。

从传播路径来看，新媒体通过碎片化、即时性和互动性吸引了越来越多的受众。在传播路径上，依托新科技引入，促进媒介间的融合。同时，通过与企业合作，打破传播圈层和新媒体与传统媒体的传播壁垒，实现了传统广播媒体与新媒体相互融合、彼此借力，呈现融媒体的传播态势。河南省市两级的广播媒体非常注重新媒体平台的建设，微博、微信等强势新媒体传播平台的应用，使媒体融合传播能力持续提升，主流媒体舆论传播阵地不断壮大。"会面"App是郑州人民广播电台致力于广播媒体融合发展的新媒体应用平台，其专注于具有核心竞争力的本地新闻报道，以内容打造公信力，以变革形成传播力，引领价值导向，服务郑州经济社会发展，满足公众信息需求。同时，郑州人民广播电台与声媒企业"蜻蜓FM"合作成立"蜻蜓·河南"。截至2017年，"蜻蜓·河南"的下载用户达1500万人，日均活跃量70万人，已成为河南省成长最快、影响力最大的移动互联网音频新媒体。党的十八大以来，宣传思想战线正本清源的任务取得重大成效，现在进入守正创新的重要阶段。守正创新，"正"是根本，是灵魂，要求我们始终坚持正确的政治方向、舆论导向、价值取向；"新"是突破，是超越，要求我们不断适应新形势、拓展新思路、运用新技术、采取新方式、开辟新境界。河南各省市两级广播电台聚焦扶贫攻坚，在各个传统媒体与新媒体平台开辟"脱贫攻坚专项"版块，传播时代最强音。

河南各省市两级广播媒体不断创新与优化管理方法、人才奖励机制，涌现一批具备融媒体策划与生产能力的新兴主播，生产出大批适应新媒体环境的个人流量内容，更进一步推进了广播媒体的融合发展。

综上所述，这一时期，新媒体给广播媒体带来了巨大的影响和挑战，河南广播事业仍攻坚克难，不断地提升自身竞争力，快速实现广播与新媒体的融合发展。以下是河南广播事业融媒体共创期的具体发展情况。

## （一）内容生产

### 1. 郑州人民广播电台

郑州人民广播电台围绕郑州市委、市政府中心工作，主动抢占舆论高地，传播思想文化正能量，引导社会舆论，不断提升节目质量，以时不我待的责任感擂响主流媒体的时代强音，举办了黄帝故里拜祖大典国际大联欢、中国—东盟友谊歌会，进而提升了郑州的国际影响力，增强了郑州市民的自豪感。

（1）发挥主流媒体优势，唱响主旋律，传播正能量

一是围绕党的十九大，做好主题宣传。紧紧围绕迎接、宣传、贯彻党的十九大精神这一主题主线，郑州人民广播电台按照要求及时转发"大国外交""牢记嘱托出彩中原""让改革落地生根"等中央和省级媒体重大报道，主动策划推出"喜迎十九大——对党说句心里话""喜迎十九大——我看郑州新变化""喜迎十九大——最美家乡人""优秀共产党员风采录""建设国家中心城市大家谈""十九大十九人——我们的中国梦"等多组不同形式、不同主题的系列报道。所有报道都在"会面""蜻蜓 FM"等新媒体平台进行多渠道推送，累计点击量超过百万次。其中"十九大十九人——我们的中国梦"这组大型系列报道，由郑州人民广播电台联合河南省内 18家城市台共同推出，打破了地域界限，覆盖河南省各地；另外，每篇稿子都制作了图文并茂的微刊，在 18 家电台的 20 多个新媒体平台上进行二次传播。据不完全统计，2019 年该节目累计播出时长超过 1600 分钟，新媒

体矩阵转发总阅读数超过 60 万次。官方微博、微信公众号重点关注党的十九大，及时发布与民生相关的热点新闻。开设话题"寻找郑州郑能量"，总阅读数超过 700 万次。同时，还策划推出了"十九大精神在基层"走进郑州各县（市）区大型直播访谈。

二是围绕中心履职尽责，服务大局主动作为。围绕郑州市委、市政府中心工作，按要求完成专题、系列等重大报道 70 多个，包括"砥砺奋进的五年""贯彻落实习近平总书记殷切嘱托""国家中心城市建设""我爱郑州""身边正能量""创建国家文明城市我们在行动""百城提质""新春走基层""拜祖回眸""河南自贸区发展新高地""脱贫攻坚"等，基本涵盖了 2017 年郑州市的全部重点工作。随行广播配合市委、市政府完成了广播"全省产业集聚区观摩""农业部全国农业品牌推进会观摩""郑州市新型城镇化建设重点工作观摩"等近 20 次任务。

三是坚守主流媒体责任与担当，传递社会正能量。郑州人民广播电台新闻栏目"郑州早新闻"从在新闻广播、经济广播并机播出，到在郑州县市广播联盟成员台登封、中牟、荥阳、新郑、新密等的县市广播频率同步转播。同时还成立了中原校园广播联盟，让"郑州新闻"在 20 所大中学校实现了直播落地。集中力量做好"百姓热线""早餐可乐""政府热线直通车"等栏目。成功举办丁酉年黄帝故里拜祖大典"老家河南·根在中原"诗文朗诵会。全年安排播出"讲文明树新风"公益广告 3 万多条。

四是不断提升节目质量，创新传播形式。先后向中广协会城市台节目评优、全国城市广播新闻创优、河南省政府新闻奖、省地市台新闻奖等报送各类作品近百件，有 50 件左右获得奖项。其中长消息《新老规划不衔接 6.5 亿建"堵王"》、戏曲专题《塑造公仆形象讴歌时代精神——记豫剧演员贾文龙》等四件作品获得河南省广播电视节目年度评选（新闻类）一等奖。技术中心创作的《永不落幕的盛会》获得 2017 年广播节目技术质量（金鹿奖）二等奖，还有两件作品获得 2017 年广播节目技术质量（金鹿奖）三等奖，四件作品获得 2017 年度全省广播节目质量技术奖。

五是牢固树立精品意识，创作高质量音频作品。声音纪录片《诗意郑州》在中央人民广播电台文艺之声播出。文娱广播创作的公益宣传片《匠心传世》获得上海广播节公益创新宣传大赛铜奖。完成《李白》《杜甫》《刘禹锡》等传统人物广播剧。组织并录制"2017新春诗会""筑梦同行""庆祝中国共产党建党96周年喜迎党的十九大广播诗会""跨年阅读"等大型活动。品牌节目《今夜不寂寞》网络累计收听6亿人次，还在河北、甘肃等多家外地电台播出。与"民主与法制"新媒体平台合作推出的普法类广播剧《法则》，在"蜻蜓FM"平台上累计点击量已超过1100万人次，在全国广播剧网络排名中位居第9。

（2）拓展经营模式，增加活动创收效果明显

郑州人民广播电台党委继续落实总监负责制，要求频率力推活动创收。2019年广告收入1.13亿元，其中，都市广播完成7500万元。广告管理更加严格，医疗广告占比持续下降。中秋节前一个月，通过节目和新媒体进行充分宣传，启动线上销售，临近中秋节推出线下售卖活动，主持人做售货员，亲自打包售卖。同时，经营创收节节攀升，三年时间收入翻了三番。2016年，在整体经济形势下行，广告业务隐形下降的不利形势下，郑州人民广播电台广告收入保持平稳增长，达到1.3亿元，居中部六省省会电台创收首位，排在全国省会城市电台创收前列。

（3）打造外宣亮点，提升郑州的国际影响力

郑州人民广播电台牢固树立外宣意识、传播郑州声音。2019年1月9日，在中央人民广播电台中国之声新闻报道中，发稿707篇，依然保持全国省会城市电台前三名的位次。其中在中央人民广播电台名牌节目《新闻和报纸摘要》《全国新闻联播》发稿135篇。在中国国际广播电台推出新闻资讯节目《今日郑州》，进一步提高郑州的国际知名度和美誉度。与中国国际广播电台联合开办"天地之中思椿庭悦读会"，活动视频在中国国际广播电台的网络和社交媒体以及中华网的网络和社交媒体等进行传播，同时还制作《轻阅读》节目，在中国国际广播电台的海内外广播以及苹果播客、网易云音乐多个移动互联网平台播出，打造多角度立体传播形式。

（4）发挥媒体优势，做好脱贫攻坚宣传

2016年以来，郑州人民广播电台以习近平总书记重要讲话为指南，把脱贫攻坚宣传报道作为宣传报道工作的重中之重，不断探索创新报道形式。深入宣传习近平新时代中国特色社会主义思想；宣传习近平总书记关于脱贫攻坚的重要论述；宣传中央、省委和市委关于脱贫攻坚的决策部署；宣传郑州市脱贫攻坚取得的新进展新成绩等，传统广播与新媒体共同发力，为坚决打赢脱贫攻坚战营造良好的宣传舆论氛围。

第一，新闻广播、经济广播、文娱广播、交通广播、音乐广播主动担当作为，在重点节目中开设"决胜全面小康决战脱贫攻坚"专栏，全面展示全市脱贫攻坚成果。郑州人民广播电台新媒体中心、"蜻蜓·河南"项目部在新媒体平台设置"脱贫攻坚我们在行动""在希望的田野上"等专栏专区；听见项目部及时发布关于脱贫攻坚工作的短视频。节目制作及大型活动部制作推出的《无臂羊倌脱贫记》获得了河南省精神文明建设"五个一工程奖"。2020年9月，郑州人民广播电台根据发生在郑州的真实故事摄制的脱贫攻坚题材电影《幸福路上》，在中国金鸡百花电影节展映。

第二，为了更好地报道脱贫攻坚，根据不同时期的宣传重点，在郑州人民广播电台新闻客户端"会面"上先后开设了"脱贫攻坚进行时""深化走转改·扶贫扶志郑州行""潮涌中原——扶贫扶志先进典型人物""砥砺奋进的五年——脱贫攻坚""决战决胜脱贫攻坚""脱贫攻坚我们在行动""践行嘱托争出彩""美丽乡村""乡村振兴""扶贫扶志""家住黄河边""黄河岸边的脱贫故事""在希望的田野上""黄河边的小康故事""我们村里的年轻人""脱贫攻坚蹲点纪实——第一书记们的驻村故事"等栏目，内容涉及搬迁扶贫、行业扶贫、产业扶贫、社会扶贫等脱贫攻坚的多个方面。

第三，全面做好脱贫攻坚伟大成就、典型经验、典型人物的宣传工作。郑州新闻广播充分利用新媒体平台，宣传郑州市开展精准扶贫机制创新等方面的好经验、好做法，宣传各级各部门在脱贫攻坚中领导带头、部门包抓、"第一书记"驻村、党员干部帮扶等方面的积极探索和创新。重点宣传一批在全市脱贫攻坚一线涌现出的勇于担当、事迹突出、群众认可的模范人物、先进典型，发挥榜样的示范引领作用，在全社会引起共鸣、形成共识，凝聚和激发扶贫济困的强大正能量。

2. 河南人民广播电台

河南广播电视台农村广播（以下简称"河南农村广播"）是国家批准的政策性广播频率，也是河南省唯一面向"三农"，专业服务7000万农业人口的专业电台。

2019年，河南农村广播的"新中国成立70周年"宣传报道策划方案突出微信、微博、网络直播、短视频等新媒体推送优先和移动优先特点，与以采访、制作与节目播出为主的传统宣传报道协同配合，贯穿融媒体进行采访报道和活动实施，联合新农村频道等电视媒体和网络媒体，以多元融合传播推动广电全媒体共同发力，实现宣传效果最大化，集中展现新中国成立以来河南省"三农"建设与发展的成果。河南农村广播的"献礼新中国成立70周年"融媒体报道主要包括"献礼新中国成立70周年——我热恋的故乡"我们的新生活""我的致富经""农技插翅助农富""医疗保健惠民生""我的脱贫日记"等多种策划主题的系列报道。

其中，"献礼新中国成立70周年——我热恋的故乡"融媒体系列报道共10期，以融媒体形式进行采访、制作，以微视频、微博、微信等形式进行传播，从"身边小事70年变化"着手，聚焦农村生活环境、看病医疗、基础教育、交通工具、通信工具、农业机具、穿衣打扮、三餐饮食、思想观念等发生的变化，以小见大反映新中国成立以来故乡故土的发展变革。

2015年6月，河南交广融媒文化传播有限公司正式开始运营。根据迭代思维，"交广领航"在首版推出后的三年多时间里，不断接收用户反馈，反复更新修正，并与时俱进地加入新功能，从初始的3.1.0版本逐渐升级到了4.0.1版本，累计升级28次。最初单一的节目直播平台已扩展为涵盖多类服务的较为成熟的App。2018年11月14日，交广领航的"圈子"版块进行了调整，由之前的留言模式变为微信朋友圈模式，用户可随时发布和查看信息动态，图文、点赞、评论等功能一应俱全。升级后，用户纷纷发文尝试这一新变化，极大地活跃了社群氛围。

### 3.洛阳人民广播电台

2016年，洛阳人民广播电台"百姓问政"栏目荣获"年度两岸四地最具影响力栏目"，"行风热线"栏目荣获"年度两岸四地城市台品牌栏目"。在中央人民广播电台《新闻和报纸摘要》播发头题3篇，省级发稿1012篇，头题142篇，发稿总量位居全省18省辖市第一。

2017年，广播外宣先后在中央电台发稿122篇，其中《新闻和报纸摘要》节目播发11篇；在河南电台发稿1064篇，其中播发头题79篇。广播各频率根据各自频率特点，精准化定位栏目，精细化微调节目，进一步优化资源，将文艺频率并入综合广播，探索将新闻宣传与满足群众文化、生活服务需求相结合的节目播出方式，提高频率影响力；经济广播突出城市广播的特点，"都市"与"时尚"气息开始显现，《三点开整》《祥子叔叔讲故事》等新节目伴随式收听特点更为突出，成功拍摄《西游记之三藏前传》等三部网络电影；交通广播发起成立"927应急联盟"，推出"实时路况"微信平台，新推出"927直播进行时""找到啦"等版块，应急服务功能得到充分发挥。

### 4.周口人民广播电台

2016年，周口人民广播电台围绕市委、市政府中心工作，广播电视新闻节目先后开设了"周口崛起方略""出彩周口人""学习贯彻全国两会精神""通江大海新周口""回眸九大攻坚十大建设""聚焦产业集聚区""践行三严三实""下基层转作风""保态势稳增长"等32个专栏；以"民生面对面"栏目为龙头，打造集电视、广播、网络、杂志于一体的"四位一体"格局。综合问政平台形成全媒体联动机制，外宣工作紧紧围绕周口理念、周口经验、周口责任、周口故事、周口文化五张名片开展，创优工作成果丰硕。

## （二）传播路径

### 1.郑州人民广播电台

在两会报道方面，郑州人民广播电台首次尝试以新媒体为主，全媒体配合，前后方协同作战。全国两会期间，"两微一端"共发布全国两会相关报道 70 多篇。新闻广播在郑州两会报道期间，制作短视频作品《郑州电台主播邀请您去家里做客》，讲述郑州大发展。

融合传播渠道，抢占舆论高地。一是"会面"App 成为广播新闻传播的突破口。"会面"新闻客户端、"郑州新闻早知道""郑说广播"公众号等在两微的影响力逐步扩大。微信公众号"郑州新闻早知道"推出"每天五分钟，郑州新闻早知道"，推出讲述郑州历史文化小故事的《商都纪事》59 篇，推送微刊《学习十九大精神日一课》36 篇。二是新媒体矩阵联动。郑州人民广播电台每套频率都有一个主微信公众号和一个主微博号，同时一些频率也拥有不少于 3 个的子公众号。截至 2020 年，郑州人民广播电台的融媒体数字矩阵共拥有微博粉丝 365 万人，微信粉丝 138 万人。自采原创稿件 3 万多篇。新闻广播大龙的微信公众号拥有 12 万名粉丝。三是深度开发广播视频化。郑州人民广播电台成立听见项目部，以视频生产为主，以 B2B、B2C 的盈利模式自负盈亏，已录制 100 多次视频直播活动。四是做好新技术引进和融媒体改造项目。@RADIO 系统网络升级项目将易播的播出设备由原先的单播出增加为双播出，融媒体"中央厨房"投入使用。

做好媒体融合，加大对外宣传郑州人民广播电台作为郑州市主流媒体的力度，积极落实中央关于媒体融合的指示，并取得一定成绩。所有广播直播室实现"可视化"，录制大量音视频作品在移动互联网进行传播。以占股 51% 的模式与大型华语音频聚合平台"蜻蜓 FM"合作成立"蜻蜓·河南"，成为河南省成长最快的互联网音频客户端。依托中国国际广播电台旗下的中华网技术团队专为郑州打造的 App"会面"彻底打破传统广播新闻的生产方式，占据全国城市电台新闻跨平台传播的制高点。郑州人民广播电台各频率的"两微一端"形成的新媒体矩阵成为市委、市政府发声的重要阵地，发挥着不可或缺的作用。郑州人民广播电台"两微"的用户数超过 300 万人。

传统广播、新媒体双引擎发力，音频、视频、文字、图片全覆盖，郑州人民广播电台连续多年完成拜祖大典国际大联播，媒体发力、音视频直播、手机端与 PC 端直播全覆盖，全媒体多角度、立体化报道拜祖大典盛况，让海内外中华儿女听到黄帝故里的声音。丁酉年黄帝故里拜祖大典，郑州人民广播电台除通过传统广播进行国际大联播外，还通过新媒体融合报道拜祖大典盛况，这也是郑州人民广播电台丁酉年黄帝故里拜祖大典宣传的一大亮点。除广播直播外，丁酉年黄帝故里拜祖大典国际大联播还在蜻蜓FM、阿基米德、考拉FM、企鹅FM等多个华语音频聚合平台设立拜祖大典国际大联播手机台，推出拜祖大典的直播和音频专辑，通过网络收听的方式进一步传播黄帝文化。据统计，仅通过网络手机台点播收听黄帝故事的受众就超过60万人次，直播当天，各档App也进行了实时直播，直播时段收听人数超过20万人次。

### 2. 河南人民广播电台

河南交通广播整合省内交通、交警、市政等视频监控资源，以移动互联网为传播途径开创了全国首个常态移动视频直播节目《直播早高峰》，在此基础上，建设了一个基于移动互联网应用，具有自主知识产权、独立运营的道路视频监控系统。

进行数据化转型，并以大数据为支撑革新产业运营和商业模式，提升用户服务的质量水平，克服了数据采集、处理和分析的技术性难题，河南交通广播"交广领航"诞生。通过数据处理工具的多维度分析，用户的一切活动轨迹、浏览过的新闻、点击与使用过的服务、消费过的行为特征和个性化需求被勾勒出来，从而被更有针对性地提供服务，精准推送、精准推广、精细化运营得以逐渐实现。

郑州市的主要地下隧道和部分大型地下停车场于2016年实现节目信号全覆盖，投资2000万元的河南广播融媒云平台正在紧张的建设当中，新的云平台将会满足河南广播融媒体生产的一次采集、多种生成、多元传播的需求，为河南广播在内容生产、传播方式、业务形态、服务模式、产业格局等方面的创新发展提供有力的支撑和保证。河南人民广播电台技术装备实力处在全国省级电台的前列，2017年又在全国率先构建了基于AES67标准的AOIP网络，实现播控系统由ATM网络向应用更加广泛的IP网络转变。

2018年1月25日6：00，郑州新郑国际机场T2航站楼出发厅，河南省首个机场直播室——河南交通广播郑州机场直播室正式开播。从此，乘客通过河南交通广播全媒体平台就能够实时了解全省航空动态，方便出行。借助微信平台，河南交通广播为用户建立了"交广车友一家亲"群和"交广领航会员"群，并通过免费看电影、互动抽奖、美食、旅游、生活用品团购等福利活动不断吸引车友加入，进而构建起了与用户沟通的桥梁。微信群的建立和运营，一方面为车友提供了沟通交流的平台，培养了车友之间的感情，密切了彼此之间的关系；另一方面也帮助河南交通广播解决了品牌运营的四个基本难题，即品牌认知、品牌优化、粉丝培养和品牌传播。截至2019年3月31日，河南交通广播已成功建立11个"交广车友一家亲"群，并不断有用户申请加入。借助口碑营销的巨大能量，河南交通广播的品牌价值和品牌影响力得到极大提升。

2018年11月1日，河南交通广播借力郑州国际车展，联合省内16个汽车品牌，举办了首届"1041购车节——名嘴砍价团"。凭借自身的资源和能量，河南交通广播为广大用户打造了一个赏车和购车的平台，同时也为省内汽车经销商提供了一个促销的平台。移动端持续发力，打造全媒体传播矩阵。"两微一端"的粉丝量、点击率、活跃度均居河南省内外第一阵营。截至2019年3月31日，交广领航客户端下载量350万次，注册用户56万人；官方微信粉丝量89万人；官方微博粉丝量626万人；微博、微信双双跻身全国省级新媒体影响力前五名。

2020年第一季度遭受新冠肺炎疫情的冲击，线下市场受阻，众多商品、农副产品滞销，河南音乐广播经营创收也遇到了极大的困难。在严峻的形势和挑战下，音乐广播审时度势，紧抓机遇，在直播带货上探索和创新。音乐广播直播带货做得较为成功的有驻马店市西平县"中国服装直播日"直播带货活动和"河南好礼 援企助农"全省18地市巡回直播带货活动。2020年6月26日晚上，"626中国服装直播日暨助力河南服装产业——2020服装品牌直播大会"在驻马店市西平县拉开序幕；2020年8月16日，"决胜2020河南更出彩"系列活动之"脱贫攻坚进行时：河南好礼 援企助农"18地市电商直播活动首场郑州站在河南昇阳跨境电商产业园正式开启。郑州市副市长万正峰等领导走进直播间与 70 多万名网友线上互动，"魅力881"河南音乐广播主持人路飞、阳阳、雨晨、朱莉为网友推介河南好礼，粉丝们边看直播边下单，线上线下精彩不断，在线 8 小时总计 70 万余人观看。

借鉴移动互联网企业的成功经验，未来广播的媒体产品将在垂直领域上做到极致。在垂直领域的产品深耕上，按照客户需求，越细分，越专注，越精准，越能提供客户认可的媒体产品。

### 3. 焦作广播电视台

2016 年，焦作广播电视台积极与河南大象融媒集团沟通，推进互联网太极频道建设，通过 2~3 年的时间，将其打造成为一个集文化传承、培训比赛、健身养生、产业开发等于一体的新媒体互动平台。此外，要充分借助河南大象融媒集团的技术、平台、人才、资金优势，深化双方在互联网电视、融媒云项目、网络电视、手机电视、智慧城市建设等方面的合作，全面提升焦作广播电视台的公共服务能力和产业发展实力。

### 4. 洛阳广播电视台

洛阳广播电视台进一步融合发展，新媒体在这方面具有明显的优势，让传统媒体搭上新媒体的快车，实现以新带老、新老共进的发展模式。洛阳广播电视台 FM92.7 交通频率进行大胆探索。2019 年 1 月 29 日 16:00~20:00，"FM92.7 小春晚"广播、视频同步直播了 4 个小时，仅洛阳广播电视台中网一个客户端收视就显示观看人数达 24 万人，互动超过 6 万人次。"爆款"春晚，视听两旺，受到听众、观众的热捧，获得极大成功，为媒体整合发展积累了宝贵经验。与此同时，为了进一步扩大影响，方便受众，"FM92.7小春晚"还协调新浪微博、腾讯、今日头条等平台进行直播，更加有效地扩大了小春晚的影响力。

### 5. 南阳人民广播电台

目前，南阳人民广播电台新媒体中心拥有"南阳广播网""南阳人民广播电台"微信公众号，以及以"南阳广播网"为账号的今日头条、天天快报、企鹅号、搜狐号、一点资讯等平台。南阳人民广播电台新媒体中心这些平台所发图文，日均点击量 6000 次左右。南阳人民广播电台拥有专业的采编团队，可以图文、视频直播等形式对各行各业提供网络宣传服务。

6.周口人民广播电台

2016 年，周口人民广播电台实现了天网覆盖，加强了与省网络公司的合作，实现了四套电视节目在各县（市）有线电视网的完整传输，建立了广播电视网络直播系统，添置了一批高端设备，购置了 28 台高清摄像机，实现了广播电视信号与省台的同步接轨，购置了奔驰广播直播车，并将原来的 4 讯道模拟电视转播车改造成"6+1"高清电视转播车。

# 五　结语

综上所述，在新媒体技术赋能和融媒体大趋势发展的背景下，河南各级人民广播电台在 2000～2020 年，广播媒体融合发展分为了四个阶段：河南广播事业融媒体的探索期、台网融合初期、台网融合发展期、融媒体共创期。在融合发展中，河南各级人民广播电台具体表现出三大方面的媒体融合内容，即媒体生产内容融合、媒体传播平台融合、与时俱进的机制转型融合。在河南广播融媒体转型发展的过程中，既要使广播内容推陈出新，适应融媒体线上线下融合播出，还要应对人事体制优胜劣汰的残酷现实。同时，河南人民广播也迎来机遇，专业的广播从业人员可以和自媒体声媒的制作者同台竞技或联合出品，创新了广播内容，改变了传播理念，传播平台更加便捷、高效、多元。

# 中原短视频新媒体发展报告

宗俊伟　李洪旭　邓彦雯　吕　昊[*]

**摘　要**：河南省短视频应用在数字技术的赋能之下于 2015 年逐渐兴起，起初不论是媒体还是企业的短视频发展尚未形成可借鉴的发展理念和盈利模式，普遍发展平平。到 2016 年短视频发展呈现井喷之势，用户对短视频的消费体量剧增，形成产业风口，河南本地主流媒体通过自建客户端、入驻第三方平台、打造视频号矩阵等方式布局短视频，融合专业制作内容和用户生成内容，形成了一系列原创短视频品牌。2018 年河南政务短视频初步发展，政务机构纷纷开通短视频账号，以亲民的语态以及接地气的内容打破受众心目中对于政务信息"高大上"的刻板印象。与此同时，河南教育类以及企事业短视频也处处开花，形成了异彩纷呈的创新表达形式。对于新闻资讯行业而言，短视频在型塑新的内容生产模式和表达方式的同时为主流媒体的转型注入新的动力，但媒体布局短视频普遍存在互联网思维欠缺、融合机制僵硬、盈利模式模糊等问题，政务和企事业类短视频应用中也出现原创不足、创新乏力的问题，传统主流媒体迫切需要进行融合机制创新，吸纳人才，在内容升级优化上不断发力以彰显专业媒体价值。

**关键词**：短视频　新媒体　互联网思维　河南

　　短视频是继文字、图片、语音、传统长视频之后兴起的新的内容传播载体，具有内容生产成本低、传播速度快、产销界限模糊等特点，是对人们注

---

　*　宗俊伟，艺术学博士，郑州大学新闻与传播学院副教授，主要研究方向为影视艺术与传播、短视频创作与传播。李洪旭、邓彦雯、吕昊为郑州大学新闻与传播学院硕士研究生。

意力的又一次争夺。随着5G、物联网、人工智能、大数据等技术的发展，短视频将开拓新的应用场景以及内容生产模式，在移动互联网用户红利逐渐消退的今天，新技术赋能下的短视频或许能带来新一波的用户增长。河南省的短视频发展基本上顺应全国短视频发展浪潮，经历了早期的探索阶段、技术赋能下的工具创新阶段以及如今的融合共享阶段。本部分将回溯全国尤其是河南省短视频的发展，梳理其演变历程，并对河南省典型的短视频发展现象进行深入剖析，明晰个中逻辑，为河南省短视频的未来发展助力。

# 一　河南短视频新媒体发展历程

2000年以来，随着互联网技术的发展及移动终端的普及，短视频尤其是移动短视频领域发生了翻天覆地的变化。先是YouTube于2005年尝试率先推出了短视频形式，广受用户欢迎；同年国内也开始引入土豆网，作为当时国内第一家视频分享网站，但受限于网络带宽、终端普及率等因素其一直发展缓慢，更遑论河南本土短视频的发展。2010年以后，"移动短视频社交应用"强势崛起，这是借助技术升级并通过移动智能终端实现的一种全新社交应用，它允许用户利用智能移动终端设备如手机、平板电脑等拍摄时长极短的视频，并支持快速地在线编辑美化。更重要的是，它能直接与互联网多种社交平台如抖音App等无缝连接，实时在社交网络平台与好友分享。从某种意义上来说，这种社交型短视频实现了对当下社交方式的重新定义，随着它在国内的蓬勃发展，河南本土短视频也迎来了较好的发展机遇，并倒逼河南传统主流媒体也逐步开始对短视频领域的尝试，如河南日报报业集团于2016年上线了"河南日报"客户端，由此进入短视频时代，随后又推出了"豫视频"客户端进入短视频发展快车道；在政务短视频方面，"郑州市公安系统""郑州发布"等短视频账号，积极加入政务媒体融入短视频领域的大潮，取得了可喜成果；同时，河南企业短视频领域也成果丰硕，如河南省人民医院、宇通客车、卫龙等知名企业纷纷成立短视频制作部门，利用短视频提升宣传成效，成绩斐然。

## （一）萌芽与蓄势：初步探索阶段（2000~2010年）

2000年以来，短视频逐渐成为一种重要的媒介形式。我国短视频平台的起源可以追溯到2005年成立的土豆网，其主要提供音乐、汽车、综艺等视频内容，内容包括网友自行制作和分享的视频节目，同时也为用户提供系列短剧的投资制作等。土豆网提出了符合此一阶段短视频发展的著名理念——每个人都是生活的导演，其视频应用成为我国短视频领域的发展开端。

此一时期短视频主要是对影视等长视频的剪辑和改编。在这一阶段，真正将短视频创作带入人们视野的是不知名网友胡戈的《一个馒头引发的血案》对某著名导演同期上映影片恶搞所引发的系列纠纷。该短片通过二次剪辑、重新配音等引起广泛关注，其类似鬼畜的视频效果在今天的某些短视频网站已屡见不鲜，但在当时却引起了轩然大波。此事虽以胡戈的道歉而终止，但《一个馒头引发的血案》却成为网络恶搞短视频的开端。随后几年，二次剪辑加工的恶搞片，如《中国队勇夺世界杯》《鸟笼山剿匪记》《网瘾战争》等，成为论坛时代的爆款内容。但同时，短视频也开始运用于新闻报道，如在2008年汶川地震突发事件中，短视频就展现出了及时、快速、现场性等传播优势。2010年，优酷、搜狐视频等平台力推短视频，不少知名导演、演员以及大量草根拍客也加入短视频拍摄、制作、搬运的大军，这部分群体中不乏河南人，短视频草根化趋势无意中培养了网友利用碎片化时间拍摄、制作、上传、观看短视频的意识。但在此时，河南本地互联网发展还处于起步阶段，网络基础设施建设还有待加强，移动互联网应用开发有限，受限于网络带宽、网速和智能终端的普及，且缺乏全民性的视频拍摄和制作工具，因此这个时期视频的创作在很长一段时间内局限于小部分群体。

## （二）技术赋能：工具创新阶段（2011~2015年）

### 1.作为新媒介工具的规模化涌现

2011年，移动互联网进一步发展。2013年，4G网络牌照落定，Wi-Fi

覆盖密集，视频传输与观看的资费成本降低，用户网络交流更为顺畅，技术赋能之下一些移动视频应用开始出现，如秒拍、美拍、微视、小咖秀等。此一阶段短视频开始作为一种新技术工具登上媒介舞台。

先是 2011 年 3 月 GIF 快手诞生，此时的快手还只是一个 GIF 动图制作工具，其 GIF 表情包基于微博、QQ 等社交媒体开始广为流传，从而为快手后续的发展积攒了用户。2013 年 GIF 快手决定将 GIF 编辑工具转化成短视频社区，正式更名为快手，开始朝着短视频领域前进。2013 年 8 月，一下科技正式推出产品"秒拍"，并借助新浪微博的独家支持以及众多明星的入驻，迅速扩张了用户群，当时 2000 多位明星使用秒拍发布冰桶浇身的视频，秒拍势能开始释放。同年 9 月，腾讯也正式进入短视频领域，推出了短视频应用"微视"，主打 PGC（Professional Generated Content，专业生产内容、专家生产内容）模式，并打通腾讯旗下的 QQ、微博、微信等产品链，用户可以将自己录制的 8 秒钟短视频同步共享至腾讯微博、微信好友及朋友圈等，实现多渠道分发，后被腾讯降级并入腾讯视频。2014 年 5 月，美图秀秀推出了美拍，其具有很多开创性功能，如人像特效和视频特效，每日活跃用户数迅速上升。与秒拍强调内容运营不同，美拍更多的是旨在激发用户的社交分享欲望，好看的视频意味着用户更愿意拍摄和分享，也更愿意观看他人的作品，从而极大地提升了用户的参与热情和传播动力。2015 年 5 月，一下科技旗下另一款短视频应用小咖秀上线，通过提供现成的场景、剧本，刺激用户对口型表演，吸引用户参与。上线两个月，小咖秀便冲到短视频应用排行榜第一名。

这一阶段短视频创作工具的小规模出现在一定程度上激活了用户参与分享和内容创作的需求，短视频玩家凭借各自的产品特点，形成诸侯割据的局面：以美拍为代表的社交模式，以 PGC 模式见长的微视，以及以工具抢占市场的小影、小咖秀等。但是以上短视频工具普遍没有形成明确的产品定位，缺乏有效的关系链基础，加之运营成本过高，盈利模式不清晰，短视频发展平平。

2011~2015 年，河南省网络技术发展取得显著成效，网络基础设施的完善在一定程度上也促进了本地移动互联网的普及和新媒体的发展，随着全国移动互联网用户群体的扩增，各类移动互联网应用开始涌现。河南省通信管理局和河南省互联网协会组织联合发布的《2013 河南省互联网发展状况报告》显示，截至 2013 年，河南省网民规模达到 5803 万人，互联网普及率为 61.7%，网民上网应用排名前三的依次是即时通信、网络新闻、搜索引擎。《2014 河南省互联网发展报告》显示，截至 2014 年，河南省网民规模达到 6147 万人，互联网普及率为 65.3%，手机网民规模达到 5520 万人，占全省网民的 89.8%，网民上网应用排名前三的依次是即时通信、网络新闻、搜索引擎。《2015 河南省互联网发展报告》显示，截至 2015 年，河南省网民占比达到 77.8%，网民规模达到 7338 万人，手机网民规模达到 6877 万人，互联网普及率为 93.5%。河南省网民使用频率最高的三大互联网应用为即时通信、网络新闻、搜索引擎。值得一提的是，2015 年数据显示河南省手机网络视频用户规模增长迅速，较 2014 年增长 1698 万人，这与 2013 年全国短视频浪潮的兴起不无关系。截至 2015 年，河南互联网用户增长、宽带速率提升、高带宽用户占比、交互式网络电视（IPTV）用户增长、互联网宽带接入端口增长等基础数据亮眼。

**2. 在新闻报道领域初试身手**

由于国内短视频社交应用于 2013 年刚刚兴起，因此新闻媒体运用短视频进行新闻报道的案例屈指可数，一些短视频在新闻媒体社交账号出现，内容上多是将传统媒体的长视频进行片段截取。相比于文字以及静态图片，短视频报道更具趣味性、现场感和吸引力，如央视体育频道官方微博"@CCTV5"多次用系列动图的方式展现全场比赛的精彩瞬间，"@重庆交警"账号开辟的栏目"交通 GIF"将一些真实的交通场景视频制作成 GIF 图。

这一阶段利用短视频进行的新闻报道，除专业新闻机构的探索外，普通网友也开始积极尝试。专业机构方面，如北京电视台财经频道"首都经济报道"的官方微博"@BTV 财经首都经济报道"，经常将由"秒拍"提供的短视频加入信息发布中。2013 年 12 月 20 日，该账号发布了第一条真正意义上的利用短视频社交应用的新闻报道——利用"秒拍"拍摄了 10 秒钟的新闻，报道北京"最牛违建"拆除事件，视频清晰再现了建筑的拆除进度，可以算是国内专业机构账号利用这一平台的较早尝试。普通群众也同样开始利用短视频社交应用参与突发新闻拍摄，如2013年11月1日上午，内蒙古赤峰市出现幻日天文现象，腾讯微博网友"@Tim远"于10：25第一时间利用腾讯微视拍摄了10秒钟的视频，清晰地展示了天空中"5个太阳"的奇观，并实时分享到了腾讯微博平台，其发布速度早于绝大多数出现在优酷、土豆等传统视频门户网站上的相关视频。该条微博的自然转发量超过了800次，而微视的官方微博"@微视"转发了该条微博，也带来了超过500次的转发量。

随着移动互联网的快速发展和提速降费的扎实推进，互联网应用呈现快速增长的发展态势，河南政务新媒体、传统媒体网站及客户端纷纷布局短视频的局面已经蓄势待发。但由于这个阶段不论是媒体还是企业的短视频发展均尚未形成可借鉴的发展理念和盈利模式，普遍发展平平。

## （三）融合与共享：全面繁荣阶段（2016～2020年）

随着信息技术的发展，从传统静态的文字到可视化的图片、视频，再到精、短、小的短视频，媒介形式的更新印证了人们信息需求的不断变化，从可看到可听可看再到快速可看的心理转变，反映了在快节奏发展的社会中现代人普遍追求短、平、快的特点。而短小精悍的短视频恰好满足了人们对闲暇时光碎片化时间的利用，既可以消磨时间，又可以获取一定的信息。基于此，短视频经过数年积累，于2016年呈现井喷之势，用户对短视频的消费体量剧增，形成产业风口。从用户规模看，截至2020年3月，我国短视频用户规模为7.73亿人，较2018年底增长1.25亿人，占网民整体的85.6%。近两年短视频行业规模增长虽有所放缓，但依然是移动互联网发展新的流量池。

这个阶段郑州国家级互联网骨干直联点成功获批，河南省被列为全国数据中心建设布局二类地区，并加快推进了云计算数据中心等一批重点互联网基础设施项目建设，这些都为河南互联网及短视频迅速发展提供了坚实的基础保障。

### 1.转型升级：媒体发力

新浪微博相关数据显示，微博视频日均播放量在 2015 年第三季度为 1.9 亿次，第四季度为 2.9 亿次；2016 年第一季度为 4.74 亿次，第二季度为 15.74 亿次，上升势头惊人。今日头条的短视频平台，2016 年前六个月累计视频播放量为 1000 亿次，日均播放量近 10 亿次。易观智库数据显示，截至 2016 年 3 月，国内短视频用户规模达到 3119 万人，比 2014 年同期增长了 66.6%。2016 年 9 月 20 日上线的抖音，作为一个面向全年龄的音乐短视频社区平台，如今牢牢占据短视频行业的半壁江山。借助短视频发展的东风，河南传统媒体纷纷转型，加快媒体融合步伐，尤其是纸媒，试图弯道超车，进入媒体转型升级快车道。总体来说，河南媒体主导的具有代表性的短视频类客户端、App 主要有以下几家。

（1）河南日报客户端

2016 年 6 月，河南日报报业集团新媒体部负责开发的河南日报客户端成功上线，使 67 岁的河南日报有了第一个自主移动互联网平台。以此为标志，河南日报媒体融合发展进入快车道，现已形成以"两微一端"（河南日报客户端、河南日报官方微博、河南日报微信矩阵）为核心圈，以重点第三方平台（人民号、头条号、百家号、抖音、快手等）为协作圈的全方位、多层次传播体系。

河南日报客户端自上线以来迅速发展壮大，先后荣获 2016 世界移动互联网大会"移动互联网行业最具品牌价值奖"、2017 中国新媒体门户大会"年度最具公信力新媒体奖"、2017~2018 年度中国传媒经营"全国报刊新媒体三十强"等重磅荣誉。在人民网发布的《2020 全国党报融合传播指数报告》中，河南日报客户端的累计下载总量居全国省级党报第 2 位，传播力居全国党报自有 App 榜单第 4 位。载至 2020 年底，河南日报微信矩阵（包括河南日报官方微信，以及"清风中原""河南组工""河南两学一做""河南驻村""中原人才工作" 5 个合办公号）总订阅数超过 110 万，河南日报新浪微博总粉丝数突破 620 万人。目前，河南日报"两微一端"综合影响力居全国省级党报新媒体第一方阵。

（2）豫视频

河南日报报业集团为应对传播环境变化、加快推进媒体深度融合，组建了河南日报新媒体部。2019 年 12 月，河南日报推出豫视频，作为河南日报报业集团立足河南、放眼全国、辐射全网的头部短视频资讯平台，以传播有价值的信息、做有温度的视频为宗旨。截至 2020 年 12 月 31 日，豫视频自营收入约 900 万元，配合收入 150 万元，总营业收入突破 1000 万元。收入构成主要为"影像管家"服务及版权收入。豫视频经过几年内容建设，每天生产原创短视频 80～100 条，头条号粉丝量达 205 万人，抖音号粉丝量达 873 万人，在第三方平台影响力逐渐扩大。2020 年，豫视频"影像管家"工作服务足迹跨越北京、上海、广州、深圳、浙江、西藏、青海、四川、湖南、湖北、福建等地，在业内产生较强影响力。

（3）猛犸视频

2016 年 6 月，《东方今报》系列新闻纪录片《第一书记的 24 小时》开拍，从这十集的扶贫故事开始，"猛犸视频"品牌开始创立。"猛犸视频"参与拍摄的系列纪录片《老家河南》，多次被《人民日报》等央媒点赞，《光明日报》曾这样评述"猛犸视频"作品："《我在渠首守丹江》，虽然表现的只是一位渔民的日常生活以及保护丹江水源的自觉意识，但是微视频以其思想上的一跃，而让地域文化有了精神的升华。"

（4）冬呱视频

"冬呱视频"是由郑州报业集团于 2017 年 3 月创立的短视频品牌，依靠生产社会纪实的非虚构类视频产品起家。目前"冬呱视频"已累计全网粉丝量超 200 万，主要覆盖微博、微信、抖音、快手、哔哩哔哩等平台，可满足多元化合作需求，涉及合作平台 30 余家，合作媒体达 200 余家，各平台视频总播放量达 5 亿次之巨。

2. 版图扩张：政府主导

新媒体环境促进了政务短视频的传播。当下，我国已经进入全民移动社交网络时代，传统媒体不再是受众获取信息的唯一渠道，受众纷纷转向新媒体平台发掘信息，逐步从无意识接触到主动传播分享，促使新媒体用户数量呈直线上升趋势。政务类信息在新媒体冲击下依靠传统媒体所产生的影响力不断下降，通过广播、电视、报纸、宣传栏为老百姓传递国家方针政策、惠民信息等内容，单向的传递渠道速度较慢，单一的文字形态较为枯燥且结果不易统计，于是各大政务机构纷纷将目光投向用户日活跃量骤增的抖音、快手、梨视频等短视频平台。这些平台极大地改变了单向度的传播方式与传播内容，减少了刻板的说教色彩，采用现代年轻人喜爱的娱乐元素，使得政务信息由单一向多元化、可视化转变，特别是 2019 年 8 月 24 日《新闻联播》宣布入驻抖音平台，短短几天增粉 1000 多万，官方新闻机构的转型更是使其他政务媒体看到了未来传播的新形态。在这种情况下，短视频平台成为政务媒体传播的新渠道，受众碎片化的阅读方式促进了政务短视频的繁荣。

2018 年被称为政务短视频元年，上千个政务机构纷纷开通短视频账号，以短视频形式服务广大受众，取得了很好的传播效果，如"郑州发布""看郑州""郑州交巡警二大队"等抖音号，这些账号短视频的制作发布，打破了受众心目中对于政务信息"高大上"的刻板印象。政务机构转变思想，正在努力尝试以大众喜爱、易于接受的方式与大众进行有效的沟通交流。政务新媒体通过短视频进行政务表达、信息宣传成为一种创新趋势，不仅涵盖最基本的新闻传递，还肩负塑造地方形象、宣传地方文化的重任，逐渐成为政务机构宣传地方形象的有力武器，生动丰富的视频表达也有助于多维度展现地方特色，提升地方知名度。如"郑州发布"抖音号置顶的短视频展现了博大精深的中原文化，用鲜明的符号塑造了一个来了都说"中"的城市，用镜头闪现了味道鲜美的胡辣汤、纯正的少林功夫、筋道的河南烩面，几千年的中原文化浓缩在了短视频里。河南旅游系统推出的以"老家河南"为代表的系列短视频也从多个层面呈现了河南的文化魅力，在社会上产生了相当大的影响力，呈现古城文化的短视频在短时间内纷纷出现，助推了河南古城的文化传播。

2019 年 8 月 6 日，河南省人民政府办公厅发布《关于推进政务新媒体健康有序发展的通知》，明确提出政务类新媒体应坚持正确导向、需求引领、互联融合、创新发展等基本原则。综观政务类短视频的传播内容，短视频深刻履行了其正能量舆论引导的职责，通过热点类事件积极引导舆论正向发展，通过日常类事件传递真善美向上的力量，及时为受众输送正确的价值导向。如"郑州发布"抖音号发布了一则情侣在地铁口抢救老人的视频，点赞无名英雄，展现普通人乐于助人的品质。

**3. 春风化人：教育载体**

传统主流媒体的逐渐式微和社交媒体的全方位崛起，使得世界本身的连接方式发生了深刻改变，短视频直观的画面感、极强的情绪感染力以及低成本特性，大大降低了其与世界互动的成本。在短视频全面繁荣发展的当下，不仅河南传统媒体、政务短视频新媒体迎头赶上，教育类短视频也处处开花，硕果累累。从政务信息发布来说，教育管理部门属于此列，但由于教育行业的特殊性，且存在众多学校等，教育类短视频新媒体发展情况在此单独分析。目前，河南大多数高校开设了官方抖音号，据统计，2019年11月5日至11月6日18点，全国高校抖音单条短视频点赞数量排行榜前10名中，河南高校有3个，分别是河南警察学院143.1万次，位列第五；郑州科技学院41.3万次，位列第八；郑州航空工业管理学院35.9万次，位列第九。单条短视频点赞数量，河南高校的排名和数量稍微落后一些。全国高校抖音单条短视频评论数量排行榜前10名中，河南高校有3个，分别是郑州科技学院1.1万次，位列第六；河南工业大学5928次，位列第七；郑州航空工业管理学院2914次，位列第九。

习近平总书记曾经在全国高校思想政治工作会议上专门强调，高校思想政治工作要不断运用新媒体新技术，积极推动思想政治工作传统优势同信息技术高度融合发展。河南高校教育类短视频也在不断探索与思想政治工作的深度融合，如郑州大学新闻与传播学院2017年推出的"美丽乡村河南行"视频拍摄系列活动，联合业界、媒体等共同打造，至今已经制作了多部有影响、有深度的短视频作品，并获得了社会肯定。同样是从2017年开始，郑州大学、中原工学院、河南工业大学等10多所高校与河南省科学技术协会合作，建立了一批全媒体科普传播创作基地，在食品安全、农业种植、健康传播等方面做出了积极探索，制作的短视频在今日头条"科普天地"播出后，广受好评。

　　根据《中原经济区建设纲要（试行）》部署，建设中原经济区必须依靠独具特色的文化支撑体系。在传播河南文化软实力方面，高校短视频同样功不可没。河南大学新闻与传播学院"短视频时代河南古城文化的传播路径研究"和"河南古城文化短视频传播研究"课题组，选取了具有代表性的抖音、快手、哔哩哔哩、微博、爱奇艺、优酷、腾讯、今日头条等平台，从古城文化短视频内容选题、生产机构、制作方式、发布平台、内容营销、点转评播等方面，系统考察了河南古城文化短视频传播的现状。

### 4.品牌打造：企事业参与

　　河南省历来是我国的一个人口大省，广阔的市场空间及丰富的文化资源为本土企事业的发展提供了优越的发展条件。企事业的长远发展，离不开优质品牌的保障，也要依靠一定的宣传策略进行广泛宣传，吸引广大受众的注意力，进而提高品牌的核心竞争力。近年来，得益于河南省经济、文化快速发展，名优品牌层出不穷，省内优秀企事业的市场竞争力与文化软实力也在不断增强；同时顺应融媒体短视频的时代大潮，短视频营销也成为新的互联网销售主阵地，成为增强品牌知名度的新方法、新工具。从河南本地企事业短视频发展来看，河南省人民医院、郑州宇通集团有限公司的短视频发展与布局值得我们关注。

　　河南省人民医院在河南医疗领域中具有特殊地位，经过多年努力，在医院形象宣传、展现医院技术实力和人文精神、健康科普类短视频、医院医生针对专科特色个人拍摄的视频等方面，都做出了积极探索，也获得了广泛关注，特别是个人医生账号，如"内分泌科鲁医生""中医科杨强""皮肤胎记科刘医生"等账号，在快手都拥有 10 万左右粉丝量，在宣传省医价值观、打造省医品牌形象、为患者答疑解难等方面收效显著。郑州宇通集团有限公司是以客车、卡车、环卫装备及工程机械为主业的商用车集团，核心业务是宇通客车，产品主要服务公交、客运、旅游、团体、校车及专用出行等细分市场。宇通集团不仅注重产品质量、产品宣传，先后入驻抖音、快手平台，累计粉丝数 81 万余人，还推出了多档栏目进行细化宣传，提升产品质量，有"宇哥说车""巴士小剧场""人生巴士""美女说车"等栏目，同时还注重社会责任的承担，推出了"都市夜班人""儿童交通安全"专题系列视频，该系列点赞量已累计超 10 万次，获得社会的广泛好评与认可。此外还有诸如卫龙、中国平煤神马集团等企业纷纷入驻新媒体平台进行宣传，卫龙的抖音平台粉丝量已达 69.2 万余人，不仅有助于宣传，还直接在短视频平台进行产品销售，取得极大成功。

5. 百花齐放：个人主体

随着媒介技术的发展和社交媒体的普及，凭借着碎片化的观看模式和快捷的叙事节奏，短视频成为重要的传播形式。从门户网站到短视频网络专门平台，从普通百姓微博、微信到企事业、政府公众号，从国内社交软件（如微信）二次传播到国外社交软件（如 Facebook），短视频的身影无处不在，呈现百花齐放之势，个人主体形成的自媒体账号也起到了促进作用。如在关于河南文化短视频传播中，经研究抽取 342 条有效数据，从中可以看出在各发布主体中，个人用户发布了 230 条视频，其中 102 条发布在抖音，33 条在快手，14 条在哔哩哔哩，11 条在微博，70 条在爱奇艺。个人用户发布的视频中，时长在 1 分钟以内的有 156 条，超过发布总量的 67%；时长超过 5 分钟的视频有 31 条，不到发布总量的 14%；超过 10 分钟的视频有 9 条，仅占发布总量的 3.9%，这说明大部分个人用户更关注即时性的记录和展示。个人用户"arvin"在抖音发布了一条关于洛邑古城的短视频——《洛阳，洛邑古城》，30 秒的视频展示了洛邑古城的优美夜景，并配以歌曲《洛阳牡丹》，在"点、转、评"上取得了较好的成绩。该视频截至 2019 年 12 月 31日，共获得 4.3 万次的点赞量、3555 次的评论量和 891 次的转发量。可以看出以个人用户为主体的自媒体账号在短视频发布与传播方面的力量也不容小觑。

## 二　河南短视频新媒体发展现象与解读

### （一）河南主流媒体短视频发展现象与解读

媒介融合时代，河南主流媒体积极搭建新媒体矩阵，入驻各大社交平台，拓展内容传播渠道，助力媒体融合转型。从总体来看，河南主流媒体布局短视频主要有以下几种路径：一是在原有媒体平台（客户端和网站）上以短视频作为补充，生产发布短视频；二是与互联网公司合作，打造新的短视频平台；三是入驻抖音、快手等头部短视频平台，开设微博、微信视频号，打造短视频传播的新媒体矩阵。在短视频内容制作上，各媒体统筹自身资源，在生产模式、内容特色、推广分发上呈现不同的特征。下面以短视频发展较为成熟的河南广播电视台、河南日报报业集团、郑州报业集团为例，就河南主流媒体短视频发展现象进行梳理。

1.**河南广播电视台短视频发展现象与解读**

河南广播电视台在短视频布局上依托自有平台——"大象新闻"客户端，在内容制作上统筹本台各频道频率的资源，同时塑造节目主持人品牌，提升频道影响力，如河南广播电视台民生频道打造的"小莉帮忙，越忙越帮"的品牌形象，从内容策划、节目制作、运营推广等方面，打造小莉的流量人设。以下对河南广播电视台大象新闻客户端的象视频及其第三方平台的内容布局情况进行梳理。

（1）打造"大象号"，集纳多方内容资源

大象新闻客户端是河南广播电视台自主研发设计的平台型移动客户端产品，于2019年9月上线。截至2021年3月，大象新闻客户端累计下载量超过8000万次，每日活跃用户超过2万余人。客户端以广电融媒云为技术支撑，打通直播频道、IPTV、有线电视、县级融媒体中心四大平台，打造了以海量视频、移动直播、智能推送、多屏呈现为主要特色的跨媒体、跨屏幕、移动传播平台。客户端内容多为河南本地民生新闻资讯，解读河南区域民生事务，关注民众难题。其嵌入短视频版块——象视频，邀请全广播电视台各频率频道、重点栏目、网络达人、优质内容生产者、政务部门和县级融媒体入驻，以"大象号"的形式呈现在客户端上，组成了涵盖全省多层次的媒体矩阵，形成"PGC+UGC"的内容生产模式，比如"梨园春""华豫之门""孟子约""百姓315""晓辉在路上""小莉帮忙"等栏目以及都市频道、民生频道、公共频道等频道内容资源。

（2）布局第三方平台，凸显服务价值

河南广播电视台各频道及栏目均在抖音上开设媒体抖音号，如河南广播电视台民生频道、法制频道，栏目"百姓观察""小莉帮忙""晓辉在路上"等。《2019中国媒体抖音年度发展报告》显示，2019年表现突出的十大媒体抖音号中，河南广播电视台民生频道、法制频道"晓辉在路上""百姓观察"位列榜单。截至2021年1月30日，河南广播电视台"民生频道"抖音号粉丝量达到2297.2万人，累计获赞量达3.6亿次，在地方级媒体抖音账号中综合得分高居榜首。

"民生频道"抖音号的核心价值是帮扶，通过抖音平台传递频道理念：求助帮忙，为民众利益表达服务。视频内容一般是民众身边的困扰，新闻贴近性强。视频形式是民众求助—媒体帮忙—问题解决，以对当事人的采访和现场拍摄为主，聚焦事件争议点，可看性高。此外，还推出多个视频合集，针对某个事件进行连续报道或是针对某个主题集纳相关事件，反映最新事态，用整体深度提升用户黏性。视觉呈现方面，短视频多以近似正方形的界面呈现，视频封面字幕字体位置一致，呈现清晰简洁的封面效果，封面标题大致以十个字介绍该条视频的新闻内容，在视频播放过程中，在不遮挡画面的情况下将字幕放在视频中心位置，根据画面进展介绍新闻内容。而在涉及一些弱现场画面时，则运用字幕补充画面，使受众的关注点放在不断变化的字幕上，在视频画面非现场或无同期声的情况下，利用字幕解说完整展现新闻内容。总体视觉体验较佳，节目属性凸显。

（3）围绕猛犸传媒打造短视频品牌矩阵

河南广电全网融合平台猛犸传媒是以《东方今报》为基础发展而来的，旗下有"猛犸新闻""阳光少年报""猛犸视频""东方今报""小麦视频""小麦暖视频""今报网""今舆情"等15个媒体形态。近年来，猛犸传媒先后打造了"猛犸视频""小麦视频""小麦暖视频"三个短视频品牌，并以短视频等新业态为突破口，进行信息生产供给侧结构性改革，加快从传统媒体生态向移动互联生态的转变。

①"猛犸视频"

"猛犸视频"是河南广电专业影视机构，也是今报传媒旗下除"猛犸新闻""阳光少年报""东方今报"之外的又一个重要品牌，创立于2016年6月。"猛犸视频"内容以新闻策划视频、宣传纪录片、微电影、精品短视频、视频直播为主，聚焦河南区域，辐射周边省份及全国，由河南广电专业策划及编导团队、飞影航拍、顶级电影器材团队三部分组成。目前已覆盖线上、线下，包括新闻资讯、视频类App、主流新闻门户网站在内的近百家平台。

"猛犸视频"团队深耕优质原创内容生产，创作了多个优质短视频，取得了可观的传播效果。2019年的《春风吹"又生"》《申六兴的三次逆行》等"追寻"系列红色微视频，在中组部"共产党员"平台、新华社客户端等全国平台进行播出，总点击量及百度搜索指数逾百万次。参与拍摄的《老家河南》系列纪录片被《人民日报》等央媒点赞。以"小故事展现大时代，小人物表现大情怀，小切口体现大主题"的家国70年系列微视频，平均点击量达到400万次，其中"全球波斯地毯九成产自河南""河南小伙研发出《长安十二时辰》同款毛秸秆吸管""河南女孩自学做发簪霸屏古装剧"等内容多次登上微博热搜榜。

在视频直播上，"猛犸视频"积极寻求在国际国内重要新闻现场发出河南媒体声音，联合腾讯新闻、《新京报》等平台和媒体，第一时间进行多场现场直播，如"龙飞船载人上天""美国警察暴力执法致黑人死亡事件""黎巴嫩首都贝鲁特港口大爆炸"等。

2020年，为推动全媒体传播体系建设，猛犸传媒在"猛犸视频"品牌的基础上，成立猛犸视频学院。猛犸视频学院既是猛犸传媒所有采编资源的指挥、管理机构，还同时承担全媒体人才培养、移动互联网传播规律研究和优质原创内容生产三项任务。

②"小麦视频"与"小麦暖视频"

"小麦视频"的定位为"专注河南新闻第一现场"，以突发、热点、民生、现场等资讯类短视频为主。

2019 年，依托"猛犸视频"和"小麦视频"，猛犸传媒成功举办了首届全国暖视频大赛。救人的护士顾亚辉、火遍全国的"郑州煎饼奶奶"、送货途中救人被割断血管的快递小哥等一批暖人心的代表通过暖视频被发掘出来。此后，专注于暖新闻的"小麦视频"延伸品牌"小麦暖视频"应运而生，定位为"每天发现向上的力量"，以凡人善举、敬业爱岗、奋斗坚持等向善和向上的内容，传递和践行社会主义核心价值观。目前"小麦暖视频"在全国暖新闻领域已形成品牌效应。《爸妈奋战抗疫一线！10 岁硬核男孩独自照顾自己：戴口罩护目镜逛超市》，引起《人民日报》等全国媒体的转发和热议，全网播放量超过 2 亿次。被"小麦暖视频"报道的郑州"架子鼓大爷"，70 岁的杜文学连续两次登上抖音的热搜榜单第一名以及新浪微博、百度、今日头条等平台的热搜榜，全网点击量超过 5000 万人次。

**2.河南日报报业集团短视频发展现象与解读**

河南日报报业集团于 2019 年 12 月上线豫视频客户端，整体定位是河南日报报业集团孵化的带有新闻属性的市场化项目，意在建设能够立足河南、放眼全国的头部短视频资讯平台。截至 2020 年 12 月 31 日，豫视频自营收入约 900 万元，配合收入 150 万元，总营收超过 1000 万元，收入构成主要为"影像管家"服务及版权收入。目前，豫视频影像服务已与宇通客车、阿里、吉利汽车、中建七局、国家电网许昌分公司等多家企业及河南省旅游局、许昌市魏都区等多家党政机关签署年度合作协议。2020 年 2 月，豫视频和今日头条正式开启战略合作，豫视频发挥内容生产优势，借助今日头条的渠道优势，跻身国内头部视频类媒体阵列。以下从内容和技术层面对豫视频进行分析。

（1）内容运营：重点打造优质原创 IP

豫视频日均生产原创短视频超过 100 条，全年累计生产超过 25000 条，同时视频借助第三方平台进行内容分发。截至 2021 年 2 月 12 日，豫视频抖音号粉丝量突破 1000 万人，平均每周有 2~3 条单条播放量过亿次的视频，目前单条短视频最高播放量 3.8 亿次。2020 年，豫视频多次进入"全国媒体抖音号优质案例"榜单，其以创新的内容运营、封面一体化打造、深度连续报道获得较高关注。

内容方面,目前豫视频上线的频道有"热门",对热点话题精华内容进行筛选、整合、创作;"有料",突发类、社会类新闻;"面孔",深度人物报道;"看见",深度调查类报道;"零距离",深度突发报道;"片场""影像管家",优质商业视频展示区;"萌主",萌娃、萌宠等趣味呈现等。其中"看见""零距离""面孔"3个深度账号,在今日头条1392家媒体账号中,发布量均超过50万条,排在全国新闻类账号前列,多条独家报道被新华社、《人民日报》等转发,影响较大。

2020年,豫视频推出了一批具有社会影响力的作品。针对新冠肺炎疫情给国家社会带来的深刻影响,豫视频创作抗疫主题城市宣传片《你好,郑州》、武汉纪录片《为你守护》、抗疫主题片《三月与安生》等,播放量上千万次。针对2020年我国全面建成小康社会和打赢脱贫攻坚战,豫视频为河南省委宣传部、河南省文联拍摄制作"大决战——河南省脱贫攻坚大型专题片"。2020年,豫视频创新产品形式,为客户提供更优质的影像服务。其间,主要出品的影像服务产品有《9000天》(许昌电力宣传片)、《文明实践,以心换"新"》(许昌市魏都区宣传片)等,服务客户主要为省内各地市政府、企事业单位。2021年1月,大河报豫视频在字节跳动旗下抖音、西瓜、头条等多个平台,推出河南省"两会"特别策划,发起"#相豫2021#"话题,展现河南经济社会的新景象,截至2021年1月21日,总流量接近8亿。在商业影像服务领域,继续和宇通、阿里等企业形成良好的合作关系,其中和宇通合作出品的影像产品达百余个,足迹遍布全国。

(2)生产模式:"采编人员+社会拍手"共建生态内容

豫视频在内容生产上推出"大河拍手"内容生态体系建设计划,定位"共建"而非"独家",采取"采编人员+社会拍手"PUGC共建生态内容的模式,借助河南日报报业集团媒体资源,发展"大河拍手"运营矩阵,联合UGC(自由拍手),发掘更多的线索资源以及优质创作者,搭建完善的内容生态体系,形成内容生态闭环。豫视频资讯团队利用头条爆料库、从资讯视频内增加爆料邮箱的曝光、开设抖音用户专属的线索发送邮箱、维护后台私信线索以及积极推进爆料小程序挂件上线等,解决素材不够的问题，充分吸纳社会线索，推出的资讯视频中 70%来自网友提供的线索，如《西安一女大学生兼职模特被骗网贷，前往公司讨说法被打》《湖南岳阳一女副局长怒摔显示器，夫妻俩大闹营业厅》等新闻，均为全国首发。

（3）技术支撑："人工智能+大河拍手"系统赋能

豫视频注重短视频及直播体验，集成短视频采集、剪辑、拼接、特效、分享等功能，并整合 AI 人脸识别和图像检测技术，实现短视频拍摄的美颜滤镜、动效挂件、绿幕抠像等功能。豫视频 AI 系统可对视频文件内容自动提取标签，计算最优视频帧生成封面，智能识别不良内容，同时在自动转码及内容分发网络的支持下，保障播放内容的流畅度。视频 AI 技术，能够对视频的画面、画质、声音、人物等进行多维度分析，快速生成符合该短视频的一、二级标签及物体标签，同时对视频进行整体分析，快速生成相似视频的合集，并根据视频相似度及关联度进行排序。此外，"大河拍手"系统将河南日报报业集团所有采编人员及自由拍手全部纳入整个平台，进行统一管理。该管理后台具有认证管理、求证管理、属地管理、标签管理及数据管理等功能，运行轨迹更为清晰。

**3. 郑州报业集团短视频发展现象与解读**

郑州报业集团通过依托自有平台正观新闻客户端和入驻头部短视频平台的方式布局短视频，并打造独家视频品牌"冬呱视频"。

（1）通过正观新闻客户端聚合短视频内容

正观新闻客户端于 2020 年 9 月 13 日上线，是集"新闻+政务+服务"于一体的突出文化和国际视野的新型主流媒体平台，通过"独家责任""正观早参""观注度""黄河评论""正观 15 秒""冬呱视频""郑直播"等核心特色栏目，持续输出原创新闻及短视频内容。其中"正观视频"和"正观 15 秒"以短视频形式对新闻进行报道，两个版块报道形式有所不同："正观视频"以横屏形式对新闻事件进行报道，时长多以分钟计；"正观 15 秒"以竖屏形式报道，并配以字幕对视频内容进行解说。短视频摄制注重画面和现场感，直接进入事件画面，叙事模式通常直奔事件的高潮，不追求呈现完整的新闻事件或故事，通常聚焦事件的高光要素。

（2）定位"原创非虚构"的"冬呱视频"

"冬呱视频"创始于2017年3月，是郑州报业集团旗下的短视频品牌，目前主要通过正观新闻客户端以及社交平台和短视频平台的账号进行视频发布，累计全网粉丝量超200万人，主要覆盖微博、微信、抖音、快手、哔哩哔哩等平台，其中抖音号粉丝量达到104.5万人，微博粉丝量达到113万人。"冬呱视频"合作平台有30余个，合作媒体200余家，包括头部社交平台微博、微信，短视频平台抖音、快手、央视频、梨视频以及视频客户端腾讯视频、爱奇艺视频、优酷视频、YouTube，还有细分领域的知乎、美拍、豆瓣等平台。"冬呱视频"用户群主要定位为成长在互联网时代并对移动互联网接受度高的18~30岁人群，大多为网络活跃分子，对社会问题有独到见解，社交分享讨论欲望强，关注人文纪实内容，有态度且包容性强。"冬呱视频"在内容上主要依靠生产社会纪实非虚构类视频产品起家，打磨出一套成熟的原创视频内容产出体系，传播具有新闻、社会、人文价值的互联网短视频产品，主要内容版块有"凡人时代""平凡一日""透明时代""故事贩卖机""故乡的美好""清单""豫见"。"冬呱视频"以其独特的内容定位和精良的制作水准获得了多个奖项，如微博2019年度影响力纪录片奖项，今日头条中国新媒体短视频"金秒奖"中获得"最佳公益短片"，中国报业深度融合发展视频作品一等奖。最具影响力作品有《一个人的篮球队》，其讲述了一名器官捐献者叶沙让7个素不相识的患者重获新生，受捐者组建篮球队的故事。2019年2月21日，视频发布后，经《人民日报》、新华社等多家媒体转发，在全社会掀起了器官捐献的热潮，播出后两天有23000多人志愿登记器官捐献，视频总播放量逾4000万次。

**（二）河南政务短视频新媒体发展现象与解读**

2019年8月6日，河南省人民政府办公厅发布《关于推进政务新媒体健康有序发展的通知》，到2022年建成以河南政府网政务新媒体为龙头，整体协同、响应迅速的政务新媒体体系。在新媒体背景下公众参与公共治理有助于构建政府治理的多元模式、重塑政府治理的运行流畅和创新政府治理的信息技术。毋庸讳言，公众参与是成长为具有民主意识的公民的关键一环。目前，河南省已经形成较为完整的政务新媒体矩阵，"平安中原""河南共青团""郑州铁路局""豫法阳光"分别进入了全国公安系统、共青团系统、铁路系统和法院系统前十强。政务新媒体的加快推进有助于拉近政民关系，打造亲民的河南新形象。借助短视频的快速发展，河南政务短视频新媒体由此成为舆论宣传以及政务服务的新阵地。

### 1. 以警情信息发布为主的公安政务短视频

河南省公安厅以"警民通"客户端和第三方平台为依托，建立各地公安部门的新媒体账号，形成新媒体矩阵。其中微信平台设置政务账号 7 个，分别是"平安中原""河南高速公安""河南反虚假信息诈骗中心""郑州微警务""商丘公安""平安焦作""许昌网上警务"。微博平台的政务账号有 18 个，分别是"平安中原""河南高速公安""平安开封""平安洛阳""新乡警方在线""平安平顶山""平安鹤壁""平安南阳""平安信阳""平安焦作""平安驻马店""平安商丘""平安濮阳""平安漯河""平安三门峡""平安许昌""平安周口""平安济源"。以上微博账号大多入驻今日头条。就短视频发展而言，河南省公安厅的抖音官方账号"河南警方""河南交警"运营情况较好。截至 2020 年 1 月 31 日，"河南警方"抖音号粉丝量达 114.2 万人，累计获赞 2076.4 万次，产出短视频作品 652 条，视频内容多为现场查案，可看性强，单条视频点赞数少则两三百，多则破万。"河南交警"是河南省公安厅交通警察总队的官方抖音号，截至 2021 年 1 月 31 日，其抖音粉丝量为 43.1 万人，共发布短视频作品 319 条，累计获赞数为 1196.6 万人次，视频内容多是对交通安全事件的现场拍摄，并针对交通事故给出科普性的提示。

在政务短视频发展中，郑州市公安局制作的政务宣传类短视频值得一提。郑州市公安局作为执法机关，从 2010 年开始，因为工作需要在中原地区较早地接触了视频宣传片，但出于多种原因起初并没有在短视频宣传上发力。面对时代的大潮，为更好地内强素质、外塑形象，自 2017 年始，在短视频发展风起云涌的背景下，郑州市公安局开始迎头赶上。郑州市公安局政治处策划并制作短视频《警宝版天之大》，重新写词编曲，反映了2017年10月18~24日党的十九大召开期间，郑州市公安局全警动员、厉兵秣马做好安保工作，连续奋战在岗位上不能回家等付出与奉献，在"郑警蜀黍"微信公众号上一经推出，当天点击量就达到了10万次，获得了良好的社会效果，既提升了形象，又凝聚了警心，开启了郑州民警的"短视频时代"。2018年1月10日的"110"宣传日前夕，郑州市公安局首次制作了短视频形象推广片《110守护郑州新时代美好生活》。随后在2018年5月，就国务院"放管服"改革，更好地服务于民制作了《就跑一次》视频宣传片，体现了政务本色。2019年接连制作了多个有影响力的政务短视频。

**2. 多种权威信息发布的其他政务短视频**

截至2021年1月31日，河南省文化和旅游厅抖音号粉丝量达2.6万人，共发布短视频作品9条，累计获赞789次，每条视频点赞数约100次，视频内容多数为活动宣传。河南省卫生健康委抖音号粉丝量达到4.1万人，共发布短视频作品201条，累计获赞8.6万次，视频内容主要为健康科普类和抗疫类，并配以字幕对视频内容进行解释，视觉体验较好。河南省应急管理厅官方同名抖音号粉丝量4.2万人，共发布视频作品124条，累计获赞17.9万次，视频内容多为日常安全知识普及，如"抽油烟机居然会爆炸""冬季取暖要注意""线路过载要小心"等，视频封面统一，且配有简短醒目的字幕加以解读，视觉体验较好，实用性强。郑州市中原区人民法院官方抖音号"中原区法院"粉丝量达到22.5万人，共发布短视频作品91条，累计获赞291.6万次，视频内容多为执法现场拍摄，具有普法宣传作用。

**（三）河南省教育系统短视频发展现象与解读**

近年来，河南省教育系统不断拓展短视频建设领域，发挥抖音和快手"双平台"辐射力，增强自身传播效果，号召河南各地各校抓住短视频风口进行平台建设，截至 2020 年 12 月，河南省各地各校入驻抖音的单位数量为 69 个，入驻快手的单位数量为 31 个。河南省教育厅全年在抖音、快手共发布视频作品 2232 条，粉丝量共 181 万人。除河南省教育厅账号外的河南省教育系统短视频平台在抖音共有粉丝 200.6 万人，共发布作品 5006 个，收获点赞量 839.9 万余次；在快手共有粉丝 44 万人，共发布作品 1443 个，收获点赞量 845 万余次。两个平台比较而言，抖音平台各单位粉丝总数更多，影响力更大。河南省教育厅发布的《河南省教育系统政务短视频双平台十佳名单》显示，河南省教育系统抖音短视频传播力 Top10 为开封市教育体育局、商丘工学院、郑州升达经贸管理学院、郑州大学、郑州科技学院、河南大学民生学院、河南警察学院、信阳学院、焦作大学、南阳职业学院；河南省教育系统快手短视频传播力 Top10 为商丘工学院、郑州大学、郑州科技学院、郑州升达经贸管理学院、黄河科技学院、商丘师范学院、安阳师范学院、信阳学院、洛阳科技职业学院、河南艺术职业学院。

**1.河南省教育厅短视频运营状况**

河南省教育厅在抖音、快手等短视频平台上持续发力，对河南教育舆论生态营造发挥作用。截至 2020 年 12 月，抖音、快手总粉丝数已突破 181 万人，初步形成"两微两视频"的宣传模式。

（1）年度数据

截至 2020 年 12 月，河南省教育厅全年在抖音、快手共发布视频作品 2232 条（抖音 1116 条、快手 1116 条），粉丝共 181 万人（抖音 57.9 万人、快手 123.1 万人），点赞量 6375.65 万次（抖音 435.2 万次、快手 5940.45 万次），评论量 44.42 万次（抖音 7.6 万次、快手 36.82 万次）。相较于 2019 年，发布视频作品增加 2200 余条，粉丝量增加 84.2 万人，点赞量增加 3486.4 万次。

（2）案例梳理

河南省教育厅短视频平台善于使用当下流行的网络元素，使用接地气的表达策略，拉近与普通受众尤其是年轻人的距离，唱响时代主旋律，激发网友情感共鸣。同时紧抓社会热点和教育热点，为自身引流、打造权威。2020

年 2 月 25 日，河南省教育厅在抖音发布的一条关于招生和毕业的短视频获得了 16.5 万次点赞量、2.9 万次转发量；2020 年 3 月，3 条点赞量超 10 万次的短视频均与新冠肺炎疫情有关，其中关于开学时间通知和河南首批援鄂医疗队平安凯旋的短视频转发量均破千；2020 年 7 月 4 日，河南省教育厅结合当时毕业热点，发布"河南周口班主任拍毕业视频"，引发网友热烈讨论，评论数超过 2900 条；2020 年 9 月 30 日，河南省教育厅在快手发布的一条主题为"向人民英雄致敬"的短视频，获得了 946.7 万次播放量、125.9 万次点赞量、超过 8000 条评论。

**2.河南省本科高校政务短视频双平台运营分析**

首先，在抖音平台上，2020 年河南省有 45 所本科院校入驻抖音，37 个单位抖音账号粉丝量超过 1 万人，15 个单位点赞量超过 10 万次。其中，4 所高校的抖音账号粉丝量超过 10 万人，分别是河南警察学院、商丘工学院、郑州大学、铁道警察学院。2020 年 7~12 月，抖音点赞量最高的是商丘工学院，点赞量为 198 万次，该校平台自创建至 2020 年 12 月，共发布作品 1737 个，粉丝量为 25 万人。抖音转发数最高的为郑州升达经贸管理学院，转发数为 11524 次，其平台自创建至 2020 年 12 月，共发布作品 331 个，粉丝量为 2.8 万人，点赞数是 93.1 万次。抖音发布量最高、发布频率最高的是商丘师范学院，共发布作品 342 个，平均每天发布 1.8 个，该校平台自创建至 2020 年 12 月，共发布作品 1214 个，粉丝量为 1.6 万人，点赞量是 23 万次。其次，在快手平台上，河南省共有 24 所本科院校入驻，8 个快手账号粉丝量超过 1 万人，9 个点赞量超过 10 万次，其中 2 个快手账号粉丝量超过 10 万人，分别为郑州大学和商丘工学院。郑州大学快手平台粉丝量位居第一，粉丝量为 18 万人，截至 2020 年 12 月，共发布作品 181 个。2020 年 7~12 月，快手发布量、播放量、点赞量最高的是商丘工学院，其短视频作品发布量为 209 个，播放量为 5691 万次，郑州大学播放量为 3739 万次，位居其次。

不少高校在短视频双平台运营上做出了有益探索，如河南警察学院巧妙利用抖音模式展现学生日常训练的情景，选取在校最真实的内容作为短视频素材，对河南警察学院学生的精神面貌、学校风景等进行宣传，吸引受众。同时，在内容摘要上，选取具有正能量、积极乐观的内容分享给受众，宣传正确的价值观，获得较多的点赞量和转发量。商丘工学院作为入驻抖音、快手双平台的高校之一，其短视频阵地建设势头强劲，两个平台合计拥有粉丝34.7万人，其发布内容主要围绕学生日常生活、校园美食、学校活动展开，场景主要定位于学校食堂、操场、教室、宿舍等，反映大学生在日常生活中最关心的问题和话题，多利用故事性的情节和富有趣味的剪辑手法增添视频可看性。此外，商丘工学院政务抖音接受全校师生投稿，接收作品的渠道较广，所以投放到平台的视频作品风格更为多元。

**3.河南省高职高专政务短视频双平台运营分析**

在抖音平台上，河南省有21所高职高专院校入驻。粉丝量数据显示，有16个单位粉丝量超过5000人，其中粉丝量超过1万人的账号有6个，分别是郑州商贸旅游职业学院、焦作大学、河南经贸职业学院、南阳职业学院、郑州铁路职业技术学院、许昌职业技术学院。2020年7~12月，在抖音点赞量上，"焦作大学微校园"最高，粉丝量达2.2万人，点赞数为16万次；其次是南阳职业学院，粉丝量达1.5万人，点赞数为3.3万次。2020年7~12月，在抖音推送量上，南阳农业职业学院最高，共发布117条，平台自创建至2020年12月，共发布287条。其次是河南工业职业技术学院，共发布79条，自平台创建至2020年12月，共发布200条短视频作品。另外，焦作大学的经验也值得分析，其抖音账号"焦作大学微校园"主要聚焦校园生活、学生风采等方面，拥有粉丝量2.1万人，发布作品236条，共获赞25.7万次。焦作大学短视频账号注重视频封面打造，2020年4月以来，其视频多用统一的蓝色背景配以花字作为封面，使发布内容更为体系化、规范化。10月23日，"焦作大学微校园"发布了《焦作大学〈执迷不悟〉校园版》短视频作品，在制作上，视频上半部分设置花字标题，下半部分备注视频表演、拍摄人员，中间放置主要的视频内容，给人以清晰舒适的观看体验。洛阳科技职业学院注重内容创作的趣味性和创新性，其抖音官方账号的主旨是"做一个有趣的官抖，多姿洛科"，短视频浏览量、点赞量较高，并且创作了 3 条"10 万+"视频。其内容多关注青年大学生的生活，视频多具故事性和启发性。

在快手平台上，河南省共有 7 所高职高专院校入驻，粉丝量超过 3000 人的账号有 4 个，分别是洛阳科技职业学院、河南艺术职业学院、南阳职业学院、河南经贸职业学院。从总体来看，高职院校中开设快手账号的单位仍为少数。快手粉丝量、点赞量、播放量最高的是洛阳科技职业学院，粉丝量达 7883 人，点赞量达 20.2 万次，播放量达 521.1 万次，自平台创建至 2020年 12 月，共发布短视频作品 191 个。2020 年 7 ~ 12 月，在快手发布量上，南阳职业学院最高，共发布 44 条，自平台创建至 2020 年 12 月，平台共发布 97 条短视频作品。

### （四）河南企事业短视频新媒体现象与解读

短视频营销已经成为当今企事业单位网络营销的新阵地，作为一种内容输出渠道，短视频不仅流量更大，而且转化比其他的自媒体 App 更胜一筹。就河南本地企事业单位的短视频发展来看，河南省人民医院、郑州宇通集团有限公司的短视频布局有可圈可点之处，以下对其短视频发展现状进行梳理。

#### 1. 河南省人民医院短视频发展现象与解读

近几年，河南省医疗宣传短视频异军突起，其中河南省人民医院作为公立医疗机构，围绕医疗短视频进行了有益的探索与实践，并取得了显著成效。河南省人民医院抖音号从 2019 年 5 月开始运行，每周常态推出各类短视频，截至 2020 年 1 月 31 日，其抖音官方账号粉丝量达 3.5 万人，累计获赞量 5 万次，共发布短视频作品 121 个。以下从河南省人民医院短视频内容和运营两个层面加以分析。

（1）短视频内容特征

河南省人民医院短视频内容主要包括以下几类：医院的形象宣传短片、展现医院技术实力和人文精神的现场拍摄视频、健康科普类视频、针对专科特色的医生个人拍摄的视频。

①形象宣传类

河南省人民医院将短视频作为医院形象宣传的窗口，2020年10月27日，河南省人民医院的形象宣传片《我们是人民的医院》经医院官方自媒体平台发布，微信公众号阅读量迅速突破10万人次，同时在医院微博、网站、头条号、抖音号、电子屏等全媒体同步发布。短片时长约为5分钟，采用电影级专业器材拍摄，拍摄场景覆盖城区、乡村及所有院区，全景展示医院创新发展内涵及老中青三代省医人风貌，聚焦医疗技术、科研教学、文化建设、公益行动、品牌理念、团队形象、价值观等多方面综合实力，起到了形象片品牌塑造的重要作用。2020年，新冠肺炎疫情突袭而至，医院的工作重心转向抗疫，承担起了省内新冠肺炎患者定点救治、全省定点医院的技术帮扶、派出医疗队奔赴武汉救治患者等重要任务。河南省人民医院的宣传部由此推出了《紧握你的双手》抗疫版MV，大部分视频镜头来自在一线奋战的医务人员用手机自发拍摄的场景。推出后，被央广网、丁香园、健康界、中国医院院长网等多家媒体转发，各平台浏览量（播放量）近100万人次，并获得河南省卫健委抗疫主题科普微视频一等奖。

②现场热点类

近年来，河南省人民医院宣传部策划了多场重大手术的现场拍摄，比如全程视频记录河南首台第四代达芬奇手术机器人的首台手术，视频经剪辑后，以抖音短视频、动图等形式，在院内媒体平台传播。视频素材提供给多家电视媒体后，又被剪辑成新闻短片，成为热点。另外，首届首创的糖尿病视网膜筛查机器人嵩岳，世界先进的脊柱外科手术机器人Mazor，全球唯一创伤骨科机器人天玑，均成为短视频的"主角"，完成的相关手术视频在观众中广为传播。成为热点传播的短视频中，还有一类是现场紧急救人的，如在飞机上、马路边等公共场合，有人突发意外，医护人员紧急施救，身边有其他人通过手机拍下视频，河南省人民医院的宣传部人员会设法收集、加工制作并传播。

③健康科普类

健康科普是在医院短视频内容中占比最高的一类主题。河南省人民医院的宣传部主要围绕卫生节日，就群众关心的热点问题组织健康短视频。其中，有急救日现场，急诊科医生和护士演示的海姆立克急救法、心肺复苏术；有全国爱耳日，耳鼻喉科专家讲解的爱耳科普知识；有"中国麻醉周"期间麻醉与围术期医学科举办的体验活动中，医生对麻醉常识的讲解；等等。此类视频点击量平平，但实用性、指导性较强。

（2）短视频运营分析

在视频制作方面，河南省人民医院联合河南广播电视台这一主渠道视频媒体制作机构，集合纸媒等其他类媒体的各类视频机构，联合专业制作公司等品牌影视制作机构，共同为拳头产品进行创意构思、拍摄制作。与此同时，医院还借助媒体力量，扩展视频制作的影响力。医院宣传部整合自有纸质、网络、户外、新媒体等 10 个平台资源，加强与《人民日报》、新华社、中央电视台、《健康报》、《中国医院院长》杂志、《河南日报》、河南广播电视台、郑州报业集团、《医药卫生报》、《大河健康报》、《河南商报》等权威媒体的联系，更加注重在重大新闻报道、融媒体平台宣传、视频制作等方面发挥媒体优势。

**2.郑州宇通集团有限公司短视频发展现象与解读**

截至 2020 年底，郑州宇通集团有限公司累计出口客车超 7 万辆，累计销售新能源客车 14 万辆，大中型客车连续多年畅销全球。宇通集团通过自有网站和第三方平台的短视频进行传播，如在微信平台开设微信视频号"宇通客车""宇通房车"，入驻抖音和快手。截至 2021 年 1 月 31 日，"宇通客车"抖音号粉丝量已达 80.1 万人，共发布短视频作品 267 个，累计获赞数 424.4 万次。

宇通集团推出的视频内容多围绕客车的人文、科技与情感展开，推出多个短视频合集，如"乘宇通看世界""人生巴士""客车出行小常识""美女说车""儿童交通安全公益行"；或是以主持人的形式进行讲解，对客车的新功能、新科技进行讲解；或是以小剧场的形式展开故事以激发情感共鸣，其中"都市夜班小剧场"合集聚焦平凡的人不平凡的暖心故事，点赞数少则 1 万次，多则 150 多万次。2021 年 1 月 27 日，宇通集团发布新春贺岁短片并在抖音置顶的《2021 牛运开驶》，取材于《西游记》动画片并融合现代元素，创意地融入当下网络热梗，网感十足，趣味性强，演绎了一个全新的"智斗青牛精"的故事，以风趣幽默的方式，让人们重新认识了中国制造的另一面。河南日报客户端发文评价该片：这是一份来自客车制造业对牛年的真诚祝福，也让人们感受到了宇通客车用创造力带来的惊喜。而这种轻松活泼的拜年方式，也刷新了大家心中对中国制造业这个"理工男"的印象。

同时，结合时下热点制作短视频，比如"乘宇通去理塘看丁真"，以达到很好的引流效果。在视觉体验上，短视频风格一致，有专业的解读者和丰富的内容，画面与字幕衔接合适，语言通俗易懂。

从整体来看，宇通集团拥有较为成熟的短视频制作团队，视频内容策划以及拍摄剪辑较为专业，传播效果良好。

## 三　河南短视频新媒体发展不足与建议

短视频作为网络新媒体尤其是移动终端的热门产品，最大限度地契合了网络用户个性表现、兴趣分享与价值传播的诉求，因而受到资本与用户的追捧，获得官方和大众的青睐，在全国范围内实现了快速发展。其中，河南短视频新媒体发展虽然突飞猛进，但也难免存在一些不足。本部分试图根据河南短视频新媒体发展现状与现象，为河南短视频新媒体未来发展"把脉"，并通过整理成功经验与借鉴优秀案例，提供一些建议，仅供参考。

### （一）河南主流媒体短视频新媒体发展不足与建议

随着短视频行业的高速发展，河南本土主流媒体纷纷入驻短视频平台，其中河南广播电视台、河南日报报业集团、郑州报业集团三大主流媒体也在打造自己的融媒体产品。短视频简短精悍的特点适合碎片化的传播场景，其自带的社交基因也满足了用户的社交需求。对于新闻资讯行业而言，短视频不仅带来了传播形式的翻新，而且改变了内容生产模式，为主流媒体转型提供了新的机会。

### 1. 河南主流媒体短视频新媒体发展不足

（1）互联网思维有所欠缺，"网感"不足

"网感"指的是在互联网社交中建立起来的思维方式和表达习惯。在当下互联网媒体生态中，《人民日报》、"南方+"、红星新闻、澎湃新闻等都已独当一面，有网感、接地气，在此方面河南传统媒体还存在某种比较传统的路径依赖。与"互联网原住民"相比，一些编辑、记者用户意识、创新意识不强，没有实现从传统媒体思维到互联网思维的跨越。就互联网思维来讲，"四川观察"成功转型的关键之一就在于其富有"网感"的运营模式，具体体现为与用户的强互动以及对用户喜好的洞察。如 2020 年 8 月 2 日，《人民日报》的抖音账号粉丝数量破亿时，"四川观察"以拟人化代言人"观观"的口吻发布了一则内容为"观观什么时候才能拥有这一天呢？"的视频，随后在获得央视表扬后发布一条恶搞视频"央视都催你关注我了，你还没关注我吗"，与央视隔空互动。通过"蹭"热度的方式获得关注，颠覆了传统主流媒体的严肃形象，体现了运营的互联网思维。"四川观察"还通过与粉丝之间的及时互动增强用户黏性，提升用户忠诚度。抖音短视频社区的鲜明特点之一是用户群体的年轻化，"四川观察"在抖音平台上进行短视频传播时，把握住了抖音用户的喜好，满足了年轻化用户对资讯新闻的需求。

（2）融合机制存在诸多问题，转型不足

虽然全媒体报道在若干重大报道战役中运用广泛，呈现了很多亮点，但在日常报道中，配套改革没有及时跟进，影响了融合的进度和效果，新技术掌握不够快，新机制尚未建立，新模式尚未形成。特别是在技术力量层面，虽然很注重新技术培育，但要满足商业互联网公司和媒体融合的实际需求，河南主流媒体仍然任重道远。如有些融媒体号称"大兵团作战，全媒体出击"，然而真正令人印象深刻的全媒体报道和作品却没有呈现，这种尴尬局面也是现阶段我国媒介融合的一个缩影——名为"融合"，实为"结合"，管理者和运营者仍停留于传统媒体思维层面。

（3）视频内容变现还存在难度，营销不足

目前河南主流媒体短视频新媒体虽然不断提质增效，但是在视频内容变现等商业营销方面尚存在较多不足，还需要不断探索。目前《河南日报》"豫视频"团队正在平台变现、版权变现、粉丝变现等领域深耕细作，并着手打造广告协作、电商卖货、IP 形象塑造、知识付费等多元化发展格局。但目前河南短视频新媒体整体营销水平仍须提高。

2. 河南主流媒体短视频新媒体发展建议

（1）塑造品牌形象

主流媒体短视频转型的核心在于利用自身资源树立品牌，扩大影响力，实现融媒体成功转型。如河南广播电视台民生频道打造的"小莉帮忙，越忙越帮"的品牌形象，同样迁移到抖音平台，小莉的个性魅力也让抖音用户产生独特感，形成固定用户群体，达到扩散效果。抖音平台评论区，观众可以发表看法，直接与小莉互动。公民的求助问题，通过小莉都能得到及时解决。这种共鸣，增强了民生频道的内在活力。同时，建构以小莉为中心的机制，从内容策划、节目制作、运营推广等方面，打造小莉的流量人设，通过小莉引流，有效地提高了民生频道在抖音中的品牌价值和影响力，提升了其在抖音的辐射广度。

（2）增强用户黏性

新媒体账号的日常运营包括内容运营和用户运营。在内容运营方面，一要契合受众的情感点，在选题上体现民间化的叙事视角。新媒体时代，日常生活化的内容更能打动用户，依托于社交媒体平台的短视频应更多关注人的情感，贴近用户，多生产接地气的内容，激发用户共鸣，实现更好的传播效果。二要及时"蹭"热度，借助社交媒体中的热点获得用户注意力；或者通过与其他账号之间的联动相互借力，提升关注度。在用户运营方面，可以利用抖音的社交属性，增加与用户的互动，打造平易近人的亲民形象，这样有助于拉近与用户的距离。河南广播电视台民生频道的视频内容核心价值理念相对固定，并向深度的垂直化领域发展，给受众一致的心理反应，在前期可以快速吸引用户关注。

（3）优化视频内容

短视频行业本质上仍然是内容生产行业，既需要创新与创意，又需要保证新闻的真实性和时效性。在内容创新方面，短视频首先要吸引用户的注意力，才能通过内容激发共鸣，使用户愿意分享和转发。可以借助短视频的特点，在短时间内展现出最直击人心的核心情景，辅以文字、旁白、音乐节奏等元素，实现沉浸式的传播效果，增强情感体验。有些媒体的抖音视频基本上是片段截取电视播出的新闻，难以迎合抖音平台年轻化、异质化、个性化的需求。针对此种情形，一方面应积极适应抖音平台用户的偏好，大胆创新视听结合形式，如添加视频特效和风趣幽默的搞笑等表现形式，让新闻视频有脑洞，重视新闻的音乐元素和用户沉浸式的体验。另一方面还需要大力培养全媒体人才，组建专业短视频团队，打造更加优质的新闻短视频。

### (二)河南政务短视频新媒体发展不足与建议

#### 1.河南政务短视频新媒体发展不足

（1）部分内容趋同，原创不足

对于一些热点类事件，短视频平台几乎做到了实时传播。综观各大政务短视频新媒体账号，不乏相似内容的堆积，有热点事件的复制、网红视频的粘贴，缺乏自身特色。往往一个新闻热点，多个政务短视频新媒体账号重复发布，相似的视频画面，缺乏新意。

（2）形式略显单一，审美不足

短视频平台及剪辑软件为用户提供了多样化的创作工具，音乐、字幕、特效等手段的运用能够增强视频的互动性、创意性，为视频创意化表现提供了空间。综观政务新媒体账号，制作形式大多略显单一，没有灵活应用抖音上的各种小工具，如个别政务抖音号在对全国新冠肺炎疫情进行通报时，虽然字体醒目，重点突出，但音乐单一，所有的疫情通报采用同一种音乐，在某种程度上受众会产生审美疲劳。

（3）定位过于宽泛，专业不足

准确清晰的账号定位能够增强用户黏性，但目前有些政务短视频账号的定位有些模糊，内容虽然包罗万象，但容易给人造成一种泛泛而谈的感觉，脱离了自身的形象与用户需求，发布一些与账号无关的搞笑类、娱乐类视频。

**2.河南政务短视频新媒体发展建议**

（1）找准自身定位，重塑政府媒介形象

首先，政府部门媒介形象宣传是目前政务短视频新媒体建构的主要功能。相比其他政务新媒体平台，如微博、微信、App 客户端等，政务短视频新媒体在叙事和互动形式上具有视频创作形式门槛低、内容生产真实易理解的优势，同时也更具传播优势。其次，传播正能量、创建绿色的网络环境是我国网络空间治理的重要目标。抖音短视频平台作为专注年轻人记录美好生活的音乐短视频社区，庞大的青年社群如果没有正能量的教化和引导，很容易导致"庸俗""低俗""媚俗"的底层娱乐文化盛行，因此必须加强正能量教化。最后，短视频平台要充分发挥舆情信息引导功能以建构政府媒介形象。随着抖音短视频平台用户下沉，舆情信息逐步呈现新兴舆论场的迹象，利用抖音短视频平台对舆情信息的处置与引导，可以在一定程度上增强信息透明度及公信力。

（2）注重用户参与，加强传播效果检测

新媒体时代受众重要性凸显，受众不仅是接受者，还是潜在的传播者，因此政务短视频在传播过程中不仅要进行信息的输送，还应让受众参与其中，抓住受众的注意力，以提升自身账号的曝光度。如设置一些挑战赛让受众参与，在节假日紧跟社会热点设置话题讨论，引导网友参与评论与点赞，最大限度地调动受众的活跃度。另外，点赞量与评论量也是传播效果的直接表现，针对网友的评论要及时翻看，并对有问题的评论进行回复，这在一定程度上可增强用户黏性。

（3）多平台联动发展，提升传播影响力

政务新媒体账号目前的运营状况是多平台联合力不足，大多数政务机构已经拥有政务微信、政务微博以及自己的政务客户端等平台，但是这些平台并没有充分发挥作用。从目前整体运营结果来看，"两微一端"缺乏信息的互通，没有实现真正的信息共享，平台之间时有重复信息发布，导致用户接收过多无效信息，从而影响受众体验。因此，"两微一端"与政务短视频号之间应实现信息互享,提高联动水平,合理利用、充分发挥各个平台的传播优势。政务短视频号在运营中需要与政务微信、微博、客户端等新媒体平台形成联动发展,平台之间相互合作,策划更紧密的联动内容,提高受众在线参与度,努力实现便民服务,避免大量无效信息的无意义传播。

(4)创新制作形式,平衡"严"和"活"的表达

政务信息从本质上讲,具有严肃、权威的特性,但是在信息传递的过程中不应一味遵循正统风格。政务短视频在确保信息准确的前提下应创新表现形式,尽量符合抖音、快手等平台的传播特点和传播规律,紧跟潮流趋势,将严肃性和生动性融合在一起,避免枯燥说教,贴近年轻用户需求。在快速探索新媒体传播的路径过程中,应把握好政务信息平台的服务本质,传递给群众官方的声音,也应倾听群众的心声,在制作导向上注意严肃和活泼的界限,使公信力和亲和力并驾齐驱。如河南共青团入驻哔哩哔哩,用年轻化的视频与青年群体进行对话,内容与形式符合年轻人的喜好,粉丝数量在哔哩哔哩达到了 54 万人,获赞总数达到 630 万次,发布的视频中也经常出现百万播放量的情况。

## (三)河南教育类短视频新媒体发展不足与建议

河南高校在短视频制作上应围绕"中原文化软实力"的主题,注重倾听青年声音,及时关注并回应大学生的困惑、矛盾与诉求。更多地融入大学形象特征,包括校园标志建筑等多种地理元素,办学特色、发展成果等学术优势,知名校友、最美食堂等人文元素,把各自的风格特色和文化底蕴展现出来,以平等对话的意识,接纳青年的话语体系和思维方式,加强师生之间的互动交流,为学生提供发表看法与见解的机会。

### 1. 河南教育类短视频新媒体发展不足

(1)重视程度有待加强

相关数据显示,有 20% 的河南高校没有官方抖音号,其他具有官方抖音号的河南高校在发布短视频数量、获赞总量、粉丝数量、单条短视频点赞量和评论量方面,在全国范围内处于中下游的水平。可以说,河南高校对于短视频的传播能力还不够重视。

（2）短视频内容参差不齐

抖音短视频生产多以校内团队创作或稿件征集为主，内容上一般是传播社会正能量，宣传校园文化。一些高校的官方账号上存在大量内容参差不齐的短视频，有纪实速拍的新闻现场、社会热点视频的搬运，还有动画类以及其他难以概括其形式的短视频，明显缺少系统规划和定位。同时，这些视频画面编辑和剪辑技巧都比较简单，在原创内容方面发力不足，文化知识类和生活技能类题材也比较欠缺。

（3）传播文化意识不强

河南地处中原，中原地区是华夏文化的发源地及核心区，中原文化是华夏文化的重要组成部分，在中国传统文化中居于核心地位，是中华文化之根。河南高校应在抖音短视频平台上围绕"中原文化软实力"的主题，有目的、有针对性地利用抖音短视频平台，突出高校识别标志，传播中原文化软实力。总之，河南高校在利用抖音短视频方面，和全国其他高校相比，还存在较大的差距。在有意识地形成河南高校品牌、传播中原文化软实力方面，还有很大的提升空间。

**2.河南教育类短视频新媒体发展建议**

首先，河南教育系统应打造自身品牌团队，依据三个特色即大学生的专业文化特色、学校文化特色、地域文化特色，创作出独树一帜、易于辨识、容易传播的短视频作品。南阳师范学院的动画片配音秀、洛阳师范学院的动漫社cosplay秀和黄河科技学院的军训新生下腰秀等，是大学生优秀专业技能的展示。能够突出学校文化特色的短视频故事也让人印象深刻，比如河南农业大学的短视频展示的是一只黑天鹅从湖中上岸，从它的羽毛之下竟然钻出两只小天鹅。这个视频不仅让我们看到天鹅的生活习性，还让我们看到自然的美好和谐，更让我们感受到伟大的母爱。西北农林科技大学的短视频结合自己的学校特色，利用不断变换的果实图片，让大家截图幸运果，形式轻松活泼接地气，让人耳目一新。能够突出地域文化特色的短视频，可能就是各大高校的宣传片了。这类片子浓缩了学校的历史，展现了学校的建筑和美景，闪现精神抖擞的师生，制作精良，有很强的感染力。

其次，河南教育系统应精准制作立足中原，突出中原文化特色的短视频。如立足于本校所在城市，搜罗本地美食，兼及其他中原地区的美食，制作一些赏心悦目、令人垂涎的美食系列短视频，开封、洛阳、新乡等都有很多特色美食可供挖掘。此外，丰富多彩、意蕴深厚的多种中原文化符号，如河南省国家级非遗文化、古村落、古运河等，都可以拍成短视频在网上传播。

最后，在短视频制作上还要用好各种新技术。学校会聚了一大批青春洋溢、创意非凡、热情爆棚的年轻学子，应积极接受、创造性地使用新的短视频技术加以赋能，如智能剪辑、场景创设等技术手段，为生产更多有生命力、吸引力的短视频作品贡献力量。

总之，河南高校作为河南省最有青春朝气的平台，必须有效利用抖音、快手等短视频平台，制作出题材广泛、内容丰富、技术精湛，能够反映社会主义核心价值观、反映中原文化精气神的短视频作品，为弘扬社会主义核心价值观增光添彩。

### （四）河南企事业短视频新媒体发展不足与建议

#### 1.河南企事业短视频新媒体发展不足

（1）形式较为单一，原创水平低

形式单一、原创度低，视频实质性内容较少，这是许多企事业短视频发展过程中的常见问题。如某体育俱乐部官方抖音号，发布内容往往是运动员赛场精彩瞬间和训练日常，只是平常素材的简单加工，视频时长短，形式单一，缺少内容创作，在某种程度上受众极易产生审美疲劳。此外，一些目标受众是大众消费者的本土企业短视频，内容上多局限于视听层面的产品展示，更趋近于直白的广告宣传。某新型小镇抖音账号，短视频一般用于展示园区风光及特别活动，虽然视频多采用抖音平台流行的创作手法，更符合年轻群体的欣赏趣味，但其实质性内容创作的缺失，难以在短视频平台激发用户长期关注的兴趣。

（2）专业程度参差不齐，传播效果差

企事业短视频新媒体由于缺乏运营与制作的专业人员与技术，在内容与形式上往往略显粗糙，吸引力不强，传播效果欠佳，其反应速度、影响力、带动力明显弱于专业新媒体号。相比之下，宇通客车短视频的制作则相对专业，其视频内容分为"乘宇通看世界""人生巴士""客车出行小常识""美女说车"四个版块，视频拍摄相对精良，同时内容又有原创文案和剧本。因此，企业短视频在传播中要重视专业技术人员，提升短视频制作质量，否则即使拥有独家选题和内容资料，也会降低传播效果。

**2.河南企事业短视频新媒体发展建议**

（1）发挥自身优势，深耕垂直内容

河南企事业开辟短视频新媒体战场，并不是另起炉灶，而是结合现有资源，发挥特色优势，巧妙加以融合。企事业的行业中资源、独到视野以及品牌知名度，在短视频制作中都是得天独厚的优势，大可通过短视频形式，将自己的产品、服务理念、社会职能等进行可视化传播，塑造自己的品牌形象，拉近与受众的距离。如宇通抖音短视频中的科普环节，既能为公众提供科普服务，又能展示自家产品，同时树立企业形象，其在公交大巴车领域的深耕也可转化为短视频内容的垂直深度，形成自己独有的短视频内容。要让内容和账号性质相符，抓实垂直内容，这样才能起到相互促进、相得益彰的作用，如果账号"乱入"不同类型、不同风格的内容，则会影响账号和视频的推荐量，阻碍账号发展。

（2）提高互动度，增强用户黏性

互动度主要是指短视频新媒体中能引起受众兴趣，并使之在留言处进行评论、点赞、转发，进而形成双向交流沟通行为的互动程度。通过单条短视频的转发量、点赞量、评论量和点击量，综合判断受众对短视频中呈现话题的互动参与度。单纯的点赞量和播放量无法衡量短视频信息的传播效果，还要重视每条视频的转发量与评论量，并以此来评估受众对发布内容的参与度以及效果。同时企事业短视频也要以搭建可与受众交流的服务型平台为导向，在宣传品牌的同时不忘在视频与评论区中答疑解惑，与受众进行良好交流，给予及时反馈，提高用户黏性。

（3）全方位提升，细节上用功

首先，选题要对路。根据当下的新闻热点创作相应的短视频作品，第一时间做出适合短视频平台特点的新闻视频。可以在节日或纪念日等时间点创作相应的短视频作品，例如春节拜年、三八妇女节、五一国际劳动节、五四青年节等。也可以结合热点话题，根据短视频平台的活动创作，参加热门话题，获得平台推荐，争取进入热搜榜。

其次，角度要精致。提升共鸣性和互动性。通过一段时间的摸索发现，能够与用户产生情感共鸣的视频，能够取得更好的传播效果。例如爱国情、好人好事、泪点、痛点，都能引发用户共鸣，进而提升传播力。企业短视频要关注与老百姓日常生活息息相关的话题，体现企业的社会责任感。如2020年新冠肺炎疫情突袭而至，河南餐饮品牌阿五黄河大鲤鱼发布的"赴武汉支援厨师返郑"视频，就获得了较高点赞量。

再次，制作要精良。短视频特点在于短小精练，需要在视频的前3~5秒吸引到用户，因此短视频的拍摄和制作一定要快速进梗、高度精练。以往视频制作过程中经常用到的特效如转场、变焦等"花样"的运用，一定要符合视频特性，起到锦上添花的效果，炫技只会适得其反。另外，选取合适的内容，参与平台活动，制作热门视频，如音乐卡点、分屏等，也是获得平台推荐的一种方式。

最后，发布学问多。发布时间值得注意，比如抖音平台，统计显示，午饭前后、晚饭前后以及睡前3个时间段，打开率较高，基本有62%的用户会在这段时间内刷抖音。因此，最好的视频发布时间是在工作日12:00、18:00和21:00~22:00，以及周五的晚上和周末。还要参与抖音平台热门话题排行榜等，发布者要及时跟踪这些动态，在发布视频时选择合适的热门话题，并且@抖音小助手，可能会帮助视频获得更好的平台推荐量。

**参考文献**

张国伟、乔新玉：《基于五大平台的河南古城文化短视频传播研究》，《新闻爱好

中原新媒体发展报告（2000~2020）

者》2020年第7期。

《2014河南省互联网发展报告》，河南省通信管理局和河南省互联网协会，河南，2015。

《2015河南省互联网发展报告》，河南省通信管理局和河南省互联网协会，河南，2016。

《2016河南省互联网发展报告》，河南省通信管理局和河南省互联网协会，河南，2017。

刘东梅：《短视频风起云涌这些年》，《互联网经济》2018年第7期。

CTR媒体融合研究院：《2020年主流媒体融合传播效果年度报告》，《国际品牌观察：媒体》2021年第3期。

郭全中：《主流媒体短视频的布局与关键》，《传媒》2020年第11期。

《河南省教育系统2020年度新媒体白皮书》，河南省教育厅，河南，2021。

于建华：《政务短视频在突发公共事件中的传播研究》，《河南大学学报》（社会科学版）2020年第6期。

刘小胜：《地方电视台抖音短视频的运营策略分析——以河南广播电视台民生频道为例》，《喜剧世界》（下半月）2020年第11期。

禹洋：《主流媒体利用短视频平台提升传播力策略探究——以经济日报视点抖音短视频账号发展为例》，《传媒论坛》2021年第3期。

张嘉文：《从"四川观察"走红看主流媒体的短视频转型策略》，《视听》2021年第2期。

张莉、李长东：《国内新媒体短视频现象思考与问题研究》，《新闻研究导刊》2021年第2期。

翟丽茹：《政务类短视频的传播策略研究》，《新闻前哨》2021年第1期。

孙嫣然：《新媒体环境下政务短视频的传播价值与问题研究——以郑州市政务抖音号为例》，《理财》2020年第12期。

刘婵：《主流媒体探索短视频领域刍议——以河南日报报业集团系列融媒产品为例》，《新媒体研究》2020年第2期。

李强：《省域融媒体发展的几点思考——以河南大象融媒集团实践为例》，《新闻爱好者》2019年第11期。

刘东楠、张彩丽：《河南高校借助"抖音"短视频传播文化软实力研究》，《平顶山学院学报》2020年第6期。

周永丹：《以抖音为例分析地方民生新闻短视频的特点》，《明日风尚》2020年第20期。

王娇、杜纯：《短视频平台的现实困境与发展对策》，《新媒体研究》2020年第21期。

张钰茹：《媒介融合背景下的短视频发展分析》，《传媒论坛》2021年第1期。

# 河南新媒体期刊出版业调查报告
# （2000~2020）

姚　鹏*

**摘　要：** 近年，河南省期刊出版业纷纷转型新媒体出版，河南期刊与出版机构在内容上实现媒体融合、数字发行、大数据挖掘。在企业的改革方向上探索产业集聚、混合改革、打造产业链，实现多角化战略发展，取得了优异的经济效益与社会效益。但与此同时，河南省期刊与出版企业在历史文化开发、产品创新、品牌塑造、内容创作与新媒体营销等方面仍然存在劣势，与河南文化大省的定位不符。河南省期刊出版业应聚焦挖掘河南厚重的历史文化，采用大数据用户画像进行选题策划，同时深耕垂直领域，开展新媒体跨平台多元化营销战略。

**关键词：** 新媒体　期刊　出版　河南省

---

\* 姚鹏，传播学博士，郑州大学新闻与传播学院讲师，主要研究方向为新媒体与舆情。

## 一　河南期刊出版业基本情况

### 1.河南期刊出版业概述

截至 2018 年 9 月，河南省共有期刊 243 种。243 种期刊中，社科类期刊有 81 种，自然类期刊有 85 种，高校学报有 77 种。81 种社科类期刊中，党委机关刊有 1 种、文学艺术类有 19 种、生活服务类有 31 种、教育辅导类有 15 种、学术类有 15 种。

截止到 2017 年底，河南省期刊平均期印数为 341.9 万册，总印数为 8582.34 万册，总印张为 425702 千印张，广告收入为 4385.31 万元，利润总额为 27972.8 万元。从数据分析看，2017 年与 2016 年相比，河南期刊总印数增长 3.27%，总印张增长 10.74%。

被中国知网、万方数据库等收录的河南期刊有 192 种，《中原文物》《名人传记》《史学月刊》《国医论坛》等 20 种期刊走出国门，在海外发行量近 7000 份。

还有一批期刊综合指标和学术价值位于全国同类期刊前列，被国际知名检索系统收录，例如《郑州大学学报》（理学版）和《郑州大学学报》（工学版）被美国《化学文摘》《数学评论》《乌利希期刊指南》，德国《数学文摘》和俄罗斯《文摘杂志》等 8 种国际重要数据库收录；《河南大学学报》（自然科学版）被美国《化学文摘》、德国《数学文摘》和俄罗斯《文摘杂志》数据库收录；《电波科学学报》《电力系统保护与控制》被国际知名期刊检索系统 EI 收录。

同时，部分品牌期刊市场发行量始终保持稳定，如《妇女生活》年度总印数达 673.92 万册，发行量在全国同类期刊中领先；《老人春秋》年度总印数达 943.54 万册，稳居国内老年期刊发行之冠。

自 2012 年以来，河南已有 85 家非时政类期刊出版单位完成了转制工作，并形成了一批专、精、特、新的现代期刊出版集团和期刊出版单位。2017 年，河南省期刊从业人数有 2592 人，具有副高以上职称的人数为 900

多人。从综合指标上看，河南期刊位居全国期刊中等偏上水平。①

河南期刊融合发展势头强劲，开拓了网站、客户端、微博、微信、户外媒体等产品形态。据不完全统计，2018年全省243种期刊中有132种实现了互联网出版。其中，办有一级独立域名网站的有93种，出版网络版多媒体数字期刊的有39种。

2. 期刊出版业环境

（1）期刊出版业管理政策

河南省新闻出版广电局早在2014年就制定了三年新兴出版业态发展规划，明确发展目标和任务。通过三年时间，支持一批新闻出版企业，实施一批转型升级项目，带动和加快新闻出版业整体转型升级步伐；建立数字化内容生产、传播、服务的标准体系与规范，数字出版进入平台建设、资源整合与业务运营的良性循环；形成内容资源充沛、出版方式多样、传播技术先进、营销模式成熟、市场覆盖广泛、发展前景广阔的全媒体、全网络、全方位、全产业链的产业体系；构建要素完整、结构合理、水平先进、效益良好、多方共赢的数字出版新格局，促进新闻出版业建立全新的服务模式，实现经营模式和服务方式的有效转变。力争2016年河南省数字出版实现销售收入4亿元。

加强数字出版内容投送平台建设和管理。为了进一步规范数字出版内容投送平台建设，营造健康有序、可持续发展的市场环境，为数字出版产业更好更快发展提供保障，省新闻出版局下发了关于加强数字出版内容投送平台建设和管理的通知，要求各有关单位加强数字出版内容投送平台建设与管理，进一步丰富内容资源，提升技术能力，完善运营服务，强化责任意识，优化结构布局，建立共赢机制，健全资质管理。数字出版内容投送平台的建设加强了内部管理，规范了出版行为，积极传播导向正确、内容健康、形态多样的数字出版内容产品，提升了数字出版服务品质。

---

① 《2018中国刊博会上"豫"味浓》，今报网，2018年9月15日，http：//www.jinbw.com.cn/a/20180915/n_153694307895967.html。

（2）期刊出版业经济环境

河南省统计局与国家统计局河南调查总队联合发布的《2019年河南省国民经济和社会发展统计公报》显示，2019年河南省GDP达到54259.20亿元，比2018年增长7.0%。2019年末全省总人口为10952万人，常住人口城镇化率为53.21%。2020年受新冠肺炎疫情影响，GDP略有下降。但全省社会消费品零售总额仍保持增长。2020年上半年，全省居民人均可支配收入为11429.60元，同比增长2.6%，教育、文化和娱乐消费上涨0.6%，GDP的稳定和文化教育产业的高速发展为河南省期刊出版业的发展提供了良好的经济环境，有利于河南省期刊读者市场的扩大。

根据中国造纸协会披露的数据，2010~2019年，我国新闻纸产量逐年下降。2019年，我国新闻纸产量仅有150万吨，较2018年下降21.05%。2019年，我国新闻纸进口量达到46万吨，为2010年的10倍有余。2010~2019年，我国新闻纸价格为4000~6500元/吨，2020年5月，我国新闻纸价格为5268元/吨。纸张价格的波动或给期刊的传统出版模式带来压力。

同时，河南省期刊面临国内其他省市优质期刊的竞争。河南省社会类期刊中，时尚类、生活类、财经类期刊种类较少，而文化类、教育类期刊种类较多，拓展文化遗产、教育等领域或可发挥其差异优势。

（3）期刊出版业技术环境

IT技术、数字技术给河南期刊出版业带来转型的契机，数字技术的运用改变了传统期刊的采编模式，网络化的分发可以促进读者跨地域订购、阅读，改变了期刊的采编、出版和发行生态。

数字出版在期刊单位已经开始逐步实施。2011年以来，河南省的期刊出版单位为了适应广大读者阅读方式的不断变化和对媒体的选择要求，也开始逐步转变工作思路，推动期刊数字化建设。全省243种期刊中有132种实现了互联网出版，其中有一级独立域名网站的有93种，出版手机杂志的有5种，出版网络版多媒体数字期刊的有39种，出版移动终端内容产品的有5种，被中国知网、万方数据库等收录的有43种。

（4）期刊出版业社会环境

河南省统计局公布的《2019年河南省国民经济和社会发展统计公报》对2019年河南省的人口、就业、教育等情况进行"盘点"。从人口来看，年末全省总人口为10952万人，比上年末增加46万人，常住人口为9640万人，比上年末增加35万人，其中城镇常住人口为5129万人，常住人口城镇化率为53.21%，比上年末提高1.50个百分点。

2019年河南省城镇化率持续上升，城镇文娱市场消费需求增加并产生放大效应，利好期刊出版业。在河南老龄化程度持续增加，老年人阅读需求增加的同时，二胎的放开为母婴市场、教育培训行业带来了新的增长点，这为河南省期刊出版业的进一步发展提供了广阔的市场。

河南省期刊读者以中年男性群体为主，同时期刊阅读群体成熟化趋势明显，尤其是25~44岁中青年读者明显增加；读者向高学历、高收入群体集中的趋势不断加强。期刊满足特定群体的特点日益突出，对读者的细分成为推动期刊可持续增长的有效途径。

新媒体期刊受众以年轻人为主，30岁以下的男性以体育、游戏、汽车为关注点，30~40岁的男性以财经、时政、体育、汽车为关注点。30岁以下的女性以时尚、财经、社会为关注点，30~40岁的女性以时尚、财经、社会、健康为关注点。男性偏好除去要闻和娱乐，更偏向时政、财经、汽车、体育等内容，女性偏好除去要闻和娱乐，更偏向时尚、健康、情感、社会等内容。

3. 期刊出版发行营收概况

近年来，河南期刊与出版社做大规模，积极发展，获得了可喜的经营收益。主要期刊与出版社成绩斐然。

2017年，中原农民出版社有限公司紧紧围绕"上规模、调结构、促转型、强开放、树品牌"总要求，坚持以教育出版为基础，以三农中国、健康中国为重点，以主题出版和版权贸易为重要方向，着力提升产品品质，提高出版效率和市场占有率，聚集内容资源和专家资源，逐步实现由出版商向以知识信息为核心的服务商转型。全年出版图书614种，实现营业收入1.4

亿元，实现纯利润 123 万元。2018 年，其净利润虽然只有 0.06 亿元，但净利润率高达 79.47%，位列河南省内出版社净利润率排行榜榜首。①

大象出版社有限公司 2016 年实现销售收入 34489 万元，净利润 8558 万元；2017 年实现销售收入 38520 万元，净利润 9458 万元；2018 年实现销售收入 44781 万元，净利润 9571 万元。

2017 年，海燕出版社发稿 1594 种，新书发稿 403 种，占 25.28%，重印书发稿 1191 种，占 74.72%，出版图书 1377 种，其中新版图书 468 种，重印图书 909 种。2017 年出版图书总印数为 5289.43 万册，同比增长 6.87%；总印张为 267197.58 千印张，同比增长 6.87%；总码洋为 48179.82 万元，同比增长 5.02%。2020 年上半年，海燕出版社实现营收 1.02 亿元，净利润 0.25 亿元。

河南电子音像出版社有限公司 2017 年营业总收入为 9146 万元，成本费用率为 121.92%，存货周转率为 1.65 次。各类电子音像产品总计生产 140 个品种，共 8.93 万盘（张），其中：磁带 7 个品种 1.35 万盘，光盘类 133 个品种 7.58 万张（其中 CD 21 个品种 1.1 万张，DVD 108 个品种 5.98 万张），重版率为 70%。

2017 年底，中原出版传媒集团资产总额同比增长 12.67%；营业收入同比增长 5.62%，其中新兴业态收入 3.68 亿元，同比增长 121.67%；利润剔除不可比因素同比增长 5.87%；国有资产保值增值率为 106.16%。"大象考试评价系统"新增营收 2500 万元以上，"大象 E 学"新增营收 4000 万元以上，音像社"戏曲出版网"实现营收 1100 多万元。2018 年，该集团在国内外经济下行压力较大的情况下逆势上扬，呈现快速发展的强劲势头和量质共进的良好态势：资产总额达到 153.35 亿元，同比增长 7.45%；实现汇总营业收入 209.51 亿元，首次突破 200 亿元。

截至 2018 年，文心出版社有限公司共出版图书 500 种（一般图书 74

---

① 如无特殊说明，各出版机构数据来自河南新闻出版年鉴编委会编《河南新闻出版年鉴 2018》，河南大学出版社，2018；河南新闻出版年鉴编委会编《河南新闻年鉴 2019》，河南大学出版社，2019。

种，教辅图书 426 种），实现营收 3606 万元，同比增长 9%，完成责任目标的 101%；实现利润 236 万元，同比增长 13%，完成责任目标的 117%。

## 二 期刊出版的新媒体战略转型

在新媒体、互联网、云计算的时代，传统出版方式难以满足受众的需求，新的技术不断涌现，读者的媒介消费模式不断多样化，河南省期刊与出版社纷纷寻求路径突破，借助"互联网＋"的热潮，实行多元化发展战略，进行数字化内容包装，生产模式向数字生产转型，从不同角度探寻新媒体时代的出版转型策略。

### 1.刊网融合

刊网融合是新媒体时代期刊发展的趋势，将传统的线下出版资源搬到线上，实现媒体融合和资源整合发展，河南诸多期刊纷纷开设网站，开通微博、微信公众号，发挥融合优势。刊网融合不只是简单地把期刊内容复制粘贴到互联网上，而是采取各种手段，增强在线媒体的互动性，进行个性化推送。

河南手机报以"免费求量，收费求质，数据为基，人口为大"为主旨，重点做了以下工作：在采编方面，实现了"八个一"的突破，用一个个"高、快、全、融、小、新、鲜"的内容产品打造了一串连续的高光点。在经营方面，注重经营机制、营销手段创新，全力打造 2000 万用户目标；拓展业务新模式，搭建自有统一支付平台，加强分刊"四个统一"管理，统筹发展固本强基；推广加强地市合作，完善电商平台功能；注重实践，大胆探索，技术支撑，力推项目，综合发展。在项目开发方面，主要对新功能进行升级改造，如视频直播页改造，语音播报功能、编辑器功能、稿件统计功能升级；提供个性手机报、客户端、网站等产品形式，开发用户分析、舆情监控等功能；基于河南手机报现有用户数据进行开发，便于营销；在现有内容管理系统基础上，实现编辑在专题模板设计制作过程中的可视化操作；同时，配合大河传媒集团做好"中央厨房"建设的相关对接工作；协助河南日报金水河客户端完成 2.0 版本升级，并做好日常技术支持及互动功能开发工作。

**2.平台化思维重构商业模式**

平台化思维是互联网思维的重要内容，期刊出版企业拥有大量的读者和粉丝群体，借助社群化模式，使传统的纸质杂志、图书与微信、微博账号以及线下的活动进行融合，打造垂直类平台，可以迅速扩大规模，提升用户和粉丝的黏性，转化成高速增长的经济效益。向用户推销服务，可实现增值业务的多元化发展。提供在线平台，将"内容提供者"角色转变为"服务提供者"角色，始终以用户为中心创造价值，为用户提供专业化、多元化服务。从全新的服务模式中衍生出来的全新商业模式包括定制服务、信息服务、活动服务、平台服务和组织服务。例如，除了开发离线增值服务、按需出版外，还可开发定期订阅、开放获取、按次付费等服务，如广告、会员系统、培训活动、会议活动、演讲视频、产品推广、商务咨询等。

近年来，受政策、行业等因素的影响，动漫类期刊纷纷陷入经营困境，河南的漫画月刊杂志社却"腾笼换鸟"，成功实现战略转型，由动漫类期刊转变为少儿成长类期刊，成功度过困难的转型期。

该杂志社坚持创新与探索，分析动漫与文化产业的规律，向市场纵深发展。同时坚守杂志出版阵地，调整内容与定位，提升刊物质量。加快推进多元化经营，充分利用自身优势，多渠道建立跨区域、跨行业的外部合作，实现经济效益与社会效益的统筹兼顾。

为用平台化思维加快媒体转型，漫画月刊杂志社确立了"以平台化思维重构公司商业模式"的指导思想，秉持"在搭建平台的基础上，实现传统媒体与新媒体一体两翼、融合发展，实现线上与线下、内容与产品的多媒体融合传播"的理念，按照"以媒体融合推动平台建设，以平台建设促进项目落地，以项目落地推动产业发展"的思路，实现公司的转型发展。按照市场需求，服务于0~12岁三个阶段孩子的成长与教育，完成三大媒体平台的建设，成功构建新媒体矩阵，从战略上保证了转型的成功。用新媒体运营思路搭建校园小主编平台。校园小主编平台是按照互联网平台化思维构建的全开放媒体融合平台。该平台由《漫画月刊·哈版小记者乐园》杂志、校园小主编微信公众号、微信群集群、线上线下户外活动、教育培训组成。通过融媒体中心连接小学生、学生家长和学校，全年在线下举行50多场各类研学游学夏令营、讲座以及社会体验活动。用全媒体思维构建小艺术家平台。该平台由《漫画月刊·炫版小小艺术家》杂志、小艺术家微信群、微信公众号、小艺术家绘画和舞蹈比赛、线上线下亲子活动、教育培训组成。

漫画月刊杂志社同时还成立了名为"如此好孕"的预防新生儿出生缺陷的全媒体传播平台。还可以实现新婚夫妇和准爸准妈与婚检医生、产科医生在线交流。

用户在线下可以通过杂志、图书、影视动画、互动游戏等形式学习交流预防新生儿出生缺陷的知识。2018年该平台用户已发展至1万多人，预计未来3年，精准客户将达到8万人。但该微信公众号的单篇文章阅读量基本在100次以下，传播量仍然需要进一步提升。

同时，中原出版传媒集团以郑州大学为共建单位，主要开展虚拟现实（VR）、复合数字出版和移动出版技术等方面的研究，打造了全媒体出版产业链，构建了"内容+平台+终端App"融合发展产业新模式。

大象出版社推动数字化转型升级，构建教育出版融合发展创新业务的技术支撑平台ADP5（Advanced Digital Publishing in HTML5）平台；借助先进的互联网平台聚合教育出版产业链上的核心功能、工具和应用服务，在产业层面上实现了纸媒与新媒体的融合、内容与技术的融合、传统出版与新兴出版的融合，打造了教育出版新的融合媒体生态圈。ADP5平台提供用于第三方应用集成的统一认证、消息、通信录、支付等标准化功能模块，也为业务合作伙伴提供可定制、可独立部署的门户、桌面、应用商店、资源库以及视频云等服务。该平台聚合在生态圈内出版社主导下众创共享的内容、应用、终端等，打造出版社的媒体业务产品线，向个人用户、企业用户、教育领域的机构用户进行整体营销推广，提升出版社媒体业务的品牌价值，已推出包括大象满分云、大象助学云、大象助教云、大象教研云等多项数字资源类、数字工具类应用业务。

### 3.教育培训盈利模式

中国教育出版网按照"出精品、树品牌、建渠道、占市场"的工作思路，进行全面升级优化。一是技术架构优化。从底层架构上构建了中国教育出版网统一的数据标准，完成中国教育信息化云平台基础平台、新版 Web 版仿真实验室、新版人人通、新版伴学 365、新版智慧题库、新版数字图书馆（新增了戏曲馆和普法馆）的升级。二是对已推出的产品进行体验性改进优化。伴学 365 进行两次全面质检、三轮分层次调研；掌上学堂做好当地资源的版本配套工作；中小学数字图书馆在原有 PC 端数字图书馆的基础上增加了大屏端、手机端。聚焦微博、微信公众号与头条号传播，2018 年，微信公众号用户数为 5.6 万人，单篇文章阅读量最高达 19.5 万次，转发量达 1.4 万次；头条号发布文章 60 篇，获得推荐 198 万次，阅读量达 30 万次，单篇文章最高阅读量达 10.8 万次；微博策划发布博文 822 篇，阅读量达 190 万次，用户数达 32 万人；博客策划发布博文 410 篇，访问量达 27 万次，单篇阅读量最高达 8.3 万次。

### 4.数字图书馆建设

数字图书馆工程是运用现代高新技术的国家级数字资源系统工程，涉及信息资源加工、存贮、检索、传输和利用的全过程，是国家信息化建设不可缺少的重要内容，是知识经济的重要载体。数字化出版的期刊可以采用"多次售卖"盈利模式。期刊数字出版"多次售卖"模式是以内容产业为中心，利用技术实现资源整合，建立内容数据库，重构"内容+平台"传播路径，实现增值服务多元化发展的盈利模式。该盈利模式将内容数据库系统作为内容产品复制的基础，通过对内容产品价值的挖掘、重构、开发，拓展期刊行业的横向产业价值链；同时，这个模式是数字化的。衍生产品再造和多元化增值服务延伸了纵向产业价值链，实现了期刊产业数字化和产业化的延伸。

河南期刊依托其资源优势，纷纷构建数字图书馆，转型升级与融合发展取得显著成效。

海燕出版社的海燕"悦读"数字图书馆建设项目入选 2017 年新闻出版

改革发展项目库。海燕悦读图书馆 App 是一款非常好用的手机学习软件，专门为 3～12 岁的儿童打造，内容丰富，包括精选优质绘本和有声读物，能满足手机、pad 等多种应用场景下的需要。为孩子提供高清绘本图书内容，并将其开发为有声读物，方便孩子阅读，还提供故事音频、绘本阅读和在线学习课程。故事内容非常多样，涵盖了丰富的知识，众多经典故事、科普内容、学习课程资源都有收录。

中原农民出版社构建"天下农书"数字图书馆及农场主垂直服务体系项目进入新闻出版改革发展项目库，并获得中央财政资助 500 万元。该项目自 2016 年正式实施以来，完成"天下农书"数字图书馆一期建设。2017 年数字图书馆整合入馆全国各地科技出版社图书数字资源 3000 种，并在云南、福建、广东、四川等地高校推广试用，与省内农业部门"农村信息进村入户"工程相结合，在全省推广试运行；"云农课"新型职业农民在线培训系统完成平台建设。以此项目为核心的"三农中国知识服务工程"得到了各级领导的关注和支持，2017 年 10 月，完成数字图书馆平台功能开发的验收，数字图书馆 App 也已在各大安卓市场上架，如腾讯应用宝、百度手机助手、360 手机助手、华为应用市场等。在聚合数字图书馆资源和开发平台的同时，该出版社根据市场需求，调整图书分类信息，对入馆资源进行了二次处理，对图片进行 60% 的压缩，减少存储空间的占用；对重点图鉴类图书的图片添加水印，加强图片版权的保护；对重点电子图书，结合现有的视频资源和音频资源，进行富媒体图书的开发；在图书拆分过程中，寻找合适的拆分工具，制作拆分后图书的封面。

该出版社对"天下农书"微信公众号进行版面调整，增加了专家信息栏和用户互动栏。加大"天下农书"数字图书馆的营销和推广工作。在大地传媒的推动下，"天下农书"数字图书馆先后参加了云南省高校馆配推荐会和河南高校馆配推荐会。同时在广东、福建、四川等省份的高校馆配采购联盟中进行推广。该数字图书馆已经进入云南省和广东省的高校馆配数字产品采购目录，在云南农大、河南农大等 5 所高校建立镜像馆开通试用。在合作单位江西科技出版社和山西科技出版社镜像机构馆进行试用。同北京农信通"农业信息进村入户"工程和河南农大"中原农村信息港"进行对接，商谈合作模式，开发数据交换接口，借助两项工程的平台"走出去"，真正实现直达用户。同时，与两个平台协商深度合作，在内容资源利用、项目联合申报、新型职业农民培训和人才培养方面形成合作意向。

在 2017 年 7 月第七届全国数字出版博览会上，"天下农书"数字图书馆进行首次展示。为配合展会，录制了数字图书馆宣传片，印制了宣传页，制作了充值卡，设计了形象广告。在第十一届新闻出版业互联网发展大会上，"天下农书"数字图书馆荣获"知识服务创新"奖。事业部积极开展微信营销和线下活动营销，版权图书销售大幅度提升，全社微信营销推广活动逐渐丰富，实体店销售也大幅提升。2017 年，"天下农书"数字图书馆建设取得阶段性成绩。"天下农书"数字图书馆在进入实质性建设一年多的时间里，完成入馆品种 2959 种，其中 2259 种为各社提供品种，700 种为中原农民出版社"畜禽产品安全生产综合配套技术丛书"、"现代渔业提升工程·水产标准化健康养殖丛书"和《中国大型菌物资源图鉴》等 7 套书系拆分图书。

此外，"天下农书"也开拓了研学旅行业务，结合农业特色、学生教学内容需要，接收学生通过集体旅行、集中食宿的方式在实践中学习农业知识，加深与自然的接触，提升中小学生的创新与实践能力。

**5. 自媒体运营**

数字出版发展的趋势是构建"内容+平台"传播模式。以微博平台、微信公众号平台、手机新闻客户端、PC 客户端等为代表的平台已经成为互联网产业链中非常重要的内容制作者，在数量和规模上，都呈几何级数增长，对当前市场和社会的影响变得越来越突出。自媒体运营是时代的风口，河南期刊和出版社在"互联网+"时代，也积极拥抱自媒体，构建了包括微博、微信、头条、抖音、在线广播等多样化的自媒体运营平台。

河南文艺出版社（简称"文艺社"）探索纸质期刊和数字化产品的融合之路，完成了"名人传记数据库"的标引入库工作，开通了"名人传记"微信公众号和"名人传记"微店。

文心出版社（简称"文心社"）融合出版。《大中原文化读本》出版以后，以文心出版社微信公众号为首发平台进行了各种推广活动，获得了良好的社会效益和经济效益，品牌效应初现，深度开发已在推进中。同时，该读本进入 2018 年河南省中小学馆配目录。文心社成立了 IP 孵化项目小组，积极进行项目规划和落地。文心社提交的"中小学生写作素养提升综合服务平台"项目已列入集团公司督导和推进的六大项目之一"教育云"项目，正在稳步推进。"中华传统文化中原文化综合实践教育服务项目"规划方案已初步得到认可，正在细化和分步骤实施。文心社结合实际，立足于长远发展，贯彻落实融合出版的项目带动原则。"姓氏·汉字"文化创意项目作为集团公司申报的两个项目之一，已申报 2019 年度河南省省级高成长服务业专项引导资金扶持新型文化业态项目；"中小学生写作素养提升综合服务平台"项目已成功申报 2019 年度河南省省级高成长服务业专项引导资金扶持文化产业项目。同时加大新媒体渠道的运营，拓展营销新渠道。以文心出版社官方微信公众号为中心，完善新媒体渠道，并做出系统规划，立足于知识服务体系的架构，生产优质内容，集聚用户，以服务于未来融合发展。微信公众号开办 5 个多月以后，以扎实而专业的内容赢得广泛赞誉，多篇文章被新闻出版研究院"编辑邦""出版家周百义"等行业内大号转载。

## 6. 垂直 IP 孵化

传统出版社在新媒体时代，选择垂直化的平台进行深耕，发挥特长优势，形成新的盈利增长点。河南电子音像出版社强力推进数字化出版升级发展，构建主题 IP 在线产品。在新媒体平台基础上，通过信息整合重建创新产品模式、内容制作和编辑出版，利用自身内容资源开发和销售数据库，实现内容的多层次深入开发，新媒体互动。将期刊的内容转化为书籍、讲座、视频、音像制品，获得产品利润。

该出版社旗下的武术出版网以展示武术资讯、武术社团、武术图书、健身养生为主，采用视频等多媒体内容普及中国传统武术。网站以中华武术资料库建设为核心，加强对视频资源及"武术中国"产品线的建设。完成《付开瑞陈氏太极拳老架一路》《武动天下搏击赛开封站》的出版、《中原百位名师宣传纪实片——七式拳》的制作，并与科星太极拳传人达成拍摄科星太极拳宣传片的协议，与付开瑞达成出版陈氏太极拳十八式的协议。相继承办了国际武术产业博览会、郑州市武术套路锦标赛、中间武术段位考试、首届幼儿武术大赛、武动天下搏击赛（西安站）等10余场武术活动，并对活动进行专题报道和微信直播。成立武术产业联盟，并与国内知名武术杂志实现电商销售渠道共享。联合省市武术协会、省体育局，抓住武术特色学校和学校特色课堂的建设机会，推进"武术进校园"工作。

戏曲出版网，囊括京剧、豫剧、评剧、越剧、黄梅戏、河南曲剧、越调、秦腔、川剧、昆曲、粤剧、河北梆子等多个剧种，包括视频、音频、图库、曲谱、剧本等多种表现形式。网站经过多年探索，已经形成了成熟的运营模式，部门的销售收入已突破千万元。2017年该网站加大了宣传力度，在报纸和主流网站上发布有关新闻和推介文章1000余篇，安排河南及多地广播采访李树建、连德志、常小玉、虎美玲等120余次，作品全CD播出290多次，举办现场活动35次，举行作品研讨会暨新闻发布会30次。自主开发戏曲栏目《中国戏曲人物志》、《戏曲跟我学》和《梨园记忆》，截止到12月共收录1100位戏曲名家教唱，在CCTV 11频道《地方戏之窗》栏目播出，《中国戏曲人物志》在河南IPTV电视播放，《戏曲跟我学》第4部套装在上半年的"戏曲进校园"活动前夕出版发行。在对外合作方面，策划并制作原创戏曲动漫产品4部近100集、3D动漫《常香玉》第一部、戏曲动漫《小梅学戏》3部60集、《粉墨童年》20集、武术动漫《功夫之易筋经》10集，签署了18家文化动漫公司共36部长篇动画作品出版计划。

### 7.舆情服务建设

互联网时代，舆情热点层出不穷，政府、企业等机构为了及时处理与社会公众的关系，需要专业化的机构进行舆情收集和分析研判。出版机构进行舆情服务建设也是进行多元化发展、发掘新增长点的创新方法。《大河舆情》代表河南期刊对舆情研判方向进行了变革。

《大河舆情》内部资料自创刊以来，截至2018年已经出版201期。为了加强舆情管理，《大河舆情》每期召开编前会，内容和稿件由公司领导严格把关。公司领导多次专门强调意识形态工作特别是保密工作的重要性，所有人员在思想上已产生红线意识。公司要求全体人员提高政治敏锐性，谨言慎行，保持头脑清醒。为了增加读者用户数量和提高可读性，《大河舆情》在内容的选取上也逐渐调整。首先是更加注重政治性，紧跟时事政治，更加具有大局观、整体观。其次是更加注重河南内容。其作为一本立足于河南的内部资料，不断增加河南内容，贴近读者需求。此外，在栏目设置上也有一些调整，增加了原创栏目"开篇的话"和立足于本地信息的"河南政策汇编"，还增加了舆情分析的有关内容。改版后的《大河舆情》不仅得到多位领导和社会各界的认可好评，而且得到了社会各界的关注，取得了预期的市场份额和经济效益。

8．"电商+物流"

出版发行单位依靠自身资源优势，积极拓展线上线下电子商务活动，通过商品售卖、物流服务、在线文化产品开发等途径进军市场。例如中原出版传媒集团针对旗下新华书店体制机制改革，实施企业转型升级，转型电子商务平台。

新华书店发行集团是中原出版传媒集团公司系统中队伍人数最多、规模块头最大、实体渠道最全、发展潜力最大、潜在机遇最多的子公司。从新华书店发行集团这个关键企业入手，从管理体制机制改革和产业转型升级这两个重点领域上手，2016~2018年该集团召开28次月例会，以专业、专注和严谨的态度推动企业转型升级，全年推动2轮新华书店管理体制机制改革：第一轮改革，对全省、市、县店职责职能进行了精准定位，省店紧紧围绕打造"管理总部"，坚决退出一般性经营；市县店按"众筹众建、共有共享"的理念，打造联动式区域性营利中心；省店委托授权市店管理县店，实行分级管理，使市店对县店"既看得见，又管得住"；128家市县新华书店中层机构减少353个，中层干部减少801人，机构臃肿、中层干部冗杂的现象得到有效解决。第二轮改革，通过采取"市县区域一体化运营管理"模式、财务分级派驻和薪酬分配体系改革，实现了"给市店赋能"，有效增强了企业发展的动力机制和约束机制，使111个县店现存或潜在的"失血点"成为111个利润贡献中心。

## 三 期刊新媒体经营情况案例分析

### 1.大象出版社

大象出版社前身为河南教育出版社，1983年12月成立，1996年10月更名为大象出版社，2008年改制为大象出版社有限公司，2010年12月随中原大地传媒股份有限公司上市，隶属于中原出版传媒集团、中原大地传媒股份有限公司。2017年，大象出版社有限公司实现营业总收入38520万元，利润9458万元，成本费用率为75%，货款回收率为82.54%，存货周转率为3.22次。同时取得了良好的社会效应，一般出版物销售比重为8.03%，专业化新增品种海外中国10种、文献中国16种，重点项目国家级10项、省级6项，销售码洋排名上升46位，同类出版社排名上升2位，畅销书4种，版权引进15种，版权输出14种。产品内容编校质量100%合格，新增出版物100%数字化。数字出版项目按照国家、省级文化产业专项资金及公司专项资金项目立项时间的推进计划实施，完成1套专业数据库（《全宋笔记》数据库）的出版，自有教材教辅实施在线教育服务且服务用户不低于线下用户的10%，数字产品销售收入达268.78万元。

大象出版社有限公司被国家新闻出版广电总局授予出版融合发展重点实验室单位，被评为"海外图书馆藏书中国100强出版社"、河南省新闻出版统计工作先进单位、河南省版权工作省级示范单位。

大象智慧教育融媒出版平台ADP5 V2.0上线运行，为大象出版社教材和教辅提供工具集成、用户统一管理等基础平台支撑；开通大象e教、大象e学、大象e考系列微信公众服务号，针对教材和教辅用户提供课件、教案、视频等内容资源以及与大象出版社教辅图书配套的试题疑难题讲解、答案详解、资源下载等服务。加强智慧题库建设，完成题库中知识点、难易度等标引体系与ADP5平台的对接，形成特色智慧题库系统。2017年题库已整体部署，其中包含初中各学科试题共计60余万道。

教学测评服务系统顺利运营：成功组织"2017年河南省普通高中毕业

班高考适应性测试"数据分析，形成评测报告为相应学校和区域的学科教学提供客观的数据参考，并于考试项目完成后对考试系统的分析报告模板进行升级；完成息县 2016 年第一季度春季小学、初中学段学业水平测试项目，提供流程服务；完成大象天成河南、山东大联考前两次考阅卷和分析工作，服务用户约 25 万人。教辅增值服务持续增强：在高中《学习指导》和《基础训练》纸本教辅中通过二维码关联知识点等"技术+内容"的新产品呈现，实现全年级、全学科教辅的增值服务。

出版融合发展（郑州）重点实验室建设顺利推进：确定并推进"考试与测评分析精准服务平台""大教智库""ISLI 码研究与应用推广""海外中国——中国文化海外传播研究平台"等国家、省、集团重点项目，为大象出版社出版融合发展提供了更为广阔的空间，为推动大象出版社出版产业与文化的融合发展提供了坚实基础。

音视频录播室投入运营：取得省局广播电视节目制作许可证，录播室投入运行，完成 20 期《华调吟诵》、纪录片《筝者无争》、《中小学生必背古诗词》、《诗经诠译》等音视频录制，北师大版《书法练习指导》教材配套视频录制，地方教师授课节目录制。

重点工作和重大项目推进情况如下：主题出版《中国共产党红色出版史料丛刊》获 2017 年国家出版基金资助项目，"给青少年讲红色纪念馆里的故事丛书"增补入选"十三五"国家重点出版物出版规划，《读故事塑品格——长征精神青少年读本》入选农家书屋。

完成 2017 年度国家文物局"互联网+中华文明"示范项目的申报工作，申报的"中国乐器文物研究、复原体验与数字化教育传播工程"成功入选。完成 2017 年度大地传媒产业发展专项资金项目的申报工作。完成大地传媒产业发展专项资金项目"中国三十大发明""卫三畏文集"的结项验收工作。

大象出版社在推荐重大项目和出版优秀书刊的同时，着重挖掘新媒体在线教育平台，构建了集内容、服务于一体的教育培训平台，取得了较好的经济收益。

## 2.《名人传记》

2018 年杂志社产业融合发展与转型升级稳步推进，深入挖掘《名人传记》杂志品牌资源，探索纸质期刊和数字化产品的融合之路，完成了"名人传记数据库"的标引入库工作。开通了"名人传记"微信公众号和"名人传记"微店；成立"刘运来工作室"，拟定工作室发展的方向和规划，为2019 年正式运营积极探索新的经营发展思路。实行数字资源及版权规范化管理，积极开拓数字出版业务。同时开拓了新业务——听书项目在懒人听书、喜马拉雅等主要有声听书平台进行推广。

媒体融合度逐步提高，文艺社引进的数据库内容资源生产（DPS5）平台已全面完成建设并投入使用，基于 DPS5 平台建设的"名人传记数据库"项目完成了 30 年内容资源的标引入库工作，计 4500 余篇文章 6000 余万字，"名人传记数据库"1.0 版本于 2018 年第一季度正式发行，目前数字出版部已开始接洽相关的数据库发行代理及相关馆配资源机构。"一个网站""一个数据库""一个数字图书馆"三个数字出版建设目标已经完成，迎接传统期刊转型面临的技术、人才、营销等诸多现实挑战，打造多样化产品，满足不同受众。例如：

开通微信服务、微店服务等，逐步开拓经营业务，实现社会效益和经济效益的最大化。"名人传记"微信公众号上线、"名人传记"微店上线，通过微信公众号和微店把优质文章推送给读者，建立刊物与读者一对一的互动与沟通，由促销、推广、宣传、售后形成了一种主流的线上线下微信营销方式。

开通了《名人传记》读者沙龙微信群，建立这个群的目的是聚集目标读者，加大微信服务号的传播与宣传力度，提高微店关注度，为全媒体杂志培养读者，为全方位销售培养潜在客户。以付费 2 元扫码进群的方式，吸引真正喜欢《名人传记》的读者。后期目标是引导目标读者参加《名人传记》付费阅读以及付费听讲。

加强人才队伍建设，提升从业人员业务水平，一是充分挖掘现有工作人员的潜能，培养锻炼多种业务能力，人尽其才，才尽其用，为刊物的可持续发展提供人才保障；二是开展编辑培训，重点开展全媒体出版业务的培训，除了参加上级领导部门组织的培训，编辑部也要组织小范围的交流和传帮带等活动。经过多年的发展，《名人传记》在期刊市场上占有了较大的份额，主业支撑产业，产业反哺主业，迈向一体化发展。

《名人传记》杂志将数据库内容资源生产平台和新媒体互动服务平台融合，是粉丝社群营销的典范。

### 3.《新闻爱好者》

《新闻爱好者》杂志是由河南日报报业集团主办的全国核心期刊。《新闻爱好者》的影响因子及在学科中的影响力指数排在前列，在竞争激烈的期刊发展中一直处于平稳上升状态。《新闻爱好者》坚持学术品位第一的思想，牢固保持期刊学术质量和品位。

2018 年 11 月 16 日，《新闻爱好者》杂志入选中国社会科学院"新闻学与传播学"中国人文社会科学核心期刊扩展版，这是该杂志首次入选。中国社会科学评价研究院每 3 年开展一轮全国人文社会科学期刊评价工作，涉及全国 1291 种期刊。该评价包含顶级期刊、权威期刊、核心期刊、扩展期刊、入库期刊等 5 个评价等级。这次《新闻爱好者》入选中国人文社会科学核心期刊扩展版，标志着在全国四大核心期刊评价体系中，《新闻爱好者》已进入三大核心期刊方阵。近几年，新闻爱好者杂志社瞄准一流期刊定位狠抓质量，学术影响力和社会影响力不断提升，杂志的质量和美誉度在业界和学界越来越被认可，文章的转载率、转摘率和被引用率不断提升，仅2018 年就有 16 篇文章被"四大文摘"期刊转载转摘，取得了历史最好成绩。

《新闻爱好者》杂志的刊网融合取得了进步，网站和微信平台有了长足的发展。加快刊网融合步伐，网站运行步入正常轨道，微博、微信平台也有突飞猛进的发展，浏览量和订阅量都有了大幅提升。特别是微信平台，文章的阅读量和转载量很高。推送期刊文章后，便迅速传遍朋友圈。目前，网站和"两微"已成为杂志数字化平台的主力和基础。杂志社以服务号构建平台，加快杂志文章的推送，每次推送后，文章都会很快得到热传。

该杂志在总结四届中国网络视频满意度博雅榜的基础上，又经过两年的调研，拟出了一份详细的具有很强可行性的文化产业项目申请报告，向省文产办申请项目资金资助，经过积极的准备和争取，最后申请成功。这是《新闻爱好者》杂志自创刊以来，第一次成功申请到文化产业项目资助。2017年底，该杂志社紧锣密鼓同北京大学以及河南几家网络科技公司、网站联系合作，签订合约，加速推进项目的进程。

《新闻爱好者》作为传统学术期刊，积极进军新媒体平台，在垂直学术领域收获了大量的粉丝，提升了期刊的美誉度。

**4. 中国教育出版网**

河南省中国教育出版网按照"出精品、树品牌、建渠道、占市场"的工作思路进行全面升级优化。

一是组织架构优化。按产品设置组织机构，编辑、技术研发都围绕产品转，接受产品经理的统一指挥调度。增设商务部，专门负责市场营销方案制定及竞标所需的各类合同、标书、资质、参数的制作提供，为市场营销人员提供强力保障。

二是平台体系优化。中国教育出版网4年来已完成筹建国际教育频道，已与美国、法国、加拿大等国的教育机构达成资源共建共享协议，在学生交流、教师培训等领域展开合作；试水教育图书在线出版，已为教师网络出版教学成果350多个品种；筹建联考联盟频道，探索《教育信息化论坛》杂志运作与互联网平台互动新模式，同期启动三省六市市场。

三是内容资源优化。在资源建设方面，以百千万工程、名师工作室、千校联盟、精品专题等为工作抓手，通过微课大赛、名校长访谈等方式签约名校。共更新优质资源约45万份，制定资源质量评价体系与精品资源建设标准，建设精品资源4万份，收录各地中高考试卷7500份，细化了资源更新机制。

四是产品升级优化。对已推出的产品进行体验性改进优化：伴学365进行两次全面质检、三轮分层次调研；掌上学堂做好当地资源的版本配套工作；中小学数字图书馆在原有PC端数字图书馆的基础上增加了大屏端、手机端，新上线了戏曲数字图书馆、普法数字图书馆等产品。

五是市场服务优化。推出 50 所名校、300 位名师优质资源推荐计划；对教育信息化云平台已部署的广西兴业县、河南社旗县等近 20 个县区 8 万多名教师进行了全方位的线下培训，共举办培训超过 500 场次。

六是营销体系优化。面向社内外公开招聘，新成立 7 个营销公司。已签订渠道代理商 5 家、区域代理商 8 家。中小学数字图书馆实现销售 300 余所（重庆、江苏、陕西、河南、北京等地）；在继续企业合作的基础上，新增现代教育集团、同创科技、异度云、尚课网、学云、学创、诺图等 10 余家企业联合推广。

七是品牌体系优化。重点参与了教育部 72 届、73 届教育装备会，组织了第一届智慧课堂百校研讨会及 30 多个区县教育局参加的第一届教学设计与应用微课大赛；举办互联网教育企业高管交流会，有 30 多家企业参与；聚焦微博、微信公众号与头条号传播，2018 年微信公众号用户数为 5.6 万人，单篇文章阅读量最高达 19.5 万次，转发量达 1.4 万次；头条号发布文章 60 篇，获得推荐量 198 万次，阅读量达 30 万次，单篇文章最高阅读量达 10.8 万次；微博策划发布博文 822 篇，阅读量达 190 万次，用户数达 32 万人；博客策划发布博文 410 篇，访问量达 27 万次，单篇阅读量最高达 8.3 万次。

教育出版网的七套组合拳促进了集团新媒体产业链价值的提升。

5.《漫画月刊》

《漫画月刊》杂志是以动漫为主要内容的商业期刊，2017 年漫画月刊杂志社成功实现战略转型，由动漫类期刊转变为少儿成长类期刊。在严峻的政策与市场形势下，成功度过困难的转型期。刊社继续按照河南日报报业集团党委、集团公司的发展战略，坚持创新与探索，分析动漫与文化产业的规律，向市场纵深发展。同时坚守杂志刊物出版阵地，调整内容与定位，提升刊物质量。加快推进多元化经营，充分利用自身优势，多渠道建立跨区域、跨行业的外部合作，实现经济效益与社会效益的统筹兼顾。

一是坚守出版阵地，服务青少年成长。在传统纸媒经营持续下滑的压力下，漫画月刊杂志社始终坚守内容质量为王的战略，积极弘扬正确的教育理念、传递社会正能量。定位少儿成长教育市场，进一步优化出版结构，稳定内容质量。将原来的刊物重新调整为《漫画月刊·炫版小小艺术家》《漫画月刊·哈版小记者乐园》《漫画月刊·酷版快乐小神探》三本杂志，并以全新的定位、全新的内容面向市场，获得了广大青少年学生和家长的好评。同时以刊物为基础，推进新媒体融合，开拓互联网发行渠道，推动多样化的外部合作。

《漫画月刊·酷版快乐小神探》立足于提升青少年读者的阅读、思考、逻辑能力，以内容新颖、独具特色的故事激发少年儿童的好奇心、探索欲，通过推理悬疑故事突出对孩子推理思维能力的培养，让孩子在精彩的故事阅读中提升自己。

《漫画月刊·哈版小记者乐园》定位于提升少年儿童的艺术能力，为低至小学高年级的孩子提供展示自己艺术、写作能力的平台。该杂志按照"素质教育、综合发展"的理念，选登孩子的优秀作品，传播优质、高效的艺术教育理念，优化家长的艺术教育方式。同时以杂志为基础，推动校园小主编融媒体平台的建设。

《漫画月刊·炫版小小艺术家》服务于幼儿园阶段的孩子，以2~6岁幼儿为受众对象，以进行幼儿艺术启蒙、培养幼儿艺术素养为宗旨，为幼儿提供展示才艺的平台。该杂志通过连接幼儿园阶段的孩子、家长与学校、教师，传播优质教育理念，并选登孩子的手工、绘画、书法等作品，为幼儿园阶段的孩子构筑快乐展现自己的空间。

二是用平台化思维加快媒体转型。公司确立了"以平台化思维重构公司商业模式"的指导思想，秉持"在搭建平台的基础上，实现传统媒体与新媒体一体两翼、融合发展，实现线上与线下、内容与产品的多媒体融合传播"的理念，按照"以媒体融合推动平台建设，以平台建设促进项目落地，以项目落地推动产业发展"的思路，实现公司的转型发展。根据市场需求，服务于0~12岁三个阶段孩子的成长与教育，完成三大媒体平台的建设，成功构建新媒体矩阵，从战略上保证了转型的成功。

三是用新媒体运营思路搭建校园小主编平台。校园小主编平台是漫画月刊杂志社在公司转型战略指导下，按照互联网平台化思维构建的全开放媒体融合平台。该平台由《漫画月刊·哈版小记者乐园》杂志、校园小主编微信公众号、微信群集群、线上线下户外活动、教育培训组成。通过融媒体中心连接小学生、学生家长以及学校，该平台可实现小学生风采展示、作品展示、相互交流、拓宽视野、认识社会、文化课程辅导、兴趣特长培养等功能。已合作发展《漫画月刊》校园小主编 3 万多人。2017 年，刊社在线下举行 50 多场各类研学游学夏令营、论坛、讲座以及社会体验活动，如广州长隆夏令营以及小主编观影、小主编体验中医文化、小主编作文公开课等活动，增强了小主编的社会实践能力，丰富了其课外知识，拉近了小主编与平台的距离，实现了线上线下的高频互动。

四是用全媒体思维构建小艺术家平台。该平台由《漫画月刊·炫版小小艺术家》杂志、小艺术家微信群、微信公众号、小艺术家绘画和舞蹈比赛、线下亲子活动、教育培训组成。该平台可以实现幼儿园宣传、幼儿家长在线家庭教育、线下亲子沟通等功能。同时为幼儿提供艺术兴趣学习、风采展示、才艺展示、互动交流、参加各类艺术比赛的综合平台。该平台将按照全媒体思维，先行构建媒体矩阵，运用大数据思维建设市场资源数据库，再进行平台化合作。

五是"如此好孕"进入公司化运营。"如此好孕"是预防新生儿出生缺陷的全媒体传播平台。该项目为"如此好孕"App、微信公众号、微网站等多种媒体的深度融合，用互联网思维为新婚夫妇和准爸准妈提供全面、系统、专业的孕期咨询、孕期保健、远程诊疗等多维服务。该平台用户在线上可以获得优生优育的文本、音频、视频，参加在线活动、在线比赛、在线游戏，同时，还可以实现新婚夫妇和婚检、产科医生在线交流。用户在线下可以通过杂志、图书、影视动画、互动游戏等形式学习交流预防新生儿出生缺陷的知识。

六是大河教育培训拉开进军少儿教育培训的序幕。大河教育培训学校是漫画月刊杂志社在高新区注册的具有社会力量办学资质的正规培训学校。大河教育培训学校依托漫画月刊杂志社线下近万名小学阶段的校园小主编，2017年，已经开设了作文、数学、英语、绘画、书法、口才等课程。

七是政府单位合作项目稳步推进。刊社与河南省高级人民法院连续成功合作5年，2017年，以校园欺凌为主题的"送法进校园"图书《向校园欺凌和校园暴力说"不"》正式出版，面向全省中小学生免费赠送15万册，向全省中小学生宣传了如何预防校园欺凌的知识，形成了良好的社会效益。

《漫画月刊》杂志在传统漫画出版行业受挫的情况下，积极进行内容和服务创新，实行平台化战略，给行业带来新的生机。

### 6. 大河书局

2018年，河南大河书局有限公司在教育信息、教育产品、教育培训、教育综合服务领域加强与教育部门的合作，推动校园阅读中心建设和"阅读河南·书香童年"项目开展；推动全民阅读，建设书香社会；进一步扩大传统核心业务的市场竞争力，积极拓展新业务，加大人才的培养和引进力度，加强内部管理和企业文化建设，努力实现又好又快发展。全年实现销售实洋收入8400多万元，实现利润520万元，超额完成集团下达的目标任务。

一是"阅读河南·书香童年"项目正式进入实施阶段。2018年1月，大河书局与郑州市金水区纬五路二小合作开办的校园阅读中心启用，这是大河书局建成的第一个校园阅读中心，标志着"阅读河南·书香童年"项目进入实施阶段。该项目是新闻出版广电总局和文化部的入库项目，包括线上和线下两个部分，即通过将线下优质阅读环境、海量阅读资源与线上科学的阅读分析、测评体系相结合，帮助孩子全面提升阅读能力和学习能力。校园阅读中心内设课程中心、阅读教室、休闲书吧等，既可满足在校师生课堂阅读、拓展学习、主题课堂教学等需求，也可满足周边居民亲子阅读、学习交流、文娱休闲等需要。该中心启用后，受到学校师生、家长（周边居民）和教育主管部门的高度赞扬，《人民日报》两度重点报道，各级各类媒体争相报道、转载，在社会上产生了广泛反响。目前，该中心运行良好，实现了社会效益和经济效益双丰收。

二是农家书屋改造及补充更新出版物工作有序开展。2017年农家书屋补充更新出版物的配送工作已经全部结束。2018 年大河书局还承担了 1976 个贫困村的数字农家书屋改造工作，公司抽调 20 余人，成立 9 个工作小组，分赴全省各地，按时完成了数字农家书屋的配送、安装、调试工作，并采取不同形式，对所有贫困村的农家书屋管理员进行了培训。

三是与课堂内外杂志社合作的系列赛事持续推进。全国中小学生创新作文大赛河南赛区赛事按计划进行，省内主要重点中学学生踊跃参与第十三届创新作文大赛，由于国家政策层面的变化，河南赛区复赛改为线上进行，依托大赛开展的冬夏令营游学活动得到更多学生家长的认可，营员招募人数较往年有较大幅度的增加。财经素养大赛、美术素养大赛、科学素养大赛等赛事也在省内陆续展开。第 21 届"五好小公民"主题教育活动取得重大突破，读本发行量超过 60 万册，多个基层教育行政部门、学校、个人受到教育部关工委的表彰。从第 22 届起，该活动更名为"新时代好少年"主题教育活动。

四是图书馆装配业务稳中求进，馆配实力不断增强。2018 年，大河书局馆配中标金额突破 3000 万元。由于图书馆对纸质图书资源的采购逐年压缩，加之国内众多馆配服务商紧盯河南市场，竞争日益加剧，面对严峻的市场形势，大河书局正在筹划建立中部馆配和教育装备基地，将为公司馆配和教育装备提供有力保障。

五是进军教育培训领域，教育培训业务体系逐步形成。自 2014 年起，大河书局就确立了立足教育求发展的思路，业务中心逐渐向教育信息、教育产品、教育培训和教育综合服务转移。2018 年，在依托过去两年系列赛事开展培训的基础上，逐步将培训业务面向中小学校展开，即依托大赛开展的高中生涯规划、自主招生、志愿填报等培训，依托校园阅读中心、大河邮政书吧开展的中小学生素质培训等。虽然目前阶段教育培训业务收入不高，但教育培训业务体系正在形成，未来将成为公司新的业务增长点。

六是稳定发展传统业务，不断挖掘新的业务增长点。在传统业务方面，教材代理推广在原有份额的基础上稳步增长；综合图书业务运行良好，在纸质图书发行普遍下滑的情况下，公司系列实体书店大部分实现盈利；期刊批销业务进一步整合优化资源，利用长期形成的上游资源不断开发新业务，实现新增长。

2019 年，大河书局有限公司在做好传统业务的基础上，深耕细作，巩固已有优势，挖掘新的增长点：一方面深入研究国家政策，加快公司股份制改革步伐，积极探索与省内外优质文化资源、教育资源的合作，不断完善公司化管理，增强企业活力；另一方面积极谋划，进一步深入研究出版物发行市场，密切关注文化产业政策，深入了解青少年乃至全社会阅读需求，分析教育市场、文化市场，了解教育产业、文化产业发展规律，不断开发教育、文化新产品，完善服务教育、文化体系，提高服务教育、文化质量，差异化经营，创新发展，打造新的核心竞争力。

大河书局深耕教育培训领域和农家书屋平台，促进了河南在线教育和公益扶贫的发展。

### 7. 中原出版传媒集团

2018 年中原出版传媒集团紧抓重大战略机遇，主动化危为机，重点推进五项重要改革。

一是推进混合所有制改革，增强企业动力活力。2018 年该集团强力、有序推进了产权混合所有制改革和股份制改革，成立了 3 家混合所有制平台企业，其中以新成立的中阅和瑞实业有限公司为平台公司，陆续在香港、深圳、浙江、郑州等地成立了商业保理、供应链管理和文旅发展等 5 家子公司；与民营企业合作成立的华数教育科技公司已经成为河南教育大数据和数字产品重要平台；与河南省的全国第二大教材教辅出版民营代理商合作成立的象虹教育科技公司正在积极做大市场。

二是大刀阔斧推进全省新华书店体制机制改革，实施企业转型升级，实行新华书店、新华·百姓文化云、新华超市、新华快递"四个新华"一起做，实施线上与线下、电商与物流、图书与非图相融合，推动了文化服务往网上走、往乡村走、往农民需求上走，打通文化下乡"最后一公里"，云书网电商物流销售收入和业务量每年翻一番，呈现爆发式增长，真正成为河南省本土第一大电商平台。

三是聚焦聚力出版产业体系改革，打造"六大产业园"。利用全国乃至全球出版企业都在积极谋求推动传统出版产业链体系变革的机遇，用产业链延伸来撬动企业价值链。聚焦主业、做强主业，强力拉长、拓展出版产业体系价值链，形成产业集聚发展模式，打造了出版传媒"六大产业园"。已建成三个产业园：河南出版产业园，占地272亩，定位为编辑创意中心、现代传播融媒实验中心和大型文化商业体验中心；发行集团创新研发产业园，占地130多亩，布局了云书网、新华·百姓文化云、数字加工、整体书房、现代教育等创新业态；国际手工创意产业园，定位为集手工展览展示、创意培训、市场交易、仓储配送、电子商务、综合服务等于一体的特色创意项目。

2018年，该集团在国内外经济下行压力较大的情况下逆势上扬，呈现快速发展的强劲势头和量质共进的良好态势：资产总额达到153.35亿元，同比增长7.45%；实现汇总营业收入209.51亿元，首次突破200亿元；主要经营指标实现了"满堂红"。全年209.51亿元的营业收入中教材教辅传统业务收入占比下降17.06个百分点；电商物流创新业务实现收入9.84亿元，占4.69%，即将成为该集团的支柱性产业；中阅和瑞等混合所有制企业实现营业收入50亿元。

全省新华书店系统转型升级取得重大突破：全年实现电商销售9.84亿元，新华快递配备车辆282台，开通配送线路300余条，整合物流快递企业398家，全年收发包件1291万件，同比增长187.5%。此外，新华·百姓文化云上线公共文化场馆3662个、文化活动2.15万次，产生活动订单12.28万个，平台总注册用户量达到200多万人，访问量超过2000万次，承接市县春晚直播共59台，观看量超10万次的有21台，共计有590多万人次观看，已成为超级文化资源运营平台、超级公共文化服务平台和超级新兴融媒体平台。

四是平台化、集团化转型。3家平台化混合所有制公司也取得了突出的经营业绩。中阅和瑞实业有限公司于2018年5月成立，截至2018年底已实现营业收入超50亿元，并且在当年实现了盈利，正在向着平台化、集团化、规模化的方向迈进，将为集团在产业发展上再造一个中原股份，乃至再造一个集团打下坚实的基础，已经成为驱动集团发展的一匹"黑马"。华数教育科技公司已经成为河南省教育大数据和数字产品应用的重要平台。象虹教育科技公司将成为集团未来重要的利润增长点之一。两次承办"丝路书香"高级出版人研修班，与巴基斯坦、斯里兰卡等"一带一路"共建国家达成版权输出项目215种，正式版权输出32种，中原传媒和"出版豫军"的国际传播力和传播质量显著增强。

五是树立品牌，增强知名度美誉度。中原大地传媒股份有限公司股票代码由"大地传媒"更名为"中原传媒"，进一步提升了企业品牌的影响力和知名度。新华书店、新华·百姓文化云、新华超市、新华快递"四个新华"一起做，"新华系列"的旗帜高高飘扬在中原大地，有力推动了新华书店系统产业再造和集团再造。中阅网、中阅和瑞、中阅文旅、中阅投资、中阅国投，"中阅系列"异军突起，这支新生劲旅有的已在市场上崭露头角。大象出版社、大象置业、象虹科技，"大象系列"已翩翩起舞，正在向着更广阔的市场领域拓展。中原传媒Logo揭开面纱向社会发布，对外展示形象有了鲜艳亮丽的名片。集团微信公众号传播矩阵已经成为其传播信息、展示形象、交流工作的重要载体。

中原出版传媒集团作为河南省出版行业的龙头企业，其多角化战略、平台化战略成为河南省传媒企业数字化转型的典范。

## 四 河南新媒体期刊出版业存在的问题及转型建议

### 1.河南新媒体期刊出版业存在的问题

河南省新媒体期刊出版业结合数字采编技术，在数字融媒、自媒体平台、数字图书馆、舆情研究等多个领域取得了良好的成绩，但与国内大型媒介集团相比，仍然在品牌力、美誉度、创新力等方面存在一些差距。

（1）河南新媒体期刊出版业的地位与出版大省的定位不相符

河南作为文化大省，拥有丰富的历史文化资源和深厚的文化底蕴，黄河文化、古运河文化、红旗渠文化、钧瓷文化、大别山文化等为河南的文化产业提供了海量的创作资源，但目前开发程度不足，河南省新媒体期刊出版业在选题上较为保守，对河南文化资源、非物质文化遗产的开发利用不足，对丰富的历史文化资源是一种浪费。

（2）河南省新媒体出版业过度依赖教辅类读物，自主创新能力较弱

教辅类读物凭借稳定性强、利润高等优势，成为出版界关注的重点。新媒体时代，河南诸多出版集团纷纷进军教材和教辅市场，提供配套的在线电子题库、在线测评等服务，增强在教育信息、教育产品、教育培训、教育综合等服务领域的投入，取得了一定的成绩。但过度依赖教辅类读物，会影响其他题材的发展与创新，长此以往，会使得新媒体传播创新的视野变狭窄，难以产生有影响力的新媒体产品。

（3）品牌塑造缺乏特色

从总体上看，河南省期刊出版业缺乏差异化定位，特色不够突出。与一系列的头部出版集团相比，美誉度仍然具有差距。明确的定位、高品质的内容是优质出版社的必备条件。对比来看，河南的出版社发展定位不清，缺少鲜明的文化个性，缺少自己的出版文化和传统。

（4）新媒体运营内容薄弱

由于观念问题，部分传统编辑出版业的数字化转型停留在表面，只是将传统纸质出版物上的内容进行简单的数字化处理，为融合而融合，没有领会新媒体融合的本质，耗费了大量的人力物力，事倍功半。虽然部分出版社将营销方向转向了新媒体，开通了微信、微博等新媒体平台账号，但由于缺乏运营经验，各部门无法紧密合作，提供的资源不足，缺乏与受众的线上线下互动，粉丝关注度不足，新媒体平台只能沦为图书资讯窗口，难以为出版社带来利润。有些平台虽然打造了新媒体互动平台，在垂直领域进行发展，但缺乏大数据、云计算等新技术的运用，缺乏用户画像，营销方式落后，推文难以抓住热点，粉丝量不足，转化率低，难以获得优良的转化效益。

（5）人才缺乏

新媒体技术和传播媒介的发展，对出版社的人才建设提出更高的要求，新媒体出版需要既懂公众号运营，又擅长文案策划、简单平面设计和视频制

作的人才，但由于历史和地域原因，传统期刊出版集团的人才队伍建设难以跟上数字出版快速发展的需要。

**2. 河南新媒体出版业转型建议**

针对河南省新媒体出版领域存在的一些缺点和问题，提出以下建议。

（1）文化策划创新

从宏观角度看，河南文化底蕴深厚，是一个文化大省，但与外省相比，出版水平还有差距，其中一个重要的原因就是策划能力有待提升。应围绕主题出版、原创精品、出版项目、弥补短板搞策划，围绕红色文化、黄河文化、红旗渠精神、大别山精神、焦裕禄精神、愚公移山精神精心策划，提升策划能力，以催生更多的精品力作和传世之作，着力在出版精品力作上达到新高度。2020年爆红的河南"唐宫夜宴舞蹈"就充分挖掘了河南的历史文化。新媒体出版人也应该转变思维，将河南省厚重的历史文化产品转换成数字产品。

（2）大数据策划

新媒体出版企业应树立"以用户为中心"的理念，与用户确立平等共荣的关系，增强服务意识、产品意识和市场意识。根据用户数据偏好进行产品定制或根据作者粉丝画像数据来进行产品推广。正反向的数据路演模式，成为当下畅销书运作的新趋势之一。新媒体从业人员可以通过大数据和云计算技术，进行用户画像，分析研判用户的喜好和偏爱，以用户的视角进行新媒体产品的策划与出版，并借助新媒体平台做好对用户的服务工作。

例如二十一世纪出版社出版的儿童小说《吴有用唐朝上学记》，该选题从音频走红IP转化而来，在喜马拉雅上线即成爆款，在不到半年的时间内销量达到20万套，截至2021年7月音频播放总量达到1968.4万次，小学生和具有知识付费习惯的家长收听占比较大，由听众向读者转化的转化率高，这是从音频内容"变身"图书的基础。

（3）垂直市场创新

新媒体背景下，垂直领域的内容深耕需要继续发力，出版业要通过加强选题策划，精耕细作内容，形成有社会美誉度和影响力的品牌，并不断开发新产品；另外，要以服务带动销售，通过为用户提供增值服务来改善用户体验，刺激用户的线上消费。例如某出版机构树立了"科普+胎教"等垂直领域的内容，获得了年轻夫妇的关注。

（4）全媒体营销创新

出版业必须紧跟传媒发展形势，走多元化出版之路。首先要完善传播渠道。健全自有的传播渠道，包括微信公众号、微博、App 移动客户端、今日头条、抖音以及其他互联网平台，扩大传播效果，形成规模效应。其次应丰富表现形式，开发与用户思维习惯相符合的传播形式，利用可视化技术调动用户阅读的积极性。最后要加强与用户的交流和沟通，为用户提供有惊喜的增值服务，吸引用户关注，提升用户黏性。

例如新华文轩零售连锁事业部，在传统出版企业受到疫情影响的情况下，于 2020 年 2 月中旬以"宅家·有书为伴"为主题，携手多家出版机构，策划了多项知识服务内容，开展直播 40 多场，总点击量达 11 万余次，各门店新增社群 300 余个，拉新 2 万余人。这些用户为建设高黏性的私域流量池奠定了基础，有助于促进线下引流并直接在社群内实现消费转化。

（5）人才政策创新

新媒体融合出版的流程变化使得编辑除了要具备扎实的专业知识外，还要具备新媒体的编辑技能，要掌握各种数字出版知识，具有融合发布的能力、市场营销的能力、与用户互动的能力等。河南省亟待引进融媒体人才尤其是新媒体技术人才，在引进人才方面，应加强与相关高校的合作，为优秀的学生提供实践和就业平台。在薪资待遇、发展平台、激励机制等方面向这些人才倾斜，同时加强对现有人员的数字化编辑技术培训，促进从业人员之间的交流，构建数字传播思维。

# 五　总结

近 20 年来，河南省出版机构借助数字采编、数字发行技术，从传统出版业务到涉足数字融媒、自媒体平台、在线和实体教育培训、数字图书馆、舆情研究、电商物流等多个领域，产业布局不断拓展优化。以中原出版传媒集团为代表的河南期刊出版集团连续进入"全国出版行业 10 强"，自 2016 年起连续 4 次荣膺"全国文化企业 30 强"，自 2015 年起 6 次进入"全国服务业企业 500 强"，2019 年入选"全球出版 50 强"。"十三五"期间出版集团重点出版项目排名中，河南出版项目有 19 项，排全国第 16 名。

河南期刊在内容上实现媒体融合、数字发行、大数据挖掘。在企业的改革方向上探索产业集聚、混合改革、打造产业链，实现多角化战略发展，取得了优异的经济效益与社会效益。

2020 年，河南省新闻版权局局长指出河南将围绕"宣传思想工作创新年"的要求，努力推动新闻出版业高质量发展，要靠内容守住阵地，靠精品赢得出彩，靠质量促进发展；"做到四个结合"，即与主题主线相结合，与转型升级相结合，与产业发展相结合，与文明创建相结合；"抓实五项业务"，即出版管理、版权管理、印刷发行、行政审批、"扫黄打非"；"强化六大举措"，即一体化统筹推进，抓项目带动发展，补短板实现跨越，强队伍多措并举，严把关确保安全，靠制度规范行为。

在未来的期刊融媒发展方向上，河南期刊出版机构应更重视对传统厚重的河南文化的挖掘，用融媒体、数字化的方式呈现河南的文化底蕴，打造差异化优势；将期刊数字出版融入新时代文化产业与"一带一路"建设；努力提升河南期刊在国内和国际的影响力，与河南的经济和社会协同发展。

**参考文献**

汪振军、穆毅：《融合发展背景下出版产业如何创新——兼对河南出版产业的一些思考》，《新闻爱好者》2017 年第 3 期。

杨杰：《浅析传统出版社数字化转型过程中的若干问题》，《传播与版权》2016 年第 5 期。

# 中原广告新媒体产业20年

楚明钦　丁宇薇　张玉平*

**摘　要：** 传统媒体在新媒体的冲击下，迫于生存压力，开始寻求转型之路，转变广告推广逻辑，研究新媒体技术，开拓广告新媒体应用新领域。在传统媒体"破茧"的同时，越来越多的中小型广告新媒体公司大量涌现。本报告在分析中原广告新媒体产业发展水平、中原广告新媒体产业结构、新媒体产业绩效的基础上，分析了影响中原广告新媒体产业发展的经济、文化、需求、供给、宏观制度和微观政策等因素。然后在分析中原广告新媒体企业案例腾讯·大豫网的基础上，研究了中原广告新媒体产业的环境适应和新媒体企业的营销模式、潜在风险、发展理念、新媒体人才等领域存在的问题。最后针对广告新媒体的市场需求、数据和算法等新媒体技术、新媒体创意、新媒体政策和行业监管等领域对中原广告新媒体产业可持续发展提出了相应的对策建议。

**关键词：** 新媒体产业　广告新媒体　新媒体人才

## 一　中原广告与新媒体产业概述

### （一）广告与新媒体产业发展的关系

我国广告业在"文革"后进入低迷期，直到 1978 年十一届三中全会之

---

* 楚明钦，经济学博士，郑州大学新闻与传播学院副教授，主要研究方向为传媒经济与管理、传媒产业等；丁宇薇、张玉平，郑州大学新闻与传播学院硕士研究生。

后才渐渐复苏。广告在信息匮乏的年代大多充当传递最新广告信息、促进相关产品销售的角色。① 随着互联网技术的飞速发展，传媒业发生了天翻地覆的变化，而广告业也今非昔比。中原地区处于我国东西交会、南北贯通的中心地带。在中国共产党的领导下，得益于改革开放政策的实施和我国社会主义市场经济的发展，中原地区文化与传媒产业飞速发展，处于新时代、新媒体环境下的广告业也发生了一系列重大而深远的变革。传统媒体在新媒体的冲击之下，迫于生存压力开始寻求转型之路，转变广告推广逻辑，努力研究新技术，开拓新领域。在传统媒体"破茧"的同时，越来越多的中小型广告新媒体公司在中原这片土地上生根发芽。

广告与传播媒体有相得益彰的内在关系。从概念上看，广告就是借助传播媒介向目标人群宣传相应的商品、业务、理念等，而媒介则借助广告发挥传递和承载的功能。随着新媒体技术的应用，广告的意涵也在不断扩充。在微信公众号上看似煽情的文章，有可能是一篇软文广告；在知乎进行动态浏览时，看似普通的动态也可能是一则信息流广告；短视频平台更是原生广告的聚集地。新媒体广告就是借助新媒介技术进行广告信息传递的广告形式。

目前的新媒体广告按照种类可以分为互联网新媒体广告、户外新媒体广告、移动新媒体广告、数字新媒体广告、互动新媒体广告。技术赋能下的新媒体广告爆发出了惊人的潜力，各种各样的媒介形式层出不穷。H5、5G、VR、AI 等技术更是令广告业再次焕发出强大的生机。美轮美奂的广告设计直接对人们的视觉造成冲击，激发人们的好奇心，从而吸引人们浏览相关广告内容。比如网页广告种类中的弹窗广告，当人们浏览网页时，这些窗口就会不经意地跳出来，吸引人们点击浏览，从而获得相应的广告效应。商家这种利用人们的视觉享受和冲击作为切入口的做法被业内人士广泛效仿，并收到了理想的效果。②

20 世纪 90 年代，互联网技术催生出各式各样的互联网营销模式。仅仅

---

① 丛珩：《新媒体环境下我国广告行业期刊的生存现状与发展路径研究》，《出版发行研究》2017 年第 1 期。
② 戴勤：《互联网广告媒体的发展趋势研究》，《现代商业》2019 年第 4 期。

发展了 20 年，互联网平台承载的各项互联网业务以及相关的互联网产业已经成为一条不可或缺的经济链条。这些相关业务不仅充实了互联网营销体系，也构建了庞大的互联网经济框架。互联网新媒体广告在今天存在的形式也不是只表现为当初的网页广告模式，而是裂变为各种广告形式，如横幅广告、文本链接广告、电子邮件广告、赞助商广告、插播式广告、视频广告、定向直投广告等。

以户外投影、楼宇液晶屏为主的户外广告，其特点是流动性强、到达率高、受众群体目标广泛。科技手段使户外广告搭上了"创新便车"，各种各样的创新理念与形式，牢牢地抓住了受众的注意力。商家为实现产品的市场占有率，更愿意在这类广告中投入资金，以满足其以走量的方式抢占市场的需求。这也促使户外新媒体广告成为当前广告行业的中坚力量，引领着广告商家不断在技术引进中寻求发展。除此之外，户外新媒体广告成本较低，千人成本仅占电视广告的 1/5。[1]

新型智能终端的更新迭代使移动媒体更加强大，移动新媒体广告的生存区域再次被无限扩大。移动终端具备时空的双重优势，给人们强烈的陪伴感，与现代人繁忙的生活节奏相适应，可以随时随地对目标人群进行定向传播。通过移动智能终端，分为硬软两性的移动新媒体广告，往往渗透性更强，在不知不觉中向消费者传达某种广告信息，更容易使消费者产生亲近感。

数字广告的载体是数字媒体。广告在传达消费理念时，可以借助手机、电脑、网络，综合视听知觉，使消费者通过广告"感其味，听其声"，通过富有想象力的广告画面展示，使整个产品充满诱导力，比如人们熟悉的康师傅系列方便面广告。数字广告的成长趋势是惊人的，在 2020 年新冠肺炎疫情的冲击下，中国数字广告仍然实现了收入增长，收入达到 3950 亿元（合 570 亿美元），占广告支出总额的 72%。[2]

---

① 李婉晨：《基于 5G 的新媒体广告研究》，硕士学位论文，湖北美术学院，2020。

② 林莹：《2020 年，数字广告在疫情经济中蓬勃发展——MAGNA〈全球广告预测报告〉摘要》，《中国广告》2021 年第 2 期。

互动新媒体是在现代通信技术不断发展的媒体环境下，通过融合影视艺术、数字媒体艺术、游戏、电子竞技、移动互联网、新媒体运营、人机交互、人工智能、大数据、区块链等进行信息承载与传播，以多种感官全方位进行信息交互的一种崭新的媒体形式。互动新媒体广告往往能够构建更真实的场景，VR 等技术手段使消费者更有身临其境的感觉，在互动中加深对产品的理解，感知产品的吸引力。

2020 年 9 月 29 日，中国互联网络信息中心（CNNIC）在京发布第 46 次《中国互联网络发展状况统计报告》。CNNIC 数据显示，截至 2020 年 6 月，我国网民规模达 9.40 亿人，较 2020 年 3 月增长 3625 万人，互联网普及率达 67.0%，较 2020 年 3 月提升 2.5 个百分点。2020 年 5 月 15 日，河南省通信管理局发布了《2019 河南省互联网发展报告》。该报告显示，2019 年河南省互联网用户总数突破 1.1 亿户，居全国第 4 位，全省互联网普及率达到 91.3%，新增网民 257 万人，网民规模达 8798 万人。

新媒体的盈利模式启发于传统媒体，第一种是直接对用户进行产品售卖，第二种是通过传统媒体的"二次售卖"来实现利润价值的商业变现。第一种盈利模式在执行操作中逐渐显露出一些问题。首先这种变现模式与用户规模高度相关，用户规模越大意味着售卖收益越高，"如何扩大用户规模提高收益"就成为一个难题。跟传统媒体比起来，新媒体产品大都在"线上"，具有相当的虚拟性。知识付费领域在国内尚处于探索阶段，受众为知识付费的习惯还没有养成，大环境还不够成熟。随着智能互联网的发展，大量自媒体产品涌入，如果用户体验不佳，可以随时离开，如何保持用户黏性也成为一个问题。

与第一种盈利模式相比，第二种盈利模式明显更有优势。这种盈利模式分为两步进行，第一步是通过提供给受众和用户优质免费的媒体内容、低价服务，吸引广大受众和用户的注意力，长此以往就可以累积相当规模的注意力资源和用户流量。第二步则是将前期累积的注意力资源和用户流量以高于前期成本的价格售卖给广告主。随着大数据时代的到来，"广告创意不如贴身数据"的现象逐渐出现，"精准营销""预测营销"成为百度、腾讯、阿里巴巴等掌握海量数据公司的成功密码。这些数据巨头公司逐渐从媒介的下游走向上游。[①] 2020 年，Morketing 根据公开财报信息整理出中国前 20 家互联网公司的广告收入排行榜。排行榜显示，2020 年上半年，在疫情冲击之下，互联网广告营业收入依然可观。阿里巴巴的广告营业收入为 823.4 亿美元，百度的广告营业收入为 319.31 亿美元，腾讯网络广告营业收入达到 362.65 亿美元。[②] 由此可见，广告依然是支撑新媒体产业发展的关键因素。

## （二）中原广告新媒体产业组织形态

广告业作为第三产业的重要组成部分，对经济的发展和本土品牌的打造有重要的推动作用。河南省广告业市场结构基本是原子型的，较为分散。就其市场集中度而言，河南省广告业公司数量较多而产值占比较低，增速较快，由于互联网新媒体与广告领域的紧密结合及政策的大力扶持，互联网广告公司数量不断增加。就规模经济而言，河南省广告公司分布较为集中，郑州范围内大多分布于郑州高新区和郑东新区。从理论上说，产业组织形态可按照两条标准划分，一是产业组织内部企业是竞争关系还是合作关系，二是企业间的合作以契约为基础还是以股权为基础，或两者兼具。[③] 根据河南市场监督管理局提供的数据资料，河南省广告公司以私营为主，但其现状不容乐观，数量多但不集中。1995 年河南大河全媒体广告集团有限公司成立；2004 年河南日报报业集团成立，该集团围绕"三端一报两平台"形成载体多样、渠道丰富、覆盖广泛的强大新媒体矩阵；2014 年河南大象融媒体集团有限公司成立，其整合河南广电旗下的 4 家传统媒体单位和 8 个媒体公司组建成立新型集团公司。同时，河南省传统媒体与互联网企业展开战略合作，依托互联网企业的技术、数据优势大力发展新媒体，如腾讯·大豫网

---

① 张绪旺：《拯救广告，拯救 BAT》，《北京商报》2019 年 5 月 21 日。
② 《国内互联网公司 2020 年 Q3 广告营收情况》，Morketing，2020 年 12 月 15 日，https：//www.morketing.com/detail/16849。
③ 张小臣：《经济新常态下河南省广告产业发展战略研究》，硕士学位论文，湖南大学，2018。

等。大河网整合全省新闻信息资源，由河南报业网、原大河网强强联合而成，成为河南最大、最权威的新闻门户网站，日点击量超千万。河南省党报及其新媒体事业依托报业集团、互联网平台的资源整合大规模发展。本土广告公司之间竞争较为激烈。就进入壁垒而言，广告和互联网产业进入成本低，在"人人皆广告位"的今天，各广告公司只能通过价格战来留住客户，广告公司的利润一致降低。各广告公司提供的产品和服务也较为同质化，大多数本土广告公司的业务只停留在广告链底层，应通过创意、内容、技术真正把握核心竞争力。

国家广告产业园是广告新媒体产业较集聚的区域，是国家实施广告产业发展战略的新的制度安排，旨在通过实现国家广告产业园的集约化发展，进而实现广告产业专业化、集约化和国际化的总体发展目标。[①] 中原国家广告产业园于 2020 年 12 月 11 日成功晋级 A 类国家级科技企业孵化器，它是中原地区最大的以广告、动漫、游戏、影视、互联网、出版等产业为支柱的文化创意产业集聚区，特色优势为国家投资 8000 万元创办的公共技术服务平台。2017 年 12 月该产业园经科技部批准成为国家级科技企业孵化器，为中小微企业提供人员培训等服务。

近年来，中原国家广告产业园园区企业数量持续增长，企业规模明显扩大。截至 2020 年 10 月，园区企业共计 307 家，注册资本总额达到 58665 万元，广告产业及直接关联产业企业有 258 家，注册资本总额达 45860 万元。广告产业及直接关联产业企业数占企业总数的 84.04%，广告产业及直接关联产业企业注册资本总额占园区企业注册资本总额的 78.17%。其中准独角兽企业 1 家，规模以上企业 48 家。

2016~2019 年园区广告产业及直接关联产业企业的纳税总额分别为8234.87 万元、9272.46 万元、10496.42 万元、12039.39 万元，2017~2019年同比增速分别为 12.6%、13.2%、14.7%，均高于郑州市广告产业及直接关联产业企业 9.2%、10.9%、12.8% 的平均增速。2020 年受疫情影响，园

---

① 颜景毅：《国家广告产业园集约化发展研究》，博士学位论文，武汉大学，2015。

区上半年纳税额同比下降 45.3%，但随着疫情防控形势趋于稳定，园区企业的产值正逐渐恢复为正增长。

园区努力吸引数字创意企业入驻，形成了产业规模和集聚效应，不断推动广告产业与其他产业融合。在新媒体转型道路上，自 2018 年以来，园区入驻企业积极向短视频、直播等领域转型，抓住互联网的"风口"。疫情发生后，直播带货的热潮席卷而来，园区投资建立了直播基地，并积极助力"扶贫"，大力促进了广告产业与动漫、影视、游戏、互联网、新媒体等产业的融合发展。该园区内中小微企业较多，受市场影响较大，园区在向数字园区转型的道路上也面临老园区改造困难、转型意识不强等问题。园区缺乏龙头企业，缺少自主产品研发团队。

在此背景下，可考虑组建广告产业战略联盟。首先，以本土为中心，以中原国家广告产业园为基础成立本土广告公司联盟，通过优化合作制度，不同类型且高度专业化的广告公司明确分工，形成一定的市场壁垒；其次，可考虑利用本土区位和资源优势与发达地区的广告公司展开合作，促进广告产业与影视、文化等相关产业的密切合作，促成广告产业的规模效应和品牌效应。①

河南省本土大型互联网广告公司较少，拥有较强竞争力的新浪河南、今日头条河南分公司、百度的河南代理服务商锐之旗等，是省会郑州互联网广告公司的主要组成部分，然而其发展规划与推广内容大多受总部指挥，自主性较少。拥有成熟的技术或产品研发团队的中原消费金融、UU 跑腿等的崛起使得河南在产业数字化领域有了新的发展。但要想在互联网的"下半场"赢得立足之地，必须发展龙头企业，拥有产品技术研发的核心竞争力，形成由人才、资金、技术等构成的广告新媒体矩阵。

### （三）中原广告新媒体对传统广告媒体的冲击

传统广告媒体和广告新媒体最大的不同在于广告投放平台。传统广告媒

---

① 苏林森：《改革开放以来中国广告业与宏观经济的协整分析》，《新闻与传播研究》2012 年第 3 期。

体包括报纸、杂志、广告牌、电台、电视、纸质邮件等。从数据上看，人们使用新媒体的频率和时间已经超过传统媒体，通过广告新媒体平台投放的广告收入也超过传统媒体平台。

1. 收入

进入新媒体时代，在技术的驱动下，新媒体表现出远大于传统媒体的广告价值。① CTR 数据显示，2019 年我国广播、电视广告经营额分别呈现 5.73%、14.26% 的负增长。2020 年 11 月，我国广告市场花费同比连续第 3 个月呈现增长，涨幅为 5.3%。广播广告刊例花费和资源量同比分别下降 11.3% 和 13.6%；电视广告刊例花费同比减少 1.3%，环比减少 4.0%。IT 产品及服务行业 11 月传统户外广告花费同比增长 411.3%。传统广告媒体具有便于记忆的优势，然而存在互动性差、缺乏视觉冲击、花费高等劣势。

新媒体对于传统媒体广告业的冲击，最根本来源于独占性资源的消失。过去传播渠道完全受到传统媒体控制，播出时长和版面的决定权都完全在传统媒体手中，因此广告位属于一种稀缺性资源，故而价格高昂。但新媒体的出现使得广告位变得唾手可得。② 广告主将其关注的重心转向互联网平台。

然而，就河南而言，河南省市场监督管理局资料显示，河南传统广告媒体市场份额远超其他各类媒体，2014~2017 年网站广告经营额呈逐步下降趋势（见表 1），广告新媒体平台尚未对传统广告媒体形成较大的冲击。可以看出，河南大多数广告主对网站等新媒体平台的广告投放缺少重视。在传统广告媒体式微的大趋势下，广告收入仍在较大程度上依赖传统广告媒体，这也从侧面反映了河南广告新媒体的发展道阻且长。郑州作为"国家中心城市"，其互联网却有形无力，在互联网大背景下，本土广告企业应加大与互联网、新媒体的结合，注重创新技术的应用。③

---

① 吴富杰：《从独占到共有：新媒体对传统媒体广告的冲击与应对》，《传媒论坛》2020 年第 6 期。
② 吴富杰：《从独占到共有：新媒体对传统媒体广告的冲击与应对》，《传媒论坛》2020 年第 6 期。
③ 张小臣：《经济新常态下河南省广告产业发展战略研究》，硕士学位论文，湖南大学，2018。

表1　2014～2017年河南省不同类别媒体广告经营情况对比统计

单位：万元

| 媒体 | 2014年 | 2015年 | 2016年 | 2017年 |
|---|---|---|---|---|
| 电视台 | 663663.72 | 809616.28 | 815326.68 | 802598.88 |
| 广播电台 | 47584.82 | 43917.26 | 43892.56 | 42620.26 |
| 出版社 | 387691.41 | 379126.41 | 375674.91 | 378099.91 |
| 杂志社 | 85037.23 | 84747.23 | 84944.23 | 84878.23 |
| 网站 | 37059.80 | 36943.70 | 36938.70 | 36922.70 |

资料来源：河南省市场监督管理局。

2018年以来，随着短视频、直播行业的兴起，自媒体如雨后春笋般崛起，较多广告主察觉到互联网广告的可能性。《2018中国互联网广告发展报告》显示，2018年互联网广告总体规模达3694亿元，年增长率为24.2%。2014～2018年，郑州第一批互联网公司的格局基本形成，但其市场占有率远难以对电视台造成较强的冲击。

2. 人才

互联网时代，"人人皆是广告位"，自媒体分割传统媒体广告营业收入，继而也导致传统媒体广告从业者转向新媒体领域。《失衡与重建——河南传统媒体人才流失状况调研报告》显示，河南省党报传统媒体人才队伍较为稳定，但吸引力显著下降，个别流失的人才大多是去往更高一级的党报；都市报人才流失严重，流失人才的去向主要是新媒体公司、企业和自主创业；电视人才流失较报纸来说相对严重，队伍也不稳定。移动互联网兴起后，用户以及资本均出现分流，传统媒体如报纸、电视、广播的收入逐年下滑，直接影响其从业人员的收入水平，继而使其面临是否职业转型的难题。另外，编辑记者的身份编制问题也是传统媒体人才流失的重要因素。自媒体时代，一些新媒体公司宽松的工作氛围、多元的话语表达、丰富的信息传播方式对传统媒体从业者吸引力更大。传统媒体人才流失的问题，阻碍了机构的长期发展，更阻碍了媒介融合的进一步深化。

## 二　中原广告新媒体产业发展概况

### （一）中原广告新媒体产业发展的总体水平

#### 1. 广告新媒体产业萌芽（2000~2010年）

根据艾瑞咨询《2002年中国网络广告统计报告》，2002年中国网络广告支出总额已经达到4.9亿元，比2001年增加了1亿元，增幅达到了26%。中国互联网络信息中心发布的报告显示：截止到2000年6月30日，中国上网计算机数有650万台，上网用户达到1690万人。在1690万上网用户中专线上网的用户人数约为258万人，拨号上网的用户人数约为1176万人，同时使用专线上网与拨号上网的用户人数为256万人，除计算机外同时使用其他设备（移动终端、信息家电）上网的用户人数为59万人，CN下注册的域名总数为99734个，WWW站点数量为27289个，我国国际线路的总带宽是1234M。

经济的飞速发展和互联网的接入，给人们的日常生活带来了巨大的变化，也为广告新媒体产业埋下了一颗萌发的种子。成立于1997年10月25日的河南第一门户网站商都网，隶属于中国联合网络通信有限公司河南省分公司。商都网由郑州总站及17个省辖市信息港组成，致力于为河南人民提供本地化、生活化信息服务。由于技术支撑以及受众群等多方面的限制，其并未能与后来成立的几大知名网站比肩。1998年，搜狐创始人张朝阳正式创立搜狐网，同年，四通利方与华渊资讯合并建立新浪网。1999年由丁磊创办的门户网站网易，再度获评CNNIC"中国互联网十佳网站"。在中国互联网络信息中心主办的"中国互联网络十佳网站"评选中，网易两度名列第一，成为最受中国网民欢迎的网站。在经历过2000年互联网经济泡沫之后，2003年国内又暴发了"非典"，但危中有机，线上社交、电商得到发展。互联网构筑的环境为线上广告提供了可能，也给广告产业带来了无限生机。国内以网站广告为代表的互联网广告很快出现在大众的视野中，中原地区也不例外。1999~2007年，河南广告收入年均增速达到14%，远超同期

GDP 的增长速度。在此环境下，河南本土广告企业迅速崛起，当时河南有2000 余家广告公司。① 这个阶段以河南新天明广告信息传播有限公司为代表，省内广告公司一般以设计、制作、发布和代理国内广告业务为主要经营范围，在一定程度上反映了当时中原地区广告产业的发展情况。

2009 年 8 月，新浪网联合河南人民广播电台，建立地方性门户网站新浪河南。新浪河南为中原地区的人们提供了一种形式新颖的新闻服务与相关的内容服务，基于 Web 2.0 平台所搭建的互动社区更是提供了具有互动性质的产品及服务。2010 年 11 月，此前新浪从蔡文胜手中购得短域名 t. cn 短暂启用，用户可直接访问 t. cn 登录微博。2011 年 4 月，微博正式启用独立域名 weibo. com，同步更换全新标识。新浪微博掀起了新一轮社交媒体注册风潮，新浪河南按照本部的发展规划，在中原地区大力推广微博，吸引用户进行微博注册。除了普通的个体用户之外，企业机构、媒体单位、行政单位等也纷纷开始使用微博。2011 年 8 月，腾讯网联合河南日报报业集团共同创办腾讯·大豫网。腾讯·大豫网依托腾讯系产品社交软件庞大的用户数量，建立具有区域性特色的生活服务门户。2012 年网易在全国的首家地方站在河南上线，正式开始运营。网易通过 IP 定向、LBS1 区域信息发布等技术，使信息发布更加精准。② 总而言之，2009 年之后，综合门户网站与省级媒体联合打造平台的方式，在中原地区逐渐流行了起来。但此时的新媒体广告还处在萌芽时期，大部分仅仅是将传统媒体广告搬到"线上"，在新媒体广告的探索上"只有形而无其神"，相较于纸媒、电视媒体广告的茁壮成长，还有明显差距。

2.**广告新媒体产业高速发展**（2011~2020年）

2011 年 8 月 23 日，第十届中国互联网大会在北京开幕，大会集中展示了我国互联网产业在传统互联网、移动互联网、产业融合方面的最新进展和发展成果。广告媒体由原来的电视、报纸、广播、杂志等媒体机构逐渐转变

---

① 王仁海主编《中原传媒发展报告（1978~2018）》，社会科学文献出版社，2018。
② 王琳珺：《腾讯·大豫网在河南的发展现状研究》，硕士学位论文，郑州大学，2014。

为以互联网为首的新媒体。

随着新兴数字媒介的出现，中原地区的广告主也对新媒介的影响力有所察觉，他们慢慢开始尝试在新媒体领域对自己的产品进行宣传。市场中发展迅速的新媒体很快占据突出地位，各种专门从事新媒体广告代理的广告公司也如雨后春笋一般涌现。如百度推广河南地区授权营销服务中心河南锐之旗信息技术有限公司、郑州字节跳动智能科技有限公司等。

河南省工商行政管理局在统计不同类别媒体的经营情况时，只将网站一项列为新媒体。从2014～2017年河南省各类媒体的广告经营情况来看，河南省网站广告经营额呈逐渐减少的趋势，由2014年的37059.80万元减少到2017年的36922.70万元。除电视广告之外，其他几项传统媒体广告经营额都呈逐年递减的趋势。

2015年，河南日报报业集团、大河网络传媒集团与阿里巴巴、百度、腾讯等知名互联网巨头签约，成为中原地区媒体融合发展的里程碑。而河南市场监督管理局在进行分类时，仅将网站列为新媒体，对广告市场缺乏敏感性。这证明整个河南省的广告环境比较落后和闭塞，仍然以传统媒体为主，缺乏对新形势的研判，不重视对新技术的开发和应用，思想具有滞后性。

值得注意的是，在2014～2017年这个时段，短视频时代已经开启。北京快手科技有限公司旗下的产品"快手"，在2012年11月已经从纯粹的工具应用转型为短视频社区，变成一个用户记录和分享生产生活的平台。而由今日头条孵化的一款音乐创意短视频社交软件"抖音"于2016年9月20日上线。用户可以通过这款软件选择歌曲，拍摄音乐短视频，形成自己的作品。平台则会根据用户的爱好更新用户喜爱的视频。随着智能手机的普及和移动流量成本的下降，短视频时代已经到来。

面对广告主对新广告形式的探寻，中原地区的一些新媒体广告公司开始尝试用短视频的形式来发布广告。短视频内容生产平台非常适合原生广告的生产，新媒体广告公司尝试将广告做成内容，再将广告内容视频化。视频让原生广告巧妙地隐藏在信息流中，与植入广告等形式僵硬的广告相比，用户体验更好。

随着媒体融合进一步加深，河南广播电视台民生频道也开通了官方抖音号，自2018年10月25日以来，民生频道粉丝数以平均每个月100万人的速度递增，截至2020年11月20日，粉丝数已达1780多万人。截至2019年4月10日，民生频道已发布1831条视频，获得2.4亿次点赞量。① 河南广播电视台民生频道通过搭建抖音传播渠道，进一步提高了影响力，"小莉帮忙"等品牌栏目充分利用短视频的优势，通过短视频平台的广告植入，转变传统的广告形式，提高了广告效果。

从表2中可以看出食品、房地产、酒类、汽车、药品等是河南省广告产业的五大支柱，并且连续3年位列前五。

表2 2015~2017年河南省广告投放行业情况

单位：亿元

| 排名 | 2015年 | | 2016年 | | 2017年 | |
|---|---|---|---|---|---|---|
| | 商品及服务类别 | 广告投放额 | 商品及服务类别 | 广告投放额 | 商品及服务类别 | 广告投放额 |
| 第一 | 食品 | 40.31 | 食品 | 40.33 | 食品 | 39.77 |
| 第二 | 房地产 | 24.24 | 房地产 | 24.50 | 房地产 | 23.85 |
| 第三 | 酒类 | 10.85 | 酒类 | 11.27 | 酒类 | 10.67 |
| 第四 | 汽车 | 10.50 | 汽车 | 10.47 | 汽车 | 10.42 |
| 第五 | 药品 | 10.18 | 药品 | 10.13 | 药品 | 9.72 |

资料来源：河南省工商行政管理局广告经营年报2018。

"平顶山微报"创立于2013年4月，是平顶山日报社新媒体中心目前运营的三个微信公众号之一。"平顶山微报"在三个微信公众号中粉丝数最多，影响力最大，截至2020年1月15日，其粉丝数为15万人左右。在"平顶山微报"上投放广告的广告主主要有三类，其中恒大、碧桂园等房地产商是"平顶山微报"的主要客户。但"平顶山微报"并没有足够的人力进行精细创作。通常情况下，恒大、碧桂园等房地产广告一般由公司宣传部

---

① 刘小胜：《地方电视台抖音短视频的运营策略分析——以河南广播电视台民生频道为例》，《喜剧世界》（下半月）2020年第11期。

门提供素材，小编直接将其复制到微信平台并发布。此种情况下，广告费只相当于用来购买广告位，而不包含生产具有针对性的广告产品。① 河南宏伟置业开发有限公司应用了虚拟房产系统，可以让客户从任意角度观察虚拟建筑物，加深对楼盘布局和周围环境的了解，VR 在房地产广告应用中拥有巨大的潜力。

### （二）中原广告新媒体产业发展的结构水平

市场结构是指特定的市场中的企业在数量、份额、规模上的关系。一个特定的市场属于哪种市场结构类型，一般取决于几个要素：交易双方的数目和规模分布、产品差异化程度、市场份额和市场集中度、进入壁垒。市场集中度是指特定市场中前几个大企业所占的销售份额。影响市场集中度的主要因素有产品本质属性（例如保质期长短、储运成本、规模化生产、原材料供应等）、从业者的综合实力、需求多样化程度及行业发展阶段等。产业组织理论把市场集中度作为考察市场结构的首要因素。新媒体呈现的内容是影响广告新媒体产业市场集中度最重要的因素之一。

从产品差异化程度层面来看，河南省自主互联网产品和技术研发团队较少，势头强劲的互联网公司如锐之旗、搜狐、百度、新浪等大都依托总部的资源优势，承接总部的产品推广。2019 年郑州互联网公司排名靠前的 UU 跑腿、中原消费金融、租号玩、新开普等企业业务范围涵盖游戏、金融、生活便捷、汽车等各领域，整体呈现较为分散的行业格局。这些互联网企业在很大程度上削弱了本土广告创意公司承接项目的竞争力。就市场份额和市场集中度而言，河南省互联网媒体广告行业集中度较低，竞争力量较为均衡，可供开发的广告产业资源较多，市场壁垒、政策壁垒、资金壁垒较低。政府也出台了一系列措施鼓励新媒体的发展。然而，进入互联网核心领域的技术壁垒较高，但一旦进入就会大大降低资源配置的成本。

---

① 曹晓雨：《地市级新媒体平台的广告运营现状分析——以平顶山微报为例》，《视听》2020年第 1 期。

2018年是直播行业的"井喷期"，传统广告媒体纷纷抓住这一风口，逐步向新媒体转型。无论是入驻中原国家广告产业园的部分中小微企业，还是相对成熟的如依托腾讯公司和河南日报报业集团成长的腾讯·大豫网、依托河南日报报业集团的大河网、河南大河全媒体广告集团有限公司等，都加快了转型步伐，加剧了行业竞争，中原广告新媒体产业市场集中度有降低的趋势。中原广告新媒体企业随着企业的扩张和壮大，不断拓宽业务范围，向内容、营销、品牌等领域深耕。

### （三）中原广告新媒体产业发展的市场行为

新媒体产业的蓬勃发展得益于各种因素的综合作用。其中有两个方面的因素最为突出，一个是新技术驱动，另一个则是不断更新的应用需求。日新月异的技术是新媒体产业蓬勃发展的基础条件，而市场对信息及媒介不断改变的要求，就是其前进的推动力。2012年以来，许多能够促进新媒体产业发展的新技术逐渐广泛应用，其中包括云计算、大数据、移动互联、物联网等。云计算和大数据技术在一众新技术中具有基础性影响，二者相辅相成。大数据技术具有海量、多样性、高速度等特点，能够从事海量数据的生产、制作以及相关的传播业务，为新媒体的发展规划以及盈利模式探索提供科学依据。移动互联与物联网技术则改变了新媒体的传播方式及形态。

传统媒体为谋求发展积极寻找转型之路，大部分报纸办了网站。大河网是河南省首家重点新闻网站，由中共河南省委宣传部主管、河南日报报业集团主办。大河网于1998年9月创办，目前已成长为河南第一大门户网站，形成了纸媒、大河网、手机大河网、大河网眼遇客户端合一的全媒体矩阵。2017年8月14日，河南大河全媒体广告集团有限公司成为中国4A会员单位，这是该公司继2016年荣获中国广告协会"国家一级广告企业"称号之后的又一殊荣，标志着其已迈入中国广告行业的第一梯队。同时，大河网还承办了河南省人民政府门户网站、河南文明网、河南青联网、河南省人民政府驻沪办网、河南省社科规划办网等重大项目。网站的地位已经能够与传统媒体比肩。

党的十八大以来，习近平总书记不断强调"媒体融合发展"。2014年成立的河南大象融媒体集团有限公司（简称"大象融媒"），是国内第一个以"融媒体"命名的传媒集团。近年来，大象融媒秉持河南广播电视台提出的"融、转、用"发展理念，打通智媒发展的路子，积极建设"车联网"智媒项目，大力推进县级融媒体建设。据映象网官方账号报道，大象融媒下设4个综合管理部门、6个业务运营中心、6家传统媒体单位、7家全资公司、5家控股公司、7家参股公司，拥有14类主流媒体业态和30多个媒体传播平台，全媒体格局基本形成。大象融媒努力推动媒体在管理层面、宣传层面、技术层面等多方面的融合，呈现"宣传主导，经营多元，产业一体"的蓬勃发展势头，在探索媒体融合发展、集团化运营上走出了带有中原特色的一条道路。①

2006年，河南广播电视台投资成立了河南融媒传播有限公司，其依靠河南广播电视台新技术研发孵化中心，利用移动互联、云计算、大数据、物联网、AI等新技术为传媒、政务、能源等用户提供技术服务，在数字化升级背景下，为全行业数字化转型不断赋能。河南融媒传播有限公司专注并致力于以用户视角提供场景化应用服务。目前自主研发的产品已经涵盖用户互动与数据分析方案、内容生产及网络分发方案、物联网产品解决方案、在线音视频（直播）解决方案、移动应用场景解决方案等。

为了谋求发展，增强自身核心竞争力，传统媒体与新媒体企业强强联合形成战略联盟。2011年8月，腾讯公司与河南日报报业集团合资成立河南腾河网络科技有限公司。8月26日，由河南腾河网络科技有限公司运营的腾讯网河南区域门户网站腾讯·大豫网正式上线。腾讯·大豫网遵承腾讯"一切以用户价值为依归"的经营理念，扎根区域，深度整合腾讯现有各种应用和数据平台，打通腾讯网、腾讯新闻、微信、腾讯视频、腾讯云、QQ、小程序等流量入口，致力于打造河南区域更具生命力、影响力、渗透力、创

---

① 《河南大象融媒体集团有限公司基本情况介绍》，"映象网"百度号，2020年5月30日，https：//mo. mbd. baidu. com/r/qmZ44DIFKE？f=cp&u=595808c025c6e15a。

造力和智慧力的区域生活资讯服务平台。

2004年8月8日上午，由河南日报报业集团和河南大学按照现代企业制度共同组建的河南大河大图文传播有限公司在郑州挂牌成立。河南大河大图文传播有限公司是一家跨媒体经营的图书出版策划公司，业务范围为图书出版策划、图书批发零售。这是河南日报报业集团与河南大学经过充分论证、协商，本着强强联合的方针而成立的文化公司。该公司以河南日报报业集团和河南大学两家中原重量级权威单位为依托，以《大河报》的新闻资源、管理经验、人才资源和河南大学出版社的出版资源、发行网络实现优势互补，旨在打造一个全新的文化品牌。

### (四)中原广告新媒体产业发展的绩效

在政府、企业等多方努力之下，中原地区的广告环境渐渐改善，河南省广告产业保持连年快速增长。2010~2017年，全省广告经营单位、从业人员、广告经营额总体呈增加态势（见表3）。

经过多年的发展，河南省广告产业形成了一定的规模基础。这主要得益于河南省传统媒体的发展，居高不下的传统媒体广告刊播费用构成了河南省广告经营额的主体，而广告公司总体经营额低下。

表3  2010~2017年河南省广告经营情况一览

| 年份 | 广告经营单位（个） | 从业人员（人） | 广告经营额（万元） |
| --- | --- | --- | --- |
| 2010 | 7969 | 53463 | 331570 |
| 2011 | 8621 | 60682 | 355623.17 |
| 2012 | 10227 | 59404 | 817905.82 |
| 2013 | 12621 | 81481 | 1040000 |
| 2014 | 14574 | 91509 | 1312049.98 |
| 2015 | 12399 | 78367 | 1408514.68 |
| 2016 | 12574 | 77576 | 1432600.08 |
| 2017 | 11871 | 70603 | 1390441.59 |

资料来源：河南省工商行政管理局广告经营年报2018。

统计显示，2017 年河南省广告经营额达 139.04 亿元，其中媒体广告经营额为 134.51 亿元，占 96.74%，而广告公司经营额仅有 4.53 亿元，占 2.26%。全省广告企业的创意、设计、制作水平不断提高，专业化程度稳步提升。"十二五"期间，累计 10 家单位获得"长城杯""黄河杯"等中国国际广告节奖励。截至 2015 年底，全省共有 6 家企业获得中国广告协会证明商标使用权，其中中国一级广告企业 1 家、中国二级广告企业 5 家、主营或兼营广告企业上市公司 3 家。一些网络集团、文化影视集团、融媒集团、传媒集团已初具规模，正成为引领河南省广告产业发展的龙头。广告资源优化配置和企业集约化经营水平不断提高，形成了以河南大象融媒体集团、中原出版传媒集团、河南文化影视集团等为代表的综合型创意企业。中原国家广告产业园落户河南，园区集聚效应、辐射带动效应和示范效应逐步显现，大河网、凤凰网、360 搜索等 340 余家企业相继入驻，广告产业及直接关联产业企业经营额达 20 亿元。广告产业的散、小、弱情况逐步得到改善。

经过阶段性发展，河南省内的广告新媒体产业更加壮大和成熟，除了国家扶持打造的中原国家广告产业园这样的产业集聚园区，还有像郑州金成国际广场广告产业集聚区那样依靠市场自发形成的集聚个案。截至 2015 年，入驻的各类公司大约有 1500 家。其中，广告企业（企业名称中有广告和文化传播字样的狭义广告企业）有 150 家左右，经营范围有广告经营并有广告业务的广告经营单位、专注于房地产广告和营销的企业，调研、电子商务、彩印等关联企业在几十家以上，总体上广告类企业在 400 家左右，占入驻企业的近 1/3。这些公司的广告经营额差别较大，从 50 万元到 2 亿多元不等，但主体还是中小型公司。①

根据艾瑞咨询发布的《2020 年中国网络广告市场年度洞察报告》，2019 年中国网络广告市场规模达到 6464.3 亿元，同比增长 30.2%，预计在 2021 年市场规模将达到近万亿元。2019 年，电商广告份额占比为 37.8%，未来几年，

---

① 颜景毅：《市场驱动型广告产业集聚区个案研究——郑州金成国际广场广告产业集聚区的实证考察》，《中国广告》2015 年第 1 期。

随着电商平台内容电商战略的成熟以及其他媒介形态对电商平台整合的深入发展，其广告份额仍将保持较好的水平。2019年，中国短视频行业市场规模为1302.4亿元，增长率达178.8%，主要受头部短视频平台持续的商业化行为带动。预计2022年短视频行业市场规模将达到3860.7亿元。[①]

在中原国家广告产业园和其他自发形成的产业园区内，入驻了很多中小型广告新媒体公司，这些公司为了更好地发展，顺应市场需求，采取"电商+直播""短视频情景剧""网红带货"等形式进行变现。尝试将广告做成用户易于接受的内容，提高广告转化率。而像依靠腾讯系产品强大背景的腾讯·大豫网，则扎根于深挖数据，在信息流广告等方面不断完成广告的精准触达。

### （五）中原广告新媒体产业发展影响因素

#### 1. 经济因素

##### （1）经济结构优化

广告与宏观经济之间具有密切的联系。有学者分析得出，广告额与宏观经济变量如居民消费支出、社会消费品零售总额、外商直接投资额、进出口贸易额等均存在正相关关系。[②] 经济与广告处于不断互动发展的过程中，经济的增长得益于诸多因素的共同推动，广告以其强大的引导消费的能力对社会总资本的运转有重要的推动作用。2018年河南省第三产业增加值占GDP的比重为45.2%，同比提高1.9个百分点；对GDP增长的贡献率为50.0%，同比提高0.4个百分点。[③] 中原经济的快速增长推动了广告新媒体产业的高速发展，河南自贸区、中原经济区、郑州航空港经济综合实验区、中国（郑州）跨境电子商务综合试验区等六大国家级战略规划的落地，[④] 将为河

① 《2020年中国网络广告市场年度洞察报告》，艾瑞网，2020年7月8日，http://report.iresearch.cn/report/202007/3612.shtml。
② 苏林森：《改革开放以来中国广告业与宏观经济的协整分析》，《新闻与传播研究》2012年第3期。
③ 河南省统计局。
④ 张小臣：《经济新常态下河南省广告产业发展战略研究》，硕士学位论文，湖南大学，2018。

南省广告新媒体产业发展注入蓬勃动力。

（2）消费水平升级

改革开放初期，由于计划经济体制的长期影响，商品市场短缺，消费者购买力低下，营销环境极为单纯，市场竞争处于初级阶段。该阶段的广告内容缺乏创意，制作方式十分简陋，表现形式单一，且缺乏有效的传播方式和技巧，整体水平较低。[①] 随着改革开放的不断深入和市场经济的高效运作，GDP 不断提高。2019 年河南省 GDP 达 5.4 万亿元，人均 GDP 达 5.60 万元。消费是拉动经济增长的三大要素之一，既包括生活消费也包括生产消费。消费的不断变化将创造出对各种新商品的需求，需求反作用于生产会拉动经济增长。随着物质条件日益优越，河南省居民的消费欲望不断提升，愈加重视消费的质量和体验感。广告新媒体产业可借此蓄力。

### 2. 文化因素

文化元素应用于广告创意是广告研究的热点问题。精彩的广告呈现离不开新媒体技术的应用和优质内容的双重加持。中原文化最早可以追溯至公元前约 6000 年至公元前 3000 年的中国新石器时代，是以中原为基础的物质文化和精神文化的总称。依据当前学界较为权威的研究观点，具象的中原文化包含史前文化、神龙文化、政治文化、圣贤文化、民俗文化、汉字文化、中医文化等，可抽象地归纳为家国情怀、人文精神、人格哲学。这些中原文化元素为中原文化所独有，与其他区域的文化有显著差别。基于河南省丰富且悠久的历史文化，可通过与新媒体技术的配合呈现良好的视觉效果，带来愉悦的广告文化体验。[②] 广告主可利用各类新媒体与文旅、游戏等项目开展合作，建立品牌标识，丰富新媒体的呈现内容。

### 3. 需求因素

新媒体在广告领域的运用顺应市场需求。"新媒体最重要的特征就是科学技术的进步所带来的数字化传播方式。"[③] 从传统的网络广告到富媒体广

---

① 姚曦、翁祺：《中国广告产业四十年的回顾与思考》，《新闻爱好者》2019 年第 4 期。
② 刘东阳：《中原文化元素广告创意的类型分析》，《广告大观》（理论版）2014 年第 3 期。
③ 喻国明：《解读新媒体的几个关键词》，《广告大观》（媒介版）2006 年第 5 期。

告，再到互动广告，新媒体技术的每一次创新应用，势必会在广告领域带来消费方式及体验的革新。河南省文旅品牌如银基国际旅游度假区、建业华谊兄弟电影小镇等，商超品牌如丹尼斯大卖场等纷纷开通抖音、微博等新媒体账号，既可以充分展示产品的主要特点，也可提升曝光率和引流效果。

根据《2019年河南省互联网发展报告》，2019年河南省网民规模达到8798万人，互联网普及率达到91.3%，庞大的互联网用户规模造就了可观的数字消费者。随着经济水平的快速提高，用户对新生活方式的体验需求逐渐增加。在涉及民生的消费领域，用户对体验感和观感的要求不断提高，LED屏广告、楼宇广告、朋友圈广告等呈现方式的创新不断深入。结合居伊·德波的观点，新媒体用户的需求虽千差万别，但有趋同性：更强、密度更高的视听刺激。① 大众文化的严肃性被消解，用户受泛娱乐化影响，对画面和声音更为敏感，新媒体丰富的视听元素契合了这一需求。

### 4. 供给因素

用户内容消费需求的升级推动了消费结构的变化。互联网降低了广告创作和消费的门槛，新媒体使得广告形式更加多元。广告的呈现形式不再仅仅局限于图片、文字、视频、音频，互动广告传播的兴起极大地丰富了广告的表现形式，使得广告呈现形式更新颖、多样，更具临场感，为用户提供身临其境的感觉。直播或视频弹幕广告、头像广告、朋友圈广告、短视频广告、视频植入广告、网页广告等各类广告形式在生活当中随处可见，我们逐渐处身于"处处皆广告"的世界。

河南省拥有庞大的消费人群和消费需求，基于"互联网+"的深入发展，消费者对消费体验感和科技感的需求不断提升，广告对GDP增长的拉动作用不断凸显，河南省广告新媒体产业领域的发展不断加速。搜索引擎广告、依托社交媒体和各平台呈现的信息流广告，以及利用AI、VR、AR等技术呈现的户外广告如裸眼3D广告等不断发展。大河网、腾讯·大豫网等

---

① 乔新玉：《新媒体环境中河南文化"走出去"的传播路径研究》，《牡丹江教育学院学报》2018年第6期。

新媒体企业以及锐之旗等互联网公司在广告新媒体的运用方面不断注入新活力。万千个体也投身新媒体行业，自媒体的发展使万千个体收割流量，分流广告公司的客户，极大地释放了创意潜力。"智能化将成为未来传播形态最重要的特征。智能技术发展推动媒介形态、营销环境以及消费者的审美与接受发生改变，信息智能化的广泛应用将使整个广告产业模式发生巨变。"① 智能化使广告形态变得多样，除 PC 端、移动端外，小程序端、酒店屏、OTT、VR 端也程序化，河南本土互联网公司如 UU 跑腿、锐之旗、金惠科技等如雨后春笋般出现，大河网、腾讯·大豫网等新媒体企业的成长成熟为河南省消费者提供了丰富的广告体验和选择。

然而，根据前文，就广告投放而言，传统媒体在河南广告投放中仍占主导地位，新媒体市场份额较少，市场占有率依然较低。在传统媒体日渐式微的形势下，应提高广告新媒体的市场供给。

### 5. 宏观制度因素

郑州是国家中心城市，拥有中国（河南）自由贸易试验区。在宏观层面，在承担国家使命的同时，自由贸易试验区这个"制度创新的高地"将给当地经济发展带来新活力，在促使投资自由、提升贸易便利、促进金融创新等领域具有巨大的作用，将为广告新媒体产业的发展提供广袤天地。

2017 年由河南省工商行政管理局制定印发的《河南省广告产业"十三五"发展规划》，明确了"十三五"期间全省广告产业发展的任务目标和九大工作重点；2020 年 12 月 28 日，中国共产党河南省第十届委员会第十二次全体会议通过了《中共河南省委关于制定河南省国民经济和社会发展第十四个五年规划和二〇三五年远景目标的建议》，提出加快米字形高铁向多中心网络化发展，推进开放强省建设，促进文化产业进一步发展。这对河南省广告新媒体产业来说是新的机遇。

### 6. 微观政策因素

河南省"十四五"规划明确提出，在人才层面，制定实施更有竞争力、

---

① 段淳林、宋成：《用户需求、算法推荐与场景匹配：智能广告的理论逻辑与实践思考》，《现代传播》（中国传媒大学学报）2020 年第 8 期。

吸引力的人才政策，健全重点领域、重点产业人才需求预测预警和引才目录定期发布机制，更好发挥中国·河南招才引智创新发展大会等载体平台作用，持续开展招才引智省外专场活动和全天候线上活动，加快引进一批急需紧缺的高层次人才，持续推进博士后人才引进工程。完善"全职+柔性"引才引智机制，鼓励通过兼职挂职、技术咨询、项目合作、周末教授、特聘研究员等方式汇聚人才智力资源。拓宽引才国际视野，实施高端（海外）人才引进专项行动，推进留学人员创业园、国际人才社区、海外人才离岸创新创业基地建设。在优化营商环境层面，融入新发展格局实现更大作为。内需潜力充分释放，营商环境显著优化，高标准市场体系基本建成。"米+井+人"综合运输通道全面形成，连通境内外、辐射东中西的物流通道枢纽优势更加彰显，全国重要的信息通信枢纽和信息集散中心基本建成，现代流通体系更加完善。内陆开放高地优势更加凸显，"四路协同"水平显著提升，郑州航空港经济综合实验区成为更具国际影响力的门户枢纽，自贸试验区制度创新走在全国前列，中欧班列（郑州）、跨境电子商务规模和质量保持全国领先，多层次开放平台体系更加健全，更高水平开放型经济新体制基本形成。保障市场公平竞争，加大产权保护力度，持续放宽市场准入，完善公平竞争制度。历来广告产业受到政府重视的一个重要原因是其具有高度的经济价值，"广告产业每增长一个百分点，就要带动关联产业一个百分点以上的增长"。河南省政府在广告产业政策规划上给予了大力支持，企业的切实需求和政策落实还需进一步贯彻落实。可利用政府对小微企业的扶持优惠政策及大型互联网企业相继入驻中原的契机，着力发展广告新媒体产业。

## 三　中原广告新媒体企业发展的案例分析

### （一）腾讯·大豫网的起源与定位

2011年8月，腾讯公司与河南日报报业集团合资成立河南腾河网络科技有限公司。8月26日，由河南腾河网络科技有限公司运营的腾讯网河南区域门户网站腾讯·大豫网正式上线。2018年腾讯整合升级了广告营销服务，正式推出腾讯广告。腾讯广告基于腾讯旗下庞大的产品体系，如微信、腾讯新闻、QQ、QQ空间、腾讯视频、天天快报、应用宝、QQ浏览器、腾讯联盟等，覆盖10亿优质用户，帮助广告主实现精准用户触达和多样用户互动，是广大企业实现营销目标强有力的助推器。2019年，为了更好地耕耘河南市场，腾讯广告收回河南区域房地产行业的广告服务，授权腾讯·大豫网为腾讯广告河南区域（房地产行业）官方唯一推荐服务商。

腾讯·大豫网秉承腾讯"连接器"的战略定位，深耕消费互联网，拥抱产业互联网，依托腾讯在云计算、大数据领域的领先能力，为区域客户进入"数字世界"提供"数字接口"，聚焦智慧产业板块，在政务、文旅、房地产等领域不断拓展，成为腾讯与各地政府、机构、企业的"连接器"与数字化助手。腾讯·大豫网运营PC端网站等资讯产品，为河南用户提供区域资讯服务。截至2018年，河南QQ活跃用户数达6150万人，腾讯新闻河南页卡日均访问量达3234万次，腾讯·大豫网日均访问量达3920万次。①腾讯·大豫网还创办了许多品牌栏目，如"豫见"是河南最具影响力的图文纪实栏目，关注河南本土人物，聚焦爱心公益，记录顽强向上的人生梦想。"守艺"以图片、文字和视频相结合的形式，记录河南非物质文化遗产的成就和坚持守艺的匠人故事。

腾讯·大豫网在技术创新方面，还依托腾讯智慧产品，在政务、文旅、房地产等领域为区域客户提供智慧化升级服务。在智慧政务方面，采用YIOX大数据可视化交互系统。腾讯YIOX大数据可视化交互系统基于数据实时计算和3D图像实时渲染技术，可精准地将数据实时化、图形化、场景化、可视化，实现人与大屏之间的智能交互，方便管理者进行数据的精细化使用与管理。在文旅合作方面，2015年，龙门石窟与腾讯公司打造了全国首个智慧景区。后续持续合作，实现智慧景区三大革新：全国首个景区大数据中心、全

---

① 《大豫简介》，腾讯·大豫网，https://henan.qq.com/about_us/。

国首个"刷脸入园"景区、全国首个"微信支付旗舰景区"。2018年,龙门石窟作为中国唯一提名单位,获得联合国世界旅游组织公共政策和管理创新奖。2017年,清明上河园携手腾讯公司,共同打造全国首个云生态智慧景区,打破旅游行业信息孤岛,将旅游管理、游客服务、景区经营、文化传播等景区全要素通过技术手段实现"all in one",打造旅游行业5A新样板。除了这些以外,腾讯·大豫网还提供百城互联、大豫养车、家装帮等服务。

## (二)腾讯·大豫网的发展与变革

在腾讯·大豫网最初创立时,广告主将目标瞄准了网站广告,腾讯·大豫网这个时期的广告主要采用弹窗广告、通栏广告、底屏Logo等形式出现。网站根据广告出现的不同位置设置价格,除此之外,还设置了独播与轮播等价格。这个时期,广告主的主要目的是让产品尽可能被更广泛地"知道",会按时段、位置来进行广告投放。在新技术以及市场需求环境的双重压力下,广告主逐渐不满足于往日"大而广"的传播效果,使产品大范围、大概率地被多数人知道已经不是他们最主要的需求,"怎样能使广告效益最大化"成为首要问题。正是这种效果导向,让市场悄悄发生了变化。传统媒体"广撒网"的模式很快令广告主失去了兴趣。于是粉丝量、点击率、日活量等一系列新的衡量标准出现了,"精而细"的分众市场成为广告主的目标。

2015~2016年,由于市场整体向移动终端偏移,腾讯·大豫网也开始调整营销策略,依靠媒体属性攫取流量,以此来完成流量变现。随着市场需求的变化和自身发展,腾讯·大豫网逐渐优化内部结构,业务范围逐渐涉及房地产、政务、旅游、金融、零售、快销等领域。依托腾讯系产品的优势,采取大数据抓取技术,精准定位相关人群,针对目标人群进行画像,定制广告。这种定制广告价格也会高一些。

在人才方面,截止到2020年底,腾讯·大豫网共有80多位员工,2020年受疫情的冲击,腾讯·大豫网整体收入降幅很大,且没有招聘新员工。在公司内部,各岗位专业技术人员比例较高,多半有相关专业背景。公司每年采取考核制度，并为通过考核的员工颁发相应证书，以此来激励员工不断前进。

# 四　中原广告新媒体产业发展存在的问题

## （一）宏观

### 1.经济环境带来的挑战

河南省 2020 年 GDP 为 54997.07 亿元，在全国排名仍然靠前，但真正优秀的科创企业不多。[①] 中原地区也有诸如锐之旗、金惠科技、信大捷安等优秀科创企业，但普遍存在规模不大、估值不高、市场占有率偏低等问题。广告新媒体产业的健康蓬勃发展离不开健康的宏观经济环境与资本市场，经济水平对广告新媒体产业有直接影响。广告产业属于第三产业，对实体经济的依附性很强，依赖整个宏观经济和其他产业的发展。在经济繁荣时期，广告经营额以比 GDP 增速更快的速度增长，但在经济衰退期，广告主减少预算，广告经营额下降的速度更快。[②]

根据河南省统计局的统计数据，2017~2019 年河南省 GDP 增速分别为 7.8%、7.6%、7.0%，GDP 增速持续放缓。受经济下行压力的影响，广告主的诉求发生了改变，纷纷要求降低成本增强效果。由于新媒体目前采用的营销模式仍然是以"二次售卖"为主，广告对新媒体发展有重要的支撑作用。宏观经济影响广告主的广告投放额，也会间接地影响新媒体的发展。广告主不再单纯追求"关注度""播放量"此类浅表数据体现的广告效果，而是希望看见广告营销动作对实际销售目标的效果。自 2019 年"直播+电商"元年以来，以李佳琦、薇娅等网络红人直播间为代表的直播间抢货模式，以强大的流量以及富有感染力的直播氛围打造了电商营销的奇迹。对于广告主来说，这种模式无疑是一个绝佳的战略选择。企业开始重视"消费现状者

---

① 河南省统计局。

② 方英、池建宇：《广告业与宏观经济发展关系的实证分析》，《现代传播》（中国传媒大学学报）2016 年第 7 期。

数据运营"和"营销工作精细化运营","营销""运营""销售"组合策略将是企业的关注重点。[①] 经济下行压力也对广告产业产生了影响,其中一个表现就是广告主投放广告的费用降低,更加重视广告投入产出比,进而对广告公司的媒介选择和决策提出了更高的要求,即从"投得多"转向"投得准""回报率高"。因此,如何转换思维、树立新的发展理念、紧跟时代潮流趋势,如何拓展新媒体资源,适应新发展趋势,将成为河南省广告公司领导者应思考的问题和巨大挑战。[②]

### 2. 营销模式

2015 年"最严广告法"的出台,针对广告业乱象,尤其是新媒体广告与明星代言领域的违规违法行为,制定了诸多禁止条款和严厉的处罚规定。在总计 75 条的新《广告法》中,有"五条八处"明确涉及互联网。其中,除第六十三条、第六十四条是针对互联网广告发布违法行为的罚则规定外,其余 3 条均是对互联网广告发布行为予以规范的条款。在互联网广告媒体没有出现以前,河南省内因为虚假宣传、夸大功效被下架的广告屡见不鲜。这些广告不但损害了代言明星的信誉度,给消费者带来了经济损失,更给社会带来了不良影响。新媒体的发展使得传播环境更加复杂,这种不良风气愈演愈烈。追根究底,还是因为个别互联网广告媒体急切追求利益,故意在广告设计过程中夸大、夸张化广告内容。

就艾瑞咨询 2020 年 6 月对广告主的调研数据来看,广告主在未来一年将增加营销预算的广告类型主要有内容营销(KOL 推广等)、电商广告和信息流广告,可以看出以 KOL 为主体开展的新媒体营销模式占有重要地位。广告主主要依靠 KOL 开展直播、短视频、社交媒体等新媒体营销。在广告主最关注的营销模式里,直播营销的选择率为 52.8%,短视频的选择率为 51.7%。未来,KOL 和新媒体营销将成为广告主越来越重要的营销预算投入对象。但是近年来,由于产品把关不严以及 KOL 素质参差不齐,营销翻车

---

① 《2020 年中国网络广告市场年度洞察报告》,艾瑞网,2020 年 7 月 8 日,http://report.iresearch.cn/report/202007/3612.shtml。

② 张小臣:《经济新常态下河南省广告产业发展战略研究》,硕士学位论文,湖南大学,2018。

案例并不少见。① 2020 年四家知名微信公众号推送了一则医疗广告，由于广告中的语言表述、现场咨询等与事实情况不符，造成不良影响，郑州市市场监督管理局按照《广告法》依法对广告主和发布违法广告的公众号做出处罚。虚假违法广告如出现在微信公众号、抖音或其他新媒体平台上，会通过点赞、转发等人际传播渠道迅速扩散。显而易见，通过新媒体平台发布的违法广告具有更大的破坏力，但是当前关于新媒体广告监管的法律制度还不够健全。

3. 潜在风险

对于传统的电视广告，为实现更好的广告效果，广告主一般会更倾向于选择知名度、影响力、收视率在国内都占有一定地位的大平台。同样的情况也出现在广告新媒体中，像锐之旗、字节跳动、腾讯、阿里巴巴这样的大平台，资源强劲，受众范围广，是众多广告主的首要选择。但选择大的广告新媒体公司投放广告却存在一个潜在的风险。大公司的受众广，但是广告费用也比较高昂，广告主投放广告可能需要相当大的成本。如果广告效果不理想，并没有换来与投入相当的收益，可能会导致某些企业经营陷入亏损状态。在 KOL 的选择上，也存在同样的风险。企业为获得较好的宣传效果，倾向于选择人气高、流量大、受众广的 KOL，但是费用较高，一旦一次广告效果不理想，企业就可能因为高昂的广告费用而亏损。面对这种时时存在的广告投入风险，企业在选择投放平台时一定要多方观察，仔细对比，选择最适合自己的广告方式和平台，要做好事前分析、评测、对比，尽量使广告效应发挥到最大，避免巨大的经济损失。②

## （二）微观

1. 理念

从河南省工商行政管理局的数据来看，2014~2017 年网站广告经营额在

---

① 《2020 年中国新媒体营销策略白皮书》，搜狐网，2020 年 7 月 13 日，https：//www.sohu.com/a/407290890_445326。

② 戴勤：《互联网广告媒体的发展趋势研究》，《现代商业》2019 年第 4 期。

媒体广告经营额中分别只占 3.0%、2.7%、2.7%、2.7%，稳定在 2.7% 左右，传统媒体在河南省广告媒体市场中依然举足轻重。① 这表明河南省广告主非常青睐且很依赖传统广告媒体，对以新媒体技术为基础的新兴广告不怎么重视。在媒介融合的大背景之下，河南省内的传统媒体一直在进行改革，但是往往雷声大、雨点小。在心态上，传统媒体既想要固守原本利益，又放不开手脚开拓市场。传统媒体缺乏自我革新的内在动力。面对新媒体的冲击，作为传统媒体生存发展基础的内容渠道失灵。而在这样的大环境下，河南省广告主仍选用传统媒体作为广告投放的主要阵地，广告效果势必会降低。而河南省工商行政管理局作为广告监管部门，在分析统计时，仍然只将网站划分为新媒体类别，对新媒体发展的敏锐度较低，不够重视。如果传统媒体市场份额高、新媒体市场份额低的情况一直持续的话，将会弱化以广告公司为主的广告产业发展的广告创意、设计和制作水平的提高，不利于河南省广告产业规模进一步扩大。

### 2. 人才

传统媒体和新媒体正处在融合之际，体制、技术、理念都在互相碰撞，在交融冲击之中，关于新媒体广告人才的问题也不容小觑。发展新理念、掌握新技术、执行新方法，都对人才有严格的要求。新媒体广告人才必须具有创新思维和创新能力。

从河南省广告从业人员情况可以看出，2014～2017 年河南省广告从业人员人数呈逐年下降趋势（见表4）。一方面，传统媒体广告人才面对新媒体的冲击，因身份、职业尊严和编制不能解决等问题持续流失；另一方面，在广告新媒体领域，相当一部分新媒体公司在运营时，遵奉"低成本获得高流量"的原则，布局缺乏合理性，会出现"一个人当成一个公司用""各种杂事交织在一个人身上"等问题，造成人才流失。在一些小型公司，薪酬较低也是人才流失的一个重要原因。

---

① 张小臣：《经济新常态下河南省广告产业发展战略研究》，硕士学位论文，湖南大学，2018。

表4　2014~2017年河南省广告从业人员统计

单位：人

| 年份 | 管理人员 | 创意设计人员 | 业务人员 | 其他人员 | 总计 |
|------|----------|--------------|----------|----------|------|
| 2014 | 22097 | 8822 | 35948 | 24642 | 91509 |
| 2015 | 19728 | 6678 | 29909 | 22052 | 78367 |
| 2016 | 20147 | 7896 | 28326 | 21207 | 77576 |
| 2017 | 18945 | 5931 | 25506 | 20221 | 70603 |

资料来源：张小臣《经济新常态下河南省广告产业发展战略研究》，硕士学位论文，湖南大学，2018。

在互联网发展中，人才仍是第一大问题，而人才的主要来源是高校。以武汉为例，截至2020年6月，武汉共有普通高等院校83所，包括两所985高校、7所211院校。郑州则共有普通高等院校62所，包括1所211院校。缺少知名高校，再加上人才流失快，造成广告专业人才需求存在巨大缺口。人才已经成为制约河南省广告产业健康发展的关键因素。2018年，以河南电视台卫星频道为例，频道采编人员有350人左右，近几年流失人才30人左右，占比超过8%。流失的人才以年轻的男性编导为主，年龄以25~35岁为主，工作年限以1~3年为主，职位以制片人为主。① 由于专业人才缺口的问题得不到解决，该频道只能被迫接收一些非相关专业、非专业人员。

近些年来，河南省内的媒体为了拓展市场，尝试向移动终端伸出触角。以河南省周口市的项城融媒体中心的手机App客户端、微博为例，该项目不但需要计算机编程、网页设计、新闻采编、美术编辑等相关专业背景的人才，还需要相关的技术团队做保障。虽然近几年河南省广告从业人员基数较大，但是能够掌握新媒体运营的复合型高质量人才不多。综上分析，广告产业作为一个以"智力"服务为主的行业，必然要以高素质的人才作为发展基石。区域性广告产业或区域性广告公司是否具有竞争力，取决于人才是否能充分发挥才能。河南省只有从内外出发，优化人才结构，打造属于自己的具有竞争优势的广告人才核心团队，才能获得健康稳步发展。

① 高金光、张靖等：《失衡与重建——河南传统媒体人才流失状况调研报告》，《新闻爱好者》2018年第11期。

# 五 对策建议

## （一）以需求为导向

"现代营销学之父"菲利普·科特勒曾言，新媒体时代营销需以人为本。广告重心必须从广告主向消费者需求转移。需求始终是经济发展的原动力，需求的本质不变，只是满足需求的方式发生了变化。广告的生产同样如此，广告存在的意义在于发现需求、管理需求并满足需求，需不断丰富广告场景，触达目标受众和提供创新的原生广告体验。在新媒体环境下，广告受众市场已经发生了转变，技术变革所引发的知识革命使人们的独立性、选择性、多变性和差异性得到增强，越来越多的消费者渴望个性化以及广告的趣味性。[①]

据前文分析得出，河南省传统媒体在广告领域市场占比较大，会在一定程度上弱化广告创意和制作水平的提高。河南省基于庞大的人口数量拥有广阔的消费空间，人口红利明显，同时又有得天独厚的区位优势，本土互联网公司应在充分利用其资源优势的基础上提供优质内容。广告内容化趋势是新媒体新生态环境的一个重要特点。在新媒体平台上，广告公司对广告信息的控制力不断变弱，基本依靠广告自身的趣味性来传播。因此，通过创意将广告融入媒体，让受众在愉快的体验中自发传播，能更好地带动品牌的传播和产品的销售。[②]

## （二）以数据和算法为核心

以数字媒体为代表的新媒体，打破了媒介之间的壁垒，其可以通过先进的技术手段，把信息按照用户各自的兴趣维度碎片化、小众化，可实现广告信息的精准推送。用户需要某些广告时，大数据下的新媒体会过滤掉不相关的内容，使投放更人性化。

---

① 李霁川：《浅析新媒体对广告的影响》，《现代企业》2013年第1期。
② 孙红：《浅谈全媒体时代的"内容为王"》，《记者摇篮》2020年第4期。

大数据作为一种新的技术，具有其自身的特点。大数据可以引领社会化媒体的精准营销，通过多种平台实现客户端与网站的相互交流，根据客户的需求为其量身制定相应的方案。通过收集用户行为，进一步扩大数据库的规模，为企业网络营销提供更多的客户数据支持，进而大大提高企业网络营销的有效性和针对性。通过对客户需求进行数据分析，营销活动也更具个性化。企业可通过互联网和社会化媒体切入大数据营销，在明确需求和目标，制定利用大数据的战略之后，还应对大数据应用可能会带来的成本风险和可能性进行预估。[①] 依托收集的用户数据，新媒体广告的制作与投放更加分众化、精准化，更具沟通力。

第三产业对地区 GDP 的拉动作用显而易见，未来，数据、互联网将是城市生产的关键。河南广告新媒体产业在发展过程中重数量轻质量，私营广告公司众多，然大多为小作坊式的公司，缺乏创意、核心技术和龙头企业带动。目前，阿里、新浪等知名互联网公司纷纷进驻河南，锐之旗、UU 跑腿、信达捷安、金惠科技、米宅科技等也成为优秀的互联网排头兵企业，但市场占有率较低、大而不强。政府可出台措施促进产业集聚形成规模效应，发挥互联网企业的数据和技术优势，促进资源整合形成虹吸效应，扶持前三名企业成为龙头标杆。[②] 大数据带来的广告技术创新推动广告调查技术和广告投放效果的双重发展，将会促进广告新媒体产业向资源密集型产业转型，进一步优化广告产业结构。

### （三）以创意为引擎

#### 1.敢于突破，提升互联网思维

数字化是当前世界主要的产业形态。郑州作为国家中心城市之一，拥有明显的区位和消费优势，拥有自由贸易试验区、航空港经济综合实验区，却几乎"消失"在中国互联网的版图当中，最重要的是缺乏互联网发展的土

---

① 郭慧馨等：《基于大数据的广告公司新媒体营销策略研究》，《商业经济》2020 年第 12 期。
② 《郑州首份互联网排行榜发布，郑州的互联网在哪里？》，搜狐网，2019 年 10 月 25 日，https://m. sohu. com/a/349465491_114819/？pvid＝000115_3w_a。

壤。河南地处中原腹地，受政府政策影响较大，互联网发展较晚。广告公司大多为小微企业，部分发展较好的互联网企业如锐之旗、今日头条河南、腾讯·大豫网等是依托集团总部的资源优势得以壮大，定位、发展、转型在很大程度上依赖总部。该领域内缺乏本土龙头企业，产品研发团队较少。要突破这一现状，需要转变保守思维，"胆子要大，步子要稳"，吸引大企业难亦可加大对中小微企业的扶持力度，关键是应营造互联网氛围，建设壮大本土新媒体品牌，在互联网核心领域掌握一定的话语权。河南省私营企业数量庞大，省内的各种优质资源亟须寻找最大的投入产出途径，相较于少数有实力的本土大型广告公司，多数公司应走"小而精"的特色发展之路。这是最优化本土广告公司未来发展的可行方案。①

### 2. 探寻媒体形式与河南文化元素相结合的路子

中原文化博大精深，蕴含丰富的文化元素。新媒体的应用对文化交流和传播、精神文明发展产生重要影响。汪振军等认为，新媒体环境下中国传统文化精神显示出价值缺位、价值颠覆、价值颠倒等问题。② 在"唯流量论"的时代，更应以技术为依托，坚持内容为王。在创意策划与投放广告的过程中，可通过新媒体技术将中原丰富的文化元素进行故事化、可视化、轻量化呈现。陈少峰等认为，互联网文化产业具备巨大发展潜力和市场价值，但也存在规模化负担、同质化竞争、过度投资需求等问题。③ 因此，要对中原文化、中原故事进行精准特色开发，为广告主提供精妙的创意或策略，提升其品牌附加值，突出中原风格，打造中原广告品牌，使河南省广告产品烙上中原印记。通过文化元素与新媒体广告的融合呈现促进广告新媒体产业和中原文化实现双赢。

---

① 苏林森：《改革开放以来中国广告业与宏观经济的协整分析》，《新闻与传播研究》2012 年第 3 期。

② 汪振军、乔小纳：《新媒体环境下传统文化传播的价值迷失与精神重构》，《新闻爱好者》2015 年第 11 期。

③ 陈少峰、侯杰耀：《互联网文化产业的挑战与对策》，《北京联合大学学报》（人文社会科学版）2016 年第 2 期。

## （四）以技术为依托

5G时代已经到来，人类传播将会发生颠覆性变化，全时空传播、全现实传播、全连接传播和全媒体传播将成为可能。依托人工智能、大数据、算法等技术，广告在媒体中的呈现方式将不断突破，通过算法引擎和DMP标签广场实现智能定向，可为广告主找到精准的目标人群。大数据和人工智能能够实现精准目标受众定位、精准媒介投放、精准广告效果评估和智能化驱动下的创意策划，推动人力资源结构转型，技术型和创新型人才需求量增大。[①] 网页、网站、手机、智能广告机等都是新媒体广告的载体，都依托互联网大数据的分析与过滤。新技术如3D投影技术、影像捕捉技术、人脸识别技术以及大数据技术在广告产业中的应用使其成为技术驱动的产业。[②]

未来是场景时代，在碎片化的移动互联网时代，用户更需要以人为中心、以场景为单位的更及时、更精准的连接体验。[③] "AI+"营销应用场景将实现智能投放、大数据赋能，实现"人群+场景+媒体"多维度组合定向，可呈现受众所喜好的视觉效果。无论是线上平台的直播营销，还是在繁华商业区打造裸眼3D广告，都是当下极具热度的富有临场感的广告形式。其利用场景描述或展示，使用户置身于场景之中，激发其购买欲望。近年来，短视频和直播借助社交平台爆火，其重要的原因在于高度的"场景化"。2019年，李佳琦、薇娅等知名主播的爆火带动的直播营销热潮，在2020年新冠肺炎疫情发生后对刺激经济与消费起到了促进作用。以中原国家广告产业园为例，新冠肺炎疫情发生以来，较多企业签约培育主播、搭建直播场景进行直播卖货。移动互联网时代，信息过载，场景碎片化，关键是要吸引用户的注意力，如采用"AR+纸媒""AR+游戏"等"科技+内容"组合来搭建特定场景进行营销。

---

① 姚曦、翁祺：《中国广告产业四十年的回顾与思考》，《新闻爱好者》2019年第4期。
② 尹良润：《中国广告业的产业结构、产业组织及企业组织转型》，《新闻爱好者》2014年第6期。
③ 喻国明等：《场景：5G时代VR改写传播领域的关键应用》，《现代视听》2019年第8期。

对于郑州和河南而言，产品和技术研发团队少，尚未具备互联网产业发展的核心竞争力，因此必须抓住 5G 浪潮，发展自身电子信息产业，培育本土实力互联网公司，加快打造 5G 产业发展先行区。在数字赋能时代，万物皆媒，随着三网融合程度日益加深、"互联网+"技术的普遍应用，未来大数据在广告新媒体领域的应用将日益广泛。2018 年 2 月，国家发改委批复郑州为全国首批 5G 试点城市。2020 年 11 月，国家超级计算郑州中心已成立。河南能否在互联网"下半场"中夺得一席之地，顺势崛起，关键在于能否把握机遇，抓住 5G 浪潮。

### （五）加大政策扶持，优化营商环境

广告产业发展与国民经济具有高度关联性。我国实行的政府主导型广告管理制度是一种以行政管理为主，行业自律和社会监督为辅的广告管理制度。我国制定激励性发展政策，促进广告产业健康发展，顺应"十二五"规划提出的"积极稳妥推进广告产业园区建设"和"十三五"规划提出的"以创新驱动和融合发展为重点，继续提高集约化、专业化、国际化发展水平"发展要求，努力解决广告发展的根本问题。[①]

政策是广告新媒体产业发展的重要影响因素。营商环境、行政管制、容错机制对企业的发展至关重要，互联网的发展在很大程度上依赖市场自发性，政府应给予市场和企业较大的自主权，放宽准入政策，同时应充分考虑互联网企业发展的关键所需，推动政策落地，提供资金支持，可从金融和科技两个维度构建以基金创投为核心和媒介，引导金融、科技与产业融合发展的创投产业生态体系。加大招商力度，加强政策宣传，吸引外资入驻郑州。2019 年，阿里巴巴（河南）有限公司在郑州注册成立，华为云运营创新服务中心、华为软件开发云服务中心、阿里全生态体系中原总部、海康威视中原区域研发与运营总部等头部企业均在郑州落户，这在很大程度上得益于省政府优惠政策的推出。

---

① 姚曦、翁祺：《中国广告产业四十年的回顾与思考》，《新闻爱好者》2019 年第 4 期。

同时，广告新媒体竞争的关键是人才竞争。郑州作为河南省省会，教育资源较为丰富，有 25 所本科类院校、40 多所专科类院校，在校大学生数量和毕业生数量在全国排名第二，但由于薪资较低，面临人才向北上广深流失等难题。应考虑大力优化人才落户政策，吸引高校毕业生，壮大广告新媒体产业人才队伍，扶持本土广告新媒体产业做大做强，打造产业生态。河南省2017 年出台"智汇郑州"1+N 政策，出台《关于加强河南省高层次专业技术人才队伍建设的实施方案》等，通过大量措施培育、吸引留豫人才。另外，优化广告内部人才结构也是必然。河南省广告公司在某种程度上"重管理，轻创意"，广告创意人员在公司内的占比少且增幅呈现较大回落趋势，广告公司应制定激励政策，促进不同地区广告公司之间的人才交流等，营造良好的人才环境，培育创意型广告人才。

## （六）规范广告产业发展，优化广告市场

新媒体新技术重构广告，产生搜索引擎广告、社交体验式广告、个性定制式广告。海量信息搜索、社交过度和隐私泄露、定制推送技术，使广告对受众进行"时空侵犯"。这些弱人工智能技术进一步产生了隐私侵犯、感官暴力、视听权侵犯、智能欺骗、逆向选择、失效资源配置等广告伦理问题。[①]

互联网广告市场仍是互联网产业重要的商业模式，随着互联网产业经历了人口红利期、移动风口期，近年来进入精细化运营期，互联网广告市场也在不断打破原有天花板的限制，拓展形式和边界。河南省市场监督管理局的资料显示，截止到 2019 年 6 月 30 日，半年内河南省共查处广告案件 1289件，其中互联网广告案件 385 件，占 29.87%。2019 年，河南省市场监督管理局印发《深入开展互联网广告整治工作的实施方案》，严肃查处涉及导向问题、政治敏锐性、低俗庸俗媚俗或者社会影响大的互联网违法广告。同时

---

① 蔡立媛、龚智伟：《人工智能时代广告的"时空侵犯"》，《新闻与传播评论》2020 年第 2 期。

以社会影响大、覆盖面广的门户网站、搜索引擎、电子商务平台、微信公众号为重点，突出移动客户端和新媒体账户等互联网媒介，针对医疗、药品、保健食品、房地产、金融投资理财等关系人民群众身体健康和财产安全的虚假违法广告，加大案件查处力度，查办一批大案要案。同时，与辖区内重点贴标网站有关负责人签订《抵制发布互联网违法广告承诺书》，综合运用行政提示、行政告诫、行政约谈、行政建议等方式，实现对违规倾向或轻微违规行为的及时提醒和纠正。[①]

进入新媒体时代，科技的控制力更强，破坏性也更强。我们面临新的广告伦理问题，应进一步加强对广告新媒体产业的监管力度，强化广告导向监管，营造风清气正的新媒体广告市场环境。

**参考文献**

邵华冬等：《2016年中国媒体广告市场现状与趋势》，《新闻与写作》2017年第2期。

杨博群等：《中国数字广告投放隐患及革新应用方式分析——以网络综艺广告投放为例》，《中国市场》2018年第35期。

万言：《CNNIC最新报告：中国上网用户已达1690万》，《中国远程教育》2000年第8期。

林莹：《传漾科技最新创意案例撷萃》，《中国广告》2018年第7期。

---

① 河南省市场监督管理局。

# 河南区块链媒体发展研究报告

翟东明*

**摘　要：** 2016 年国务院印发《"十三五"国家信息化规划》，区块链（Blockchain）作为高新技术被纳入国家行动计划。2020 年国家广播电视总局办公厅印发《区块链技术应用系列白皮书》，推动区块链技术在广播电视和网络视听领域创新应用的落地。随着区块链技术的发展和战略地位的不断提升，区块链媒体领域的发展正日益受到政府的重视。本报告介绍了区块链媒体发展趋势，初步探讨了区块链技术对传媒业发展的影响，介绍了河南省及国内外区块链媒体的发展情况，提出了区块链媒体发展所面临的问题与挑战，同时选取典型的区块链媒体项目案例做解析，最后对河南区块链媒体的未来发展提出了前瞻建议。

**关键词：** 区块链技术　区块链媒体　价值互联网　媒体趋势

## 一　区块链技术对传媒产业的影响

### （一）区块链技术的主要发展历程

继蒸汽机、电力、信息与互联网之后，深具引领新技术浪潮潜力的区块链技术于 2009 年诞生。经过 10 多年的飞速发展，基于价值互联网基础上的区块链技术，正逐步成为各国科技融合创新的重要突破口。

区块链（Blockchain），广义上可理解为分布式记账技术（Distributed Ledger Technology，DLT），狭义上是一连串用来验证信息有效性的加密链式数据存

---

*　翟东明，河南农业大学教师，主要研究方向为区块链技术及应用。

储块。区块链技术最初来源于比特币的底层设计，它融合了共识机制、点对点（P2P）网络、数据存储、加密算法等多种技术，并与经济模型巧妙叠加，开创了前所未有的去中心化价值互联与共享网络。

自 2009 年比特币第一个创世区块诞生以来，比特币的运转充分证明了区块链技术对于价值传输的可靠性以及安全性。以下简要介绍区块链技术的发展阶段及其主要特点。

（1）区块链 1.0 发展阶段

区块链 1.0 发展阶段属区块链技术底层版本——比特币的应用，能实现转账、汇款和数字支付相关的加密电子货币的应用。介绍区块链的诞生，就不得不提到比特币。它是 P2P 去中心化的数字货币系统，不依靠任何机构发行，而是依据特定的计算机算法，透过大量复杂计算产生。因此，比特币具有稀缺性，全网共 2100 万枚。2021 年 2 月 10 日左右，比特币突破 5 万美元大关，受到媒体普遍关注，也成为国内外财经媒体热议的焦点之一。在区块链 1.0 的发展背景下，区块链技术主要是为金融交易提供信任支撑。

（2）区块链 2.0 发展阶段

随着区块链技术日益成熟，慢慢进入区块链 2.0 发展阶段。此阶段以以太坊为代表，主要特点是分布式应用、可编程智能合约与虚拟机。智能合约的核心是利用程序算法代替人工执行。合约包含三个基本要素：要约、承诺、价值交换。

在此阶段，全新的应用形式使区块链从最初的货币体系拓展到金融其他应用领域，比如股权众筹、证券交易等。同时，也可以在更广泛的行业中获得应用落地场景。

（3）区块链 3.0 发展阶段

目前区块链正处于 3.0 发展阶段，许多区块链公链项目间的竞争日趋激烈。随着区块链技术的不断发展，越来越多的技术专家团队尝试将区块链技术应用于不同行业与领域中，未来区块链技术将与其他高新技术相结合，并在传统行业中获得更多应用。3.0 发展阶段也是基于区块链创新精神蓬勃发展的阶段，比如跨链技术、多链融合与 DeFi 技术逐渐成为区块链未来发展的应用方向。

区块链技术集分布式系统、密码学、博弈论、点对点网络协议等诸多先进技术于一身，也是推动价值互联网创新的伟大创举。众所周知，信任是任何商业系统的"基础设施"。区块链技术所赋能的信任机制，正成为未来新商业系统的"基础设施"。区块链自诞生便体现出的价值就在于：信息透明和价值传输。相信在不久的将来，区块链技术将深深影响和改变现有的商业系统，在经济产业变革中发挥越来越重要的作用。

2018 年，中国信息通信研究院发布的信息显示：区块链技术已逐步被各国认可，并在多领域积极探索，越来越多国家和地区对区块链技术的发展投入人力物力支持，我国更是积极布局区块链的前沿阵地，探索基于区块链的行业应用。2019 年 11 月 17 日，在"区块链技术的应用与管理实践高级研讨班"系列活动第一期上，国务院发展研究中心研究员李广乾总结了对区块链的定义：

区块链是一种应用协议，推动互联网从"信息互联"到"价值互联网"的转变。区块链是一种记录方式，按时间顺序将数据区块以顺序相连的方式组合的一种链式数据结构。区块链也是一种技术方案，它并不是单一信息技术，而是融合其他高科技前沿技术，加以组合创新从而实现以前未实现过的功能。区块链还是一种管理方式。区块链技术是一种去中心化，无须信任积累的信用建立。

从区块链的技术发展和战略角度看，火币区块链研究院在区块链产业板块发展现状里提到：传统科技公司也正逐步深入探索区块链领域的具体应用。[1] 举例来说，2019~2020 年，Facebook 互联网社交网络企业积极调整组织架构，设立了专属区块链研究部门，积极探索区块链技术与 Facebook 在社交、数据、隐私等方面的结合，并计划推出稳定币。微软公司也动作频

---

[1] 袁煜明等：《全球区块链产业全景与趋势年度报告（2018~2019 年度）》，火币区块链研究院，2019。

繁。在国内,华为、腾讯、阿里等大企业纷纷布局探索区块链领域的应用,华为早在 2018 年 3 月就已公布云区块链服务平台,发布《华为区块链白皮书》。上述企业本身拥有庞大的用户群体,目前在逐步深度参与区块链和数字资产,促使区块链市场加速扩大,让区块链真正能与应用深度融合。总之,各大互联网企业纷纷布局和研究区块链技术及产业落地方案,将加快推进区块链技术的应用。

### (二)从新媒体到区块链媒体的演变背景

著名传播学奠基人马歇尔·麦克卢汉在《理解媒介:论人的延伸》一书中曾尖锐指出:"过去,战争的一个因素是商品跨越边境的流动。而今天,当最大宗的商品是信息本身时,战争不再意味着硬件的流动,而是信息的流动。电子革命的另一个基本特征是:它把数百年的发展和演化压缩到几个星期或几个月内完成。"①

变化的环境与技术潮流让我们不得不寻求改变来应对新挑战,传媒产业也不例外。在这个过程中行业也将受到信息技术的渗透和影响,呈现多样的发展态势。

社会文明进步、商业的发展离不开媒介的传播作用。工业革命时代,经济社会的进步发展依赖优质生产资料,彼时的商业文明是以资源为导向运转。进入互联网时代,经济发展逐步过渡到以需求为导向。而随着社会经济的迅猛发展和移动互联网时代的到来,我们又逐步进入数字化时代,以价值传输为导向的广泛个体间的联系也随之增多。在信息数字化时代,人们获取信息资讯的方式便利又多元,促使传媒业不断地发展变化。自2012 年以来,媒体发展不断受到移动互联技术的影响,逐步向新媒体方向演变。

在经济和媒体演变过程中,商业文明的主导权也逐步从官方组织转移到市场组织,最后重心落到个体间的沟通与交流上来。随着这种变化,如何建

---

① 〔加拿大〕马歇尔·麦克卢汉:《理解媒介:论人的延伸》,何道宽译,译林出版社,2019。

立一种去中心化的信任机制成为商业发展中亟须解决的重点难题。恰在此时，区块链技术应运而生，个体与个体间安全便捷的价值输出过程才得以有条件实现。同时，传媒产业也受到新兴区块链技术的影响，向着安全有效信息源、提升信息传播与内容分发效率的方向发展。

新事物的出现，必须伴随不断的学习与深入研究。在介绍区块链媒体之前，需要了解区块链技术的发展变化。

### （三）区块链技术与高新技术融合的趋势及特点

区块链技术作为创新式技术，更易同其他高新技术如大数据、5G、云计算等结合起来应用，促进传媒产业在数字经济飞速发展的时代，逐步实现产业结构的调整与内部变革。

一方面，区块链技术可以为其他前沿信息技术赋能。比如，相较于单一的人工智能或大数据应用，结合区块链技术可提高数据共享能力，在解决数据孤岛问题的同时能保证数据的隐私；区块链技术还可以通过使用智能合约和激励机制实现数据确权与交易，使数据不再具有垄断性；同时，区块链技术可以通过共识机制保证大数据及人工智能运算结果可验证。

以结合区块链与大数据的蚂蚁金融服务集团为例①，蚂蚁金融服务集团（以下简称"蚂蚁金服"）起步于 2004 年成立的支付宝。蚂蚁金服以"让信用等于财富"为愿景，致力于打造开放的生态系统，通过"互联网推进器计划"助力金融机构和合作伙伴加速迈向"互联网+"，为小微企业和个人消费者提供普惠金融服务。其以移动互联、大数据、云计算为基础，为中国践行普惠金融的重要实践。蚂蚁金服作为较早投入区块链基础技术创新研究的企业，在 2017 年和 2018 年都是全球范围内拥有区块链专利最多的企业，并在共识机制、智能合约、可信计算、隐私保护、跨链交互等核心技术上都取得了突破。

---

① 《中国电信发布〈5G 时代区块链智能手机白皮书〉》，链门户网，2019 年 8 月 27 日，www.lianmenhu.com/blockchain-13117-1。

另一方面，其他前沿信息技术也可以使区块链的应用更加高效。比如人工智能可以帮助区块链在现实世界的应用程序中变得更加智能；来自物联网设备的数据更加智能，能够提高数据上链前的真实性和可信度；5G可以利用其高速、高容量、低延迟以及大量设备连接的能力，弥补区块链及分布式账本应用因追求去中心化而产生的记账速度降低的问题。

价值互联网是以区块链为核心，构造一个全球性分布式记账系统，它不仅能记录金融业的发展，还能记录任何有价值且能以代码形式进行表达的事物，比如共享汽车使用权、信号灯的状态、农产品的溯源、导航定位系统、媒体信息的共享及个人信息隐私安全等。因此，区块链技术的未来发展空间广阔，其应用会逐渐扩展到有需求的传统行业与领域。

区块链技术和其他新兴技术学科紧密结合形成珠联璧合之势，能更好地赋能各类传统产业。本报告所探讨的区块链媒体发展方向便是其中之一。区块链技术发展日趋成熟，也必将为传媒业的数字化产业升级与变革带来重大机遇。

## 二　区块链媒体

随着区块链技术的发展，产业领域的信息资源互通日益成为刚需。这也直接推动了许多传统媒体及自媒体转向区块链媒体发展，逐步承载传播区块链产业资讯、提供高价值信息服务的重要使命。

与此同时，区块链媒体现阶段处于早期区块链新闻媒体报道时期。大家提到的区块链媒体，其实包含两层含义。

第一层是以区块链产业发展动态为主要报道对象的媒体机构，这些媒体机构人员一部分为个人或来自创业团队，还有一部分来自传统媒体机构，后者旨在拓宽传统媒体报道视野，在新兴区块链产业发展中掌握更多区块链资讯与最新动态。这类区块链媒体的主要特征是：专业提供信息生产与传播，通过媒体宣发、论坛活动或社区转发等多种形式向外界普及区块链技术核心价值。区块链媒体报道与传播效应也具有积极作用：能有效提高人们对区块链市场和产业的关注度，吸引更多各行各业的专业人才共同参与区块链产业的发展。

区块链媒体的第二层含义可简称为"媒体区块链化"，也属于真正意义上的区块链媒体。它是以区块链技术为基础，以点对点网络为基础架构，以去中心化为特征的新型互联网媒体。同时，它也是一种集信息传播和价值传播于一体的信息加密网络媒体。① 区块链媒体是传媒产业中的一种新型媒体形态，将通过新的内容生产机制、版权保护方式和经营管理模式重构传媒生态，从而推动与助力传媒产业的技术融合与数字化提升。

这类区块链媒体通常由全球范围内的区块链技术创业团队开发，结合当下产业新趋势，进行媒体技术改革与具体的落地应用。这类项目可充分发挥区块链技术特征，比如分布式、弱中心化以及共同维护等特点，在媒体产业的内容生产、分发、验证、存储与传播等环节中紧密结合区块链技术，以创新方式尝试解决传统媒体难点，比如在版权溯源、信息源核实归属等方面进行革新。

国外区块链媒体具体应用区块链技术的场景不尽相同，各具特色，主要覆盖信息整合、新闻生产、数字版权保护、信息反馈和媒体运营这五个阶段。在每个阶段里各家媒体又各有侧重，不同阶段之间相辅相成，互为依托，不可分割。② 以媒体区块链项目 Steemit 为例，该项目是基于区块链技术的去中心化内容创作与分发平台，由 Net Scott 等于 2017 年研发。该项目的特色设计是去中心化数据系统，将社交媒体的概念与加密数字奖励相结合，支持个人参与社区共建及社交互动。其中，关键点是通过运用区块链技术的核心特征，根据每位用户在社区内容方面的贡献来公平透明地给予其相应的代币奖励。这促进了平台内容的丰富与社区的繁荣，理想的状态是促进日活且实现社区自运行。

---

① 周鲲鹏、李翔宇：《区块链媒体：一种新型互联网媒体》，《传媒》2020 年第 21 期。
② 方洁、蒋政旭：《国际上区块链技术在媒体场景下的应用研究》，《新闻与写作》2020 年第 1 期。

# 三 河南区块链媒体发展现状

自 2019 年 10 月 24 日，中共中央政治局就区块链技术发展现状与趋势组织集体学习以来，各地区都在加大学习力度，全面开展对区块链技术和应用方面的研究与落地探讨。河南省也不例外，上至党政机关下至企业、机构社群等，大都在积极组织学习和研讨区块链技术发展落地与实践方面的内容。

河南省若准备在产业变革与融合这条赛道上实现弯道超车，离不开对区块链技术的深入理解、行业技术人才的培养和区块链平台的共建等工作。而这些举措实施的前提是：保持对新事物发展的宽容，以开放的心态认真学习和研究区块链技术，综合考虑河南省产业战略布局等实际情况，努力促成区块链技术与其他高新技术的有机结合，以促进全省经济朝良性循环的方向发展。

在数字经济飞速发展的今天，发展区块链媒体的意义重大。以下是对河南省区块链发展机构及媒体平台发展状况的概要梳理。

## （一）传统媒体与区块链新媒体，共同促进行业发展

传媒学奠基人麦克卢汉曾提到，"任何一种新的发明和技术都是新的媒介。都是人的肢体或中枢神经系统的延伸，也都将反过来影响人的生活、思维和历史进程"[①]。由此可见媒体在社会经济中所发挥的重要作用。传统媒体依然是广大人民群众频繁接触的信息渠道。传统媒体在区块链行业发展过程中依然承载着传播行业资讯的重要意义。

与此同时，随着新经济模式及数字化的迅猛发展和普及，传统媒介正遭受不小的冲击。社会也在快速地进入数字化、信息化以及价值互联的时代。在区块链行业中，区块链各类媒体平台陆续扮演着"你方唱罢我登场"的

---

① 〔加拿大〕马歇尔·麦克卢汉：《理解媒介：论人的延伸》，何道宽译，译林出版社，2019。

角色。同时，区块链媒体平台的发展变化也特别快，这一点与区块链行业日新月异的发展分不开。

在省内，最早报道区块链相关内容的自媒体平台有中原区块链。自创建以来，中原区块链着重普及区块链基础知识、投资基本知识与心态等，同时组织国外区块链项目做在线分享，让在区块链行业创业工作的人们以及区块链技术爱好者在此了解更多行业的发展动态，满足其对新兴行业知识的渴求。

总之，以区块链相关内容为报道主题的传统媒体和区块链新媒体各大平台相结合共同促进了行业讯息的快速传播。

### （二）省内举办区块链主题活动的机构及媒体不断增加

在区块链行业发展过程中，自媒体与社群均起到了重要的作用，社群也成为行业内讯息得以快速传播的重要载体之一。自2018年以来，河南地区陆续有不少企业与机构开展了与区块链知识相关的普及活动。

#### 1. 中原区块链

中原区块链自媒体及线上社群成立于2016年9月，会集了众多数字经济投资人及区块链技术爱好者。其成立愿景是立足中原链接全球，传递区块链价值，普及区块链技术，迭代认知。平台的学习氛围浓厚，近几年内陆续做在线公益分享讲座百余次，普及区块链知识及科学投资理念，致力于打造有温度的区块链信息交流与互助平台，许多本地区块链爱好者从中获得行业第一手资讯。其2018～2019年举办的周年庆活动获得了行业内众多区块链项目的支持与社区学员的一致好评。

#### 2. 郑州区块链研习社

郑州区块链研习社成立于2017年1月，其定位之一是科普媒体，输出区块链科普课程与文章。郑州区块链研习社在公众号、传统媒体、微博等开辟专栏，凭借对区块链行业的洞察，成为行业知名媒体的流量创作者。其擅长将晦涩难懂的区块链项目知识消化吸收后以直白的科普文形式传递出来，受到广大区块链爱好者的喜爱。其于2018～2019年陆续在河南举办区块链学习交流会，2018年6月举办"正道区块链，清风全国行"，2019年举办"方舟计划"全国巡讲郑州站，反响都不错。

3. 省内区块链主题研讨活动概览

2018年7月，第五届河南创业者大会在郑州国际会展中心举办，其间举办了一场以"区块链"为主题的分享与研讨会。同年底，某国内知名数字交易平台创立的火币大学也在河南省举行巡讲，普及区块链基础知识。

2019年初，百度运营中心落户航空港区，其与区块链创业企业签约入驻并被媒体报道。2020年6月，省工信厅推动成立河南省区块链产业联盟。2020年12月5日，河南省区块链产业发展研讨会暨郑州信息化专家委员会第五次会议在郑州召开。主要围绕河南省区块链产业发展进行了交流，并就中原信息化"专家智库贡献奖"、2020河南省"区块链·领创之星"、2020河南省"人工智能·领创之星"征集评选活动的开展以及郑州市信息化促进会2021年度大会、世界数字产业博览会、中原信息化"专家百人会"筹备事宜进行了商讨。

2018~2019年，全国范围内不少区块链研究型技术团队或交易平台，在熊市行业不景气期间已解散。河南地区不少主题社区也停止运营。在接受度不高的受众面前，区块链产业的发展依然有其不稳定的一面。这也是接下来要讨论的重点内容。

# 四 河南发展区块链媒体面临的现实挑战

区块链媒体是传媒业在促进数字化转型升级方面的重要战略方向。新兴事物也受客观规律发展的影响。在当下所处的初始发展阶段，区块链媒体面临严峻的现实挑战。

## （一）区块链行业资讯更迭快，内容生产与传播变数大

区块链技术发展更新日新月异，尤其是在大力推进区块链产业研究与技术整合的阶段。国内外区块链技术领域的专家团队以及研究区块链的众多学

者，都面临技术频繁更新迭代的巨大挑战。

目前区块链技术应用较为广泛的是金融科技领域，市场资讯更新频繁，更需要区块链媒体的推动和助力。当前，区块链媒体存在同步区块链技术与优质项目相对困难的情况。

因区块链技术自身的发展特点，技术的更迭主要是在小范围各国专家团队与实验室里陆续展开。一是技术相关应用落地，二是应用落地所需时间跨度大。在此期间，媒体方不易获取技术与应用的最新数据，获得第一手资讯与素材会比传统调研采访等方式需要更长的时间。

与此同时，报道的追踪过程相对于传统媒体报道而言，不仅过程困难，而且结果往往不可预知。前期技术研究方向若有偏差，则需要重新调整方向与焦点。在这个过程中，最考验的当是媒体方对区块链技术发展的理解和宽容，毕竟新兴技术与产业还需较长时间的技术探索与研究，后续落地实践的过程依然需要很多磨合，也考验媒体从业者对区块链行业长期跟进的综合能力。

以深圳区块链技术社区 Unitimes 为例，该社区定期邀请国外区块链创业团队做在线分享。在这些分享的项目中，有许多团队处于起步研发阶段，虽有较好的规划愿景，但是当涉及如何将区块链技术应用落地，辅助实体经济时，许多创始人表示，因区块链技术基础设施不健全，这些愿景并不能在短时间内完成，大多数技术开发会持续 3~5 年甚至更长时间。

另外，从生产内容角度来讲，在互联网的推动下，在网络内容信息越来越丰富的同时，依然存在信息质量参差不齐、虚假误传乱象。而在区块链技术及代币激励机制的实践下，用户在生产内容及传播内容时，会在无形中产生自我约束意识，倾向于分享和传播优质内容。

### （二）区块链媒体行业法律监管不健全，存在发展乱象

区块链行业目前仍处于发展的早期阶段。行业的法律法规由以前完全缺失的状态逐步过渡到现今的讨论制定阶段，这中间也需要一个完善的过程。行业本身如此，区块链媒体相关法规要求也不例外。从目前来看，区块链媒

体依然存在监管不健全的隐患。

自 2018 年以来,区块链媒体在发展初期随着市场波动出现了不少乱象,有些行业参与者或机构标榜区块链媒体,却没有本着媒体应有的公允中立态度做事,对于一些劣质的区块链项目,这些机构和参与者公然为其夸大包装,做虚假宣传,诱导市场上分不清真相的投资者参与或购买其非法代币,在行业中造成了负面影响。不仅如此,少数极端组织和个人在利益的驱动下,无视国家法律法则,冒险打着区块链技术发展的旗号公然进行非法集资活动,严重扰乱了行业的秩序。

据中新社相关新闻及《河南商报》等本地媒体报道,2019 年 11 月,郑州市公安局郑东分局设立专案组,对涉嫌以区块链项目名义集资诈骗的案例进行立案侦查,最终将犯罪嫌疑人成功抓获。

自 2019 年以来,国家逐步重视区块链技术的发展,也陆续出台了管制措施。2019 年 1 月 10 日,国家互联网信息办公室颁布了《区块链信息服务管理规定》。该规定中提到的"区块链信息服务",是指基于区块链技术或者系统,通过互联网站、应用程序等形式,向社会公众提供信息服务。而"区块链信息服务提供者",则是指向社会公众提供区块链信息服务的主体或者节点,以及为区块链信息服务的主体提供技术支持的机构或者组织。"区块链信息服务使用者",是指使用区块链信息服务的组织或者个人。"区块链信息服务提供者"的监督者为网信办。

在区块链媒体发展的不同阶段,还需要法律法规在不影响发展方向的前提下进行适度的灵活调整,以适应行业初期发展的特点:既不过分约束,使其丧失发展活力,又要加强监管,以助于行业内实现自律,保持良好的发展节奏。

### (三)区块链与其他高新技术的融合,考验从业者综合能力

区块链,不仅是一场技术革命,也是一场认知革命。区块链技术的出现,首先离不开的是其他技术的支持,比如数字加密技术、点对点传输技术等。同时,区块链技术在快速发展过程中,兼容和融合的特性越来越凸显,

在当下，区块链技术正逐步与大数据技术、人工智能技术、物联网及云计算等高新技术相结合，催生出对社会与经济的巨大影响力，推动社会进步，引领技术变革的新浪潮。"区块链+"与传统行业的结合，也在被更多的人熟知。

尽管在理论研究上比较热，技术的落地实践依然需要很多时间与空间。在这个过程中，对于区块链媒体的从业者而言，首先从认知上进行改变与提升，是能够进入这个行业进行长久耕耘的前提。同时，要能不受一时的市场变化冲击而放弃传播区块链及周围产业，不因暂时看不到实践落地的成果而对行业发展丧失信心。区块链媒体从业者在早期便能够参与积极创建优质内容、传播和普及区块链行业，依靠团队力量与区块链技术魅力的展现，让媒体产业的未来愿景慢慢实现！

### （四）区块链媒体从业者的就业挑战

早期参与区块链媒体的创业机构或个人，自 2018 年以来陆续遭遇行业技术人才流失、全球金融市场动荡的影响。行业里不少媒体创业者，在早期获利很少，甚至面临行业发展中难免会出现的倒闭潮。创业过程艰辛，也考验着区块链媒体创业者的耐力与智慧。随着区块链产业的不断发展，逐步拓展业务渠道，是当下许多区块链媒体创业者需要考虑的现实问题。与此同时，近一两年，国家相关部门也积极地给予区块链行业创业团队更多政策上的优惠与支持，以期加速和提振区块链产业的整体发展。

## 五 "区块链媒体" 案例解析

前文已提到，区块链技术正逐步影响和渗透到传统行业，传媒产业也不例外。在国内外众多区块链媒体领域的创业团队中，有些已经在尝试用区块链技术解决传媒产业存在的问题。

## （一）百度图腾——内容版权区块链解决方案

百度图腾是百度区块链原创图片服务平台，于 2018 年 4 月 11 日正式上线。[①] 该产品采用自研区块链版权登记网络，配合可信时间戳、链戳双重认证，为每张原创图片生成版权 DNA，可真正实现原创作品可溯源、可转载、可监控。

百度图腾依托百度超级链构建，以区块链技术作为底层支撑，构建全新的内容版权生态平台。百度图腾通过让互联网原创内容上传、使用及交易体系化、透明化，并配合强大的百度搜索引擎，实现原创内容的最大曝光，提升内容版权行业的变现和流转效率，实现知识产权价值最大化目标。同时，依托百度搜索引擎和人工智能识别技术，实现快速侵权定位和存证抓取，为原创者搭建版权护城河。基于图像分析、语义理解等多项人工智能技术，为原创图片构建标签，实现原创图片的智能推荐，精准匹配并高效连接供需双方。

百度图腾还包括积分激励系统，激励用户将原创内容上传，并奖励版权链节点的记账工作。后期图腾积分将可用于百度权益和百度内部其他系统的资源和服务兑换。在技术实现上，百度图腾底层采用百度超级链的 DPoS 共识机制，通过连接百度、内容机构、确权机构、维权机构等节点，提供强大公信力，并将版权信息存储于分布式存储系统中；服务层提供图片搜索、盗版检测等服务，依托百度的权威知识图片构建标签体系，生成图片描述，为图片智能检索和推荐、盗版检测等提供基础支持；平台层通过将原创作品打上数字指针和时间戳进行存证，并为原创者提供分发交易和维权取证等服务。百度图腾支持用户将原创作品上传后，在区块链中实现版权存证，并同步北京互联网法院，而后提供转载监测服务，对侵权线索进行即时取证、存证，并及时同步至北京互联网法院，原创作者可实现一键发起维权，并最终获得索赔。

---

① 《百度区块链白皮书 V1.0》，2019。

目前，百度图腾系统已经打通北京互联网法院、广州互联网法院等政府机构，为百度图腾的司法存证提供技术保证和结论性证据，大大降低了维权举证过程的成本。百度图腾自上线以来，已存证数超过 1300 万，提供超过 200 万次维权检测，并助力 1.5 万起维权成功。

## （二）注意力经济下基于区块链技术的广告投放平台①

互联网的出现，有效提升了信息交流的效率，同时也让数据和信息得以爆炸式增长，考验着人们的注意力。在新媒体不断发展的今天，时间与空间再也不能阻隔信息在全域范围内自然流动，互联网的崛起同时带来了新一轮广告技术的发展，这时的广告市场前景是具有更快的速度和更好的信息。

复杂性与不透明度带来了相反的结果。这中间有更多玩家或广告中间商直接或间接从广告这个大市场里分一杯羹，这使广告生态系统变得复杂，广告成本不断增加，也增加了品牌宣传活动提供高效专注力所需的交易成本。广告商面临隐藏的欺诈，而用户也遇到越来越多的恶意广告。现实是用户的关注是有价值的，但它并没有被高效透明的市场体系合适地定价。

为了提高数字广告的效率，需要一个新的平台与交换单位。这也是注意力经济下，BAT（The Basic Attention）所在进行的努力：搭建基于区块链的数字广告平台。BAT 项目旨在改变目前破碎的数字广告市场。它将成为一个基于区块链的数字广告平台，也是去中心化、开源与高效的交易平台。

广告客户将根据用户关注度为发布商提供 BAT 收益。参与的用户也会收到 BAT 奖励，他们可以将其捐赠给广告发布平台，或者在平台上自由使用。广告发布商能在提高其奖励比重的同时，降低被欺诈的概率。而广告客户也可以获得更好的效果。从前期路径规划到实施，逐步实现该项目想要达到的最终目的——用户注意力应具有应有的货币价值。

---

① "BAT-Making Crypto and DeFi Accessible and Useable for Everyone"，https：//basicattenti-ontoken. org/.

### (三)视频分发与激励平台 Theta

随着移动互联网和 5G 技术的全面覆盖，流量空间极大提升，人们越来越方便点击收看短视频等。为激励人们相互之间的信息传递以及合理节省数据空间，Theta[①] 项目团队创设了基于区块链技术的视频分发与激励平台。

Theta 网络的目标是创建一个激励性、全局的点对点网状网络，通过网络用户彼此间的共享数据来减少任何流式处理平台对成本高昂且集中的内容交付网络（CDN）的依赖。简言之，在该网络上收看视频信息的用户点击收看相关视频，并允许利用平台技术将个人电脑中空闲的存储空间贡献出来供其他人收看视频时使用，将有机会收到项目方的奖励。以下是该项目团队与其他创业公司的一些合作信息，足见该项目在国外的受欢迎程度。

1. Theta 协议集成了微软 PlayReady 行业标准 DRM

行业标准的数字版权管理（DRM）已集成到 Theta 协议中，向好莱坞主要制片厂和其他内容所有者保证，他们的内容将通过 Theta 网络进行分发，而不是盗版。虽然自 2000 年以来，分散的点对点共享协议已大有作为，但许多工作室仍然将该技术与在早期的 P2P 协议（如 Napster、Bear Share 和 Kazaa）上遇到的内容盗版联系在一起。Theta Network 允许任何合作伙伴的视频平台确定要托管哪些内容，因此不需要任何 DRM，但协议必须至少提供 DRM 选项，以减轻内容所有者的担忧。

这基本上使任何 Theta 内容合作伙伴都能动态地提供实时和点播内容加密与高级加密标准（AES-128），包括微软 PlayReady 以及谷歌 Widevine 和 Apple FairPlay。Theta DRM 平台能够利用 Microsoft 媒体服务向授权客户端提供 AES 密钥和 DRM 许可证。

2. 将 DeFi 的好处带给 Theta 区块链上的新兴内容创作者

随着 EVM 兼容的智能合约支持即将进入 Theta 主网，用户可以通过通

---

① Theta 项目白皮书，https：//thetatoken.org/。

用的 DeFi 工具如贷款、稳定配置和 AMM DEX（自动做市商分散交易所）在 Theta 上启用新的用例。通过这些工具，用户可以创建智能合约，允许对内容创建者进行分散融资。

Theta Labs 宣布，他们已经部署了 Theta Edgecast，这是第一个完全分散的视频流 DApp，它构建在 Theta 的本机区块链技术上，具有智能合约。此技术堆栈包括捕获视频、实时转码、缓存和中继到全球用户的能力，这些功能都通过 Theta 的对等边缘网络（由 2000 多个边缘节点组成）。这意味着不会使用中央服务器或服务。

Theta Edgecast 在完全重新设计的边缘节点应用程序中提供，该应用程序现在具有在 Edgecast 上传输广播流或查看其他用户 Edgecast 流以及通过边缘缓存和边缘计算功能赚取 TFuel 的功能。Edge 节点现在将分散视频流、分发和计算的所有方面都包含在一个精简应用中。

# 六　全球范围内区块链媒体的发展现状

## （一）国外区块链媒体的发展概况

国外区块链媒体随着技术的普及得以发展，因比特币最先在国外加密社区盛行。区块链行业发展的早期阶段，共同信仰比特币的一批密码极客通过邮箱及论坛交流，相关专业话题在小范围内传播。随着数字货币交易市场规模的日益扩大，各种不同类型的区块链媒体平台陆续出现并发展。有些媒体创业团队在创业初期困难重重，有的已倒闭，有的在坚持寻求突破，也有些创业团队，成员是传统媒体行业编辑和区块链技术开发人才，找到了较好的盈利模式，继续在区块链媒体板块深耕发展。

据不完全统计，2018 年全球范围内已有区块链新闻平台约 30 家，这个数据每年都在增加，这些平台专门或部分从事新闻生产业务，概况如表 1 所示。

表 1　2018 年全球主要的区块链新闻平台

| 平台 | 简介 |
|---|---|
| Civil | 由 Matt Coolidge 等创办，代币为 CVL，主要面向新闻工作者（记者、编辑、摄影师、事实调查员），宣称为新闻行业创造一个自给自足的市场，摆脱广告、虚假新闻和外部影响 |
| Hubii | 由 Hubii 公司创办，代币为 HBT，是一个区块链内容平台，平台将分散、碎片化的新闻资讯集合在一起，形成一个具有多内容、多形式的信息网络 |
| PUBLIQ | PUBLIQ 由同名非营利性基金会创办，代币为 PBQ，将作者置于出版及数字媒体行业的中心，为作者提供高效可靠的生态系统 |
| ATMChain | 由瑞士智媒链基金会创办，代币为 ATM，是一个智能、可信开放的数字传媒生态，由区块链网络、智媒链开放平台、智媒链 App 组成，业务以数字传媒广告为核心 |
| Steemit | 由 Ned Scott 等创办，代币为 STEEM，是一个数字货币打赏社交媒体。平台与博客类似，对网站贡献多的用户可以获得网站代币，并用于支付商品和服务费用 |
| PressCoin | 由美国一些独立新闻人联合创办的新闻聚合阅读平台，代币为 PressCoin，平台内汇集 Insurge、Next-Election、Zolori 等多家媒体，主张全球合力打击假新闻 |
| CCTime | CCTime 是基于阿希（Asch）侧链技术开发的分布式社会新闻分享与交流平台，代币为 XCT，通过"打赏模式"给予优质平台参与者代币激励 |
| 亿书 | 亿书基于 Matrixchain 创建，代币为 DDN，可作为写作工具、博客或自出版平台，为用户提供写作、出版、出售、版权认证与保护全过程一键解决方案 |

资料来源：《区块链"不可能三角"难题待解 基础理论待突破》，搜狐网，2018 年 3 月 14 日，https：//www.sohu.com/a/225493328_403354。

以下更为详细地介绍几家有代表性的国外区块链媒体。①

1. Coin Desk

它是区块链技术和加密货币领域的顶级媒体网站之一。2003 年网站开始对外发布，一直保持较快的发展速度。Coin Desk 提供有关比特币和其他商业信息的最新消息以及区块链技术发展的最新消息。

---

① Labsterx：《国外著名区块链媒体》，知乎专栏，2018 年 8 月 7 日，https：//zhuanlan.zhihu.com/p/41499332。

### 2. Today On Chain

它是区块链和加密货币的新闻聚合器。在这个网站上可以找到许多来源不同的新闻，包括区块链/加密媒体，如 Coin Desk、CCN 等，以及主流媒体，如财富、福布斯、CNBC 等。Today On Chain 的主要特色在于它是一个非常全面的聚合网站，用户可通过访问这个单一站点阅读来源不同的新闻。换句话说，Today On Chain 是区块链和加密新闻的一站式场所。

### 3. News BTC

这是一个区块链和加密货币的新闻和资源平台，于 2013 年开始运营。News BTC 向区块链和加密货币社区提供新闻、评论、技术分析和其他信息。News BTC 每天发布许多文章和新闻，还提供其他资源，如教育文章、区块链公司目录、ICO 列表和事件日历等。

随着更多区块链项目被开发，国外也有越来越多媒体平台相互竞争，既有技术研发相关的论坛，也有以区块链为特色的媒体平台，形式相对宽松，也有利于在小众范围内传播。

目前在国外，越来越多的传媒集团也将目光转向区块链新兴行业。在起步阶段，他们更倾向于报道比特币及行业相关发展动态。以三橙传媒陈一佳为例，她原是央视财经频道主持人，后来作为路透社第一位深入关注和报道比特币的记者，带领新团队创立三橙传媒，聚焦于制作原创区块链系列纪录片《区块链之新》。该片于 2018 年 11 月在纽约举行全球首映式，纪录片中文版已在腾讯视频上线，播放量逐年增长。

### （二）国内区块链媒体发展概况

对比国际区块链媒体，国内区块链媒体尚处于早期发展阶段。2017 年初，区块链网络新媒体报道人员、次数呈增长势头。但 2018~2019 年受市场影响，许多区块链媒体创业团队关门倒闭。一项新技术从诞生到日渐成熟，有其发展规律。因技术而加速发展的行业媒体，必定也遵循一定的客观发展规律，比如在市场稳定上升期，大大小小的媒体如雨后春笋般出现，而在熊市到来时，又有许多中小规模的区块链媒体企业被淘汰。大浪淘沙，随着区块链行业快速向前发展，势必会有一批批优秀的区块链媒体从业者，努力传播行业专家的声音，报道区块链领域最新资讯。

行业媒体平台币通曾推出一个区块链媒体榜单，首次对区块链行业媒体进行多维度分析，并推出《区块链行业媒体榜单 TOP20》。在公众号影响力、Web 影响力及 App 影响力三个方面，通过 20 个维度综合分析出综合影响力指数排行榜榜单。币通推出的榜单共覆盖 109 个行业媒体样本。[①] 根据这份榜单，区块链媒体更多分布于北京、上海、深圳。不少二三线城市也逐渐出现了区块链媒体创业团队。

在统计的 109 个样本里面，位于北京、上海、深圳的区块链媒体数量较多，占比分别达到 31%、21% 和 13%（见图 1）。

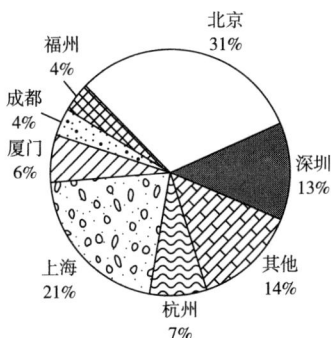

| 城市 | 北京 | 上海 | 其他 | 深圳 | 杭州 | 厦门 | 成都 | 福州 |
|---|---|---|---|---|---|---|---|---|
| 媒体数量（个） | 34 | 23 | 15 | 14 | 8 | 7 | 4 | 4 |

**图 1　109 个区块链媒体样本分布**

资料来源：《国内最好的区块链媒体平台有哪些?》，知乎网，2018 年 8 月 8 日，https：//www. zhihu. com/question/288967867/answer/463469872。

与此同时，在国内，随着区块链技术的不断普及，越来越多行业峰会在大城市举办。2019 年 11 月，在浙江乌镇互联网国际会展中心，举办了以"应

---

① 《国内最好的区块链媒体平台有哪些?》，知乎网，2018 年 8 月 8 日，https：//www. zhihu. com/question/288967867/answer/463469872。

用无界"为主题的世界区块链大会。其间巴比特联合 QKL123 发布了 2019 年区块链价值榜白皮书。2020 年 12 月 20 日由链得得主办的 CHAINSIGHTS 区块链与加密产业中国峰会如期举行。中钞信用卡产业发展有限公司、微众银行分布式商业科技发展部、微众区块链负责人等嘉宾出席了此次峰会，从中也体现出越来越多的行业精英在关注区块链行业的发展动态。

如下是调研的国内几家行业知名媒体机构的主要信息，反映了国内区块链媒体发展的一个缩影。

**1. 全国区块链新闻编辑部①**

全国区块链新闻编辑部是由湖北广播电视台融媒体新闻中心倡导筹备，由湖北广播电视台长江云、北京广播电视台北京时间、上海报业集团澎湃新闻、贵州日报天眼新闻、江苏广播电视台荔枝新闻、重庆广电集团第一眼新闻、河南广播电视台大象新闻、山东广播电视台闪电新闻、黑龙江广播电视台极光新闻、天津津云新媒体集团、广西日报广西云、云南日报云报新闻等 12 个省市的主流新媒体作为首批媒体单位联合组建的，系全国首个云上新闻编辑部。

为讲好中国故事、唱响各地声音，全国区块链新闻编辑部秉持"策划众筹""传播去核"的运行理念，即在具体操作时，所有成员单位抱团联合策划，通过云连线的方式召开云端策划会，成员单位代表每天进行头脑风暴，一起想点子、做产品、做宣推。谁提出点子，谁就任项目组长，谁就是传播的主导者，每一家媒体平均享有爆款新闻的开锁"值班钥匙"。持有"值班钥匙"以外的一切其他成员单位按照共同约定，竭尽全力为项目主导者提供最大资源，为新闻传播提供最大舞台。

**2. 巴比特（资讯与平台）**

这是一个较早专注于区块链、比特币以及数字货币领域新闻报道的平台，提供信息推送、论坛交流等服务，在区块链媒体行业中声誉较高。2020

---

① 《全国首个区块链新闻编辑部正式成立》，"湖北新闻"百家号，2020 年 5 月 20 日，https：//baijiahao.baidu.com/s? id＝1667182334485803797&wfr＝spider&for＝pc。

年 12 月 28 日，巴比特主编、玲听区块链发起人汤霞玲以"我与无限"为主题，从一个行业深度参与者、观察者的角度出发，总结 2020，展望 2021。

3. 金色财经（行业综合媒体平台）

这是一个区块链行业早期颇具影响力的媒体平台，自媒体作者大量入驻，原创文章几千篇，在 2018~2019 年遇熊市，团队有裁员情况，但目前仍有韩国、日本等分站，海外团队也在传播区块链方面发挥着重要的作用。

4. BABI 财经（金融科技自媒体）

这是一家专注于区块链的金融科技自媒体，致力于打造"傻瓜"经济学，用最简单有趣的语言解读枯燥烧脑的金融科技。

5. 陀螺财经（行业媒体综合平台）

陀螺财经是定位于区块链行业新金融、新数娱的区块链媒体平台，致力于成为最优质的区块链舆论阵地，助推区块链赋能实体经济。旗下设有陀螺非正式会谈、Value100、陀螺研究院（行业报告、项目评测）、陀螺问答、链习百科、产业区块链平台、新闻快讯等特色栏目。

陀螺财经自成立以来持续为用户提供优质的内容，2019 年陀螺财经汇聚了一众头部 KOL、学术领袖、媒体、自媒体、投资机构、投研团队等，内容品类涵盖产业区块链、新金融、政策、矿业、科普等。目前是国内较大的区块链新闻聚合平台之一。

6. 白话区块链（行业自媒体）

其擅长用普通读者浅显易懂的表达方式普及区块链专业知识，另外还追踪区块链行业的热点。除此之外，还有一些区块链技术社区，如链客区块链技术社区、蓝狐笔记自媒体等，在各自擅长的领域里报道与传递区块链行业资讯与价值。

## 七 河南区块链媒体的未来展望与前瞻建议

伴随 5G、大数据、区块链技术的不断发展，河南区块链媒体将扬帆启航，但任重道远。

## （一）筹备区块链媒体创业团队，促产业蓬勃发展

传统媒体平台拥有丰富的媒体资源与渠道。从传统媒体转型做区块链媒体的从业者，拥有传统媒体锻造的专业媒体职业素养，为区块链媒体行业发展注入了活力。

以区块链媒体平台链得得为例，链得得于2018年2月上线。链得得是钛媒体自创立5年以来单独分拆并打造的行业新资讯平台。平台创始人赵何娟女士便是从传统媒体中走出，组建了区块链媒体创业团队并完成天使轮融资。链得得逐步形成以媒体和数据为核心的板块。

目前河南省在传媒新媒体产业资源积累方面有相当的实力，但仍需针对区块链传媒方向加强人才的培养与输送。以中原出版传媒集团为例，其在目前打造的新媒体矩阵的基础上，依托政府行业发展的整体战略构想，深入开展区块链媒体研究与学习，适时地组建一个区块链媒体学习与实践团队，为后续进行区块链媒体的开发与应用提供人才储备。

## （二）激活传媒业内容生产的积极性，共生共创

相较于传统的新闻创作，区块链媒体平台在内容生产方面呈现鲜明的特点。基于区块链技术分布式网络架构、去中心化数据库、网络共同维护的三大特点，区块链媒体创业方向能对传统的内容生产流程进行革新式改变。

共同维护的分布式网络架构，能确保信息源的完整性，保护原创版权，有效杜绝目前传媒业中存在的洗稿、盗版等不良违规现象。同时，去中心化数据库，能有效进行隐私保护；网络共同维护，能够实现信息从生产到传播的全过程监管，使内容生产更有效、有序地传播，从而进一步提高媒体内容传播效率，提升大众对新闻媒体行业的信任度。

同时，区块链媒体平台可以利用技术优势，形成一套有效的激励机制，积极提倡创作共建，实现由中心化内容生产与传播逐渐过渡到智能网络时代的用户内容生产，最终到价值互联网时代的用户产生品牌阶段。这样的过程不仅可以重塑行业品牌，还能提升观念，开阔视野，在这个人人都是自媒体

的传播时代，使区块链媒体产业机构与用户个人之间实现品牌的彼此促进，努力营造"平台与用户"共建共生共创的正向循环生态。

### （三）加快区块链媒体人才培养

人才是技术创新和运用的永久活力和不竭动力。区块链技术虽然从提出至今已有 10 多年，但其真正运用发展却仍处在探索阶段。目前我国区块链技术人才缺口仍然很大，培养体系也不尽完善。

区块链本身作为架构性创新技术，所涉及的学科非常广泛，包括经济学、密码学、计算机技术、P2P 网络、共识机制以及智能合约等多种技术。根据国研智库报告，2017 年以来，随着区块链技术从概念到物联网、金融、供应链等实际应用场景的落地，区块链领域的人才需求也出现了大幅增长，但真正具备区块链开发和相关技能的人才稀缺，约占总需求量的 7%。人才的稀缺也导致区块链的发展受到了一定程度的制约。人才结构供给侧的优化调整会使区块链未来发展潜力巨大。

培养区块链人才也是河南区块链媒体行业发展的重中之重，人才作为技术落地最为关键的一部分，加快人才队伍建设是河南区块链媒体行业腾飞的关键。区块链人才要加强跨学科交叉培养，注重培养复合型人才，引入校企联合培养，注重理论和实践相结合，真正实现人才落地。

### （四）完善区块链媒体相关法规制度

劳伦斯·莱斯格在分析如何规范互联网时，提出一个"悲点理论"（pathetic dot theory），他认为可以通过四种机制来控制和影响个体行为，即国家的制定法、社会规范、供求规律衍生的市场力量及塑造物理及数字世界的构架。① 这为监管区块链提供了启发和思路，可以通过市场、法律、架构、社会规范来监管区块链，有的学者提倡通过法律、代码、市场、准则来监管区块链。罗伯特·赫里安通过对区块链治理模式的梳理，认为有三种治

---

① 〔美〕劳伦斯·莱斯格：《代码》，李旭等译，中信出版社，2004。

理模式，即自主规制、利益相关者规制以及代码规制。① 杨东提出"区块链+监管＝法链"的理念，区块链治理除了行政、法律等方式以外，"以链治链"应该是主要模式。②

对于区块链赋能的传媒产业治理，首先应从加强对区块链媒体的认知切入。对区块链媒体的认知要从以下三个方面入手：一是区块链媒体是一种新型互联网媒体；二是区块链媒体是依靠共识机制和智能合约自动运行的，没有管理者和难以控制的媒体；三是区块链媒体以通证为激励机制，实现区块链媒体内容生产者、运行维护者、内容消费者等参与者身份和利益统一。思想决定行动，在对传媒产业进行治理时，只有有思想上的深刻认知，才能有清晰的治理思路。

### （五）结合本地科研校企资源，技术融合共促发展

从行业发展角度审视，媒体被赋予了内容创作与传播、搭建交流平台与探寻市场需求的重要角色。区块链媒体更是提供了技术融合的机会，有助于传媒业不断扩展新思路，促进链接信息源创作者与受信方读者的互动。

从产业变革角度观察，区块链技术在传媒业生态格局转变中起到了重要的作用。新闻界普遍将区块链技术视为打破目前媒介中心化传播格局、建构新媒介格局的重要创新。

从技术与制度关系视角审视，区块链新闻平台既是一种新型媒介形态，又是一种新的新闻生产商业模式，改变了以往的内容生产方式，激活了网络数字资产价值，能促进新闻及信息服务产业转型和媒介融合。

总之，构建区块链媒体平台，离不开区块链行业的基础设施完善及技术落地应用环境，离不开区块链技术人才的培养，离不开政府扶持区块链产业并进行综合战略规划，应从产业变革与战略高度出发，共同推进区块链媒体的发展。

① 〔英〕罗伯特·赫里安：《批判区块链》，王延川、郭明龙译，上海人民出版社，2019。
② 杨东：《区块链+监管＝法链》，人民出版社，2018。

# 八　结语

伴随着新媒体与移动网络的发展，人们从互联网获取信息的方式更加多元。区块链技术的诞生，促使人们从以社交为主要链接点的信息互联网中的沟通和交流逐步过渡为价值互联网中的沟通和交流。在资讯交互越来越频繁的时代，价值传输也成为一种趋势。传统媒体行业的中心化信息传播模式，渐渐无法满足互联网时代人们希望获得更多公平透明信息源与多样信息传播途径的需求，区块链媒体产业逐步进入大众视野。有需求的地方，就有价值。

加快区块链媒体发展，既离不开对区块链技术的深入研究，也需掌握传媒产业自身发展趋势，二者进行有机结合会创新媒体生态。与此同时，区块链技术与大数据、5G、云计算、人工智能等高新技术的融合趋势，也带来了丰富的机遇。在全球范围内区块链媒体逐步发展繁荣的进程中，河南区块链媒体产业布局也需加快速度，充分发挥本地区域技术优势，同时构建区块链媒体人才培养机制，以促进本地新媒体和区块链媒体产业的发展进程。

**参考文献**

张应平：《大话区块链》，清华大学出版社，2019。

欧阳日辉：《区块链媒体：任重道远的新媒体形态》，《新闻与写作》2019年第7期。

陈嘉琪：《区块链技术与媒介产业：现状与前景》，《新媒体研究》2020年第3期。

杨伦、郑勇华：《技术逻辑视野下区块链对新闻生产的影响》，《新媒体研究》2019年第3期。

刘炜心：《区块链媒体平台的内容生产机制研究——以Steemit和Civil为例》，硕士学位论文，江西师范大学，2019。

付红安：《技术与制度：区块链新闻平台的网络法规制》，《新闻界》2019年第5期。

# 后　记

　　2013 年 8 月 19 日，习近平总书记在全国宣传思想工作会议上指出："加快传统媒体和新兴媒体融合发展，充分运用新技术新应用创新媒体传播方式，占领信息传播制高点。"由此，拉开了全国媒体融合与新媒体建设的序幕。

　　伴随国家政策的推动与新技术的完善，作为全国中部地区高质量发展重心的河南，在新媒体产业、行业与管理方面均取得了长足的发展与进步。作为中共河南省委宣传部与郑州大学共同建设的决策型智库，中原传媒研究院有责任和义务对该领域的历史与经验进行梳理和总结，并由此成书。

　　全书分为总报告、现象篇、管理篇、行业篇和产业篇五个部分，采用文献研究法与实地调研法，集合了 13 位长期跟踪研究中原地区新媒体发展的专家及其助手进行编撰。编撰委员会大量收集了中原地区 2000～2020 年在新媒体现象、媒体融合、媒介创新、社交舆情以及新媒体产业方面的文献资料，并参考了诸如"新媒体蓝皮书"、《中国视听新媒体发展报告》、《河南新闻出版年鉴》、《河南省互联网发展报告》等权威文献的数据资料；与此同时，编委会还组织了近 30 人的采访调研力量，分赴河南日报报业集团、河南广播电视台、郑州日报报业集团、郑州人民广播电台、河南省科学技术协会、河南省市场监督管理局、中原国家广告产业园、《大河报》、大豫网、腾讯河南、字节跳动、锐之旗等与新媒体相关的单位与企业，按照调研计划收集、获取了第一手的新媒体资料。

　　全书由中原传媒研究院院长王仁海、执行院长张举玺策划发起，秘书长徐键具体统筹和编撰提纲，并于成稿后承担了全书的统稿与审定工作。全书具体写作分工如下：徐键与崔冠杰等负责总报告的撰写；邓元兵、王一岚、刘洋等负责现象篇的撰写；魏猛、崔汝源、何中有等负责管理篇的撰写；李宏、韩文静、宗俊伟等负责行业篇的撰写；翟东明、姚鹏、楚明钦等负责产业篇的撰写。

本书在编撰过程中，还得到了教育部公民教育中心执行主任周鲲鹏教授，郑州信息化专家委员会秘书长周宜游，信大捷安总裁刘长河，河南广播电视台总办高辰鑫、王洁、张焱，大河报（大河传媒有限公司）副总经理/豫视频负责人庞瑞妍，猛犸新闻执行总编师东，冬呱视频制片人孙亚洲，河南省人民医院宣传处张晓华，郑州市公安局宣教处田菲，觉视传媒负责人李俊杰等来自学界和业界朋友们所提供的无私帮助。另外，由2020级博士研究生孟渍渍率领的郑州大学新闻与传播学院的22位硕士研究生，全程参与了本书的调研工作。本人谨代表编委会全体成员表达由衷的感谢！也向本书写作过程中所参考借鉴的文献作者表达谢意！

同时，对由记忆而导致的文献疏漏以及因时间推移未能更新之数据，向读者表达歉意。

徐　键

2021年4月18日晚

图书在版编目（CIP）数据

中原新媒体发展报告：2000~2020 / 王仁海主编
. -- 北京：社会科学文献出版社，2021.12
ISBN 978-7-5201-9514-0

Ⅰ.①中… Ⅱ.①王… Ⅲ.①传播媒介-发展-研究
报告-河南-2000-2020 Ⅳ.①G219.276.1

中国版本图书馆 CIP 数据核字（2021）第 259783 号

## 中原新媒体发展报告(2000~2020)

主　　编 / 王仁海
执行主编 / 徐　键

出 版 人 / 王利民
责任编辑 / 张建中
文稿编辑 / 李惠惠　李小琪　王　娇
责任印制 / 王京美

出　　版 / 社会科学文献出版社 · 政法传媒分社（010）59367156
　　　　　　地址：北京市北三环中路甲 29 号院华龙大厦　邮编：100029
　　　　　　网址：www.ssap.com.cn
发　　行 / 市场营销中心（010）59367081　59367083
印　　装 / 三河市东方印刷有限公司

规　　格 / 开本：787mm×1092mm　1/16
　　　　　　印 张：28.75　字 数：442 千字
版　　次 / 2021 年 12 月第 1 版　2021 年 12 月第 1 次印刷
书　　号 / ISBN 978-7-5201-9514-0
定　　价 / 179.00 元